墨子今注今译

谭家健
孙中原
注译

商务印书馆
2018年·北京

图书在版编目(CIP)数据

墨子今注今译/谭家健,孙中原注译.—北京:商务印书馆,2009(2018.8重印)

ISBN 978-7-100-04724-1

I.墨…II.①谭…②孙…III.①墨家②墨子—注释③墨子—译文 IV.B224

中国版本图书馆CIP数据核字(2008)第108561号

墨子今注今译

谭家健 孙中原 注译

商务印书馆出版

(北京王府井大街36号 邮政编码100710)

商务印书馆发行

北京冠中印刷厂印刷

ISBN 978-7-100-04724-1

2009年7月第1版　　开本787×960 1/16

2018年8月北京第3次印刷　　印张31½

定价:69.00元

目　录

前　言

一、《墨子》、墨家和墨学

《墨子》是公元前5至前3世纪墨家著作的总集。墨家是先秦诸子百家的重要一家，曾与儒家并盛，同称显学，后一度中绝，近现代又受重视。墨学是中国传统学术的重要内容，有深厚的科学、人文精神和重要的历史意义、现代价值。

二、《墨子》版本

今存《墨子》较早、较好的版本，是明正统十年刊行的《道藏》53篇本。《道藏》本《墨子》，比《汉书·艺文志》著录"《墨子》七十一篇"，少十八篇，《节用下》，《节葬》上、中，《明鬼》上、中，《非乐》中、下和《非儒上》八篇，只剩篇名，正文失传；另有十篇，篇名和正文都失传。为阅读方便，本书《目录》暂据今存53篇排序，暂不取《道藏》本篇名下标"第一"至"第七十一"的顺序号。为便于读者阅读，把《经上》与《经说上》、《经下》与《经说下》四篇并作两篇。所以本书的目录，标为第1至51篇。

三、《墨子》构成

《墨子》53篇，按内容性质，分五组：

第一组，从《修身》到《三辩》7篇，概述墨家思想的若干方面。

第二组，从《尚贤上》到《非儒下》24篇，概述墨家早期思想。《韩非子·显学》说，墨子死后，墨家分相里氏、相夫氏和邓陵氏三派。从《尚贤上》到《非命下》各篇，分上、中、下，内容近似，词句不同，论述墨子政治伦理思想的十个论题，多以"子墨子言曰"开头，一般认为是墨家三派对墨子讲演词的不同传承。

第三组，从《经上》到《小取》6篇，称《墨经》、《墨辩》或《辩经》，记述古代逻辑学和科学知识。《庄子·天下》说："相里勤之弟子，五侯之徒，南方之墨者苦获、已齿、邓陵子之属，俱诵《墨经》。"晋鲁胜说："《墨辩》有上、下《经》，《经》各有《说》。"又说："作《辩经》以立名本。"清汪中《述学·墨子序》说："《经上》至《小取》六篇，当时谓之《墨经》。"孙诒让《墨子间诂·墨子后语上》说："《墨经》即《墨辩》，今书《经》、《说》四篇及《大取》、《小取》二篇，盖即相里氏、邓陵子之伦，所传诵而论说者也。"

第四组，从《耕柱》到《公输》5篇，记载墨子与门徒、时人的对话和行事。

第五组，从《备城门》到《杂守》11篇，记载墨家守城战术、技巧。刘歆《七略》列入"兵技巧"家，《汉书·艺文志》省列。

四、本书缘起

1997年，由于海内外墨学研究发展的需要，美国宾州爱丁堡大学李绍崑教授建议，中国墨子学会委托，我们接受《墨子》今注今译撰稿任务。具体分工：谭家健负责上述第一、二、四组，孙中原负责第三、五组。计划由李绍崑教授撰《墨子》英译，希望把中英文注译合编一书。现代汉语注译，经多次修改，历时八年，后由于中英对译在编排方面的困难，经协商，中英文注译暂分别出版，以后再合编，于是有本书问世。今年6月，李先生所撰的《英译墨子全书》已由商务印书馆出版。李绍崑教授鼎力支持本书撰稿出版，认真审读原稿，提出宝贵意见，谨向李绍崑教授致谢。

本书撰稿前，谭家健已出版《墨子选译》、《墨子研究》，孙中原出版《墨学通论》、《墨子及其后学》、《墨者的智慧》、《墨学与现代文化》等。本书参考以前论著，融汇近年研究心得。原文以《道藏》本《墨子》和孙诒让《墨子间诂》为底本，参校他本。注释参考百年来诸家见解，随文交代出处。译文参考近年海峡两岸出版译本，书目详见附录。谭家健、郑君华撰《墨子选译》，是参考书之一，郑教授 2003 年不幸病逝，生前对撰稿极表支持。《墨经》和《备城门》以下各篇校勘注译，多参高亨《墨经校诠》、沈有鼎《墨经的逻辑学》、方孝博《墨经中的数学和物理学》和岑仲勉《墨子城守各篇简注》等。商务印书馆著作室常绍民和有关领导，为本书编审、出版，多付辛劳。谨一并致谢。

《墨子》的校勘注译，需要不断改进，欢迎读者提出宝贵意见，以便继续修订完善。

谭家健　孙中原

2009 年 7 月于北京

1. 亲士

【说明】

《亲士》篇着重说明亲近贤士、使用贤才的重要性，以及贤才难得，且往往受压制、屈辱；国君必须懂得识别敢于诤谏的贤人，能够容纳不同意见的大臣；要量才授官；有容乃大等等。各段颇不连属，有的段落脱离中心。学者们或疑有缺失，或以为辑缀而成。孙诒让认为："此篇所论，大抵《尚贤》篇之余义。亦似不当为第一篇，后人因其持论尚正，与儒言相近，遂举以冠首耳。"我们认为《墨子》各篇编排次序大多是随意性的，未必有尊儒之意。

【原文】

入國而不存其士[①]，則亡國矣。見賢而不急[②]，則緩其君矣[③]。非賢無急[④]，非士無與慮國[⑤]。緩賢忘士，而能以其國存者[⑥]，未曾有也。

昔者，文公出走而正天下[⑦]，桓公去國而霸諸侯[⑧]，越王勾踐遇吳王之醜[⑨]，而尚攝中國之賢君[⑩]。三子之能達名成功於天下也[⑪]，皆於其國抑而大醜也[⑫]。太上無敗[⑬]，其次敗而有以成，此之謂用民。

吾聞之曰："非無安居也，我無安心也；非無足財也，我無足心也。"是故君子自難而易彼，衆人自易而難彼。君子進不敗其志，内究其情[⑭]。雖雜庸民[⑮]，終無怨心，彼有自信者也。是故爲其所難者，必得其所欲焉；未聞爲其所欲，而免其所惡者也[⑯]。

是故偪臣傷君[⑰]，諂下傷上。君必有弗弗之臣[⑱]，上必有詻詻之下[⑲]。分議者延延[⑳]，而支苟者[㉑]詻詻，焉可以長生保國[㉒]。臣下重其爵位而不言，近臣則喑[㉓]，遠臣則唫[㉔]，怨結於民心。諂諛在側，善議障塞，則國危矣。桀紂不以其無天下之士邪[㉕]，殺其身而喪天下。故曰：歸國寶[㉖]，不若獻賢而進士。

今有五錐，此其銛，銛者必先挫[㉗]；有五刀，此其錯[㉘]，錯者必先靡[㉙]。

是以甘井近竭[30]，招木近伐[31]，靈龜近灼[32]，神蛇近暴[33]。是故比干之殪，其抗也[34]；孟賁之殺[35]，其勇也；西施之沉[36]，其美也；吳起之裂[37]，其事也。故彼人者，寡不死其所長。故曰：太盛難守也[38]。

故雖有賢君，不愛無功之臣；雖有慈父，不愛無益之子。是故不勝其任，而處其位，非此位之人也；不勝其爵，而處其祿[39]，非此祿之主也。良弓難張，然可以及高入深；良馬難乘，然可以任重致遠；良才難令[40]，然可以致君見尊[41]。是故江河不惡小谷之滿已也，故能大。聖人者，事無辭也，物無違也，故能爲天下器[42]。是故江河之水，非一源之水也；千鎰之裘[43]，非一狐之白也[44]。夫惡有同方不取，而取同己者乎[45]！蓋非兼王之道也[46]。是故天地不昭昭[47]，大水不潦潦[48]，大火不燎燎[49]，王德不堯堯者[50]，乃千人之長也。其直如矢，其平如砥[51]，不足以覆萬物。是故溪陝者速涸[52]，逝淺者速竭[53]，墝埆者其地不育[54]。王者淳澤不出宮中[55]，則不能流國矣[56]。

【注释】

①存：恤问。引申为关心。

②急：急于任用。

③缓：怠慢。

④此句中的"急"，意为解救急难。形容词用如动词。

⑤虑国：谋划国事。

⑥存：保全，此指国家太平无事。

⑦文公：晋文公重耳。他为公子时，受到父亲晋献公和骊姬的迫害，被逼出走，流亡十九年。回国即位后，重用贤才，使晋国富强起来。正：匡正。

⑧桓公：齐桓公小白，齐襄公的弟弟。襄公无道，他被迫出奔莒国。襄公被弑后，他回国即位，重用管仲等贤才，使国家富强，称霸诸侯。

⑨"越王"句：越王勾践曾被吴王夫差打败，困在会稽。他重用范蠡、文种等人，励精图治，反灭吴国，威震中原，与晋文公、齐桓公、楚庄王、吴阖闾合称春秋五霸。丑、耻辱。

⑩摄：同"慑"，威慑。

⑪达名：扬名。

⑫抑：遭受压抑窘困。

⑬太上：与“其次”相对而言，即最上等，最上策。
⑭内：俞樾认为当作“纳”，即“退”字，指不得志之时。究：反思，回顾。
⑮庸民：平民百姓。
⑯恶（wù）：厌恶。
⑰偪臣：指权势过重，危及君权的大臣。偪：同“逼”。
⑱弗弗之臣：指敢于诤谏之臣。弗（fú）：同“拂”，违逆。
⑲诺诺：说话正直。诺（é），同“谔”。直言争辩不绝之貌。
⑳分议者延延：分，同“纷”。分议者，指不苟同而持不同意见的大臣。延延，长久，反复辩论的意思。
㉑支苟：文字可能有误。支，当是“交”；苟，当是“敬”，即儆。此指交相儆戒。
㉒焉：相当于“乃”。
㉓喑：同“瘖”，不能言。
㉔唫：同“噤”，闭口不言。
㉕桀：夏桀，夏朝末代君主，暴君；纣，商纣王，商朝末代君主，暴君。邪：同“耶”，疑问词，用于句尾。
㉖归：通“馈”，馈赠。
㉗铦：锋利。
㉘错：磨刀。
㉙靡：销蚀。
㉚近：俞樾认为当作“先”字，因古篆字形近而误。下同。
㉛招木：毕沅认为即乔木，高大的树木。
㉜灵龟近灼：古人用龟甲烧灼来占卜，决定凶吉。
㉝神蛇近暴：古代曝晒蛇类以祈雨。暴，同“曝”。
㉞比干：商朝贤臣，因进谏纣王而被杀死。抗：同“亢”，品行鲠直。殪：置于死地。
㉟孟贲：齐国的大力士，传说能“生拔牛角”。
㊱西施：越国美女。越王勾践将她送给吴王夫差，以消磨其意志。据《吴越春秋·外篇》载，越灭吴之后，西施也被沉入江中。
㊲吴起：战国时代杰出的军事家，生于卫国，曾历仕鲁、魏，后奔楚，实行变法，使国富兵强。但受权贵所忌，楚悼王死后，被车裂。
㊳太盛难守：物极必反的意思。太盛，指事物处于极端状态。
㊴处其禄：占有那份俸禄。
㊵令：使令，支使。
㊶致：使。见：被，受到。
㊷器：材料，引申为良才。
㊸千镒之裘：镒，古代衡量黄金的重量单位，一镒为 24 两（一说 20 两）；裘，皮衣。
㊹白：指狐狸腋下的皮毛，色纯白。

㊺“夫恶有”二句：原作“夫恶有同方取不取同而已者乎”，当有倒误，现据俞樾说改。同方：指同道。
㊻兼王：即奉行兼爱的君王，又称兼君。
㊼昭昭：明亮貌。
㊽潦潦：这里是清澈的意思。
㊾燎燎：火旺貌。
㊿尧尧：同“垚垚”，极高的样子。
(51)砥：磨刀石。
(52)溪：山中小沟。陕：通“狭”，狭隘而不旁通。
(53)逝：王引之认为应为“游”字，通“流”。
(54)垚埆(qiǎo què)：同“硗确”，形容土地坚硬贫瘠。
(55)淳泽：淳厚的恩泽。
(56)流国：流布全国。

【译文】

到一个国家主政却不关心那里的贤士，就会使国家陷入危亡。发现贤才而不尽快起用，就是对国君的怠慢。没有贤能，就不能解救急难；没有人才，就无人共谋国事。怠慢贤士，忽视人才，而能使国家长治久安，是从未有过的事。

从前，晋文公流亡国外，后来却成为天下的盟主；齐桓公被迫离开祖国，后来却称霸诸侯；越王勾践遭到吴王的侮辱，后来却成为威临中原的贤君。这三人能功成名就，显达于天下，都是在他们的国家遭受委屈和耻辱的情况下取得的。所以，最上策是不遭失败；其次是失败了，还有办法转败为胜。这是善于用人的缘故。

我曾听说：“不是没有安定的居所，而是自己不能有苟且偷安的思想；不是没有足够的财物，而是自己不能有满足的念头。”因此，贤明君子能严于责己而宽以待人，而平庸之辈则宽容自己而苛求别人。君子得以进用时不会改变自己的志向，退位时能反思实情及原因。即使降到平民的地位，始终不会怨天尤人，这是他有自信心的缘故。所以，即使做对他来说是困难的事，也一定能达到自己所希望的目的；没听说过为所欲为的人而能免于可恶的后果的。

权势太重的大臣会危及君主,奉承谄媚的下属会损害主上。君主必须有敢于诤谏之臣,主上必须有敢于直言的下属。有持不同意见者的反复辩论,能相互警戒者的直言劝谏,才能够长养民生保存国家。如果臣下只注重保全自己的爵位,而不进谏;君主身边的臣子沉默不语,远在外边的臣子闭口不言,不满情绪就会在人民心中积聚起来。谄媚奉承的人在君主身边,正确的意见被阻塞,国家就危险了。夏桀、商纣不就是因为没有天下贤士吗?而遭杀身之祸,失去江山。所以说,赠送国宝,不如举荐贤能,提拔人才。

如今有五把锥子,其中有一把最锐利,这锐利的必定先折损;有五把刀子,其中有一把曾磨砺,这磨砺过的必然先销蚀。所以,清甜的水井容易被汲干,高大的树木容易被砍伐,灵异的龟甲容易被烧灼,神奇的长蛇容易遭暴晒。因此,比干的被杀,是因为他品行鲠直;孟贲的被杀,是因为他太勇敢;西施被沉于江,是因为她太美丽;吴起被车裂,是因为他专注于改革的事业。上述这些人,没有一个不是因为自己的长处而遭难的。因此说:事物处于极端状态,就难以保持长久。

即使有贤明的君主,不会爱没有功劳的臣子;即使有慈祥的父亲,不会爱没有长进的儿子。因此,不能胜任那种官职却处在那个位置,他就是不能处其位置的人;不能享有那种爵位却享有那种俸禄,他就是不配享受这种俸禄的人。好的弓难以张开,但它可以射到高处,射进深处;好马难以驾驭,但它可以载驮重物,到达远方;杰出的人才难以支使,但他可以使国君受到尊敬。因此,江河不嫌弃小溪的水来注满自己,所以能汇成滔滔巨流。圣人遇事不推辞,处理事情不违背常理,所以能成为治理天下的良才。因此,江河的水,不只是一个源头所能汇成;价值千金的裘皮衣,不只是一只狐狸腋下的裘皮所能做成。哪有将同道的人抛开不用,而只用苟同于自己的人的道理呢?那样做,就不是兼爱天下的君王的原则了。因而天地未必经常光明,大水并不永远清澈,大火不会长盛不灭,君王的德行并非高不可攀。至于作为千万人的统治者,如果直得像箭杆,平得像磨刀石,就不能荫护万物。因此,狭窄的小溪干涸得快,浅的水流枯竭得快,坚硬贫瘠的土地不生五谷。君王醇厚的恩泽只局限于宫廷之中,就不能流布到全国。

2. 修身

【说明】

《修身》篇论述自我修养的重要性，认为这是一个人安身立命的根本，待人处世的原则。这个根本树立得不牢固，就不能成就功业。提出修养的方法主要是"反之身"，即时时警戒自己；并通过身体力行来达到自我完善。君子必须明辨是非，言而有信，不求虚名，努力而不夸耀；并要长期坚持不懈，以达到心灵净化等等。反映出墨家注重实践的思想。

【原文】

君子戰雖有陳[①]，而勇爲本焉；喪雖有禮，而哀爲本焉；士雖有學，而行爲本焉。是故置本不安者[②]，無務豐末；近者不親，無務來遠；親戚不附，無務外交[③]；事無終始，無務多業；舉物而闇[④]，無務博聞。是故先王之治天下也，必察邇來遠。君子察邇而邇修者也。修身見毁，而反之身者也[⑤]。此以怨省而行修矣[⑥]。譖慝之言[⑦]，無入之耳；批扞之聲[⑧]，無出之口；殺傷人之孩[⑨]，無存之心。雖有詆訐之民[⑩]，無所依矣。故君子力事日彊[⑪]，願欲日逾[⑫]，設壯日盛[⑬]。

君子之道也，貧則見廉[⑭]，富則見義，生則見愛，死則見哀。四行者不可虚假，反之身者也。藏於心者，無以竭愛[⑮]；動於身者，無以竭恭；出於口者，無以竭馴[⑯]。暢之四支[⑰]，接之肌膚[⑱]，華髮隳顛[⑲]，而猶弗舍者，其唯聖人乎！

志不彊者智不達，言不信者行不果。據財不能以分人者，不足與友；守道不篤[⑳]，遍物不博[㉑]，辯是非不察者，不足與遊[㉒]。本不固者末必幾[㉓]；雄而不修者其後必惰[㉔]。原濁者流不清[㉕]，行不信者名必秏[㉖]。名不徒生，而譽不自長。功成名遂，名譽不可虚假，反之身者也。務言而緩行，雖辯，必不聽；多力而伐功[㉗]，雖勞，必不圖[㉘]。慧者心辯而不繁說，多力而不伐功，此以名譽揚天下。言無務爲多而務爲智，無務爲文而務爲察[㉙]。故彼智無察[30]，在身而情[31]，反其路者也[32]。

善無主於心者不留，行莫辯於身者不立。名不可簡而成也，譽不可巧而立也，君子以身戴行者也[33]。思利尋焉[34]，忘名忽焉[35]，可以爲士於天下者，未嘗有也。

【注释】

①陈：同“阵”。

②置：同“植”，树立。

③外交，交结外人，外人与亲戚相对而言，非指外国。

④暗：不明了，糊涂。

⑤此句原文有脱误，今据明正德俞弁抄本改。又：迩，正德本作“尔”，今据诸本和上文改作“迩”。

⑥怨省：怨毁之言减少。

⑦谮慝(zèn tè)之言：指坏话。谮，说别人的坏话；慝，邪恶。

⑧批扞之声：指不雅的话。批，打。扞(hàn)，同“捍”，扰乱。

⑨孩：毕沅说，同“亥”，草根，这里指埋在心里的想法。萧鲁阳认为，孩就是小孩。

⑩诋讦：诋，诽谤。讦(jié)，披露别人的私事。

⑪力事：努力从事。彊：同“强”。

⑫愿欲：志愿欲望。逾：超越，前进。

⑬设壮日盛：吴毓江认为，谓君子之道大壮而日益盛也。

⑭见：同“现”，显示出。下句“富则见义”之“见”义同。

⑮无以竭爱：此句“竭”字不可确解，当为无穷之意。

⑯驯：通“训”，指语言文雅。

⑰四支：同“四肢”。

⑱接：到达。

⑲华发堕颠：形容人的衰老。华，同“花”；颠，同“巅”，指头顶。

⑳笃：专注忠实。

㉑遍：通“辨”，识别。

㉒游：交往。

㉓本：指树干。末：指树梢。几：危。

㉔雄：勇敢。修：长。

㉕原：同“源”。

㉖秏：同“耗”，损耗、败坏。

㉗伐：夸耀。

㉘图：取。

㉙文：文饰，花哨。察，明了。墨子是重质轻文的。

㉚彼：毕沅认为应为“非”。

㉛情：孙诒让认为当是“惰”字之误。

㉜反其路：孙诒让认为“路”应为“务”，承上文“务为智”、“务为察”而言。谓违反其所当务之事。

㉝戴：通“载”，带动。

㉞思利寻焉：思虑求利之事甚重。寻，重。

㉟“忘”字不可解，疑当作“立”。立名忽焉，忽视立名。

【译文】

君子作战虽然有阵法，但以勇敢的精神为基础；办理丧事虽然有礼仪，但以悲哀的情绪为基调；士虽然有学问，但应以高尚的品行为根本。因此，根基树立得不牢固，就别期望枝叶丰茂；关系近的人都不能相亲，就别期望能够招徕远人。亲属内眷也不归附，就别期望与外人交结。办一件事不能善始善终，就不要招揽许多业务。举出一般事物都糊里糊涂，就不要追求广见博闻。所以古代的君王治理天下，必定以明察左右来感召远方。君子明察左右，以提高自己的修养；在提高自我修养后遭到别人毁谤时，能反过来检查自身。这样，别人的怨言就会消失，自己的品行就能达到完美了。对诬陷恶毒的话，不去听它；粗野蛮横的话，不去说它；会损害别人的想法，不存于心。这样，虽然有专事诽谤、搬弄是非的人，也无法存在了。因此君子任事日益强劲，理想日益远大，事业日益兴盛。

君子处世的原则是，贫穷时则表现出廉洁，富贵时则表现出仁义；对于生者表现出爱护，对于死者表现出哀痛。这四种德行不可以虚假，必须反过来通过内在的修养才能达到。埋藏于心中的，是无尽的仁爱；见诸于行动的，是无比的恭谨；反映到言语的，是无比的文雅。能让这种修养贯彻于全身四肢，反映到身体形貌上，直到头发花白、头顶衰颓了都不会放弃的，大概只有圣人吧！

意志不坚强的人，他的才智就不会发达；说话不讲信用的人，他的行动就不会果断。拥有钱财不愿分施给别人的，不值得与他交朋友；不能信守原则、认识事物不广博、分辨是非不清楚的人，不值得与他交游。主干不牢固，枝节必然危险；有勇气而不能持久的人，到后来必定懈怠。源头浑浊的江河，它的水流不会清澈；行为不诚实的人，他的名声必然败坏。名声不会无缘无故产生，赞誉也不会自己增长。功德圆满了，名声也就自然有了，名誉是不可以虚假的，只有反躬自律才行。只会空谈而忽视实践的人，即使善辩，必定不能使人听从；做事卖力气但又好夸耀功劳的人，即使劳苦，必定不为人所取。聪明人心里明白，但嘴上不多说；出力多却不自夸功劳，因此名声传扬于天下。言谈不求多，但求说得机智；不求华丽，但求说得明确。缺乏机智和洞察力，行动上又懈怠，就往往会适得其反。

一种善行，如果没有正确的思想动机，就不能长久地保持；一种行为，如果没有自身的理解，就不能坚定地贯彻。名声不能轻而易举地得到，荣誉不能以取巧的方法取得。君子是用自己的身体力行来达到的。那种思考得利之事甚重，而忽视树立名节，而可以被天下称为士的人，是从来没有的。

3. 所染

【说明】

染，就是浸染、影响。本文以染丝为喻，说明国君能否治理好一个国家，同他周围人的影响有密切关系；而要得到良好的影响，就必须善于选择贤才。文章用大量事例，证明君主受到良好影响，国家就能治理得好，王霸之业就得以成功；反之，国家就遭受危难，君主将身败名裂。对个人来说，交友的当否，亦是成败、安危、荣辱的关键所在。作者强调社会环境对个人行为和作风有重大影响。文章正反对比，层次分明，证据充足，理论坚实，是墨家运用类比推理的典范之作。

【原文】

子墨子言見染絲者而歎曰[①]："染於蒼則蒼，染於黄則黄，所入者變，其色亦變，五入必[②]而已，則爲五色矣。故染不可不慎也。"

非獨染絲然也，國亦有染。舜染於許由、伯陽[③]，禹染於皋陶、伯益[④]，湯染於伊尹、仲虺[⑤]，武王染於太公、周公[⑥]。此四王者，所染當，故王天下，立爲天子，功名蔽天地[⑦]。舉天下之仁義顯人[⑧]，必稱此四王者。夏桀染於干辛、推哆[⑨]，殷紂染於崇侯、惡來[⑩]，厲王染於厲公長父、榮夷終[⑪]，幽王染於傅公夷、蔡公穀[⑫]。此四王者，所染不當，故國殘身死，爲天下僇[⑬]。舉天下不義辱人[⑭]，必稱此四王者。齊桓染於管仲、鮑叔[⑮]，晉文染於舅犯、高偃[⑯]，楚莊染於孫叔、沈尹[⑰]，吳闔閭染於伍員、文義[⑱]，越勾踐染於范蠡、大夫種[⑲]。

此五君者，所染當，故霸諸侯，功名傳於後世。范吉射染於長柳朔、王勝[⑳]，中行寅染於籍秦、高彊[㉑]，吳夫差染於王孫雒、太宰嚭[㉒]，知伯搖染於智國、張武[㉓]，中山尚染於魏義、偃長[㉔]，宋康染於唐鞅、佃不禮[㉕]。此六君者，所染不當，故國家殘亡，身爲刑戮，宗廟破滅，絕無後類[㉖]，君臣離散，民人流亡。舉天下之貪暴苛擾者，必稱此六君也。凡君之所以安者，何也？以其行理也。行理性於染當[27]。故善爲君者，勞於論人[28]，而佚於治官[29]。不能爲君者，傷形費神，愁心勞意，然國逾危，身逾辱。此六君者，非不重其國、愛其身也，以不知要故也。不知要者，所染不當也。

非獨國有染也，士亦有染。其友皆好仁義，淳謹畏令[30]，則家日益，身日安，名日榮，處官得其理矣，則段干木、禽子、傅說之徒是也[31]。其友皆好矜奮[32]，創作比周[33]，則家日損，身日危，名日辱，處官失其理矣。則子西、易牙、豎刁之徒是也[34]。《詩》曰："必擇所堪[35]，必謹所堪"者，此之謂也。

【注释】

①子墨子言：子墨子，即墨翟。子，对男子的尊称，《墨子》多为墨家后学所记，故多尊称"子墨子"。言，疑为衍文。

②五入必：染过五次。必，通"毕"。

③舜：虞舜，上古圣王。许由：唐尧时高士，尧多次招聘他做大官，他不应。伯阳：尧舜时贤人，尧曾用他治国取得成功。

④禹：夏禹，夏朝第一代贤君。皋陶(yáo)：舜、禹属下的能臣。伯益：禹的能臣，曾辅佐大禹治水。

⑤汤：商汤，名子履，商朝第一代贤王。伊尹：又名伊挚，是商汤重用的贤臣。仲虺(huǐ)：商汤的左相。

⑥武王：周武王，姓姬名发，建立周朝的第一代贤王。太公：即姜太公，名尚，又称吕望，是周武王的能臣。周公：即周公姬旦，是周武王的弟弟，世称贤德。

⑦蔽：盖。

⑧显人：声名显赫之人。

⑨干辛：《吕氏春秋》作"羊辛"，是夏桀属下的佞臣。推哆：古书也写作"雅侈"、"推侈"，是夏桀的力士。

⑩崇侯，即崇侯虎，商纣王的佞臣。恶来：姓嬴，商纣王的力士。

⑪厉王：周厉王，是西周后期的暴君。厉公长父：厉公，有的古书写作虢公、執公，是周厉王时的佞臣。荣夷终：即荣夷公，专门以利引诱周厉王，是厉王的宠臣。

⑫幽王：即周幽王，是西周末代的昏君。傅公夷：无考，可能是当时的谀臣。蔡公穀：《吕氏春秋》作"蔡公敦"，是周卿士。

⑬僇：同"戮"，这里是责罚的意思。

⑭辱人：可耻之人。

⑮管仲：名夷吾，是辅佐齐桓公治国称霸的能臣。鲍叔：鲍叔牙，齐桓公的贤臣。

⑯舅犯：即子犯，是晋文公的舅父，曾辅佐他出亡和回国称霸。高偃：也作卜偃，是晋国大夫。

⑰楚庄：即楚庄王，春秋五霸之一。孙叔：即孙叔敖，是楚国有名的贤相。沈尹：即沈尹茎，曾将楚中军。

⑱阖闾：即阖庐，吴国开明国君，春秋五霸之一。伍员：即伍子胥，本是楚人，逃到吴国，辅佐阖闾、夫差，是有名的忠臣。文义：《吕氏春秋》作“文之仪”，阖闾曾尊他为师。

⑲范蠡：越王勾践的大臣，出谋献计，帮助越国转败为胜。大夫种：即文种，本是楚人，辅佐勾践变弱为强。

⑳范吉射：春秋后期晋国范氏的首领，范鞅的儿子，即昭子，后被灭亡。长柳朔：也写作张柳朔，复姓张柳，名朔，是范吉射的家臣。王胜：亦作“王生”，也是范吉射的家臣。

㉑中行寅：是春秋后期晋国中行氏的首领，晋国大夫中行穆子的儿子，亦名荀文子，后被灭。籍秦：晋大夫籍游的孙子，中行寅的家臣。高彊：本是齐人，逃到晋国做中行寅的家臣。

㉒夫差：吴国国君，因杀戮忠臣，拒谏饰非，恃力争霸，最后被越王勾践所灭。王孙雒：有的古书作“王孙骆”，吴国大臣。太宰嚭：本是楚国伯州犁的孙子，入吴为太宰，吴败越，他建议同意越国讲和，后来越国反击，致使吴国灭亡。

㉓知伯摇：也作“智伯瑶”，即智襄子，是春秋末年晋国智氏的首领，曾掌大权，后被赵、韩、魏三家所灭。智国：即智伯国，智氏的族人。张武：即长武子，智伯瑶的家臣，曾教智伯瑶夺取韩、魏的土地，招致智氏灭亡。

㉔中山尚：战国时代中山国国君，可能就是中山桓公，赵惠文王四年（前295年）被灭。魏义、偃长：中山尚的两个臣子。

㉕宋康：即宋康王，名偃，是宋国末代国君，后来被齐湣王所灭。唐鞅：宋康王相，为了保持权力，教康王诛杀无辜，后来自己也被康王所杀。佃不礼：也作田不礼，宋康王的臣子。

㉖绝无后类：指绝种。类，种。

㉗性：毕沅认为应为“生”，产生。

㉘论：选择。

㉙佚：同“逸”。

㉚淳谨畏令：淳厚谨慎，恪守法令。

㉛段干木：复姓段干，名木，子夏的学生，品行高尚。禽子：禽滑厘，墨子有名的弟子。傅说（yuè）：原是在傅岩操版筑墙的奴隶，有才能，被殷高宗武丁任命为相。

㉜矜奋：指狂妄。矜，妄自尊大。

㉝创作：胡作非为，不守规矩。比周：结党营私。比是近，周是密。

㉞子西：楚令尹公子申，曾信用白公胜；后来白公胜在国内发动叛乱，他反而被杀。易

牙、竖刁：齐桓公的幸臣，曾以技艺取悦于桓公；桓公死后，与开方等人作乱。

㉟堪：张纯一认为通"湛"，浸染。所堪，指染料。按，今本《诗经》无此二句，可能是逸诗。

【译文】

墨子说，他看见有人在染丝，就叹息道："丝用青色染料就变成青色，用黄色染料就变成黄色，所投入的染料变了，丝的颜色也变了。投入五种染料完毕了，就能染出五种颜色。因此浸染不可以不谨慎呵！"

不但染丝是这样，治国也有熏染问题。虞舜受许由、伯阳的熏染，禹受皋陶、伯益的熏染，商汤受伊尹、仲虺的熏染，周武王受姜太公、周公旦的熏染。这四位帝王，受到的熏染是正当的，所以能统治天下，被拥立为天子，他们的功业和名声遍布天下。凡是要列举天下以仁义著称于世的显赫之人，都必定会称颂这四位帝王。夏桀受干辛、推哆的熏染，商纣王受崇侯虎、恶来的熏染，周厉王受厉公长父、荣夷终的熏染，周幽王受傅公夷、蔡公榖的熏染。这四位帝王，受到的熏染不正当，因此国破身亡，为天下人所羞辱。凡是列举天下不行仁义而被羞辱的人，都会举出这四位君王。齐桓公受管仲、鲍叔牙的熏染，晋文公受子犯、高偃的熏染，楚庄王受孙叔敖、沈尹的熏染，吴王阖闾受伍员、文义的熏染，越王勾践受范蠡、文种的熏染，这五位国君，所受的熏染正当，因此能称霸于诸侯，功绩名声流传后世。范吉射受张柳朔、王胜的熏染，中行寅受籍秦、高彊的熏染，吴王夫差受王孙雒、太宰嚭的熏染，智伯瑶受智伯国、张武的熏染，中山尚受魏义、偃长的熏染，宋康王受唐鞅、佃不礼的熏染。这六位国君，所受的熏染不正当，因而国家破灭，身遭杀戮，祖宗的家业被毁灭，后代断绝，君臣分离逃散，百姓流离失所。凡是列举天下以贪婪、残暴、苛刻而扰民的人，都会列举这六位国君。大凡君主能治国安邦，其原因是什么呢？是因为他们的行为符合事理，而行为符合事理，则产生于他们受到的正当熏染。因此善于做国君的人，对于评价选择人才很费心思，而对于管理使用官吏就显得很轻松。不会做国君的人，虽然劳顿身体，费尽神思，心烦意乱，然而国势却愈来愈危险，自己也愈来愈屈辱。这六位国君并非不看重他们的国家、爱惜他们自己，而是因为他们不懂得要领的缘故。所谓不懂得要领，就是他们所受到的熏陶不正当。

不但治国有受什么样的熏染的问题，对士个人来说也有熏陶的问题。如果他的朋友都是爱好仁义、淳厚谨慎、恪守法令的人，那么，他的家族就会一天比一天兴旺，自身一天比一天安宁，名誉一天比一天显荣，担任官职就能治理得当。像段干木、禽滑厘、傅说这些人就是例证。如果他的朋友都是狂妄自大、不守法度、结党营私的人，那么，他的家族就会一天比一天衰微，自身一天比一天危险，名声一天比一天败坏，担任官职也治理不好。像子西、易牙、竖刁之类就是例证。《诗经》上说的“必须正确地选择染料，必须谨慎地对待浸染”，就是这个意思。

4. 法仪

【说明】

《法仪》篇论述百工皆有法度，故治理天下国家亦必须遵循一定的法度。文章认为，父母、老师、国君都不足取法，只有天是效法的榜样。文章借天意以宣传“兼爱”，赋予“天”人格化的意志，认为“爱人利人者，天必富之；恶人贼人者，天必祸之”，人的行为受到天意的监督和制约，内容与《天志》篇互相补充。文章虽表现出墨子天命观的局限性，但劝人去恶向善，还是可取的。

【原文】

子墨子曰：天下從事者，不可以無法儀①。無法儀而其事能成者，無有也。雖至士之爲將相者，皆有法。雖至百工從事者②，亦皆有法③。百工爲方以矩④，爲圓以規⑤，直以繩，正以縣⑥。無巧工不巧工，皆以此五者爲法⑦。巧者能中之⑧，不巧者雖不能中，放依以從事⑨，猶逾己⑩。故百工從事，皆有法所度⑪。今大者治天下，其次治大國，而無法所度，此不若百工辯⑫也。

然則奚以爲治法而可？當皆法其父母奚若⑬？天下之爲父母者衆，而仁者寡，若皆法其父母，此法不仁也。法不仁不可以爲法。當皆法其學奚若⑭？天下之爲學者衆，而仁者寡，若皆法其學，此法不仁也。法不仁不可以爲法。當皆法其君奚若？天下之爲君者衆，而仁者寡，若皆法其君，此法不仁也。法不仁不可以爲法。故父母、學、君三者，莫可以爲治法。

然則奚以爲治法而可？故曰：莫若法天。天之行廣而無私，其施厚而不德⑮，其明久而不衰，故聖王法之。既以天爲法，動作有爲⑯，必度於天，天之所欲則爲之，天所不欲則止。然而天何欲何惡者也？天必欲人之相愛相利，而不欲人之相惡相賊也⑰。奚以知天之欲人之相愛相利，而不欲人之相惡相賊也？以其兼而愛之，兼而利之也。奚以知天兼而愛之，兼而利之也？以其兼而有之，兼而食之也。今天下無大小國，皆天之邑也；人無幼長貴賤，皆天之臣也。此以莫不犓牛羊[18]，豢犬豬[19]，絜爲酒醴粢盛[20]，以敬事天。此不爲兼而有之，兼而食之邪？天苟兼而有食之，夫奚說以不欲人之相愛相利也？故曰：愛人利人者，天必福之；惡人賊人者，天必禍之。曰：殺不辜者，得不祥焉。夫奚說人爲其相殺而天與禍乎？是以知天欲人相愛相利，而不欲人相惡相賊也。

昔之聖王禹、湯、文、武，兼愛天下之百姓，率以尊天事鬼，其利人多，故天福之，使立爲天子，天下諸侯，皆賓事之[21]。暴王桀、紂、幽、厲，兼惡天下之百姓，率以詬天侮鬼[22]，其賊人多，故天禍之，使遂失其國家[23]，身死爲僇於天下，後世子孫毀之[24]，至今不息。故爲不善以得禍者，桀、紂、幽、厲是也；愛人利人以得福者，禹、湯、文、武是也。愛人利人以得福者有矣，惡人賊人以得禍者亦有矣。

【注释】

①法仪：法度、法规。

②百工从事者：指从事各种手工劳动的人。“至百工”“至士”之“至”，指最优秀者。

③法：指规则、法则。

④矩：矩尺，直角尺。

⑤规：圆规。

⑥县：同“悬”，即用线悬物，测定垂直度。

⑦此五者为法：除了“为方以矩、为圆以规、直以绳、正以縣”之外，据《考工记》，应该还有“平以水”(从孙诒让说)。

⑧中：符合。之：指上面说的几种法规。

⑨放：同“仿”。依：依照，依照上面五种方法。

⑩愈己：胜过自己的眼力或直觉。

⑪度(duó)：衡量。

⑫辩：马宗霍认为，即明智。

⑬“当皆法”句：当，同“倘”，倘若；奚若，怎么样。

⑭学：学习对象，指老师。

⑮不德：当作“不伐德”，不夸耀其功德。

⑯动作有为：所有活动作为。
⑰相贼：互相残害。
⑱刍(chú)牛羊：用草喂牛羊。原文作“刍羊”。按《墨子》中屡见“刍牛羊”，且下文有“豢犬猪”，当以“刍牛羊”为对。
⑲豢(huàn)：用谷物喂牲畜。豢有时是名词，指牛羊猪肉之类美食。此处是动词。
⑳絜：同“洁”。醴：甜酒。粢：供祭祀用的米饼。盛：放进了祭品的器皿。
㉑宾：敬。
㉒诟(gòu)：辱骂。
㉓遂：通“坠”，陨落。
㉔毁：诋毁，咒骂。

【译文】

墨子说：天下做任何事情的人，都不可以没有法度。没有法度而事情能成功，是没有的。即使最高明的士来做将军、丞相，也都是要有法则。即使最高明的工匠干活，也都要有法则。工匠做方形的器具靠矩尺，做圆形的器具靠圆规，测定物体的曲直靠绳子，测定物体正斜靠墨绳。无论是巧匠或不巧的工匠，都以这五种方法为法则。巧的能做得符合规格；不巧的虽然不能完全符合，但依照法则去做，还是能胜过自己的直觉与眼力的。所以百工做事，都有法则来衡量。如今大到治理天下，其次治理大国，却没有法则来衡量，这还比不上百工聪明。

那么，用什么来作为处事的法则才好呢？假如都效法他的父母会怎样呢？天下做父母的很多，但仁义的却很少，如果都效法自己的父母，就会效法不仁义的人了。效法不仁义的人，不可以立为法则。假如都效法他的老师会怎样呢？天下做老师的人很多，但仁义的却很少，如果都学他的老师，就会效法不仁义的人。效法不仁义的人，不可以立为法则。假如都效法他的国君会怎样呢？天下做国君的人很多，但仁义的却很少，如果都效法他的国君，就会效法不仁义的人。效法不仁义的人，不可以立为法则。因此，父母、老师、国君三者，都不可以作为治理国家的法则。

那么，用什么来作为治理国家的法则才好呢？可以说，不如效法天。天的品行，博大而无私；它的施予丰厚，但并不夸耀自己的恩德；它的光明经久不衰。所以，圣明的君王都效法它。既然把天作为榜样，人的行动作为，就必须以天意来衡量。天意所喜欢的就做，天意所不喜欢的就停止。那么天意喜欢什么，厌恶什么呢？天意必定喜欢人与人之间相互友爱、相互帮助，而不喜欢人们互相憎恶、互相残害。怎么知道天意喜欢人们之间相互友爱、相互帮助，而不喜欢人们相互憎恶、相互残害呢？因为它对所有的人都给予爱护，对所有的人都给予帮助。怎么知道天对所有的人都给予爱护，都给予帮助呢？因为它化育所有的人，供养所有的人。如今天下无论大国小国，都是天的城邑；人无论老幼贵贱，都是天的臣民。因此都养牛羊，喂狗猪，备好洁净的酒醴供品，以虔诚的心情来祭天。这不正是天化育所有的人，供养所有的人吗？天既然化育哺养所有的人，那么怎么能说不喜欢人们相互友爱、相互帮助呢？所以说，爱护他人帮助他人的人，天必定赐福给他，憎恶他人，残害他人的人，天必定降祸于他。因此说，杀害无辜的人，就会得到不祥的结果。不然，怎么解释有人因为互相残杀，天就降祸于他呢？因此可以知道，天喜欢人们相互友爱、相互帮助，而不喜欢人们互相憎恶、互相残害。

从前的圣王、夏禹、商汤、周文王、武王，兼爱天下所有的百姓，统领他们尊奉上天，敬事鬼神，他们给人民的利益很多，所以天赐福给他们，立他们为天子，天下诸侯都尊敬地服侍他们。残暴的君主夏桀、商纣、周幽王、周厉王，厌恶天下所有的百姓，统领他们咒骂上天，侮辱鬼神，他们残害的人很多，所以天降祸殃于他们，使他们丧失自己的国家，遭到杀身之祸，还被天下的人责骂，后世的子孙诅咒他们，直到如今还没有停止。所以，做不善的事情而得祸的，夏桀、商纣、周幽王、周厉王就是例证；爱护他人、帮助他人而得福的，夏禹、商汤、周文王、周武王就是例证。因爱护他人、帮助他人而得福的大有人在，因憎恶他人、残害他人而得祸的也大有人在。

5. 七 患

【说明】

《七患》篇论述治国的七种潜在的危险，即国家在内政外交等七个方面的弊端。文章指出了造成弊端的原因和克服弊端的途径，着重论述重视农业生产，重视粮食储备对于治国安邦的决定性作用。主张在饥荒之年要从上至下尽量节省各种费用，批评统治者的奢侈浪费行为。本篇内容与《节用》篇可互为补充。

【原文】

子墨子曰：國有七患。七患者何？城郭溝池不可守，而治宫室，一患也。邊國至境[①]，四鄰莫救，二患也。先盡民力無用之功，賞賜無能之人，民力盡於無用，財寶虚於待客，三患也。仕者持祿[②]，遊者愛佼[③]，君修法討臣[④]，臣懾而不敢拂[⑤]，四患也。君自以爲聖智，而不問事；自以爲安彊[⑥]，而無守備，四鄰謀之不知戒，五患也。所信者不忠，所忠者不信，六患也。畜種菽粟[⑦]，不足以食之，大臣不足以事之[⑧]，賞賜不能喜，誅罰不能威，七患也。以七患居國[⑨]，必無社稷；以七患守城，敵至國傾。七患之所當[⑩]，國必有殃。

凡五穀者，民之所仰也[⑪]，君之所以爲養也。故民無仰，則君無養；民無食，則不可事[⑫]。故食不可不務也，地不可不力也[⑬]，用不可不節也。五穀盡收，則五味盡御於主[⑭]；不盡收，則不盡御。一穀不收謂之饉，二穀不收謂之旱[⑮]，三穀不收謂之凶，四穀不收謂之饋[⑯]，五穀不收謂之飢。歲饉，則仕者大夫以下，皆損祿五分之一；旱，則損五分之二；凶，則損五分之三；饋，則損五分之四；飢，則盡無祿，稟食而已[⑰]矣。故凶飢存乎國人，君徹鼎食五分之五[⑱]，大夫徹縣[⑲]，士不入學，君朝之衣不革制[⑳]，諸侯之客，四鄰之使，雍食而不盛[㉑]，徹驂騑[㉒]，塗不芸[㉓]，馬不食粟，婢妾不衣帛，此告不足之至也。

今有負其子而汲者，隊其子於井中[24]，其母必從而道之[25]。今歲凶民飢，道餓，重其子，此疚於隊[26]，其可無察邪？故時年歲善，則民仁且良；時年歲凶，則民吝且惡。夫民何常此之有[27]？爲者疾[28]，食者衆，則歲無豐。故曰：財不足則反之時[29]，食不足則反之用。故先民以時生財，固本而用財[30]，則財足。

故雖上世之聖王，豈能使五穀常收，而旱水不至哉！然而無凍餓之民者，何也？其力時急[31]，而自養儉也。故《夏書》[32]曰："禹七年水"；《殷書》曰[33]："湯五年旱"。此其離凶餓甚矣[34]，然而民不凍餓者，何也？其生財密，其用之節也。故倉無備粟，不可以待凶飢；庫無備兵，雖有義不能征無義。城郭不備全，不可以自守；心無備慮，不可以應卒[35]。是若慶忌無去之心[36]，不能輕出。夫桀無待湯之備，故放[37]；紂無待武之備，故殺[38]。桀、紂貴爲天子，富有天下，然而皆滅亡於百里之君者[39]，何也？有富貴而不爲備也。故備者，國之重也；食者，國之寶也；兵者，國之爪也；城者，所以自守也：此三者，國之具也。

故曰：以其極賞[40]，以賜無功；虛其府庫。以備車馬衣裘奇怪；苦其役徒，以治宮室觀樂；死又厚爲棺槨，多爲衣裘，生時治臺榭，死又修墳墓，故民苦於外，府庫單於內[41]。上不厭其樂，下不堪其苦。故國離寇敵則傷[42]，民見凶飢則亡，此皆備不具之罪也。且夫食者，聖人之所寶也。故《周書》曰[43]："國無三年之食者，國非其國也；家無三年之食者，子非其子也[44]。"此之謂國備。

【注释】

①边国：指敌国。边，应为"适"，即"敌"。

②持禄：孙诒让认为，持犹守也。

③爱佼：爱与朋友交游。佼，同"交"。

④讨臣：处罚大臣。

⑤慑：震慑。拂：违反。

⑥彊：同"强"。

⑦畜：通"蓄"，储存。菽：豆。粟：黍米。菽粟：泛指粮食。

⑧事:任用,办事情。
⑨居:吴毓江认为应作"君","君国"即治国。
⑩当:迎,碰上。
⑪仰:依赖。
⑫事:于省吾认为,通"使",即使唤。
⑬力:力耕。
⑭五味:泛指各种味道的食物。御:享用。
⑮旱:俞樾认为是"罕"之误,短缺之意。
⑯馈:通"匮",匮乏。
⑰稟(lǐn),通"廪"。廪食:从国家粮库中领取口粮。
⑱五分之五,孙诒让疑是"五分之三"之误。
⑲县:同"悬",指悬挂的钟鼓之类乐器。大夫凶年不举乐。
⑳革:改,这里意谓重新。
㉑雍食:即"饔飧",招待外国使节的礼宴。盛:丰盛。
㉒骖騑(cān fēi):套在车前左右两侧的马。
㉓涂:通途,道路。芸:通"耘",清除杂草。
㉔队:同"坠",跌落。
㉕道:通"导",援引。
㉖这一句文字疑有错落,依王引之校,应作"今岁凶民饥,道饿,此疚重于坠其子"。
㉗此:指上述品性。
㉘疾:应为"寡"(从毕沅说)。
㉙反之时:反省生产是否适时。
㉚固本:巩固根本。古时以农为本业。
㉛力时急:努力耕作,季节抓得紧。
㉜《夏书》:记载夏朝文诰的典籍。今所见《尚书》中的《夏书》有两篇为后人伪托。
㉝《殷书》:记载商朝文诰的典籍。按:今本《尚书·殷书》无此记载,墨子当另有所本。
㉞离:同"罹",遭受。饿:应为"饥",即五谷不收。
㉟卒:同"猝",突然。
㊱庆忌:春秋时期吴王僚的儿子(一说侄子)。吴阖闾杀死吴王僚而夺得政权之后,担心流亡卫国的庆忌会联合诸侯来讨伐,于是派刺客要离装成逃奔的样子到卫国去,将庆忌骗出卫国,在渡河时将他刺死。"无去之心",疑为"无去卫之心"。
㊲桀无待汤之备,故放:据说夏桀被商汤打败后,被流放到南方的南巢。
㊳纣无待武之备,故杀:据说商纣王被周武王打败后,自杀于鹿台。
㊴百里之君者:指小国之君。据说商汤王原来只有方圆七十里疆土,周文王只有方圆一百里疆土。
㊵极赏:最高奖赏。

㊶单：同“殚”，竭尽。

㊷离：同“罹”，遭受。

㊸《周书》：记载周代典章文诰的书籍。此处引文略见《逸周书·文传》篇，又本文主张按歉收程度采取不同节约措施，亦见《逸周书·籴匡》篇。

㊹意为将出现卖儿卖女的现象。

【译文】

墨子说：国家有七种祸患。这七种祸患是什么呢？内城、外城和壕沟等工事不足以防守，却去修建宫室，这是第一种祸患。敌国大兵压境，四面的邻国都不来援救，这是第二种祸患。首先耗尽民力去做无用的事情，赏赐给没有能力的人；民力在无效之功中耗尽，财宝在款待宾客中用空，这是第三种祸患。当官的只顾保住自己的俸禄，游学的只顾结交朋友，国君修订法令来诛戮大臣，大臣畏惧国君，不敢违逆国君的旨意，这是第四种祸患。国君自以为神圣聪明，而不过问朝政；自以为国家巩固强盛，而无防备，四面的邻国在阴谋侵略他的国家，而他还不知道戒备，这是第五种祸患。所信任的人并不忠诚，忠诚的人却得不到信任，这是第六种祸患。贮存和种植的粮食不够吃，大臣不能胜任，国君的赏赐不能使人高兴，诛罚不能使人畏惧，这是第七种祸患。带着这七种祸患治国，必然丧失政权；带着这七种祸患守城，敌军一到，国家一定覆灭。遇上这七种祸患，国家必定有灾殃。

五谷是人民所赖以生存，也是国君所赖以给养的物资。如果人民失去生存依赖，那么，国君也就失去给养；人民没有粮食，就不可以供役使。所以粮食不可不努力生产，土地不可不努力耕耘，用度不可不尽量节省。五谷都丰收了，各种食物都可以供国君享用；如果不是全都丰收，那就不能都吃到。一种谷物没有收获，年成叫做“馑”；两种谷物没有收获，叫做“旱”；三种谷物没有收获，叫做“凶”；四种谷物没有收获，叫做“馈”；五种都没有收获，叫做“饥”。遇上“馑”年，做官的自大夫以下都减去俸禄五分之一；遇上“旱”年，则都减去俸禄五分之二；遇上“凶”年，则减去俸禄五分之三；遇上“馈”年，则减去俸禄五分之四；遇上“饥”年，全部不领俸禄，只从国库中领口粮。因此，严重饥荒殃及全国人民时，国君就减去鼎食的五分之三，大夫撤去左右悬挂的乐器，读书人停止入学，国君上朝礼服不更新重做，对诸侯的宾客，四邻各国的使节，接待的饮食不必过于丰盛，驾车的三匹马中，将两侧的马撤掉，道路不特别清除，马不吃豆料，婢妾不穿丝织的衣服，这表示物资匮乏达到极点。

有人背着孩子在井边汲水，如果孩子跌落井中，这孩子的母亲必定赶忙拉他上来。如今年成饥荒，人民挨饿病倒于道路，这种祸患比孩子跌落井中还严重，难道可以不管吗？所以收成好的时候，人民就仁义善良；荒年饥馑的时候，人民就吝啬凶恶。人民的情性哪能长久不变呢？从事生产的人少，而消费的人多，那么年成就不会丰收。所以说，财物不足就反省四季生产的情况；粮食不足时就反省是否节约用度。所以古代的贤人依照四季的情况来生产财物，巩固本业，而后用财，财物自然就丰足了。

即使是上古时代的圣王，哪能使五谷常常丰收，而且旱灾水灾不降临呢？然而那时没有受冻挨饿的人，是什么原因呢？因为他们努力于耕作，农时抓得紧，自己的用度又很节俭。所以，尽管《夏书》记载说禹时有七年水灾，《商书》记载说汤时有五年旱灾，这说明他们遭到的饥荒严重极了，但人民却没有受冻挨饿的，什么原因呢？因为他们生产的财富丰足，费用节俭。所以，粮库没有储备的粮食，就不可以应付凶年饥荒；武库里没有储备的兵器，即使正义之师也不能去征伐不义之国。城郭不修筑完善，就不可以自卫；思想上没有周密的考虑，就不可以应付突然的事变。就像庆忌没有离开卫国的思想准备，就不应该轻易出走。夏桀没有对付商汤的准备，所以被流放；商纣王没有对付周武王的准备，所以被杀。夏桀和商纣贵为天子，富有天下，然而都被方圆仅百里的小国之君灭亡了，是什么原因呢？因为他们虽然富贵，却不作防备。所以，防备是国家最重要的大事。粮食是国家的宝贝，武器是保卫国家的爪牙，城池是用来自我防御的：这三者都是治国的工具。

所以说，用最高的赏赐，去奖给无功的人；用尽府库的钱财，去添置车马衣裘、奇珍异宝；役使百姓劳苦不休，来修建宫殿楼阁以供观赏娱乐；国君死了要做很厚实的棺椁，做很多衣裘来陪葬；活着的时候建造台榭，死后又兴修坟墓。所以，人民受苦于郊外，府库空虚于内廷。主上寻乐不知厌足，下民痛苦难以忍受。于是，国家一旦受到敌国侵略就元气大伤，人民一旦遇到饥荒就逃亡他乡，这些都是平时防备不完全的罪过啊！况且粮食是圣人所珍视的。所以《周书》上说："一个国家如果没有三年的粮食储备，这个国家将不成为其君主之国了；一个家庭如果没有三年的粮食储备，这家的孩子将不为这个家庭所有了。"这就是说国家要有防备。

6. 辞过

【说明】

本文分别论述，古代圣王在修建宫室、缝制衣服、烹调饮食、制造舟车、蓄养姬妾几方面都有节制，讲究实用，不求美观，不尚虚荣，不败坏道德。同时对比并谴责当时某些统治者在这些方面的相反做法。他们横征暴敛，奢侈淫逸，以致影响到国计民生，最后导致亡国。本篇内容与《节用》篇可互为补充。

【原文】

子墨子曰：古之民，未知爲宮室時，就陵阜而居[①]，穴而處。下潤濕傷民，故聖王作爲宮室。爲宮室之法，曰：室高足以辟潤濕[②]，邊足以圉風寒[③]，上足以待雪霜露，宮牆之高，足以別男女之禮，謹此則止[④]。凡費財勞力不加利者[⑤]，不爲也。役[⑥]，修其城郭，則民勞而不傷；以其常正[⑦]，收其租稅，則民費而不病[⑧]。民所苦者非此也，苦於厚作斂於百姓[⑨]。是故聖王作爲宮室，便於生，不以爲觀樂也；作爲衣服帶履，便於身，不以爲辟怪也[⑩]。故節於身，誨於民，是以天下之民，可得而治，財用可得而足。當今之主，其爲宮室，則與此異矣，必厚作斂於百姓，暴奪民衣食之財，以爲宮室臺榭曲直之望[⑪]，青黃刻鏤之飾。爲宮室若此，故左右皆法象之[⑫]。是以其財不足以待凶飢，振孤寡[⑬]，故國貧而民難治也。君實欲天下之治，而惡其亂也，當爲宮室[⑭]，不可不節。古之民，未知爲衣服時，衣皮帶茭[⑮]，冬則不輕而溫，夏則不輕而凊[⑯]，聖王以爲不中人之情[⑰]，故作，誨婦人，治絲麻，梱布絹[⑱]，以爲民衣。爲衣服之法，冬則練帛之中[⑲]，足以爲輕且暖；夏則絺綌之中[⑳]，足以爲輕且凊，謹此則止。故聖人之爲衣服，適身體，和肌膚而足矣，非榮耳目而觀愚民也。當是之時，堅車良馬，不知貴也；刻鏤文彩，不知喜也，何則？其所道之然[㉑]。故民衣食之財，家足以待旱水凶飢者，何也？得其所以自養之情，而不感於外也[㉒]。是以其民儉而易治，其君用財節而易贍也。府庫實滿，足以待不然[23]；兵革不頓，士民不勞，足以征不服，故霸王之業，可行於天下矣。當今之主，其爲衣服，則與此異矣。冬則輕暖，夏則輕清，皆已具矣，必厚作斂於百姓，暴奪民衣食之財，以爲錦繡文綵靡曼之衣[24]，鑄金以爲鈎，珠玉以爲珮[25]，女工作文綵[26]，男工作刻鏤，以爲身服，此非云益暖之情也。單財勞力[27]，畢歸之於無用也。以此觀之，其爲衣服，非爲身體，皆爲觀好。是以其民淫僻而難治，其君奢侈而難諫也。夫以奢侈之君，御好淫僻之民[28]，欲國無亂，不可得也。君實欲天下之治，而惡其亂，當爲衣服不可不節。

古之民未知爲飲食時，素食而分處。故聖人作，誨男耕稼樹藝，以爲民食。其爲食也，足以增氣充虚，強體適腹而已矣。故其用財節，其自養儉，民富國治。今則不然，厚作斂於百姓，以爲美食芻豢[29]，蒸炙魚鱉。大國累百器，小國累十器，前方丈[30]，目不能徧視，手不能徧操，口不能徧味，冬則凍冰，夏則飾饐[31]，人君爲飲食如此，故左右象之。是以富貴者奢侈，孤寡者凍餒，雖欲無亂，不可得也。君實欲天下治，而惡其亂，當爲食飲不可不節。

古之民未知爲舟車時，重任不移，遠道不至，故聖王作，爲舟車，以便民之事。其爲舟車也，全固輕利，可以任重致遠。其爲用財少，而爲利多，是以民樂而利之。法令不急而行，民不勞不上足用[32]，故民歸之。當今之主，其爲舟車，與此異矣。全固輕利皆已具，必厚作斂於百姓，以飾舟車。飾車以文綵，飾舟以刻鏤。女子廢其紡織，而修文綵，故民寒；男子離其耕稼，而修刻鏤，故民飢。人君爲舟車若此，故左右象之。是以其民飢寒並至，故爲奸邪。奸邪多則刑罰深，刑罰深則國亂。君實欲天下之治，而惡其亂，當爲舟車不可不節。

凡回於天地之間[33]，包於四海之内，天壤之情，陰陽之和，莫不有也，雖至聖不能更也。何以知其然？聖人有傳[34]，天地也，則曰上下；四時也，則曰陰陽；人情也，則曰男女；禽獸也，則曰牡牝雄雌也。真天壤之情[35]，雖有先王，不能更也。雖上世至聖，必蓄私[36]，不以傷行[37]，故民無怨；宮無拘女，故天下無寡夫[38]。内無拘女，外無寡夫，故天下之民衆。當今之君，其蓄私也，大國拘女累千，小國累百，是以天下之男多寡無妻，女多拘無夫，男女失時[39]，故民少。君實欲民之衆而惡其寡，當蓄私不可不節。

凡此五者，聖人之所儉節也，小人之所淫佚也。儉節則昌，淫佚則亡，此五者不可不節。夫婦節而天地和，風雨節而五穀孰[40]，衣服節而肌膚和。

【注释】

①就陵阜：依傍山冈。
②辟：同“避”。
③圉（yǔ）：同“御”。
④谨：通“仅”。
⑤加利：增加利益。
⑥役：毕沅认为，上有脱字，应为“以其常役”。
⑦正：同“征”，征收。
⑧费而不病：有所耗费但不感到困苦。
⑨厚作“敛”：征收很重的赋税。
⑩辟怪：即怪癖，特异的爱好。
⑪曲直：指建筑结构的逶迤曲折。望：观览。
⑫法象之：效法，模仿他们。
⑬振：通“赈”，救济。
⑭当：这里相当于“则”（从王引之说）。
⑮茭：草索。
⑯清（qìng）：凉快。
⑰不中人之情：不合人情。
⑱梱：同“捆”，束扎。布绢：应为“布绡”，即布匹。
⑲练帛：白色的帛布。中：也写作“衷”，指一种内衣。
⑳絺：细葛布。绤：粗葛布。
㉑道：通告。然：如此。
㉒感：应作“惑”。
㉓不然：不正常。
㉔靡曼：轻而细的样子。
㉕珮：同“佩”，佩饰。
㉖工作：精工细作。
㉗单：同“殚”，竭尽。

㉘御:驾御,这里是统治的意思。
㉙刍豢:饲养牲畜,这里指牛羊猪肉。
㉚前方丈 :应为“食前方丈”。指国君的食品,摆满了面前一丈见方的桌面。
㉛饰饐:应为“餲饐”,指食品馊臭。
㉜民不劳不上足用:应为“民不劳而上足用”。
㉝回:通“迴”,运转,活动。
㉞传:指书传。
㉟真:确实。下当脱“乃”字。
㊱蓄私:指蓄养姬妾。
㊲行:品行。
㊳寡夫:无妻之鳏夫。
㊴男女:指夫妻。失时,指减少正常婚配的时机。
㊵孰:同“熟”。

【译文】

墨子说:古时候的人,在他们还不懂得建筑房屋时,依傍着山冈找个洞穴住下来。因为地下潮湿会损害人的身体,所以圣王出来建筑房屋。建造房屋的原则是:地基的高度足以避免潮湿,四面的墙壁足以抵挡风寒,上面的屋顶足以承受雪霜雨露,墙壁的高度足以符合男女有别的礼节,只要能这样就可以了。凡是劳民伤财,又没有更多好处的事是不做的。按照通常规定的劳役修筑城郭,人民虽然劳累,但不伤大体;按照通常的征税原则收取租税,人民虽然缴纳了租税,但不会感到苛重。人民所感到困苦的,并不是这些,而是横征暴敛。因此圣王建造房屋,是为了便于民生,不是为了用来观赏和享乐;制作衣服、腰带、鞋子,是为了便于保养身体,不是用来满足特殊的癖好。对自己要求节俭,并教导人民。因此,天下的人民可以得到治理,财物用度也可以满足需求。如今的君主,他们建造宫室,就与上述的做法不同了。必定要横征暴敛,强夺百姓赖以温饱的钱财,用来修建宫室亭台楼阁,讲究曲折回转的观赏性,用各种色彩和雕刻去装饰。国君建造宫室是这样,属下的人都效法摹仿他。所以,国家的钱财就不够用来应付饥荒,救济孤儿寡妇,这样,国家就贫困,人民就难以治理了。如果国君真想天下太平,不希望天下混乱,那么建造房屋就不能不节俭。

古时候的人，在他们还不懂得缝制衣服时，披着兽皮，缠着草绳，冬天不轻软也不暖和，夏天不轻便也不凉爽。圣人认为这样不适合人的要求，于是出来教妇女们整治麻丝，编织布匹，用来做人们的衣服。做衣服的原则是：冬天用白色的帛做内衣，足以使人感到轻软暖和；夏天用葛布做内衣，足以使人感到轻薄凉爽，仅仅如此而已。因此圣人做衣服，只要身体舒适，肌肤暖和就满足了，不是为了好看，在百姓面前炫耀。在那时候，坚车好马，人们不以为高贵；雕刻文采，人们也不觉得高兴，什么原因呢？是因为圣人教导人们这样。所以，民间衣食钱财，家家富足，能够应付旱灾水灾的饥荒，这是什么原因呢？因为他们懂得赡养自己的要领，而不被外表的虚荣所迷惑。所以人民节俭而容易治理，国君用度有节制而容易供奉。仓库充实，足以应付不测事变；武器不损坏，军队和人民不疲劳，足以征伐不肯臣服者，因而可以在天下实现霸王的事业。当今的君主，他们缝制衣服就与此不同了。冬天穿的轻软暖和，夏天穿的轻薄凉爽，这些都已具备了，还要对百姓横征暴敛，强夺人民用作衣食的钱财，来做绣满文采的华丽衣服。用金铸成钩子，用珠玉做成佩饰，妇女精工绣制花纹，男人精工雕刻图案，以供国君身上穿戴，这就不是有益于暖和的实际需要了。劳民伤财，最后都成为不切实用的东西。由此看来，他们缝制衣服，不是为了保养身体，而是为了外观华丽。所以他们的人民邪僻而难以治理，国君奢侈而难以劝谏。以奢侈的国君，去统治邪僻的人民，而想要国家不乱，是不可能的。如果君主真想天下太平，不希望天下混乱，那么在缝制衣服时就不可不节俭。

古时候的人，在他们还不懂得烹调食物时，生吃草木的果实，分开居住。于是圣人出来教导男人耕耘种植，供人们食用。他们所做的食物，只是为了满足补元气增体力的需要，能强壮身体吃饱肚子就够了。所以他们费用节省，自己生活节俭，人民富足，国家安定。如今情况就不是这样，对百姓横征暴敛，蒸烤牛羊鱼鳖，做成美味佳肴，大国国君的饭席上有上百个菜盘，小国国君也有十几个菜盘，摆满面前一丈见方的地方，眼睛不能全都看到，手不能全都拿到，口不能全都尝到。冬天冻成了冰，夏天吃不完坏掉。国君讲究饮食到了这种地步，属下的人跟着摹仿，所以富贵的穷奢极侈，孤寡的受冻挨饿，虽然想天下不乱，也不可能。如果国君真想天下太平，不希望天下混乱，那么在饮食方面就不可以不节俭。

古时候的人，在他们还不懂得制造车船时，重物不能搬运，路远无法到达。于是圣王出来制造车船，用来方便人民运输。他们所做的车船，讲究完整牢固，轻捷便利，可以运载重物到达远方。因为它花费少，得利多，所以人民喜欢，认为它很方便。因为有了车船，法令不用催促就能实行，人民不劳苦而主上财用充足，因此人民都归顺国君。当今的国君他们制造车船就与此不同了。完整坚固、轻捷便利都具备了，还一定要对百姓横征暴敛，用来装饰车船。用华丽的花纹修饰车子，用雕刻的图案装饰船只。妇女放弃纺纱织布，去描花纹，于是人民就要挨冻；男人离开耕作的本业，去从事雕刻，于是人民就要挨饿。国君制造车船豪华到这种地步，属下的都摹仿他，所以国内的人民就会饥寒交迫，不得已去做奸邪的事情。奸邪的事情多了，刑罚就重；刑罚重了，国家就混乱。如果国君真想天下太平，而不希望天下混乱，那么制造车船时，就不可不节俭。

所有活动在天地之间、包容于四海之内的事物，天地间的情况，阴阳间的调和，没有一样不是自然就有的，即使是圣人也不能改变。根据什么知道是如此呢？圣人有遗训说：天地，称为上下；四季，称为阴阳；人性，称为男女；禽兽，就称为牝牡雌雄。这确实是天地间的实情，即使古代的先王也不能改变。即使上古时代最高尚的圣人都蓄养姬妾，但不因此有损其德行，因此人民没有怨言；宫禁中没有幽禁的女子，天下就没有鳏夫。宫内没有幽禁的女子，宫外没有鳏夫，于是天下的人口众多。当今的国君，他们养起姬妾来，大国拘禁的女子上千，小国上百。这样，天下的男子多鳏居而无妻室，女子多被幽禁而无丈夫，男女失去婚配的时机，因而人口减少。如果国君真正希望人口众多而害怕人口少，那么在蓄养姬妾方面就不可以不节制。

以上五方面，都是圣人注意节俭的地方，也是小人淫逸放荡的地方。

节俭的就能昌盛,淫逸的就会灭亡。在这五方面不可没有节制。夫妻之间有节制,天地阴阳之气自然和顺;风雨有节候,五谷自然丰收;穿衣能调节,身体也就舒适了。

7. 三辩

【说明】

墨子对音乐持否定态度，认为音乐对治理天下无益。他从历史传说出发，认为音乐虽发展了，天下却未见治理得更好。这是不符合历史实际的。这种态度，同他的“节用”思想基本是一致的，在一定程度上反映了墨子作为小手工业者的代表人物，对文化娱乐的社会功能存有偏见，这是他思想的狭隘性。本篇内容是《非乐》篇的补充。题为“三辩”，应有三番辩论；而今本仅二问二答，疑非全璧。

【原文】

程繁問於子墨子曰：[①]“夫子曰：聖王不爲樂。昔諸侯倦於聽治[②]，息於鐘鼓之樂；士大夫倦於聽治[③]，息於竽瑟之樂[④]；農夫春耕夏耘，秋斂冬藏，息於聆缶之樂[⑤]。今夫子曰：聖王不爲樂。此譬之猶馬駕而不稅[⑥]，弓張而不弛，無乃非有血氣者之所不能至邪[⑦]？”

子墨子曰：“昔者堯舜有茅茨者[⑧]，且以爲禮，且以爲樂。湯放桀於大水[⑨]，環天下，自立爲王[⑩]，事成功立，無大後患，因先王之樂[⑪]，又自作樂，命曰《護》[⑫]，又修《九招》[⑬]。武王勝殷殺紂，環天下，自立以爲王，事成功立，無大後患，因先王之樂，又自作樂，命曰《象》[⑭]。周成王因先王之樂，又自作樂，命曰《騶虞》[⑮]。周成王之治天下也，不若武王；武王之治天下也，不若成湯；成湯之治天下也，不若堯舜。故其樂逾繁者，其治逾寡。自此觀之，樂非所以治天下也。”程繁曰：“子曰：聖王無樂。此亦樂已，若之何其謂聖王無樂也？”

子墨子曰：“聖王之命也：多寡之[⑯]。食之利也，以知飢而食之者，智也，因爲無智矣[⑰]。今聖有樂而少[⑱]，此亦無也。”

【注释】

①程繁：即《公孟》篇中的程子，兼习儒墨两家学说。

②听治：处理政治事务。

③士大夫：指古时知识分子和官僚组成的阶层。

④竽、瑟：都是乐器。

⑤聆缶之乐：聆，同“瓴”，装酒的瓮瓶；缶(fǒu)，瓦盆，秦地之乐器。平民百姓将两者作为打击乐器。

⑥税：通“脱”，即卸车。

⑦此句中“非”疑衍。

⑧茅：即茅草。茨(cí)：指盖屋顶。又，茅茨，旧本作“第期”。毕沅据《太平御览》校改。刘昶认为是尧时作乐之人。吴毓江认为“第期”是“大章”之音转，尧乐曲名。

⑨大水：地名。传说商汤将夏桀打败后，将他流放到南方的大水一带，后来夏桀就死在那里的南巢之山。

⑩环：围绕，一统。

⑪因：因袭继承。

⑫护：古书也写作《大护》、《大濩》，据说是商汤命令伊尹制作的音乐，有对人民加以挽救和保护的意思。

⑬《九招》：即《九韶》，古代乐曲，据说最先是帝舜制作的。

⑭《象》：周武王伐商时制作的乐曲。

⑮《驺(zōu)虞》：又写作《驺吾》、《邹吾》，古代乐曲。《诗经·召南》有《驺虞》，就是周成王时的诗篇。

⑯多寡之：孙诒让认为，应为“多者寡之”。在墨子看来，音乐多了就淫滥，要减少才好。

⑰因：应为“固”，其实。孙诒让说：“此言食为人之利，然人饥知食，不足为智。若因饥知食而谓之为智，则所知者甚浅，固为无智矣。以喻圣王虽作乐而少，犹之无乐也。”

⑱圣：应为“圣王”。

【译文】

程繁问墨子说道：“夫子曾经说，圣王是不设置音乐的。可是，从前的诸侯处理政事疲倦了，就演奏钟鼓之乐以休息；士大夫处理政事疲倦了；就演奏竽瑟之乐以休息；农民春天耕种，夏天除草，秋天收获，冬天贮藏，闲时也敲打盆瓮，演奏土乐以休息。如今夫子却说，圣王不设置音乐。这就好比把马驾上车之后总不卸，弓拉紧了总不放松，这恐怕不是有血肉之躯者所能做到的吧？”

墨子说：“从前尧舜用茅草覆盖房屋，姑且在里边举行礼仪，演奏音乐。商汤把夏桀流放于大水，一统天下，自立为王。事业成功之后，没有严重的后患，就继承先王的音乐，又自己创作音乐，将乐章称为《护》，又修订整理古代的音乐《九招》。周武王战胜商朝，杀死商纣王，一统天下，自立为王。事业成功之后，没有严重的后患，就继承先王的音乐，又自己创作音乐，将乐章称为《象》。周成王继承先王的音乐，又自己创作音乐，将乐章称为《驺虞》。周成王治天下，不如周武王；周武王治天下，不如商汤；商汤治天下，不如尧舜。所以音乐越繁荣，国家能治理得好的反而越少。由此看来，音乐是不能用来治理天下的。”

程繁问道：“您说，圣王没有音乐。可是这些也是音乐呀，怎么能说圣王没有音乐呢？”

墨子说：“圣王的法则是：事物过度了就减少它。饮食对于人是有益的，但饿了知道进食就算是聪明，其实这种聪明等于无知。那些圣王虽有音乐，但却很少，就像会吃不能算聪明一样，这很少的音乐也等于没有音乐。”

8. 尚贤上

【说明】

《尚贤》篇可以说是一篇重要的人才学论文，阐明了当时比较进步的人才思想。墨子认为，尊重贤才对于治理国家是至关重要的，一个国家贤良之士多，国家政权就牢固；反之，就脆弱。尊贤是政治的根本，统治者必须把尚贤作为大事来对待，注重挑选人才，而且要在政治、经济、职权等方面提高他们的地位。国君挑选人才，应不论贵贱，排除私怨，“以德就列，以官服事，以劳殿赏，量功而分禄”，“有能则举之，无能则下之”。这些选拔人才的原则，对于打破当时“亲贵合一”和“世卿世禄”的用人制度，尤其具有进步的意义。

【原文】

子墨子言曰：今者王公大人，爲政於國家者，皆欲國家之富，人民之衆，刑政之治①。然而不得富而得貧，不得衆而得寡，不得治而得亂。則是本失其所欲②，得其所惡，是其故何也？子墨子言曰：是在王公大人，爲政於國家者，不能以尚賢事能爲政也。是故國有賢良之士衆，則國家之治厚③；賢良之士寡，則國家之治薄④。故大人之務，將在於衆賢而已。

曰：然則衆賢之術，將奈何哉？子墨子言曰：譬若欲衆其國之善射御之士者，必將富之貴之，敬之譽之，然後國之善射御之士，將可得而衆也。況又有賢良之士，厚乎德行，辯乎言談，博乎道術者乎⑤！此固國家之珍，而社稷之佐也⑥。亦必且富之貴之，敬之譽之，然後國之良士，亦將可得而衆也。是故古者聖王之爲政也，言曰：不義不富，不義不貴，不義不親，不義不近。是以國之富貴人聞之，皆退而謀曰：始我所恃者，富貴也，今上舉義不辟貧賤⑦，然則我不可不爲義。親者聞之，亦退而謀曰：始我所恃者，親也，今上舉義不辟疏，然則我不可不爲義。近者聞之，亦退而謀曰：我始以遠爲無恃，今上舉義不避遠，然則我不可不爲義。逮至遠鄙郊外之臣[8]，門庭庶子[9]，國中之衆，四鄙之萌人，聞之[10]，皆競爲義，是其故何也？曰：上之所以使下者，一物也；下之所以事上者，一術也[11]。譬之富者，有高牆深宫，牆立既謹，上爲鑿一門，有盜人入，闔其自入而求之，盜其無自出。是其故何也？則上得要也。

故古者聖王之爲政，列德而尚賢[12]，雖在農與工肆之人[13]，有能則舉之，高予之爵，重予之祿，任之以事，斷予之令[14]。曰，爵位不高，則民弗敬；蓄祿不厚，則民不信；政令不斷，則民不畏。舉三者授之賢者，非爲賢賜也，欲其事之成。故當是時，以德就列，以官服事，以勞殿賞[15]，量功而分祿。故官無常貴，而民無終賤，有能則舉之，無能則下之，舉公義，辟私怨[16]，此若言之謂也[17]。故古者堯舉舜於服澤之陽[18]，授之政，天下平。禹舉益於陰方之中[19]，授之政，九州成。湯舉伊尹於庖廚之中[20]，授之政，其謀得。文王舉閎夭、泰顛於罝罔之中[21]，授之政，西土服[22]。故當是時，雖在於厚祿尊位之臣，莫不敬懼而施[23]；雖在農與工肆之人，莫不競勸而尚意[24]。

故士者，所以爲輔相承嗣也。故得士，則謀不困，體不勞。名立而功成，美章而惡不生[25]，則由得士也。是故子墨子言曰：得意[26]，賢士不可不舉；不得意，賢士不可不舉。尚欲祖述堯舜禹湯之道[27]，將不可以不尚賢。夫尚賢者，政之本也。

【注释】

①刑政：泛指政治事务。《墨子》中此二字常连用，成为固定的语词。治：安定。

②本失其所欲：应为“失其本所欲”。

③厚：坚实、稳定。

④薄：单薄脆弱。

⑤道术：学术。

⑥佐：辅佐社稷之臣。

⑦辟：同“避”。

⑧鄙：边邑。郊外：据《尔雅》，都城之外称郊。郊之范围，据郝懿行注，谓王畿千里，则范围在百里之内；王畿百里，则范围在十里之内。郊外，谓远在国都之外。

⑨门庭庶子：公族卿大夫之子，嫡子之外称庶子，地位低于嫡子，往往负责宫中宿卫，

住在内外朝门庭之间，所以称门庭庶子。

⑩四鄙：指国家四边疆界之内。萌："氓"的借字，指农民。

⑪术：尹桐阳认为，即途，途径。

⑫列德：以德行论列位次。

⑬工肆之人：市场中的工匠。

⑭断予之令：即予之断决之令。

⑮以劳殿赏：按照功劳大小定赏。殿：通"定"。

⑯辟私怨：辟：同"避"。此指无能则下之者不因私怨。

⑰此若：王念孙说，若，也是"此"的意思，"此若"是复词。

⑱服泽之阳：服泽，古地名。《孟子·离娄》说舜生于诸冯，迁于负夏。"服泽"可能就是"负夏"。

⑲阴方：古地名，所在未详。

⑳伊尹：又名挚，商汤王时著名的能臣；庖厨：厨房。据说伊尹是有莘氏的陪嫁奴隶，善于烹调，他用饮食滋味的道理来启发商汤，得到举用。

㉑闳夭、泰颠：周文王时的贤臣；罝(miè)罔，捕兔、鱼的网。闳夭、泰颠原来可能是捕兔、鱼的人。

㉒西土：指丰、镐一带，即今陕西省关中地区。因在殽关以西，所以称"西土"。

㉓施：应为"惕"。

㉔竞劝：互相勉励。意：应为"悳"，即德。

㉕美章：章，同"彰"。谓美的行为得到传扬。

㉖得意：得志，即治理顺当。

㉗尚：王引之认为同"倘"，倘若。

【译文】

墨子说：如今的王公贵族，在国家朝廷中执政的，都希望国家富强，人丁兴旺，政治安定。然而不能得到富足，反而贫困；人口不是增加，反而减少；社会得不到安定，反而混乱；往往失去原来所期望的，而得到原来所厌恶的，这是什么缘故呢？墨子说：原因就在于王公贵族，在朝廷里执政的人，不能把尊重贤才使用能人作为一项政治措施。因为国家拥有的贤良之士多了，国家的统治基础就坚实；贤良之士少了，国家的统治基础就薄弱。所以，掌权人物的主要任务，就在于增加贤良之士而已。

有人说：那么，增加贤良之士的具体办法是什么呢？墨子说：这就好比想要增加国家善于射箭驾车的人一样，必须使他们富贵，尊重他们，表彰他们,然后国家善于射箭驾车的人才才可能增多。何况有贤良之才的人,具有敦厚的德行,善辩的口才,广博的学识呢!这些人无疑是国家的宝贝,社稷的辅佐,也一定要使他们富足尊贵,敬重他们,表彰他们。这样,国家的优秀人才,也就可以增多了。因此古代圣王治理政务,总要表示:对不义的人就不让他富裕,不让他尊贵,不给予信任,不让他接近国君。于是,国内富贵的人听了,都在下边计议说:当初我们所倚仗的,是富贵的地位,如今国君提拔仁义的人,不嫌弃地位贫贱的人,那么我们不可不做仁义的事了。国君亲信的人听了,也在下边计议说:当初我们所倚仗的是为国君所亲信,如今国君提拔仁义的人,不嫌弃身处远地的人,那么我们不可不做仁义的事了。接近国君的人听了,也在下边计议说:当初我们以为远离国君,没有可倚仗的;如今国君提拔仁义的人,不嫌弃远方的人,那么我们不能不做仁义的事。一直到边疆郊外的臣民,宫廷中的侍卫,城邑中的民众,四境的农民听了,也都争着做仁义的事。其原因是什么呢?答道:国君所用以驱使臣下的,只有尚贤一种方法;臣下所借以得到国君任用的,也只有仁义一条途径。好比有钱的人家有高墙深屋,墙修得严实,上面只开一个门,有盗贼进入,就关闭他进来的门而后抓捕他,盗贼就没有门路可逃出去。这是什么原因呢?就在于国君抓住了要领。

所以古代的圣王处理政事,以德行论列位次,尊重贤能,即使是农夫和工匠中的人,只要有才能,就提拔他,封给他很高的爵位,给予他丰厚的俸禄,委任他官职,授予他决断的权力。就是说,如果他的爵位不高,人民就不会尊重他;他的俸禄不多,人民就不会听信他;委任他官职而没有决断权,人民就不畏惧他。将这三者授予贤人,不仅是因为他贤能而赏赐给他,而是希望将事情办成功。所以在那时候,按照德行分封官职,依照官职处理政事,按照功劳决定赏赐,衡量功绩大小分给俸禄。所以做官的不会长期富贵,老百姓也不会永远贫贱,只要有能力就加以提拔,没有能力就罢免他,出以公心,丢开私怨,就是这个意思。

所以古时候尧在服泽之阳提拔舜,将政事交给他,天下得以太平。大禹在阴方之中提拔伯益,将政事交给他,九州得以安定。商汤从厨房中提拔伊尹，将政事交给他，他的治国谋略得以成功。周文王从猎人中提拔闳夭、泰颠，将政事交给他，西方的诸侯因而臣服。所以在那时候，即使是享受丰厚的俸禄，处于尊贵的地位的大臣，没有一个不兢兢业业地处理政事；即使是农夫工匠之辈，也无不争相进取而崇尚道德。

士是国君能凭借他们的辅佐来继承先祖遗业的人。因此，有了士的辅佐，国君谋事就不会困难，身体就不会劳累。功成名就，好事传扬而恶行不会产生，都是因为有了士。因此墨子说：治国顺利时，不可以不起用贤士；不顺利时，也不可不起贤士。倘若想承继尧、舜、禹、汤之道，就不能不尊重贤才。尊重贤才，是政治的根本。

9. 尚贤中

【说明】

《尚贤》中篇的基本观点与上篇相同，但篇幅更长，论述更加充分。着重论列尚贤使能的政治成效，与不尚贤而使不肖必将带来的害处加以对比，并强调小材不堪大用。还援引《汤誓》、《周颂》之言作为古圣王尚贤的佐证。举出大量历史事实，说明上天也是举贤使能，赏罚分明，不分亲疏的。文章处处体现了墨家的"三表法"。

【原文】

子墨子言曰：今王公大人之君人民[1]，主社稷，治國家，欲修保而勿失，故不察尚賢爲政之本也[2]！何以知尚賢之爲政本也？曰：自貴且智者爲政乎愚且賤者則治，自愚賤者爲政乎貴且智者則亂。是以知尚賢之爲政本也。

故古者聖王甚尊尚賢而任使能，不黨父兄，不偏富貴，不嬖顔色，賢者舉而上之，富而貴之，以爲官長；不肖者抑而廢之，貧而賤之，以爲徒役。是以民皆勸其賞，畏其罰，相率而爲賢者，以賢者衆[3]，而不肖者寡，此謂進賢。然後聖人聽其言，迹其行[4]，察其所能而慎予官，此謂事能[5]。故可使治國者使治國，可使長官者使長官[6]，可使治邑者使治邑。凡所使治國家、官府、邑里，此皆國之賢者也。

賢者之治國也，蚤朝晏退，聽獄治政，是以國家治而刑法正。賢者之長官也，夜寢夙興，收斂關市、山林、澤梁之利，以實官府，是以官府實而財不散。賢者之治邑也，蚤出莫入[7]，耕稼樹藝，聚菽粟，是以菽粟多而民足乎食。故國家治則刑法正，官府實則萬民富。上有以潔爲酒醴粢盛以祭祀天、鬼，外有以爲皮幣[8]，與四鄰諸侯交接，內有以食飢息勞，將養其萬民[9]，外有以懷天下之賢人。是故上者天鬼富之，外者諸侯與之[10]，內者萬民親之，賢人歸之。以此謀事則得，舉事則成，入守則固，出誅則強。故唯昔三代聖王堯舜禹湯文武之所以王天下，正諸侯者，此亦其法已。

既曰若法[11]，未知所以行之術，則事猶若未成，是以必爲置三本。何謂三本？曰：爵位不高，則民不敬也；蓄祿不厚，則民不信也；政令不斷，則民不畏也。故古聖王高予之爵，重予之祿，任之以事，斷予之令。夫豈爲其臣賜哉？欲其事之成也。《詩》曰[12]："告女憂恤，誨女予爵，孰能執熱，鮮不用濯？"則此語古者國君諸侯之不可以不執善承嗣輔佐也[13]。譬之猶執熱之有濯也，將休其手焉[14]。古者聖王唯毋得賢人而使之[15]，般爵以貴之[16]，裂地以封之，終身不厭。賢人唯毋得明君而事之，竭四肢之力，以任君之事，終身不倦。若有美善則歸之上。是以美善在上，而所怨謗在下；甯樂在君，憂戚在臣。故古者聖王之爲政若此。

今王公大人亦欲效人，以尚賢使能爲政，高予之爵，而祿不從也。夫高爵而無祿，民不信也，曰："此非中實愛我也[17]，假藉而用我也[18]。"夫假藉之，民將豈能親其上哉？故先王言曰："貪於政者，不能分人以事；厚於貨者，不能分人以祿。"事則不與，祿則不分，請問天下之賢人將何自至乎王公大人之側哉？若苟賢者不至乎王公大人之側，則此不肖者在左右也。不肖者在左右，則其所譽不當賢，而所罰不當暴。王公大人尊此[19]，以爲政乎國家，則賞亦必不當賢，而罰亦必不當暴。若苟賞不當賢而罰不當暴，則是爲賢者不勸，而爲暴者不沮矣[20]。是以入則不慈孝父母，出則不長弟鄉里[21]。居處無節，出入無度，男女無別，使治官府則盜竊，守城則倍畔[22]，君有難則不死，出亡則不從。使斷獄則不中，分財則不均。與謀事不得，舉事不成，入守不固，出誅不強。故雖昔者三代暴王桀紂幽厲之所以失措其國家[23]，傾覆其社稷者，已此故也[24]。何則？皆以明小物而不明大物也[25]。

今王公大人有一衣裳不能制也，必藉良工；有一牛羊不能殺也，必藉良宰。故當若之二物者[26]，王公大人未知以尚賢使能爲政也[27]。逮至其國家之亂，社稷之危，則不知使能以治之，親戚則使之，無故富貴、面目佼好則使之。夫無故富貴、面目佼好則使之，豈必智且有慧哉？若使之治國家，則此使不智慧者治國家也。國家之亂，既可得而知已。

且夫王公大人有所愛其色而使[28]，其心不察其知，而與其愛。是故不能治百人者，使處乎千人之官；不能治千人者，使處乎萬人之官，此其故何也？曰：處若官者，爵高而祿厚，故愛其色而使之焉！夫不能治千人者，使處乎萬人之官，則此官什倍也。夫治之法將日至者也，日以治之，日不什修，知以治之，知不什益。而予官什倍，則此治一而棄其九矣。雖日夜相接，以治若官，官猶若不治。此其故何也？則王公大人不明乎以尚賢使能爲政也。故以尚賢使能爲政而治者，夫若言之謂也[29]；以下賢爲政而亂者，若吾言之謂也；今王公大人中實將欲治其國家，欲修保而勿失，胡不察尚賢爲政之本也？

且以尚賢爲政之本者，亦豈獨子墨子之言哉？此聖王之道，先王之書，距年之言也[30]。傳曰："求聖君哲人，以裨輔而身。"《湯誓》曰[31]："聿求元聖[32]，與之戮力同心，以治天下。"則此言聖之不失以尚賢使能爲政也。

故古者聖王唯能審以尚賢使能爲政[33]，無異物雜焉，天下皆得其利。古者舜耕歷山，陶河瀕，漁雷澤。堯得之服澤之陽，舉以爲天子，與接天下之政，治天下之民。伊摯[34]，有莘氏女之私臣，親爲庖人。湯得之，舉以爲己相，與接天下之政，治天下之民。傅說被褐帶索，庸築乎傅岩[35]。武丁得之，舉以爲三公，與接天下之政，治天下之民。此何故始賤卒而貴，始貧卒而富？則王公大人明乎以尚賢使能爲政，是以民無飢而不得食，寒而不得衣，勞而不得息，亂而不得治者。

故古聖王以審以尚賢使能爲政[36]，而取法於天。雖天亦不辯貧富、貴賤、遠邇、親疏[37]，賢者舉而尚之，不肖者抑而廢之。然則富貴爲賢以得其賞者誰也？曰：若昔者三代聖王堯舜禹湯文武者是也。所以得其賞何也？曰：其爲政乎天下也，兼而愛之，從而利之；又率天下之萬民，以尚尊天事鬼，愛利萬民。是故天、鬼賞之，立爲天子，以爲民父母。萬民從而譽之曰"聖王"，至今不已。則此富貴爲賢以得其賞者也。

然則富貴爲暴以得其罰者誰也？曰：若昔者三代暴王桀紂幽厲者是也。何以知其然也？曰：其爲政乎天下也，兼而憎之，從而賊之，又率天下之民，以詬天侮鬼，賊傲萬民。是故天、鬼罰之，使身死而爲刑戮，子孫離散，室家喪滅，絕無後世。萬民從而非之曰"暴王"，至今不已。則此富貴爲暴以得其罰者也。

然則親而不善以得其罰者誰也？曰：若昔者伯鯀，帝之元子[38]，廢帝之德庸[39]，既乃刑之於羽之郊，乃熱照無有及也[40]，帝亦不愛[41]。則此親而不善以得其罰者也。

然則天之所使能者誰也？曰：若昔者禹、稷、皋陶是也。何以知其然也？先王之書《呂刑》道之[42]，曰："皇帝清問下民[43]，有辭有苗[44]"。曰："群后之肆在下[45]，明明不常[46]，鰥寡不蓋。德威維威，德明維明。"乃名三后[47]，恤功於民：伯夷降典[48]，哲民維刑[49]，禹平水土，主名山川；稷隆播種[50]，農殖嘉穀。三后成功，維假於民[51]"。則此言三聖人者，謹其言，慎其行，精其思慮；索天下之隱事遺利，以上事天，則天鄉其德[52]。下施之萬民，萬民被其利[53]，終身無已。故先王之言曰："此道也，大用之天下則不窕[54]，小用則不困，修用之則萬民被其利，終身無已。"

《周頌》道之曰[55]：聖人之德，若天之高，若地之普，其有昭於天下也。若地之固，若山之承[56]，不坼不崩；若日之光，若月之明，與天地同常。則此言聖人之德章明博大，埴固以修久也[57]。故聖人之德，蓋總乎天地者也。

今王公大人欲王天下、正諸侯，夫無德義，將何以哉？其說將必挾震威強。今王公大人將焉取挾震威強哉？傾者民之死也[58]！民生爲甚欲，死爲甚憎，所欲不得，而所憎屢至。自古及今，未有嘗能有以此王天下、正諸侯者也。今大人欲王天下、正諸侯，將欲使意得乎天下，名成乎後世，故不察尚賢爲政之本也？此聖人之厚行也。

【注释】

①君：统治。

②故：毕沅认为，本作"胡"。也：同"耶"。

③"相率而为贤者"的"者"，俞樾认为当作"是"，属下句。

④迹：张纯一认为，"循实而考之也。"

⑤事能：孙诒让认为，即"使能"。

⑥长官:为官吏之长。“长”是动词。
⑦蚤:通“早”。莫:通“暮”。
⑧皮币:皮毛与布帛,古时的礼品。
⑨将养:保养,将息。
⑩与:亲近。
⑪曰:王念孙认为是“有”之坏字。
⑫以下这四句诗,见今本《诗经·桑柔》,文字略异而意义相同。
⑬执善:亲善。承嗣辅佐:指王位继承者和辅政大臣。
⑭休:保养。
⑮唯毋:语助词,无义。
⑯般:毕沅认为,即“颁”。
⑰中实:诚心诚意。
⑱假藉:假借。
⑲尊:同“遵”。
⑳沮:尹桐阳认为,同“阻”。
㉑长弟:王焕镳认为,即长悌。
㉒倍畔:背叛。
㉓失措:丧失。
㉔已:通“以”。
㉕物:孙诒让认为,犹“事”。
㉖之二物:此二事。
㉗未知:王念孙认为,当作“未尝不知”。
㉘孙诒让认为,“使”字后当有“之”字。
㉙夫若言:张纯一认为,当作“若夫言”。
㉚距年:李渔叔认为,当作“巨年”,老年人。
㉛《汤誓》:《尚书》篇名,今本无此数句。
㉜聿:句首语助词。元圣:大圣人。
㉝审:谨慎。
㉞伊挚:即伊尹。
㉟庸:通“佣”。傅岩:地名。
㊱句中第一个“以”,陶鸿庆认为,当作“能”。
㊲句中的“虽”,王闿运认为当作“唯”。
㊳鲧为帝颛顼五世孙,故此句之“帝”当指帝室,帝系。
㊴德庸:功德。
㊵热照无有及也:指日月照不到的地方。
㊶此帝当指帝舜或帝尧。

㊷《吕刑》:《尚书》篇名。
㊸清问:询问。
㊹有辞:有谴责之辞。
㊺群后:各位诸侯。肆:及。
㊻明明:孙诒让认为。指明显有志之人。
㊼三后,指伯夷、禹、稷。
㊽伯夷:帝舜之臣。降典:制定法典。
㊾哲:王引之认为,通"折",制也。
㊿隆:王念孙认为,通"降",传授之意。
[51]假:孙诒让认为,通"嘏",远大之意。
[52]天乡其德:"乡"当作"享"。
[53]被其利:得其利。
[54]窕(tiǎo):缺损。
[55]以下数句不见今本《诗经》,盖为逸诗。
[56]承:接连不断。
[57]埴固:坚韧牢固。
[58]倾者:孙诒让认为,当作"倾诸"。

【译文】

墨子说:现在王公大人统治人民,主宰社稷,治理国家,希望长久保持而不失去,怎么看不到崇尚贤能是为政的根本呢!怎么知道崇尚贤能是为政的根本呢?答道:由高贵而聪明的人去管理愚蠢而低贱的人,那么国家就能治理好;由愚蠢而低贱的人去管理高贵而聪明的人,那么国家就会混乱。因此知道崇尚贤能是为政的根本。

所以古时的圣王很尊崇贤才而任用能人。不包庇父兄,不偏袒富贵,不宠爱美色。凡是贤者便选拔上来使其处于高位,给他富贵,让他做官长;凡是不肖之人就抑制,或免去职位使之贫贱,让他做徒役。于是人民都为奖赏所鼓励,因刑罚而畏惧,争着做贤人。这样贤人就多了,不肖的人就少了,这便叫进贤。然后圣人倾听贤人的言论,考察他的行为,察看他的能力,而后慎重地给他官职,这便叫事能。因此,可以让他治理国家的,就让他治理国家;可以让他主持官府的,就让他主持官府;可以让他管理都邑的，就让他管理县邑。凡是派去治理国家、官府、邑里的，这些都是国家的贤人。

贤人治理国家，早上朝而晚退朝，审听刑狱，处理政务，所以国家安定而刑法严正；贤人主持官府，晚睡早起，征收关、市、山林、川泽的税利，以充实官家府库，所以国库充实而财用不散；贤人治理都邑，早出晚归，指导翻耕种植，多聚豆粟，所以粮食多而人民食用充足，因此国家安定而刑法严正，官府充实而万民富足。对上能洁治酒食，去祭祀上帝鬼神；对外能制造皮币，与四邻诸侯交往；对内可以使饥者得食，劳者得息，以抚养万民；对外可以招徕天下贤人。所以上面天帝鬼神给他赐富，外面诸侯与他结交，内部万民亲附，贤人归顺。因此谋事得当，做事成功，自守则坚固，出征则强大。所以从前三代圣王尧、舜、禹、汤、文、武之所以统一天下，成为诸侯之长，就在于能采用这种方法。

既然有这样的法则，但如果不知道怎样推行这一法则的措施，那么事情仍然没有办成。所以要立下三条根本原则。什么叫三条根本原则？答道：爵位不高，人民就不尊敬他；俸禄不厚，人民就不信服他；所发出的政令不专断，人民就不畏惧他。所以古代圣王给他高的爵位，厚的俸禄，实际的任务，能决断的权力，这难道是给臣下以赏赐吗？为的是要使事业成功啊！《诗经》说："告诉你如何忧人之忧，教给你如何安排爵位，谁能拿了火热的东西，而不用冷水洗手呢？"这是说古代的国君诸侯不可不亲善那些继承事者和辅佐大臣，就如同拿了热的东西后要用冷水洗手一样，以便自己的手得到休息。古时的圣王得到贤人而使用他，颁赐爵位使他显贵，分割土地封赠给他，终身都不厌倦。贤人得到明君事奉，必能竭尽全力来承担国君的工作，终身不厌倦。如果有了美好的功德，一定归功于国君。所以美好的功德在于主上，而怨恨诽谤在于臣下；安宁欢乐在于国君，而忧愁在于臣下。古代圣王为政就是如此。

如今王公大人也想效法古人为政，尊敬贤者，任用能人。给他们高的爵位，但俸禄却不随着增加。爵位虽高而无厚禄，人民不会相信的。他说："这不是诚心诚意爱我，不过是借虚名来使用我罢了。"既然是被假借利用，人民怎能亲附君上呢？所以先王说："贪于权位的，不能把政事分给别人；看重财货的，不能把俸禄分给别人。"政事既不让人参与，俸禄又不分给别人，请问天下的贤人怎么会自己跑到王公大人身边来呢？如果贤人不来到王公大人的身边，那就有不肖的人在其左右了。不肖的人在左右，则他称赞的不会是真的贤者，所惩罚的也不会是真的暴徒。王公大人遵顺这些人的意见以治理国家，那么所赏的也一定不会是真的贤者，所罚的也一定不会是真的暴徒。如果所赏非贤，所罚非暴，那么做贤人的得不到勉励，而作恶的人也得不到阻止了。于是人们在家不知道孝顺父母，出外不懂得敬重乡里。居处没有规矩，出入没有法度，男女没有区别。派他治理官府就会偷窃，派他守城就会背叛，君主有危难不肯献身，君主出亡不肯跟随。派他判案则不公正，分财则不均匀，和他谋事不得当，让他办事无所成，防守不坚固，征伐不威强。从前三代暴君桀、纣、幽、厉之所以丧失其国家，倾覆其社稷，就是因为这个缘故。为什么呢？都因为他们只明白小事而不明白大事。

如今的王公大人，有一件衣裳不能缝制，必定要借助好的工匠；有一头牛羊不能宰杀，必定要借助好的屠夫。对待上面这两件事情，王公大人也未尝不知道以尚贤使能为事；一旦遇到国家丧乱，社稷倾危，却不知道尚贤使能以治理它。只要亲戚就任用他，无缘无故而富贵，面目美好者就任用他。而那些无缘无故而富贵者，面目美好而被任用者，难道他们一定聪明而有智慧吗？如果使他们治理国家，那就是使不聪明的人治理国家呀。国家的混乱也就可想而知了。

王公大人因爱一个人的美貌而任用他，心里并不清楚他的智能如何，就把官职给予其宠爱者。于是不能管理百人的，竟让他做管一千个人的官；不能管理千人的，竟让他做管一万人的官。这是为什么呢？回答说：做这种官的人，爵位高而俸禄厚，只因爱其美色才给他这个职位。不能管理一千人，让他做管一万人的官。这样的官职已超过其能力十倍了。治理国家的事务，必将与日俱至，每天都要处理，一天的时间不能延长十倍，有智能才可以治国，而智能也不可能一下就增加十倍。可是却给予他十倍于其才能的官职。那么,他就只能治理其中十分之一,而放弃其中十分之九。即使日夜不停,去处理官事,官事仍然治不好。这是什么原因呢?是王公大人不明白尚贤使能的缘故呀!所以,因尚贤使能为政而大治的,就是上面我所讲的这样;因抑制贤者不用能人为政而混乱的,也像我所说的这样。如今的王公大人,心中真正想治理其国家,想长保江山而不丧失,为什么不去体察尚贤为政这个根本呢?

以尚贤使能作为政治的根本,又岂止是墨子这样说呢?这原是圣王的道理,先王的书,老人的话。传上说:"求圣哲之人,以辅助你自己。"《汤誓》说:"寻求大圣人,和他戮力同心,以治天下。"这些都说明圣人绝不放弃以尚贤使能治理国家。

所以古时圣王只因为能慎重地以尚贤使能治理政事,没有其他事情掺杂,天下都得其利。古时舜在历山耕地,在河滨制陶,在雷泽捕鱼;帝尧在服泽之阳找到他,选拔他做天子,让他接管天下的政事,治理天下的人民。伊尹本是有莘氏的陪嫁私臣,身为厨子,汤得到他,拔举他为自己的助手,让他掌管天下的政事,治理天下的人民。傅说身穿粗布衣,围着绳索,在傅岩受佣筑墙;武丁得到他,拔举他为三公,让他掌管天下的政事,治理天下的人民。他们为什么先贱后贵,先贫后富呢?是因为王公大人懂得以尚贤使能治理国政。因此人民没有饥不得食,寒不得衣,劳不得息,乱不得治的。

古时的圣王能审慎地以尚贤使能治理国政,而取法于天。只有天不分贫富贵贱,远近亲疏,凡是贤人就选拔而重用他,不肖的人就抑制而废弃他。那么,那些富贵而贤的人,得到上天赏赐的是谁呢?回答说:像从前三代圣王尧、舜、禹、汤、文、武就是。他们得到上天的奖赏,是因为什么呢?回答说:他们治理天下,能够兼爱互利,又率领天下万民崇尚尊天事鬼,爱利万民。所以上天鬼神赏赐他们,立他们为天子,让他们做人民父母,万民从而称赞他们为"圣王",至今不息。这就是富贵为贤而得到奖赏的例子。

那么富贵为暴而得到上天惩罚的又有谁呢?回答说:像从前三代的

暴君桀、纣、幽、厉就是。怎么知道呢？回答说：他们统治天下，普遍地憎恶百姓，残害人民，又率领天下之人咒骂上天，侮慢鬼神，残害并鄙视万民。所以上天鬼神惩罚他们，使他们本身死亡而且受刑戮，子孙离散，家室毁灭，没有后代，万民从而谴责他们为“暴王”，至今不息。这些是富贵为暴而得到惩罚的例子。

那么，亲近者行为不善而得到上天惩罚的又有谁呢？回答说：像从前的伯鲧，是帝系的长子，败坏了帝舜的功德，不久就被流放于羽山之郊，那是阳光照不到之处，帝舜也不再怜爱他。这就是亲近者行为不善而得到上天惩罚的例子。

那么，天所使用贤能者有谁呢？回答说：像从前禹、稷、皋陶就是。怎么知道这样呢？先王之书《吕刑》说过：“尧帝询问人民所患，人民都对有苗有怨言。”帝尧说：“各位君主以及在下执事之人，凡是明显有德之人即可破格任用，鳏寡之人也不被埋没。出于崇高品德的威严才是真正的威严，出于崇高品德的明察才是真正的明察。”于是命令伯夷、禹、稷三君，忧虑勤劳民事：伯夷制定典礼，以法服民；禹平治水土，制定山川名称；稷教民播种，让人民努力种植粮食。这三君的成功，大大地造福于民。这说的是三位圣人，谨言慎行，精心考虑，去求索天下没有被发现的事物和被遗忘的利益。以此上奉于天，天即欣赏其德；以此下施于万民，万民即蒙受其利，终身受之不尽。所以先王的话说：“这种尚贤使能之道，大量地运用，治天下就不会缺损；用到小处，也不会困惑。长久用它，则万民受其利，终身受之不尽。”

《周颂》曾说过：“圣人的德行，像天一样高，像地一样广，其光明照于天下。像地一样坚固，像山一样连绵，不裂不崩。像太阳一样光辉，像月亮一样明朗，与天地同长久。”这说的是圣人的德行彰明博大，坚牢而永久。所以圣人之德是总合了天地之美德的结果。如今王公大人要称王于天下，为诸侯之长，没有德义，那依靠什么呢？他们说必须保持威力和强权。如今王公大人将会从保持威力强权中得到什么呢？他们必将倾覆于活不下去的民众之手。人民对生都很爱惜，对死都很憎恨。他们往往得不到所希求的，而常常得到所厌恶的。从古到今，绝对没有以这种方式称王天下，为诸侯之长的。现在王公大人想称王于天下，为诸侯之长，将要使自己得志于天下，成名于后世，为什么看不到尚贤这个为政之根本呢？这是圣人崇高的德行所在啊。

10. 尚贤下

【说明】

《尚贤》下篇进一步论述尚贤的重要性。文章假设各种情况加以比较:尚贤可使射御忠信之士喜,不善射御不忠不信之士惧。今王公大人治其弓、马、衣裳皆知求良工,而治国则不知尚贤,可见明于小而不明于大。文章援引尧举舜,汤举伊尹,武丁举傅说,作为从贫贱中举贤的历史的证据,还提出"为贤之道"就是"有力者疾以助人,有财者勉以分人,有道者劝以教人"三条原则,亦即墨家所谓"贤者"的道德标准。

【原文】

子墨子言曰:天下之王公大人皆欲其國家之富也,人民之衆也,刑法之治也。然而不識以尚賢爲政其國家百姓[①],王公大人本失尚賢爲政之本也[②]。若苟王公大人本失尚賢爲政之本也,則不能毋舉物示之乎[③]?

今若有一諸侯於此,爲政其國家也,曰:"凡我國能射御之士,我將賞貴之;不能射御之士,我將罪賤之。"問於若國之士,孰喜孰懼?我以爲必能射御之士喜,不能射御之士懼。我賞因而誘之矣[④],曰:"凡我國之忠信之士,我將賞貴之;不忠信之士,我將罪賤之。"問於若國之士,孰喜孰懼?我以爲必忠信之士喜,不忠不信之士懼。今惟毋以尚賢爲政其國家百姓,使國爲善者勸,爲暴者沮。大以爲政於天下,使天下之爲善者勸,爲暴者沮。然昔吾所以貴堯舜禹湯文武之道者,何故以哉?以其唯毋臨衆發政而治民,使天下之爲善者可而勸也[⑤],爲暴者可而沮也。然則此尚賢者也,與堯舜禹湯文武之道同矣。

而今天下之士君子,居處言語皆尚賢;逮至其臨衆發政而治民,莫知尚賢而使能。我以此知天下之士君子,明於小而不明於大也。何以知其然乎?今王公大人有一牛羊之財不能殺[⑥],必索良宰;有一衣裳之財不能制,必索良工。當王公大人之於此也,雖有骨肉之親、無故富貴、面目美好者，實知其不能也，不使之也。是何故？恐其敗財也。當王公大人之於此也，則不失尚賢而使能。王公大人有一罷馬不能治[7]，必索良醫；有一危弓不能張[8]，必索良工。當王公大人之於此也，雖有骨肉之親、無故富貴，面目美好者，實知其不能也，必不使。是何故？恐其敗財也。當王公大人之於此也，則不失尚賢而使能。逮至其國家則不然，王公大人骨肉之親、無故富貴、面目美好者則舉之。則王公大人之親其國家也，不若親其一危弓、罷馬、衣裳、牛羊之財與？我以此知天下之士君子，皆明於小而不明於大也。此譬猶瘖者而使爲行人[9]，聾者而使爲樂師。是故古之聖王之治天下也，其所富，其所貴，未必王公大人骨肉之親、無故富貴、面目美好者也。

是故昔者舜耕於歷山，陶於河瀕，漁於雷澤，灰於常陽[10]。堯得之服澤之陽，立爲天子。使接天下之政，而治天下之民。昔伊尹爲莘氏女師僕[11]，使爲庖人。湯得而舉之，立爲三公，使接天下之政，治天下之民。昔者傅說居北海之洲，圜土之上[12]，衣褐帶索，庸築於傅岩之城。武丁得而舉之，立爲三公，使之接天下之政，而治天下之民。是故昔者堯之舉舜也，湯之舉伊尹也，武丁之舉傅說也，豈以爲骨肉之親、無故富貴、面目美好者哉？惟法其言，用其謀，行其道，上可而利天，中可而利鬼，下可而利人，是故推而上之。

古者聖王既審尚賢，欲以爲政，故書之帛，琢之盤盂，傳以遺後世子孫。於先王之書《呂刑》之書然[13]，王曰："於[14]！來！有國有士，告女訟刑[15]。在今而安百姓，女何擇言人[16]？何敬不刑？何度不及[17]？"能擇人而敬爲刑，堯舜禹湯文武之道可及也。是何也？則以尚賢及之。於先王之書、豎年之言然[18]，曰：晞夫聖武知人[19]，以屏輔而身[20]。此言先王之治天下也，必選擇賢者，以爲其群屬輔佐。

曰：今也天下之士君子，皆欲富貴而惡貧賤。曰：然女何爲而得富貴而辟貧賤[21]？莫若爲賢，爲賢之道將奈何？曰：有力者疾以助人，有財者勉以分人，有道者勸以教人。若此，則飢者得食，寒者得衣，亂者得治。若飢則得食，寒則得衣，亂則得治，此安生生[22]。

今王公大人，其所富，其所貴，皆王公大人骨肉之親、無故富貴、面目美好者也。今王公大人骨肉之親、無故富貴、面目美好者，焉故必知哉[23]？若不知，使治國家，則其國家之亂，可得而知也。

今天下之士君子，皆欲富貴而惡貧賤，然女何爲而得富貴而辟貧賤哉？曰：莫若爲王公大人骨肉之親、無故富貴、面目美好者。王公大人骨肉之親，無故富貴、面目美好者，此非可學而能者也。使不知辯[24]，德行之厚，若禹湯文武，不加得也；王公大人骨肉之親，躄，瘖，聾，暴[25]爲桀紂，不加失也[26]。是故以賞不當賢，罰不當暴。其所賞者，已無故矣；其所罰者，亦無罪。是以使百姓皆攸心解體[27]，沮以爲善；垂其股肱之力[28]，而不相勞來也[29]；腐臭餘財，而不相分資也；隱慝良道，而不相教誨也。若此，則飢者不得食，寒者不得衣，亂者不得治。推而上之以[30]。

是故昔者堯有舜，舜有禹，禹有臯陶，湯有小臣[31]，武王有閎夭、泰顛、南宮括、散宜生，而天下和，庶民阜[32]。是以近者安之，遠者歸之。日月之所照，舟車之所及，雨露之所漸[33]，粒食之所養，得此莫不勸譽。且今天下之王公大人士君子，中實將欲爲仁義，求爲上士[34]，上欲中聖王之道，下欲中國家百姓之利，故尚賢之爲說，而不可不察此者也。尚賢者，天、鬼、百姓之利，而政事之本也。

【注释】

①王闿运认为，“其”上应有“于”字。
②王闿运认为，“本失”当作“未知”。下句亦同。
③毋：语助词，无义。物：事例。
④赏：孙诒让认为当作“尝”。诱：曹耀湘认为“进也”。
⑤可而：王念孙认为犹“可以”。
⑥财：财物。
⑦罢：同“疲”。
⑧危弓：李渔叔认为即难以拉开的弓。
⑨喑者：哑巴。行人：外交使者。
⑩灰：俞樾认为当是“反”之误，“反”是贩的假借字。
⑪师仆：即私臣。

⑫圜土：监狱。
⑬“先王之书”的“书”是名词，指《尚书·吕刑》篇。第二个“书”是动词，指书写记述。
⑭於(wū)：叹词。
⑮讼刑：公正的刑法。
⑯言人：王引之认为，“言”当为“否”。
⑰度(duó)：思考。
⑱竖年：老年人。
⑲睎：通“希”，希求。武圣知人：指勇武之人、圣人、智者。
⑳屏：王焕镳认为，通“裨”，裨补。而：尔，你。
㉑辟：通“避”。
㉒王引之认为：“安犹乃也，言如此乃得生生也。”生生：生存。
㉓焉故：何故。
㉔使：假使。辩：分辨。
㉕躄(bì)：跛足。
㉖不加失：不会被遗忘。
㉗攸心：王焕镳认为，即散心。
㉘此句谓不愿动手做事情。
㉙劳来：勉励帮助。来，同“赉”。
㉚“推而上之以”：王念孙认为此五字是衍文。
㉛小臣：小奴隶，指伊尹。
㉜阜：富足。
㉝渐：浸润。
㉞上士：道德高尚的贤士。

【译文】

墨子说：天下的王公大人都希望自己的国家富足，人民众多，政治安定。然而却不知道以尚贤作为对国家百姓施政的原则。王公大人未知尚贤作为施政的根本原则。如果王公大人未知尚贤作为施政的根本原则，我们就不能举出事例来向他展示吗？

现在如果有一位诸侯在这里施政于其国家，说道：“凡是我国能射箭和驾车的人，我将奖赏和尊贵他；不能射箭和驾车的人，我将治罪并轻视他。试问这个国家的人士，谁高兴谁害怕呢？我认为必定是善于射箭驾车的人高兴，不善于射箭驾车的人害怕。我因而劝导说，凡是我国忠信之人，我将奖赏和尊贵他；不忠不信的人，我将治罪并轻视他。试问这个国家的人士，谁高兴谁害怕呢？我认为必定是忠信的人高兴，不忠不信的人害怕。现在以尚贤施政于其国家百姓，使一国为善的人受到勉励，行暴的人受到阻止。扩大到施政于天下，使天下为善的人受到勉励，行暴的人受到阻止。我以前所以看重尧、舜、禹、汤、文、武之道，是什么缘故呢？因为他们面对民众发布政令以治理人民，使天下为善的人可以受到勉励，行暴的人可以受到阻止。这样的尚贤，和尧、舜、禹、汤、文、武之道是相同的。

而今天下的士君子，平时居处言谈都知道尚贤，而一旦他们面对民众发布政令以治理人民，就不知道尚贤使能了。我由此知道天下的士君子，只明白小道理而不明白大道理。怎么知道这样呢？如今的王公大人有一头牛羊不会杀，一定去找好的屠夫；有一件衣裳不会做，一定去找好的工匠。当王公大人在此之时，虽然有骨肉之亲，和无缘无故富贵者，以及面貌美好的人，如果确实知道他们没有能力，就不会让他去做。为什么呢？因为担心损失自己的财物。当王公大人在此之时，则不放弃尚贤使能。王公大人有一匹病马不能治，一定要找好的兽医；有一张难拉的弓拉不开，一定要找好的工匠。当王公大人在此之时，虽然有骨肉之亲，和无缘无故富贵者，以及面貌美丽的人，如果确实知道他们没有能力，一定不让他去做。为什么呢？因为担心损失自己的财物。当王公大人在此之时，则不放弃尚贤使能。但一到他治理国家就不这样了。王公大人的骨肉之亲，无缘无故富贵者，以及面貌美丽的人，就举用他。如此看来，则王公大人爱他自己的国家，还不如爱他的一张坏弓，一匹病马，一件衣裳、一头牛羊呢？我因此知道天下的士君子只明白小道理，而不明白大道理。这就好比派哑巴去充当外交人员，派聋子去充当乐师一样。所以古代圣王治理天下，他所富所贵，未必是王公大人的骨肉之亲，和无故富贵者，以及面貌美丽的人。

所以，从前舜在历山下耕田，在河滨制陶器，在雷泽捕鱼，在常阳贩卖货物。尧在服泽之北得到他，立他为天子，让他接管天下的政事，治理天下的人民。从前伊尹是有莘氏女的私臣，让他做厨师。汤得到并举拔他，立为三公，使他接管天下的政事，治理天下的人民。从前傅说住在北海之洲的牢狱之中，穿着粗布衣，围着绳索，充当佣人在傅岩筑城，武丁得到并拔举他，立为三公，使他接管天下的政事，治理天下的人民。由此看来，从前尧举舜，汤举伊尹，武丁举傅说，难道是因为他们是骨肉之亲，无缘无故富贵者以及面貌美丽的人吗？那只是因为遵照他们的言论，采用他们的计谋，实行他们的主张，从而上可以有利于天，中可以有利于鬼，下可有利于人，所以把他们选拔上去。

古代圣王既已明白尚贤的道理，想以此为政，所以把它写在竹帛上，雕刻在盘盂上，世代相传，留给后世子孙。在先王的书《吕刑》中这样记载：王说："啊！来！有国家有领土的人，告诉你们公正的刑法。在现今你们要安抚百姓，你们除了贤人，还有什么选择的呢？除了刑罚，还有什么可注重的呢？还有什么考虑不能达到呢？"能选择人才，敬用刑典，尧、舜、禹、汤、文、武之道就可以达到了。这是什么原因呢？因为可以通过尚贤而达到。在先王之书和老人的言谈中有这样的话："寻求圣人、武士、智者，来辅佐你自己。"这是说先王治理天下，一定要选择贤能的人，做他的僚属辅佐。

现在天下的士君子，都希望富贵而厌恶贫贱。既然这样，你怎么做才能得到富贵而避免贫贱呢？莫如做贤人。做贤人的道理是怎样的呢？回答说：有力气的赶快帮助别人，有钱财的努力分给别人，有知识的勉力教育他人。如此，饥饿的人就可以得到食物，寒冷的人就可以得到衣服，混乱之地就可以得到治理。如果饥饿者得食，寒者得衣，混乱得治，这就可以使人得以生存。

如今的王公大人，他所使之富贵者，都是王公大人们的骨肉之亲，无缘无故富贵者以及面貌美丽的人。如今王公大人骨肉之亲、无故富贵者、面目美好的人，怎能一定有知识呢？如果不一定有知识而让他治理国家，那么其国家之乱也就可想而知了。

如今天下的士君子，都希望富贵而厌恶贫贱，可是你怎样才能得到富贵而避免贫贱呢？在他们看来，只有做王公大人的骨肉之亲，无缘无故富贵者以及面貌美丽的人。然而王公大人的骨肉之亲、无缘无故富贵者以及面貌美丽的人，却并不是可以学到的。假使不知分辨的话，即使德行醇厚如禹、汤、文、武，也不会得到任用；而王公大人的骨肉之亲，即使是跛子、哑巴、聋子，乃至暴虐如桀、纣，也不会加以遗弃。因此，赏的不是贤人，罚的不是暴虐者。他所赏的人是没有功的，所罚的也是没有罪的。这样就会使百姓人心涣散，阻止他们为善。舍弃其手足之力，而不相互勉励帮助；多余的财物腐臭变质，而不互相资助；隐藏自己好的学问，而不相互教导。如此，饥饿的人就不会得到食物，寒冷的人就不会得到衣服，混乱的地方就不会得到治理。

所以从前尧有舜，舜有禹，禹有皋陶，汤有小奴隶伊尹，武王有闳夭、泰颠、南宫括、散宜生，从而天下和乐，百姓富足。因而，附近的人安于其居，远方的人前来归附。凡是日月所照，舟车所至、雨露所滋润、五谷所养育的人们，得到这些贤人，无不相互劝勉和称赞。假如现今天下的王公大人及士君子，诚心想实行仁义，希望自己成为高尚的贤士，上则想符合圣王之道，下要符合国家与百姓之利，那就不可不认真考虑尚贤这一学说了。尚贤，乃是天帝、鬼神、百姓的利益所在，也是政事的根本。

11. 尚同上

【说明】

墨子认为，国家起源于统一道义的需要，只有统一道义才能息争止乱，于是遂有政长。而政长的任务就是同一天下之义。所以他主张尚同，强调在下位者的思想认识、言论、行为，要向上统一于在上位者。里统一于里长，乡统一于乡长，国统一于国君，天下统一于天子，从而统一全体百姓的思想和行动。下级对上级的绝对服从，并以在上位者的是非为是非。认为只要这样统一，就不会产生混乱，从而达到天下的治理。这种"尚同"的思想，反映了作为小手工业者的墨家学派重视集中统一和严格的纪律性，以及幻想通过"尚同"而实现太平的一种理想。

【原文】

子墨子言曰：古者民始生，未有刑政之時[①]，蓋其語，人異義。是以一人則一義，二人則二義，十人則十義，其人茲衆，其所謂義者亦茲衆。是以人是其義，以非人之義，故交相非也。是以內者父子兄弟作怨惡，離散不能相和合。天下之百姓，皆以水火毒藥相虧害，至有餘力，不能以相勞[②]；腐死餘財不以相分[③]；隱匿良道，不以相教，天下之亂，若禽獸然。

夫明虖天下之所以亂者[④]，生於無政長[⑤]，是故選天下之賢可者[⑥]，立以爲天子。天子立，以其力爲未足，又選擇天下之賢可者，置立之以爲三公。天子三公既以立，以天下爲博大，遠國異土之民，是非利害之辯[⑦]，不可一二而明知，故畫分萬國，立諸侯國君。諸侯國君既已立，以其力爲未足，又選擇其國之賢可者，置立之以爲正長[⑧]。正長既已具，天子發政於天下之百姓。言曰：聞善而不善[⑨]，皆以告其上。上之所是，必皆是之；所非，必皆非之。上有過則規諫之，下有善則傍薦之[⑩]。上同而不下比者[⑪]，此上之所賞，而下之所譽也。意若聞善而不善[⑫]，不以告其上；上之所是弗能是，上之所非弗能非；上有過弗規諫，下有善弗傍薦；下比不能上同者,此上之所罰,而百姓所毁也。上以此爲賞罰,甚明察以審信[13]。

是故里長者,里之仁人也,里長發政里之百姓,言曰:聞善而不善,必以告其鄉長,鄉長之所是,必皆是之;鄉長之所非,必皆非之。去若不善言[14],學鄉長之善言;去若不善行,學鄉長之善行,則鄉何説以亂哉?察鄉之所治者何也?鄉長唯能壹同鄉之義,是以鄉治也。

鄉長者,鄉之仁人也,鄉長發政鄉之百姓,言曰:聞善而不善者,必以告國君,國君之所是,必皆是之;國君之所非,必皆非之。去若不善言,學國君之善言;去若不善行,學國君之善行,則國何説以亂哉?察國之所以治者何也?國君唯能壹同國之義,是以國治也。

國君者,國之仁人也。國君發政國之百姓,言曰:聞善而不善,必以告天子,天子之所是,皆是之;天子之所非之,皆非之。去若不善言,學天子之善言;去若不善行,學天子之善行,則天下何説以亂哉?察天下之所以治者何也?天子唯能壹同天下之義,是以天下治也。

天下之百姓,皆上同於天子。而不上同於天,則菑猶未去也[15]。今若天飄風苦雨溱溱而至者[16],此天之所以罰百姓之不上同於天者也。是故子墨子言曰:古者聖王爲五刑[17],請以治其民[18],譬若絲縷之有紀[19],罔罟之有綱[20],所連收天下之百姓[21],不尚同其上者也。

【注释】

①刑政:指政治刑法等国家机构。

②相劳:互相协作。

③腐殇:同“腐朽”。

④虖:同“乎”。

⑤政长:行政长官。

⑥贤可者:贤能而可以当政者。

⑦辩:同“辨”,识别。

⑧正长:即长官。

⑨而:犹“与”。

⑩傍:通“访”。

⑪比:互相包庇。

⑫意若：假若。

⑬审信：审慎可信。

⑭若：你们。

⑮菑(zī)：同“灾”。

⑯天：应为“夫”。飘风：暴风。溱溱：频频，不断。

⑰五刑：指墨(脸上刺字)、劓(割掉鼻子)、剕(去其膝盖骨)、宫(割生殖器)、大辟(砍头)五种刑罚。

⑱俞樾说：“请”字是衍文。

⑲丝缕：成缕的丝线。纪：把丝一绺一绺分开来的总绳。

⑳罔：同“网”。罟也是网。纲：网上的总绳。

㉑连收：控制。俞樾认为“所”下脱“以”字。

【译文】

墨子说：古代人类刚产生，还没有政治刑法的时候，人们所说的话意义各不相同。这样，一个人就有一种道理，两个人就有两种道理，十个人就有十种道理，人愈多，其所谓的道理也就愈多。于是人人都认为自己的道理是对的，而批评别人的道理，因而就互相指责对方。于是在家里父子兄弟间生出怨恨，使家庭离散，不能互相团结和睦。天下的老百姓，都用水火毒药，互相损害，即使有余力，也不能互相协作；有多余的钱财，也不能互相分享；把好的道术隐藏起来，不拿来互相教育。天下之混乱，就像禽兽一样。明白了天下之所以混乱，是由于没有行政长官，因此，选择天下的贤能者，立为天子。天子确立了，因为他的力量不够，又选择天下的贤能之士，立为三公。天子和三公都设立了，因为天下广大，远国异乡之人，对于是非利害的区分不可能逐一知道得很清楚，因而又划分为许多国，建立诸侯，设立国君。诸侯国君设立之后，因为他们力量不够，又选择国内的贤能之士，设立为行政长官。行政长官齐全以后，天子就向天下百姓发布政令，说道：你们不论听到好的还是不好的，都拿来报告上级。上级认为是对的，大家一定认为对；上级认为不对的，大家一定要认为不对。上级有过失，就加以规谏；下面有好的，就去查访而加以推荐。与主上协同，而不在下属间结党偏袒，这是上级所奖赏，下面所称赞的。假如不论听到好的还是不好的，都不报告上级，上级认为对的不认为对，上级认为不对的不认为不对，上级有过失不劝谏，下面有好处不了解不推荐，为下级袒护而不与上级协同，这就是上级所责罚，老百姓所非议的了。上级用这一原则进行赏罚，就能洞察下情而且真实可信。

因此，里长是一里范围的仁人。里长向一里的百姓发布政令，说道：不论听到好的还是不好的，一定要报告乡长，乡长认为是对的，一定都认为对；乡长认为不对的，一定都认为不对。去掉你们不正确的言论，学习乡长的正确言论；去掉你们的不良行为，学习乡长的优良品行，那么一个乡有什么理由还会乱呢？考察这个乡之所以治理得好，是什么原因呢？唯一的一点就是乡长能统一全乡人的意愿，所以乡就治理得好。

乡长，是一乡范围内的仁人。乡长向全乡百姓发布政令，说道：不论听到好的还是不好的，一定要拿来报告国君，国君认为对的，一定都认为对；国君认为不对的，一定都认为不对。去掉你们不正确的言论，学习国君的正确的言论。去掉你们的不良品行，学习国君的优良品行，那么一个国家有什么理由还会乱呢？考察一个国家之所以治理得好，是什么原因呢？唯一的一点就是国君能统一全国人民的意愿，所以国家治理得好。

国君，是一个国家的仁人，国君向全国百姓发布政令，说道：不论听到好的还是不好的，一定要拿来报告天子，天子认为是对的，就都认为是对的；天子认为不对的，就都认为不对。去掉你们不正确的言论，学习天子的正确的言论；去掉你们不良行为，学习天子的优良品行，那么，天下有什么理由还会乱呢？考察天下之所以治理得好，是什么原因呢？唯一的一点就是天子能统一天下人民的意愿，所以天下治理得好。

天下的老百姓，都向上统一于天子。如果不向上统一于天，那么灾难就还未完全去掉。现在天刮着大风，下着暴雨，频频而来。这就是天用来责罚老百姓不向上统一于天者。所以墨子说：古代圣王设立五种刑罚，用来治理人民，就像丝线有纪、网有纲一样，是用来控制天下那些不向上统一于上级的老百姓的。

12. 尚同中

【说明】

《尚同》中篇的文字比上篇长一倍，前半段内容与上篇基本相同，后半段的内容为上篇所无。它强调，圣王上同于天，就必须敬事天鬼。天下有政刑而乱，非刑之不善，乃用刑不善之故。古者置正长是为民兴利除害，不是为了富贵逸乐，今之为正长则与此相反。同一赏罚还必须同一舆论，如果上所赏而下非之，上所罚而下誉之，那就不起作用。同一下情可以广天子之耳目，助天子之视听，以利天子之赏罚，办事效率就大大提高。

【原文】

子墨子曰：方今之時，復古之民始生[①]，未有正長之時，蓋其語曰，天下之人異義，是以一人一義，十人十義，百人百義。其人數茲衆，其所謂義者亦茲衆。是以人是其義，而非人之義，故相交非也[②]。內之父子兄弟作怨讎，皆有離散之心，不能相和合。至乎舍餘力，不以相勞；隱匿良道，不以相教；腐死餘財，不以相分。天下之亂也，至如禽獸然。無君臣上下長幼之節，父子兄弟之禮，是以天下亂焉。明乎民之無正長以一同天下之義，而天下亂也，是故選擇天下賢良、聖知、辯慧之人，立以爲天子，使從事乎一同天下之義。天子既以立矣，以爲唯其耳目之請[③]，不能獨一同天下之義，是故選擇天下贊閱、賢良、聖知、辯慧之人[④]，置以爲三公，與從事乎一同天下之義。天子三公既已立矣，以爲天下博大，山林遠土之民，不可得而一也。是故靡分天下[⑤]，設以爲萬諸侯國君，使從事乎一同其國之義。國君既已立矣，又以爲唯其耳目之請，不能一同其國之義。是故擇其國之賢者，置以爲左右將軍大夫，以遠至乎鄉里之長，與從事乎一同其國之義。天子、諸侯之君、民之正長，既已定矣，天子爲發政施教，曰："凡聞見善者，必以告其上；聞見不善者，亦必以告其上。上之所是，亦必是之；上之所非，亦必非之，已有善，傍薦之；上有過，規諫之。尚同義其上[⑥]，而毋有下比之心。上得則賞之，萬民聞則譽之。意若聞見善，不以告其上；聞見不善，亦不以告其上。上之所是不能是，上之所非不能非。已有善，不能傍薦之；上有過，不能規諫之，下比而非其上者，上得則誅罰之，萬民聞則非毁之。”故古者聖王之爲刑政賞譽也，甚明察以審信。是以舉天下之人[7]，皆欲得上之賞譽而畏上之毁罰。

是故里長順天子政而一同其里之義。里長既同其里之義，率其里之萬民以尚同乎鄉長，曰：“凡里之萬民，皆尚同乎鄉長而不敢下比。鄉長之所是，必亦是之；鄉長之所非，必亦非之。去而不善言[8]，學鄉長之善言；去而不善行，學鄉長之善行。”鄉長固鄉之賢者也，舉鄉人以法鄉長，夫鄉何説而不治哉？察鄉長之所以治鄉者，何故之以也[9]？曰唯以其能一同其鄉之義，是以鄉治。

鄉長治其鄉，而鄉既已治矣，有率其鄉萬民[10]，以尚同乎國君，曰：“凡鄉之萬民，皆上同乎國君，而不敢下比。國君之所是，必亦是之；國君之所非，必亦非之。去而不善言，學國君之善言；去而不善行，學國君之善行。”國君固國之賢者也，舉國人以法國君，夫國何説而不治哉？察國君之所以治國而國治者，何故之以也？曰：唯以其能一同其國之義，是以國治。

國君治其國，而國既已治矣，有率其國之萬民，以尚同乎天子。曰：“凡國之萬民，上同乎天子，而不敢下比。天子之所是，必亦是之；天子之所非，必亦非之。去而不善言，學天子之善言；去而不善行，學天子之善行。”天子者，固天下之仁人也，舉天下之萬民以法天子，夫天下何説而不治哉？察天子之所以治天下者，何故之以也？曰：唯以其能一同天下之義，是以天下治。

夫既尚同乎天子，而未尚同乎天者，則天災將猶未止也。故當若天降寒熱不節，雪霜雨露不時，五穀不孰[11]，六畜不遂[12]，疾災戾疫[13]，飄風苦雨，薦臻而至者[14]，此天之降罰也，將以罰下人之不尚同乎天者也。

故古者聖王，明天、鬼之所欲，而辟天、鬼之所憎[15]，以求興天下之害[16]，是以率天下之萬民，齊戒沐浴[17]，潔爲酒醴粢盛，以祭祀天、鬼。其事鬼神也，酒醴粢盛不敢不蠲潔[18]，犧牲不敢不腯肥[19]，珪璧幣帛不敢不中度量，春秋祭祀不敢失時幾[21]，聽獄不敢不中[22]，分財不敢不均，居處不敢怠慢。曰：其爲正長若此，是故上者天、鬼有厚乎其爲正長也，下者萬民有便利乎其爲政長也。天、鬼之所深厚而能強從事焉[23]，則天、鬼之福可得也。萬民之所便利而能強從事焉，則萬民之親可得也。其爲政若此，是以謀事得，舉事成，入守固，出誅勝者，何故之以也？曰：唯以尚同爲政者也。故古者聖王之爲政若此。

今天下之人曰："方今之時，天下之正長猶未廢乎天下也，而天下之所以亂者，何故之以也？"子墨子曰："方今之時之以正長[23]，則本與古者異矣。譬之若有苗之以五刑然。昔者聖王制爲五刑，以治天下，逮至有苗之制五刑，以亂天下，則此豈刑不善哉？用刑則不善也。是以先王之書《呂刑》之道曰：'苗民否用練，折則刑[24]，唯作五殺之刑，曰法。'則言善用刑者以治民，不善用刑者以爲五殺。則此豈刑不善哉？用刑則不善，故遂以爲五殺。是以先王之書《術令》之道曰[25]：'唯口出好，興戎。'則此言善用口者出好，不善用口者以爲讒賊寇戎，則此豈口不善哉？用口則不善也，故遂以爲讒賊寇戎。"

故古者之置正長也，將以治民也。譬之若絲縷之有紀，而網罟之有綱也。將以運役天下淫暴而一同其義也[26]。是以先王之書、相年之道曰[27]："夫建國設都，乃作后王君公，否用泰也[28]。輕大夫師長[29]，否用佚也。維辯使治天均[30]。"則此語古者上帝鬼神之建設國都立正長也，非高其爵，厚其祿，富貴佚而錯之也[31]。將以爲萬民興利除害，富貴貧寡[32]，安危治亂也。故古者聖王之爲若此。

今王公大人之爲刑政則反此：政以爲便譬[33]，宗於父兄故舊[34]，以爲左右，置以爲正長。民知上置正長之非正以治民也[35]，是以皆比周隱匿，而莫肯尚同其上。是故上下不同義，若苟上下不同義。賞譽不足以勸善，而刑罰不足以沮暴。何以知其然也？曰：上唯毋立而爲政乎國家，爲民正長，曰："人可賞，吾將賞之。"若苟上下不同義，上之所賞，則衆之所非[36]。曰人衆與處，於衆得非。則是雖使得上之賞，未足以勸乎！上唯毋立而爲政乎國家，爲民正長，曰："人可罰，吾將罰之。"若苟上下不同義，上之所罰，則衆之所譽。曰人衆與處，於衆得譽，則是雖使得上之罰，未足以沮乎！若立而爲政乎國家，爲民正長，賞譽不足以勸善，而刑罰不沮暴，則是不與鄉吾本言[37]“民始生未有正長之時”同乎？若有正長與無正長之時同，則此非所以治民一衆之道。

故古者聖王唯而審以尚同[38]，以爲正長，是故上下情請爲通。上有隱事遺利，下得而利之；下有蓄怨積害，上得而除之。是以數千萬里之外，有爲善者，其室人未遍知，鄉里未遍聞，天子得而賞之；數千萬里之外，有爲暴者，其室人未遍知，鄉里未遍聞，天子得而罰之。是以舉天下之人，皆恐懼振動惕栗，不敢爲淫暴，曰：“天子之視聽也神！”先王之言曰：“非神也。夫唯能使人之耳目助己視聽，使人之吻助己言談，使人之心助己思慮，使人之股肱助己動作。”助之視聽者衆，則其所聞見者遠矣；助之言談者衆，則其德音之所撫循者博矣[39]，助之思慮者衆，則其談謀度速得矣[40]；助之動作者衆，即其舉事速成矣。故古者聖人之所以濟事成功，垂名於後世者，無他故異物焉，曰：唯能以尚同爲政者也。

是以先王之書《周頌》之道之曰[41]：“載來見彼王[42]，聿求厥章[43]。”則此語古者國君諸侯之以春秋來朝聘天子之廷，受天子之嚴教，退而治國，政之所加，莫敢不賓[44]。當此之時，本無有敢紛天子之教者[45]。《詩》曰：“我馬維駱[46]，六轡沃若[47]，載馳載驅，周爰咨度[48]。又曰：“我馬維騏[49]，六轡若絲[50]，載馳載驅，周爰咨謀。”即此語也。古者國君諸侯之聞見善與不善也，皆馳驅以告天子。是以賞當賢，罰當暴，不殺不辜，不失有罪，則此尚同之功也。是故子墨子曰：“今天下之王公大人士君子，請將欲富其國家[51]，衆其人民，治其刑獄，定其社稷，當若尚同之不可不察，此之本也。”

【注释】

①复古之民始生：应为“复察古之民始生”。
②相交非：应为“交相非”。
③耳目之请：耳目所得之情。请：同“情”。
④“赞阅”二字，王焕镳疑为衍文。
⑤靡分：分散。

⑥义:孙诒让认为当作“乎”。
⑦举:全。
⑧而:尔,你们。
⑨何故之以也;这是因为什么缘故呢?
⑩有:又。
⑪孰:熟。
⑫遂:顺当,兴旺。
⑬戾疫:通“疠疫”。
⑭荐臻:频繁。
⑮辟:避。
⑯以求兴天下之害:李笠认为此句有脱文,当作“以求兴天下之利,除天下之害”。
⑰齊戒:斋戒。古人在祭祀之前须吃斋,戒酒,独居静室,以示敬诚。
⑱粢盛:祭器内所盛的谷物。蠲(juān)洁:清洁。
⑲腯(tú)肥:肥壮。
⑳时几:时机。
㉑中:公正。
㉒强:努力。
㉓以正长:当作“为正长”。
㉔否用练折则刑:钱大昕认为“否”即“不”。“练”即“灵”,通“令”。“折”即“制”。句意谓不听从命令就制定刑罚。
㉕术令:孙诒让认为当作“说命”,《尚书》篇名。
㉖运役:当作“连收”,控制。
㉗相年:李渔叔认为当作“拒年”,老年人。
㉘泰:骄恣。
㉙轻大夫:毕沅认为,即卿大夫。师长:众官之长。
㉚辩:通“辨”,分辨。句意谓只是为了分授职位使其治理天下均衡。
㉛错:同“措”,设置。“富贵佚”当作“富贵游佚”。
㉜富贵贫寡:应为“富贫贵寡”。
㉝便譬:同“便辟”,指得宠的小人。
㉞宗于:当作宗族。
㉟非正以治民也:句中“正”字为衍文。萧鲁阳认为,“正”非衍文,在今鲁阳方言中有“真”的意思。
㊱非:非议。
㊲乡吾本言:从前我原来所说的。
㊳唯而:唯能。句末脱“者”字。
㊴德音:善言。

㊵“谈”字疑衍。度，读 duó，思考。
㊶最末一个“之”字疑衍。
㊷载来见彼王：今本《诗经.周颂》作“载见辟王”。载：始。辟王：指周王。
㊸聿求厥章：今本《诗经·周颂》“曰求厥章”，“曰”是语首助词。厥：那个。章：典章制度。
㊹不宾：不服从。
㊺纷：乱。
㊻骆：颈毛为黑色的白马。
㊼辔：缰绳。沃若：形容光泽鲜润柔美。
㊽周：普遍。爰：语助词。咨度(duó)：咨询商量。以上引诗见《诗经·小雅·皇皇者华》。
㊾骐：有黑色毛片的青马。
㊿若丝：像丝一样调和柔韧。
51请：王念孙认为即“诚”。

【译文】

墨子说：从如今的时代回头考察古代人类刚刚诞生，还没有行政长官的时候，他们的说法是：“天下各人的道理不同。”所以一人有一种道理，十人有十种道理，百人有百种道理。人数越多，所谓道理也就越多。所以每人都认为自己的道理是对的，而认为别人的道理是错的，因而相互攻击。在家庭内部父子兄弟间生出怨恨，都有离散之心，不能和睦相处。以致闲置余力而不愿意帮助别人；隐藏好的道理，不愿意指教别人；多余的财物腐烂，也不愿意分给别人。因此天下混乱，如禽兽一样。没有君臣、上下、长幼的区别和父子、兄弟之间的礼节，因此天下大乱。明白了没有行政长官来统一天下的道理，天下就会大乱，所以就选择天下贤良、聪明而口才好的人，推举他为天子，使他从事于统一天下的道理。天子既已设立，觉得仅仅依靠自己耳闻目见的情况，不能独自统一天下，所以又选择考察天下贤良、聪明而口才好的人，推举他为三公，参与从事统一天下的道理。天子、三公已经设立了，觉得天下地域广阔，山野的人民，不可能统一，于是划分天下，设立数以万计诸侯国君，让他们从事统一他们各国的道理。国君已经设立了，又以为仅仅依靠自己耳闻目见之情，不能统一一国之义，于是又选择国内的贤人，立为国君左右的将军、大夫，以及远方乡里之长，让他们参与从事统一国内的道理。天子、诸侯国君、人民的行政长官既然已经确定，天子就发布政令，说："凡听到或看到为善者，必须报告给上级；凡听到或看到不善者，也必须报告给上级。上级认为是对的，必须也认为对；上级认为是错的，也必须认为错。自己有好的计谋，就广泛地献给上级；上级有过失，就加以规谏。与上级一致，而不要有与下级朋比结党的私心。这样，上级得知就会赏赐他，万民听见了就会赞美他。假如听到或看到为善者，而不报告给上级；听到或看到为不善者，也不报告给上级。上级认为对的，不肯说对；上级认为错的，不肯说错。自己有好的计谋，不能广泛地献给上级；上级有过失，也不能规谏，与下级朋比结党而反对上级。这样的人上面得知就要诛罚他，万民听见了就要批评他。"所以古时圣王制定刑法赏誉，都非常明察而且真实可信。因此所有天下的人民，都希望得到上级的赏赐赞扬，而害怕上级的批评与惩罚。

里长服从天子的政令，使他统一其里内的见解。里长既然统一了其里内的见解，又率领里内的万民向上与乡长意见一致。说："凡里内的万民，都应该上同于乡长，而不敢与下面朋比勾结。乡长认为是对的，都必须认为对；乡长认为错的，也都必须认为错。去掉你们不好的言论，学习乡长的好言论；去掉你们不好的行为，学习乡长的好行为。"乡长本是乡内的贤人。全乡人都能效法乡长，还能说乡内会治不好吗？考察乡长所以能把乡内治好，是什么原因呢？回答说：只因为他能使全乡见解一致，所以乡内就治理好了。

乡长治理他的乡，而乡内已经治理好了，又率领其乡内的万民，以上同于国君，说："凡是乡内的万民，都应上同于国君，而不可与下面朋比勾结。国君认为是对的，必须认为对；国君认为错的，也必须认为错。去掉你们不好的言论，学习国君的好言论；去掉你们不好的行为，学习国君的好行为。"国君本是一国之中的贤人，国中所有的人都能效法国君，那么还能说这一国会治不好吗？考察国君之所以能把国家治好，是什么缘故呢？回答说："只因为他能统一全国的道理，所以国家就治理好了。"

国君治理他的国家，其国已经治理好了，又率领其国内的万民，以上同于天子。他说“凡是国内的万民，都应上同于天子，而不可与下面朋比勾结。天子认为是对的，也必须认为对；天子认为是错的，也必须认为错。去掉你们不好的言论，学习天子的好言论；去掉你们不好的行为，学习天子的好行为。”天子本是天下的仁义之人，所有天下的万民，都效法天子，那么还能说天下治理不好吗？考察天子之所以治理好天下的原因，是什么缘故呢？回答说：“只是因为他能统一天下的道理，所以天下就治理好了。”

已经上同于天子，而还未能上同于天，那么天灾还不会停止。例如气候的寒热不调，雪霜雨露降得不是时候，五谷不熟，六畜不蕃，疾疫流行，暴风苦雨频繁来临，这就是上天降下的惩罚，用来惩罚那些不上同于天的世人。

古时的圣王知道天帝鬼神所喜欢的，避免天帝鬼神所憎恶的，以求兴天下之利，除天下之害。所以率领天下的万民，斋戒沐浴，预备洁净而丰盛的酒饭，用来祭祀天帝鬼神。他们祭祀鬼神，酒饭不敢不洁净丰盛；牺牲不敢不肥壮硕大；圭璧币帛不敢不合乎标准；春秋两季的祭祀，不敢错过时节；审理狱讼，不敢不公正；分配财物，不敢不均匀；待人处事不敢怠慢。这是说：像他这样当行政长官，在上的天帝鬼神会优厚地对待他，在下的万民也有所便利。天帝鬼神优厚地对待他，而他能努力办事，那么就可以得到天帝鬼神的福了；万民有所便利，而他能努力办事，那么他就可以得到万民的爱戴了。他治理政事如此，所以谋事得计，做事成功，入守坚固，出战胜利。这是什么缘故呢？回答说：只因为他能以尚同为政。古代圣王治理政事就是这样的。

如今天下有人说：“在今天的时代，天下的行政长官并未取消，然而造成天下混乱的原因在哪里呢？”墨子说：“如今的时代天下做行政长官的，根本就和古代不同。就好比有苗氏制定五刑那样。古代的圣王制定五刑，用来治理天下；等到有苗氏制定五刑，却用来扰乱天下。这难道是刑法不好吗？是刑法使用得不好。所以先王的书《吕刑》上这样记载：“苗民不服从政令，就加之以刑。因作五种杀戮之刑，也叫做法。”这说的是善于用刑罚可以治理人民，不善用刑罚就变成五杀了。这难道是刑法不好吗？是刑法使用得不好，所以就变成了五杀。所以先王的书《术令》（即《说命》）记载说：“人之口，可以产生好事；也可以产生战祸。”这是说，善用口的产生好事，不善用口的可以造成中伤、残害、盗窃、战争。这难道是口不好吗？是用口不好，所以造成中伤、残害、盗窃和战争。

所以古时候设置行政长官，是用来治理人民的。就好像丝线有纪（线头），网罟有纲一样。他们是用来收服天下淫暴之徒，并使之与上面的道理一致的。所以先王的书、老年人的话说过：“建国设都，设立天子诸侯，不是让他骄奢淫逸的；设卿大夫师长，不是叫他们放纵逸乐的，乃是让他们分授职责，治理天下公平均衡。”这说的就是，古时天帝鬼神建设国都；设立官长，并不是为了提高他们的爵位，增加他们的俸禄，使他富贵淫逸才安置他们，而是让他们为万民兴利除害，使贫者富，使少者众，使危者安，使乱者治。所以古代圣王的作为就是像这样的。

如今的王公大人处理政事却与此相反：为政任用宠幸的弄臣、宗亲父兄或世交故旧，安置在左右，任命为行政长官。人民知道上级设立行政长官并不是为了公正治理人民，于是大家都结党营私，互相隐瞒，不肯与上面一致。因此，上面与下面意见不一致。假如上面与下面意见不一致，那么奖赏不能勉励人向善，而刑罚也不能阻止暴行。怎么知道是这样呢？回答说：在上位为政于国家、作为人民行政长官者说：“这个人可以赏，我将赏他。如果上面和下面意见不一致，上面所赏的人，正是大家所非议的人，说我们众人和他相处，他在民众中受到非议。那么，这人虽然得到上面的奖赏，也就不能起劝勉作用了！处在上位，为政于国家，作为人民行政长官者说：“这个人可以处罚，我将要处罚他。”如果上面和下面意见不一致，上面所处罚的人，正是大家所赞誉的人。说我们众人和他相处，他在民众中得到赞誉。那么，这人虽然得到惩罚，也不能阻止不善了！假定处上位，为政于国家，作为人民行政长官的人，赞赏不能劝善，而刑罚又不能止暴，那不是与我前面说过的人民刚产生，没有长官之时，一样了吗？

如果有行政长官与没有行政长官的时候一样，那么这就不是用来治理人民、统一群众的办法。

古代的圣王，因为能够审慎地使用尚同之人，立为行政长官，所以上下之情为之畅通。上面若有被隐蔽而遗忘的利益，下面的人得以随时开发，从而得到好处；下面若有积累的怨恨，上面也能够随时消除。所以数千万里之外，有人做了好事，他的家族还未完全知道，他的乡人也未完全听到，天子就能知道并赏赐他。远在数千万里之外，有人做了坏事，他的家族还未完全知道，他的乡人也未完全听到，天子就能知道并惩罚他。所以全天下的人，十分恐惧震动战战兢兢，不敢做淫暴的事。说："天子的视听如神。"先王的话说："不是神，只是能够使他人的耳目帮助自己视听；使他人的口舌帮助自己言谈，使他人的心帮助自己思考，使他人的手足帮助自己动作。"帮助他视听的人多，那么他的所见所闻就远大了；帮助他言谈的人多，那么他的声音所安抚的范围就广阔了；帮助他思考的人多，那么计划很快就得以实行了；帮助他动作的人多，那么他所做的事情很快就成功了。所以古代的圣人之所以能办事成功，名垂后世，没有别的特殊原因，只是能够以尚同的原则来行使政事。

先王的书《周颂》上曾说过："始来见君王，求赐典章制度。"这说的是古代的诸侯国君在每年的春秋两季，到天子的王廷来朝拜，接受天子庄严的教令，然后回去治理他们的国家，因此政令所到之处，没有人敢不服从。当这个时候，根本没有敢扰乱天子教令的人。《诗经》上说："我的马是黑色鬃毛的白马，六条马缰绳柔美光滑，在路上快快地跑，到处普遍寻查访问。"又说："我的马是有黑色毛片的青马，六条马缰绳像丝一般光滑，在路上快快地跑，到处普遍寻访谋划。"说的就是这个意思。古代的国君诸侯听见或看到好与坏的事情，都要驱车跑去报告天子。所以赏的正好是贤人，罚的正好是暴人，不杀害无辜者，也不放过有罪之人，这就是尚同的功效。所以墨子说："如今天下的王公大人士君子，如果诚心想使其国家富有，人民众多，刑政治理，政权稳定，尚同就不可不考察，因为这是为政的根本。

13. 尚同下

【说明】

《尚同》下篇与前两篇的主要区别在于强调下情必须上达。下级不仅要统一是非于上级，而且要把好人坏人及时报告。见“爱利者”、“恶贼者”皆必告，告则有赏（即鼓励告密）。不告则有罚，甚至与“恶贼者”同罪（即后世所谓连坐法）。此外，改前两篇的里长一乡长一国君一天子四级领导体制为家君一国君一天子三级制，反映了下篇作者的地区或时代与前两篇有些不同。

【原文】

子墨子言曰：“知者之事①，必計國家百姓所以治者而爲之，必計國家百姓之所以亂者而辟之②。”然計國家百姓之所以治者，何也？上之爲政，得下之情則治，不得下之情則亂。何以知其然也？上之爲政，得下之情，則是明於民之善非也③。若苟明於民之善非也，則得善人而賞之，得暴人而罰之也。善人賞而暴人罰，則國必治。上之爲政也，不得下之情，則是不明於民之善非也，若苟不明於民之善非，則是不得善人而賞之，不得暴人而罰之。善人不賞而暴人不罰，爲政若此，國衆必亂④。故賞不得下之情⑤，而不可不察者也。

然計得下之情，將奈何可？故子墨子曰：“唯能以尚同一義爲政，然後可矣！”何以知尚同一義之可而爲政於天下也？然胡不審稽古之治爲政之說乎⑥？古者天之始生民，未有正長也，百姓爲人。若苟百姓爲人，是一人一義，十人十義，百人百義，千人千義。逮至人之衆，不可勝計也；則其所謂義者，亦不可勝計。此皆是其義，而非人之義，是以厚者有鬥，而薄者有爭。是故天下之欲同一天下之義也，是故選擇賢者，立爲天子。天子以其知力爲未足獨治天下，是以選擇其次，立爲三公。三公又以其知力爲未足獨左右天子也，是以分國建諸侯。諸侯又以其知力爲未足獨治其四境之內也,是以選擇其次,立爲卿之宰。卿之宰又以其知力爲未足獨左右其君也[⑦],是以選擇其次,立而爲鄉長、家君[⑧]。是故古者天子之立三公、諸侯、卿之宰、鄉長、家君,非特富貴遊佚而擇之也,將使助治亂刑政也[⑨]。故古者建國設都,乃立后王君公,奉以卿士師長[⑩],此非欲用說也[⑪],唯辯而使助治天明也[⑫]。

今此何爲人上而不能治其下?爲人下而不能事其上?則是上下相賊也。何故以然?則義不同也。若苟義不同者有黨,上以若人爲善,將賞之,若人唯使得上之賞,而辟百姓之毀[⑬];是以爲善者必未可使勸,見有賞也。上以若人爲暴,將罰之,若人唯使得上之罰,而懷百姓之譽;是以爲暴者必未可使沮,見有罰也。故計上之賞譽,不足以勸善;計其毀罰,不足以沮暴。此何故以然?則義不同也。

然則欲同一天下之義,將奈何可?故子墨子言曰:然胡不賞使家君[⑭],試用家君發憲布令其家?曰:若見愛利家者,必以告;若見惡賊家者,亦必以告。若見愛利家以告,亦猶愛利家者也,上得且賞之,衆聞則譽之;若見惡賊家不以告,亦猶惡賊家者也,上得且罰之,衆聞則非之。是以遍若家之人,皆欲得其長上之賞譽,辟其毀罰。是以善言之,不善言之;家君得善人而賞之,得暴人而罰之。善人之賞,而暴人之罰,則家必治矣。然計若家之所以治者,何也?唯以尚同一義爲政故也。

家既已治,國之道盡此已邪?則未也。國之爲家數也甚多,此皆是其家,而非人之家,是以厚者有亂,而薄者有爭。故又使家君總其家之義,以尚同於國君,國君亦爲發憲布令於國之衆,曰:若見愛利國者,必以告;若見惡賊國者,亦必以告。若見愛利國以告者,亦猶愛利國者也,上得且賞之,衆聞則譽之;若見惡賊國不以告者,亦猶惡賊國者也,上得且罰之,衆聞則非之;是以遍若國之人,皆欲得其長上之賞譽,避其毀罰。是以民見善者言之,見不善者言之;國君得善人而賞之,得暴人而罰之。善人賞而暴人罰,則國必治矣。然計若國之所以治者何也?唯能以尚同一義爲政故也。

國既已治矣,天下之道盡此已邪?則未也。天下之爲國數也甚多,此皆是其國，而非人之國，是以厚者有戰，而薄者有爭。故又使國君選其國之義，以尚同於天子。天子亦爲發憲布令於天下之衆，曰：若見愛利天下者，必以告；若見惡賊天下者，亦以告。若見愛利天下以告者，亦猶愛利天下者也，上得則賞之，衆聞則譽之；若見惡賊天下不以告者，亦猶惡賊天下者也，上得且罰之，衆聞則非之。是以遍天下之人，皆欲得其長上之賞譽，避其毀罰，是以見善、不善者告之。天子得善人而賞之，得暴人而罰之。善人賞而暴人罰，天下必治矣。然計天下之所以治者，何也？唯而以尚同一義爲政故也[15]。

天下既已治，天子又總天下之義，以尚同於天。故當尚同之爲說也，尚用之天子[16]，可以治天下矣；中用之諸侯，可而治其國矣[17]；小用之家君，可而治其家矣。是故大用之治天下不窕[18]，小用之治一國一家而不橫者[19]，若道之謂也。故曰治天下之國，若治一家；使天下之民，若使一夫。

意獨子墨子有此而先王無此[20]？其有邪？則亦然也。聖王皆以尚同爲政，故天下治。何以知其然也？於先王之書也《大誓》之言然[21]，曰："小人見奸巧，乃聞不言也，發，罪鈞[22]。"此言見淫辟不以告者，其罪亦猶淫辟者也。

故古之聖王治天下也，其所差論以自左右羽翼者皆良[23]。外爲之人[24]，助之視聽者衆。故與人謀事，先人得之；與人舉事，先人成之；光譽令聞，先人發之。唯信身而從事[25]，故利若此。古者有語焉，曰："一目之視也，不若二目之視也；一耳之聽也，不若二耳之聽也；一手之操也，不若二手之強也。"夫唯能信身而從事，故利若此。是故古之聖王之治天下也，千里之外，有賢人焉，其鄉里之人皆未之均聞見也，聖王得而賞之。千里之內[26]，有暴人焉，其鄉里未之均聞見也，聖王得而罰之。故唯毋以聖王爲聰耳明目與？豈能一視而通見千里之外哉？一聽而通聞千里之外哉？聖王不往而視也，不就而聽也，然而使天下之爲寇亂盜賊者，周流天下無所重足者[27]，何也？其以尚同爲政善也。

是故子墨子曰：凡使民尚同者，愛民不疾[28]，民無可使，曰：必疾愛而使之，致信而持之[29]，富貴以道其前[30]，明罰以率其後[31]。爲政若此，唯欲毋與我同,將不可得也。

是以子墨子曰:今天下王公大人士君子,中情將欲爲仁義[32],求爲上士,上欲中聖王之道,下欲中國家百姓之利,故當尚同之說而不可不察。尚同,爲政之本而治要也。

【注释】

①知者:智者。
②辟:通“避”。
③善非:善与不善。
④国众:国家与民众。
⑤苏时学认为,“赏”下当脱“罚”字。
⑥俞樾认为,“治”乃“始”之误。
⑦左右:辅佐。
⑧家君:家族之首长。
⑨孙诒让认为,“乱”字疑衍。
⑩奉:授。
⑪说:同“悦”。
⑫辩:分辨,分别授官。助治天明:协助治理,使天下清明。
⑬王念孙认为,“赏”当为“尝”。“使家君”三字疑衍。
⑭两句中“之”当作“得”。
⑮唯而:唯能。
⑯当:如。尚:同“上”。
⑰可而:“而”字疑衍。
⑱不窕:不空缺。
⑲横:阻塞。
⑳意独:岂独。
㉑《大誓》:即《泰誓》,《尚书》篇名。
㉒发罪钧:其罪相同。
㉓差论:选派。
㉔外为之人:张纯一认为是“远而宣力四方之人”。刘文忠认为是在外做事之人。
㉕信身:王焕镳认为当作“信民”。
㉖据上下文义,“内”当作“外”。
㉗重足:立足。
㉘疾:力,极力。

㉙持之：掌握他们。
㉚道：同“导”。
㉛率：督。
㉜中情：诚心。

【译文】

墨子说道：“智者做事，必须考虑国家百姓所以治理的原因而后行事，也必须考虑国家百姓所以混乱的根源而事先回避。”然而考虑国家百姓之所以治理的原因是什么呢？居上位的人施政，能得知下面的实情则治理，不能得知下面的实情则混乱。怎么知道是这样呢？居上位的施政，得知下边的实情，这就明白百姓的善与不善。假如明白百姓的善与不善，那么发现善人就奖赏他，发现恶人就惩罚他。善人受赏而恶人受罚，那么国家就必然治理。居上位的人施政，不能得知下面的实情，这就不明白百姓的善与不善。假如不明白百姓的善与不善，这就不能得知善人而奖赏他，不能得知恶人而惩罚他。善人得不到奖赏而恶人得不到惩罚，施政如此，国家民众就必定混乱。所以赏罚若得不到下面的实情，是不可不加以考察的。

然而要想得知下情应该怎样才行呢？墨子说：“只有用尚同统一意见施政，然后才行。”怎么知道尚同统一意见，就可以施政于天下呢？何不考察古代开始为政时的情况呢？古代上天开始生育下民，还没有行政长官的时候，百姓人各为主。如果百姓人各为主，那么一人有一个道理，十人有十个道理，百人有百个道理，千人有千个道理。及至人数多得不可胜数，那么他们所谓的道理也就多得不可胜数。这样人人都认为自己的道理正确，而认为别人的道理不正确，于是严重的分歧便发生斗殴，轻微的分歧便发生争吵。所以上天希望统一天下的道理，因而就选择贤人，立为天子。天子认为他的智慧能力不足单独治理天下，所以选择次于他的贤人，立为三公。三公又认为自己的智慧能力不足单独辅佐天子，所以分封国家，建立诸侯；诸侯又认为自己的智慧能力不足单独治理其国家的四境之内，因此又选择次于他的贤人，立为卿与宰；卿、宰又认为自己的智慧能力不足以单独辅佐他的君主，因此选择次于他的贤人，立为乡长、家君。所以古时天子设立三公、诸侯、卿、宰、乡长、家君，不是为了自己富贵游乐而选择他们，而是要使他们协助自己治理刑政。所以古时建国立都，就设立了帝王群公，又授以卿士师长，这不是用来图快活，只是分授职责，使他们协助治理，使天下清明。

现在为什么为人上级不能治理其下属，为人下属而不能事奉其上级？这就是上下相互残害了。什么原因会这样？就是因为各人的道理不同。倘若道理不同的人双方有所偏私，上级认为这人为善，奖赏他；这人虽然得到了上级的奖赏，却免不了百姓的非议。于是为善的人未必因此而得到勉励，虽然人们看到有奖赏。上级认为这人作恶，将惩罚他；此人虽得到了上司的惩罚，却取得百姓的赞誉，于是行暴的人未必可使之停止，虽然人们看到了惩罚。所以考虑上级的奖赏赞誉时，并不足以勉励向善；考虑上级的非毁惩罚时，并不足以阻止暴行。这是什么缘故使之如此呢？就是各人道理不同。

那么想统一天下的道理，将怎么办呢？墨子说道：何不试着使家君对其家族发布政令说：你们见到爱护和有利于家族的，必须报告；你们见到仇恨和危害家族的也必须报告。你们见到爱护和有利于家族的就报告，也和爱护并有利于家族者一样，上级得知了将会奖赏；大家听到了将会称赞。你们见到仇恨危害家族者不报告，也和仇恨危害家族者一样，上级得知将会惩罚，大家听到将会指责。所以，这个家族所有的人都想得到上级的奖赏称赞，而避免非议和惩罚。因此，见了好的会报告，见了不好的也会报告。这样，家君得知善人便奖赏他，得知恶人便惩罚他。善人得赏而恶人得罚，那么家族就会治理好。考察这一家族治理得好的原因是什么呢？只是能以尚同统一道理为政之故。

家族既然已经治好了，治国的办法全都在此吗？那还没有。国中的家族为数很多，他们都认为自己的家族对，而别人的家族不对，所以有严重分歧的就生出乱子，轻微分歧就有争执。于是又使家君综合其家族的道理，以上同于国君。国君也对全国民众发布政令说：你们看到爱护和有利于国家者必须报告,你们看到仇恨和危害国家者也必须报告。你们看到爱护和有利于国家者上报了,也和爱护并有利于国家者一样,上级得知将给以奖赏,大家听到将予以赞誉。你们看到仇恨和残害国家者不上报,也和憎恶和残害国家者一样,上级得知将予以惩罚,大家听到将予以指责。于是这一国之人,都希望得到上级的奖赏赞誉,避免非议惩罚。于是人民见到好的来报告,见到不好的也来报告。国君得知善人给以奖赏,得知暴人予以惩罚。善人得赏而暴人得罚,那么国家必然治理好。考察这个国家治理好的原因是什么呢?只是能以尚同统一道理为政之故。

国家既然已经治理了,治理天下的办法全都在这里了吗?那还没有。天下的国家为数很多,这些国家都认为自己的国家对,而别人的国家不对,所以有严重的分歧就发生战事,轻微的分歧就发生争斗。于是又使国君综合其国中意见,用来上同于天子。天子也对天下的民众发布政令说:你们看到爱护和有利于天下的必须报告,你们看到仇恨和危害天下的也必须报告。你们看到爱护和有利于天下而报告的,也和爱护和有利于天下者一样,上级得知将给以奖赏,大家听到将予以赞誉。你们看到仇恨和危害天下者而不上报的,也和仇恨和危害天下者一样,上级得知将给以惩罚,大家听到将予以指责。于是普天下的人,都希望得到上级的奖赏赞誉,避免他们的指责惩罚,所以看到好的与不好的都来报告。天子得知善人给以奖赏,得知恶人予以惩罚。善人得赏而恶得罚,天下必定会治理好。考察天下治理好的原因是什么呢?只是能以尚同统一道理为政之故。

天下既然已经治理好了,天子又综合天下的道理,用来上同于天。所以尚同作为一种主张,它上用之于天子,可以治理天下;中用之于诸侯,可以治理他的国家;小用之于家君,可以治理他的家族。大用之治理天下不会感到亏缺,小用之治理一国一家而不会受到阻力,说的就是尚同这个道理。所以说:治理天下之国如治一家,使令天下之民如使一人。

难道只有墨子有这个主张,而先王没有这个呢?其实先王亦有此说,也是这样的。圣王都以尚同为政,所以天下治理。从哪里知道这样呢?

在先王的书里,《大誓》中的话这样说:"小人看到奸诈之事,闻而不言的,发现后他的罪行与奸诈者均等。"这说的就是看到淫僻之事不报告,他的罪行也和淫僻者相同。

古代的圣王治理天下,他所选择充当自己左右辅佐的人,都是贤良者。在外边做事的人,帮助他察看和听闻的人很多。所以和人家一起谋划事情,要比别人先考虑周到;和人家一起办事,要比别人先成功;他的荣誉和美好的名声要比别人先传扬出去。唯其相信民众而后从事,所以会这样有利。古时有这样的话:"一只眼睛所看到的,不如两只眼睛所看到的;一只耳朵听到的,不如两只耳朵听到的;一只手干活,不如两只手强。"唯其能相信民众而后从事,所以会这样有利。于是古代圣王治理天下,千里之内有贤人,其乡里之人还未完全听到见到,圣王已经得知并给以奖赏了。千里之内有恶人,其乡里之人还未完全听到见到,圣王已经得知并予以惩罚了。或许以为圣王是耳聪目明吗?他岂能张眼一望就到达千里之外呢?倾耳一听就到达千里之外呢?圣王不会亲自前去看,不会靠近去听。然而使天下从事寇乱盗贼的人走遍天下而无处立足的原因,是什么呢?那是以尚同为政的好处。

墨子说:凡是使百姓尚同的,如果爱民不努力,百姓就不可使令。就是说:必须努力爱护他们而后支使,示信于民而后掌握他们。以富贵引导于前,明刑罚以督率于后。像这样施政,即使想要人民不与我一致,也将办不到。

墨子说:如今天下的王公大人、士君子们,如果诚心实意将行仁义,追求做高尚的贤士,上要符合圣王之道,下要符合国家百姓的利益,因而对于尚同的学说,不可不审察,尚同是为政的根本和统治的关键。

14. 兼爱上

【说明】

兼爱是墨家十大主张的核心。本文认为天下之乱起于不相爱。父与子，兄与弟，君与臣，皆自爱而不爱对方，亏人而自利，社会于是乎乱。盗贼自爱而不爱他人，故行窃夺；诸侯大夫自爱其国与家，而不爱他人之国与家，故相攻伐。若使天下交相爱，爱人若己，所有窃夺攻伐现象都会消除，天下就会太平。这是墨子关于社会和人际关系的美好愿望。本篇篇首和文章中无"子墨子曰"，很可能是墨子自著。

【原文】

聖人以治天下爲事者也，必知亂之所自起，焉能治之[①]；不知亂之所自起，則不能治。譬之如醫之攻人之疾者然[②]：必知疾之所自起，焉能攻之；不知疾之所自起，則弗能攻。治亂者何獨不然？必知亂之所自起，焉能治之；不知亂之所自起，則弗能治。聖人以治天下爲事者也，不可不察亂之所自起。

當察亂何自起[③]？起不相愛。臣子之不孝君父，所謂亂也。子自愛，不愛父，故虧父而自利；弟自愛，不愛兄，故虧兄而自利；臣自愛，不愛君，故虧君而自利，此所謂亂也。雖父之不慈子[④]，兄之不慈弟，君之不慈臣，此亦天下之所謂亂也。父自愛也，不愛子，故虧子而自利；兄自愛也，不愛弟，故虧弟而自利；君自愛也，不愛臣，故虧臣而自利。是何也？皆起不相愛。

雖至天下之爲盜賊者亦然：盜愛其室，不愛其異室[⑤]，故竊異室以利其室。賊愛其身[⑥]，不愛人，故賊人以利其身。此何也？皆起不相愛。雖至大夫之相亂家，諸侯之相攻國者亦然：大夫各愛其家，不愛異家，故亂異家以利其家。諸侯各愛其國，不愛異國，故攻異國以利其國。天下之亂物[⑦]，具此而已矣[⑧]。察此何自起？皆起不相愛。

若使天下兼相愛，愛人若愛其身，猶有不孝者乎？視父兄與君若其身，惡施不孝[9]？猶有不慈者乎？視弟子與臣若其身，惡施不慈？故不孝不慈亡有。猶有盜賊乎？故視人之室若其室，誰竊？視人身若其身，誰賊？故盜賊亡有。猶有大夫之相亂家，諸侯之相攻國者乎？視人家若其家，誰亂？視人國若其國，誰攻？故大夫之相亂家，諸侯之相攻國者亡有。若使天下兼相愛，國與國不相攻，家與家不相亂，盜賊無有，君臣父子皆能孝慈，若此，則天下治。

故聖人以治天下爲事者，惡得不禁惡而勸愛[10]？故天下兼相愛則治，交相惡則亂。故子墨子曰："不可以不勸愛人者，此也。"

【注释】

①焉：乃。下同。

②攻：治疗。

③当：孙诒让认为，"应"，读为"尝"，试也。

④虽：此处当"即使"讲。

⑤其异室：王念孙认为"其"是衍文。异室，别人的家。

⑥贼：此处盗贼分言。盗指偷窃财物者，贼指残害人身者。

⑦乱物：孙诒让说："物亦事也。言天下之乱事也。"

⑧具：通"俱"，句谓俱尽于此矣。

⑨施：实行。

⑩句中第一个"恶"(wù)，怎么，疑问词。第二个"恶"(è)当憎恨讲，动词。

【译文】

圣人是以治理天下为事业的，他必须知道混乱从哪里产生，乃能进行治理。不知道混乱从哪里产生，就不能进行治理。这就好像医生给人治病一样，必须知道疾病从何而起，乃能进行医治。不知道疾病从何而起，就不能医治。治理混乱又何尝不是这样？必须知道混乱从何而起，乃能进行治理。不知道混乱从何而起，就不能治理。圣人是以治理天下为事业的，不可不考察混乱从何而起。

我曾经考察混乱的起源？认为就是起于不相爱。臣与子不孝敬君与父，这就叫做混乱。儿子爱自己而不爱父亲，因而损害父亲以自利；弟弟爱自己而不爱兄长，因而损害兄长以自利；臣下爱自己而不爱君上，因而损害君上以自利，这就叫做混乱。反过来，父亲不爱儿子，兄长不爱弟弟，君主不爱臣下，这也是天下所谓的混乱。父亲爱自己而不爱儿子，所以损害儿子以自利；兄长爱自己而不爱弟弟，所以损害弟弟以自利；君主爱自己而不爱臣下，所以损害臣下以自利。这是为什么呢？都是起于不相爱。至于天下做盗贼的人，也是这样。盗贼只爱自己的家，不爱别人的家，所以盗窃别人的家以利自己的家；匪徒只爱自己，不爱别人，所以残害别人以利自己，这是为什么呢？都起于不相爱。

至于大夫相互侵犯各家族，诸侯相互攻伐各国，也是这样。大夫各爱他自己的家族，不爱别人的家族，所以侵犯别人的家族以利他自己的家族；诸侯各爱他自己的国家，不爱别人的国家，所以攻伐别人的国家以利他自己的国家。天下的乱事，根源全都在这里了。考察这些现象从哪里产生呢？都起于不相爱。

如果使天下都相亲相爱，爱别人就像爱自己，还能有不孝的吗？看待父亲、兄弟和君主如同自己一样，怎么会做出不孝的事呢？还会有不慈爱的吗？看待弟弟、儿子与臣下如同自己一样，怎么会做出不慈的事呢？不孝不慈都没有了，还有盗贼吗？看待别人的家像自己的家一样，谁会盗窃？看待别人就像自己一样，谁会害人？所以盗贼没有了。还能有大夫相互侵犯家族，诸侯相互攻伐他国吗？看待别人的家族就像自己的家族，谁会侵犯？看待别人的国家就像自己的国家，谁会攻伐？所以大夫相互侵犯家族，诸侯相互攻伐他国，都没有了。如果使天下的人都相亲相爱，国家与国家不相互攻伐，家族与家族不相互侵犯，盗贼没有了，君臣父子间都能孝敬慈爱，像这样，天下也就治理了。

圣人既然是以治理天下为事业的人，怎么能不禁止相互仇恨而鼓励相亲相爱呢？因此，天下的人相亲相爱就会治理好，相互憎恶则会混乱。所以墨子说："不能不鼓励爱别人"，道理就在这里。

15. 兼爱中

【说明】

本篇前半段基本论点与上篇相同，只是推论次序改上篇之由小而大为由大到小。后半段内容为上篇所无。着重回答两点质难：一是兼爱难行。墨子举晋文公好恶衣、楚灵王好细腰、越王勾践好勇为例，说明苟君悦之，则人必从之。二是兼爱不可行。墨子举夏禹、周文王、武王为例，说明古代圣王已经实行兼爱并取得成功。

【原文】

子墨子言曰：仁人之所以爲事者[①]，必興天下之利，除去天下之害，以此爲事者也。然則天下之利何也？天下之害何也？子墨子言曰：今若國之與國之相攻，家之與家之相篡，人之與人之相賊，君臣不惠忠，父子不慈孝，兄弟不和調[②]，此則天下之害也。然則崇此害亦何用生哉[③]？以不相愛生邪？子墨子言：以不相愛生。今諸侯獨知愛其國，不愛人之國，是以不憚舉其國以攻人之國。今家主獨知愛其家[④]，而不愛人之家，是以不憚舉其家以篡人之家。今人獨知愛其身，不愛人之身，是以不憚舉其身以賊人之身。是故諸侯不相愛，則必野戰；家主不相愛，則必相篡；人與人不相愛，則必相賊；君臣不相愛，則不惠忠；父子不相愛，則不慈孝；兄弟不相愛，則不和調；天下之人，皆不相愛，強必執弱[⑤]，富必侮貧，貴必敖賤[⑥]，詐必欺愚。凡天下禍篡怨恨，其所以起者，以不相愛生也，是以仁者非之。

既以非之，何以易之？子墨子言曰：以兼相愛交相利之法易之。然則兼相愛交相利之法，將奈何哉？子墨子言：視人之國，若視其國；視人之家，若視其家；視人之身，若視其身。是故諸侯相愛，則不野戰，家主相愛，則不相篡；人與人相愛，則不相賊；君臣相愛，則惠忠；父子相愛，則慈孝；兄弟相愛，則和調；天下之人皆相愛，強不執弱，衆不劫寡，富不侮貧，貴不敖賤，詐不欺愚。凡天下禍篡怨恨，可使毋起者，以相愛生也，是以仁者譽之。

然而今天下之君子曰:然,乃若兼則善矣[7]。雖然,天下之難物於故也[8]。子墨子言曰:天下之士君子,特不識其利[9],辯其故也[10]。今若夫攻城野戰,殺身爲名,此天下百姓之所皆難也,苟君說之,則士衆能爲之。況於兼相愛,交相利,則與此異。夫愛人者,人必從而愛之;利人者,人必從而利之;惡人者,人必從而惡之;害人者,人必從而害之。此何難之有?特上弗以爲政,士不以爲行,故也。昔者,晉文公好士之惡衣[11],故文公之臣,皆牂羊之裘[12],韋以帶劍[13],練帛之冠[14],入以見於君[15],出以踐於朝[16]。是其故何也?君說之[17],故臣爲之也。昔者,楚靈王好士細要[18],故靈王之臣,皆以一飯爲節,脅息然後帶[19],扶牆然後起,比期年[20],朝有黧黑之色。是其故何也?君說之,故臣能之也。昔越王勾踐,好士之勇,教馴其臣[21],和合之,[22]焚舟失火[23],試其士曰:"越國之寶盡在此!"越王親自鼓其士而進之。士聞鼓音,破碎亂行[24],蹈火而死者,左右百人有餘,越王擊金而退之[25]。是故子墨子言曰:乃若夫少食惡衣,殺身而爲名,此天下百姓之所皆難也,若苟君說之,則衆能爲之。況兼相愛,交相利,與此異矣。夫愛人者,人亦從而愛之;利人者,人亦而利之;惡人者,人亦從而惡之;害人者,人亦從而害之,此何難之有焉?特君不以爲政,而士不以爲行,故也。

然而今天下之士君子曰:然,乃若兼則善矣。雖然,不可行之物也,辟若挈太山[26],越河濟也[27]。子墨子言:是非其譬也。夫挈太山而越河濟,可謂畢劫有力矣[28],自古及今,未有能行之者也。況乎兼相愛,交相利,則與此異,古者聖王行之。何以知其然?古者禹治天下,西爲西河漁竇[29],以泄渠孫皇之水[30],北爲防原泒[31],注后之邸[32],嘑池之竇[33],灑爲底柱[34],鑿爲龍門[35],以利燕代胡貉與西河之民[36];東爲漏大陸[37],防孟諸之澤[38],灑爲九澮[39],以楗東土之水[40],以利冀州之民[41];南爲江漢淮汝[42],東流之,注五湖之處,[43]以利荊楚干越與南夷之民[44]。此言禹之事,吾今行兼矣。昔者文王之治西土[45],若日若月,乍光於四方[46],於西土,不爲大國侮小國,不爲衆庶侮鰥寡,不爲暴勢奪穡人黍稷狗彘。天屑臨文王慈[47],是以老而無子者,有所得終其壽;連獨無兄弟者[48],有所雜於生人之間[49],少失其父母者,有所放依而長。此文王之事，則吾今行兼矣。昔者武王將事泰山隧[50]，傳曰："泰山！有道曾孫[51]，周王有事，大事既獲[52]，仁人尚作[53]，以祗商夏[54]，蠻夷醜貉[55]，雖有周親[56]，不若仁人。萬方有罪，維予一人。"此言武王之事。吾今行兼矣。

是故子墨子言曰：今天下之士君子，忠實欲天下之富而惡其貧[57]，欲天下之治而惡其亂，當兼相愛，交相利。此聖王之法，天下之治道也。不可不務爲也。

【注释】

①为事：处理政事。
②和调：和谐，和睦。
③祟：是"察"字之误。用：以。
④家主：指有采邑的卿大夫。
⑤执：同"制"，压制。
⑥敖：通"傲"，傲视。
⑦乃若：转语词。相当于"那么"。
⑧于故：迂远难行之事。于，通"迂"。故，事。俞樾认为，"于故"是衍文。
⑨特：只是。
⑩辩：懂得。
⑪恶衣：粗劣之衣。
⑫牂羊：母羊。以母羊之皮为裘，比起羔羊之皮为裘，质量差得多。
⑬韦：熟牛皮。古人很讲究腰带，以熟牛皮为带是最简陋的了。
⑭练帛：大帛，厚缯布，是一种初级织品。
⑮入：进入宫廷。
⑯朝：朝廷。践：临。
⑰说：悦，下同。
⑱楚灵王：楚国国君，名围。要：同"腰"。
⑲胁息然后带：喘口气才能拴上腰带。形容身体虚弱之状。
⑳比：比及，等到。期年：一周年。
㉑教驯：教训。
㉒和合之：应为"私令人"。刘文忠训为"把他们集中合在一起"。
㉓焚舟失火：孙诒让认为，"舟"当为"内"，指内寝。
㉔破碎乱行：指士兵为了救火奋勇争先，使队伍都凌乱了。碎是"萃"的借字，行

(háng),队形。

㉕金:铜锣。古代号令,击鼓则进军,鸣金则收兵。

㉖挈:提举。

㉗河:黄河;济:济水。

㉘毕:快速(从孙诒让说)。劫:应为“劲”,即强有力。

㉙西河:指黄河在山西、陕西两省交界的一段。窦:可能是指龙门(从毕沅说)。

㉚渠孙皇:未可详考,有人疑为古代西北某湖泊或河流的名称。

㉛原、泒:两条河流的名称。

㉜后之邸:疑即昭余邸,在今山西太原市祁县东。

㉝嘑池之窦:河名,即滹沱河。窦,通“渎”,通向海的河流。

㉞洒为底柱:洒,分流;底柱,即底柱山,在今三门峡水库中。黄河流经底柱山被分成两股,所以说洒为底柱。

㉟龙门:在今陕西省韩城县境内。

㊱燕代:燕国和代国。燕国在今河北北部、辽宁西部。代国在今河北蔚县东北。胡貉:指当时居住在北方和东北方的少数民族。

㊲东为漏大陆:原作“东方漏之陆”,据孙诒让校改。漏:疏导。大陆:钜鹿,在今河北巨鹿县,古为大泽。

㊳孟诸之泽:古湖泊名称,在今山东省虞城县境内。

㊴九浍:九条河水。

㊵楗:同“键”,门限。在这里作动词,是阻限的意思。

㊶冀州:古代九州之一,约当今河北南部及河南北部地区。

㊷江:长江。汉:汉水。淮:淮河。汝,汝水。

㊸五湖:古人有多种解说,或以为太湖的别名。湖分五道,故名。

㊹荆楚:即楚国。干越:指吴国和越国。

㊺西土:指丰镐一带,即今陕西省关中地区,在潼关以西,故称“西土”。

㊻乍光:作光。

㊼屑临:顾临。屑:顾,注意。

㊽连独:王引之说应为“逴独”,逴,通“卓”,也是“独”的意思。

㊾杂:杂居。生人:生民,民众。

㊿事泰山隧:指周武王定天下后,掘地为隧,祭祀泰山。

51有道:周武王自认为为民除害是有道,与商纣王无道相对。曾孙:诸侯祷告时对天自称。

52大事:指伐纣战事。古人认为,国之大事,惟祀与戎。既获:已经取得胜利。

53仁人:仁智之人,指姜太公等人。尚作:起而辅佐。

54祇:孙诒让认为,应为“振”,即拯救。商夏:即华夏。

55丑:众。貉:古代对东北少数民族的蔑称。

㊵周亲：至亲。
㊶忠实：诚实。与前几篇的"中实""中情"同义。

【译文】

墨子说：仁义之人处理政事的目的，是一定要兴天下之利，除天下之害，把这作为办事的宗旨。那么，天下之利是什么呢？天下之害是什么呢？墨子说：如今国与国之间互相攻打，家族与家族之间互相争夺，人与人之间互相残害，君对臣无恩惠，臣对君不尽忠。父对子不慈爱，子对父不孝顺，兄弟之间不和睦，这些就是天下祸患。那么考察一下，这些祸患是由什么引起的呢？是因为相爱而产生的吗？墨子说：是因为不相爱而引起的。当今的诸侯只知道爱自己的国家，不爱别人的国家，所以不惜动员全国的力量去攻打别国。当今的家主只知爱自己的家族，却不爱别人的家族。所以不惜动员全家族的力量，去篡夺别人家族。当今人们只知道爱其自身，不爱别人，所以不惜使出浑身的力量，去残害别人。诸侯不相爱，就必然发生野战；家主不相爱，就必然发生争夺；人与人不相爱，就必然生互相残害；君臣不相爱，就必然对下不恩惠，对上不尽忠；父子不相爱，就必然对少的不慈爱，对老的不孝顺；兄弟不相爱，就必然不和睦；天下的人们都不相爱，强暴的必然要欺凌弱者，富人必然要侮慢穷人，显贵的必然要傲视地位低贱的，刁诈的必然欺骗憨厚的。凡是天下的祸乱、争夺、怨愤、仇恨，其所以出现，都因为人们不相爱而产生，所以仁义的人认为人与人之间不相爱是不对的。

既然认为是不对的，用什么来改变它呢？墨子说：用兼相爱交相利的办法来改变它。那么，兼相爱交相利的办法又是怎么样的呢？墨子说：看待别人的国家，要像看待自己的国家一样；看待别人的家族，像看待自己的家族一样；看待别人的身体，像看待自身一样。这样，诸侯相爱，就不会野外开战；家主相爱，就不会互相争夺；人与人相爱，就不会互相残害；君臣相爱，就有惠爱、忠诚；父子相爱，就有慈爱、孝顺；兄弟相爱，就会相互和睦；天下的人们都能互相亲爱，强者就不欺凌弱者，人多的就不会胁迫人少的，富人就不会侮慢穷人，显贵的就不会傲视地位低的，刁诈的人就不会欺骗憨厚的。凡是天下祸乱、争夺、怨愤、仇恨，可以使它们都不出现，就是因为人们互相亲爱的缘故，所以仁义的人都赞美它。

但是，当今天下的士君子说：不错，那样兼相爱是好的，虽然好，却是天下之迂远而难以办到的事。墨子说道：天下的士君子这么认为，只是因为不懂得兼爱的好处，不了解兼爱的道理。比如现在攻城野战，牺牲人的生命，以求得名声，这是天下百姓都认为难做的事，但如果国君喜欢，那么民众尚能做到。何况兼相爱交相利，与此不同。爱护别人的人，别人必然同样爱他；给别人好处的人，别人必然同样给他好处；憎恶别的人，别人必然同样憎恶他；残害别人的人，别人必然同样残害他。这有什么难办呢？只是国君不把它作为政事，士不把它付诸行动罢了。从前，晋文公喜欢士人服装简陋，所以文公的臣子，都穿母羊皮做成的皮衣，佩剑用不加修饰的皮带，戴普通的厚缯布做成的帽子，进宫可以见国君，出来可以列位朝廷。这是什么缘故呢？国君喜欢，所以臣子就这么做了。从前，楚灵王喜欢细腰，所以灵王的臣子，都每天以吃一顿饭的标准，要喘口气才能系上带子，扶着墙才能站起来。等到一年之后，朝中臣子的脸色都是瘦黑的。这是什么缘故呢？国君喜欢，所以臣子就能这么做。从前，越王勾践喜欢勇敢，为教训他的臣子尚武，私下令人焚烧宫中的寝殿，测试他的武士说："越国的宝贝全在这里！"越王勾践亲身擂鼓，激励他的武士前进。武士听见鼓音，都不顾次序，争先冲向大火，被烧死的，左右一百多人，越王勾践鸣金收兵，他们才退下。所以墨子说：节制饮食，穿简陋的衣服，为虚名而牺牲性命，这是天下百姓都感到难办的，但如果国君喜欢，那么大家都能做得到。何况兼相爱交相利，与这不同。爱别人的人，别人也会同样爱他；给人好处的人，别人也会同样给他好处；憎恶别人的人，别人也会同样憎恶他；损害别人的人，别人也会同样残害他，这有什么难办呢？只不过国君不把它作为政事，士不把它付诸行动罢了。

但是，当今天下的士君子说：对，像那样互相亲爱当然好，虽然好，但却是不能实现的事，就好比想要举起泰山越过黄河、济水一样。墨子说：

这个比喻不恰当。举起泰山越过黄河、济水，可以说是极其强劲有力了，但从古到今还没有谁能做到。比起大家兼相爱交相利就与此不同了，古代的圣王就曾经实行过。何以知其如此呢？古时候禹治天下，在西边修筑了西河鱼窦，用来排泄渠孙皇湖的水；在北边修筑了原水与泒水两条河的堤坝，使河水流入后面的邸湖和滹沱河；使黄河水在底柱山分流，开凿龙门山以通水，以便利燕代的少数民族和西河的人民；东边疏放大陆积水，修筑孟诸之泽堤坝，把水分为九条河渠，以限制东土的水，以便利冀州的人民；南边疏通长江、汉水、淮河、汝水，使它们向东流入五湖地区，以便利楚国吴越与南夷的人民。这是讲禹的事情，现在我们就要用这种精神实行兼爱。从前周文王治理西土，明德如同日月：光照四方，被及西土，不自恃大国而欺侮小国，不自恃人多而欺侮人少的，不以强暴威势抢夺农民的粮食、牲口。上天注意到文王的慈爱，所以年老无子的人，能够得以善终；孤独没有兄弟的人，能够与其他民众共同生活；年纪小而失去父母的人，有所依靠而得以成长。这是讲周文王的事情，现在我们就要用这种精神实行兼爱。从前，周武王将祭祀泰山，传话说：泰山！有道的曾孙周王有事祷告，伐纣之大事已经成功，仁人出来辅佐，用来拯救夏、商的百姓以及四方蛮夷。商纣王至亲虽然多，不如我有仁人。各方的人民无论谁有罪过，责任都在我一人身上。这是讲周武王的事情，现在我们就要用这种精神实行兼爱。

因此墨子说：当今天下的士君子，如果心里确实希望天下富庶而不希望贫穷，希望天下太平而不希望混乱，那就应该实行大家兼相爱交相利。这是圣王的法则，治理天下的正道，不可不努力去做啊。

16. 兼爱下

【说明】

本文开头几段与结尾两段基本观点与上篇、中篇相同。中间几段为上述两篇所无，其内容是分别驳斥非兼者的诘难。一是设有兼别二士，远行者必托妻子于兼友；二是设有兼别二君，民众必从兼君；三是详引《诗》、《书》，证明禹汤文武皆行兼道；四是驳斥兼爱有害于孝，理由是欲人之爱利其亲，必先从事于爱利人之亲。

【原文】

子墨子言曰：仁人之事者，必務求興天下利，除天下之害。然當今之時，天下之害孰爲大？曰：若大國之攻小國也，大家之亂小家也，強之劫弱，衆之暴寡，詐之謀愚，貴之敖賤，此天下之害也。又與爲人君者之不惠也[①]，臣者之不忠也，父者之不慈也，子者之不孝也，此又天下之害也。又與今人之賤人[②]，執其兵刃毒藥水火，以交相虧賊，此又天下之害也。

姑嘗本原若衆害之所自生[③]。此胡自生？此自愛人，利人生與？即必曰："非然也。"必曰："從惡人、賊人生。"分名乎，天下惡人而賊人者，兼與？別與？即必曰："別也。"然即之交別者[④]，果生天下之大害者與？是故別非也。子墨子曰："非人者必有以易之，若非人而無以易之，譬之猶以水救火也[⑤]，其說將必無可焉。"是故子墨子曰："兼以易別。"然即兼之可以易別之故何也？曰：藉爲人之國[⑥]，若爲其國，夫誰獨舉其國以攻人之國者哉[⑦]？爲彼者，由爲己也[⑧]。爲人之都，若爲其都，夫誰獨舉其都以伐人之都者哉？爲彼猶爲己也。爲人之家，若爲其家，夫誰獨舉其家以亂人之家者哉？爲彼猶爲己也。然即國都不相攻伐，人家不相亂賊，此天下之害與？天下之利與？即必曰：天下之利也。

姑嘗本原若衆利之所自生。此胡自生？此自惡人賊人生與？即必曰:“非然也。”必曰:“從愛人利人生。”分名乎,天下愛人而利人者,别與?兼與?即必曰:“兼也。”然即之交兼者,果生天下之大利者與?是故子墨子曰:“兼是也。”且鄉吾本言曰:仁人之事者,必務求興天下之利,除天下之害。今吾本原兼之所生,天下之大利者也;吾本原别之所生,天下之大害者也。是故子墨子曰:别非而兼是者,出乎若方也[⑨]。

今吾將正求與天下之利而取之,以兼爲正[⑩]。是以聰耳明目相與視聽乎[⑪]!是以股肱畢強相爲動宰乎[⑫]!而有道肆相教誨[⑬],是以老而無妻子者,有所侍養以終其壽;幼弱孤童之無父母者,有所放依以長其身。今唯毋以兼爲正,即若其利也。不識天下之士,所以皆聞兼而非者,其故何也?

然而天下之士,非兼者之言猶未止也。曰:“即善矣,雖然,豈可用哉?”子墨子曰:“用而不可,雖我亦將非之;且焉有善而不可用者。”姑嘗兩而進之[⑭]。誰以爲二士[⑮],使其一士者執别,使其一士者執兼。是故别士之言曰:吾豈能爲吾友之身,若爲吾身?爲吾友之親,若爲吾親?是故退睹其友,飢即不食,寒即不衣,疾病不侍養,死不葬埋。别士之言若此,行若此。兼士之言不然,行亦不然。曰:吾聞爲高士於天下者,必爲其友之身,若爲其身;爲其友之親,若爲其親。然後可以爲高士於天下。是故退睹其友,飢則食之,寒則衣之,疾病侍養之,死喪葬埋之。兼士之言若此,行若此。若之二士者,言相非而行相反與?當使若二士者[⑯],言必信,行必果,使言行之合,猶合符節也,無言而不行也。然即敢問:今有平原廣野於此,被甲嬰胄[⑰],將往戰,死生之權[⑱],未可識也;又有君大夫之遠使於巴、越、齊、荆,往來及否[⑲],未可識也。然即敢問:不識將惡也家室[⑳],奉承親戚、提挈妻子而寄託之,不識於兼之有是乎?於别之有是乎[㉑]?我以爲當其於此也,天下無愚夫愚婦,雖非兼之人,必寄託之於兼之有是也。此言而非兼,擇即取兼,即此言行費也[㉒]。不識天下之士,所以皆聞兼而非之者,其故何也?

然而天下之士,非兼者之言,猶未止也。曰:“意可以擇士,而不可以擇君乎?”姑嘗兩而進之。誰以爲二君[㉓],使其一君者執兼,使其一君者執別。是故別君之言曰："吾惡能爲吾萬民之身，若爲吾身？此泰非天下之情也[24]。人之生乎地上之無幾何也，譬之猶駟馳而過隙也。"是故退睹其萬民，飢即不食，寒即不衣，疾病不侍養，死喪不葬埋。別君之言若此，行若此。兼君之言不然，行亦不然，曰："吾聞爲明君於天下者，必先萬民之身，後爲其身，然後可以爲明君於天下。"是故退睹其萬民，飢即食之，寒即衣之，疾病侍養之，死喪葬埋之。兼君之言若此，行若此。然即交若之二君者[25]，言相非而行相反與？常使若二君者[26]，言必信，行必果，使言行之合，猶合符節也，無言而不行也。然即敢問：今歲有癘疫，萬民多有勤苦凍餒，轉死溝壑中者，既已衆矣。不識將擇之二君者，將何從也？我以爲當其於此也，天下無愚夫愚婦，雖非兼者，必從兼君是也。言而非兼，擇即取兼，此言行拂也。不識天下所以皆聞兼而非之者，其故何也。

然而天下之士，非兼者之言也，猶未止也。曰："兼即仁矣，義矣；雖然，豈可爲哉？吾譬兼之不可爲也，猶挈泰山以超江、河也，雖然，故兼者，直願之也，夫豈可爲之物哉？"子墨子曰："夫挈泰山以超江、河，自古之及今，生民而來，未嘗有也。今若夫兼相愛、交相利，此自先聖六王者親行之。"何知先聖六王之親行之也？子墨子曰："吾非與之並世同時，親聞其聲、見其色也；以其所書於竹帛、鏤於金石、琢於盤盂，傳遺後世子孫者知之。"《泰誓》曰[27]："文王若日若月乍照[28]，光於四方，於西土。"即此言文王之兼愛天下之博大也，譬之日月，兼照天下之無有私也，即此文王兼也。雖子墨子所謂兼者，於文王取法焉。

且不唯《泰誓》爲然，雖《禹誓》即亦猶是也[29]。禹曰："濟濟有衆[30]，咸聽朕言！非惟小子，敢行稱亂。蠢茲有苗，用天之罰。若予即率爾群對諸群[31]，以征有苗。"禹之征有苗也，非以求以重寶貴[32]，干福祿，樂耳目也；以求興天下之利，除天下之害。即此禹兼也；雖子墨子之所謂兼者，於禹求焉[33]。

且不唯《禹誓》爲然，雖《湯說》即亦猶是也[34]。湯曰："惟予小子履[35]，敢用玄牡，告於上天后曰[36]：'今天大旱，即當朕身履，未知得罪於上下，有善不敢蔽，有罪不敢赦，簡在帝心[37]，萬方有罪，即當朕身；朕身有罪，無及萬方’。”即此言湯貴爲天子，富有天下，然且不憚以身爲犧牲，以祠說於上帝鬼神，即此湯兼也。雖子墨子之所謂兼者，於湯取法焉。

且不惟《誓命》與《湯說》爲然[38]，《周詩》即亦猶是也。《周詩》曰[39]：“王道蕩蕩，不偏不黨；王道平平，不黨不偏。其直若矢，其易若底[40]。君子之所履，小人之所視。”若吾言非語道之謂也[41]，古者文、武爲正，均分，賞賢，罰暴，勿有親戚弟兄之所阿[42]。即此文、武兼也，雖子墨子之所謂兼者，於文、武取法焉。不識天下之人，所以皆聞兼而非之者，其故何也。

然而天下之非兼者之言，猶未止。曰：“意不忠親之利[43]，而害爲孝乎？”子墨子曰：姑嘗本原之孝子之爲親度者。吾不識孝子之爲親度者，亦欲人愛利其親與？意欲人之所惡賊其親與？以說觀之[44]，即欲人之愛利其親也。然即吾惡先從事即得此？若我先從事乎愛利人之親，然後人報我愛利吾親乎？意我先從事乎惡人之親，然後人報我以愛利吾親也？即必吾先從事乎愛利人之親，然後人報我以愛利吾親也。然即之交孝子者[45]，果不得已乎？毋先從事愛利人之親者與？意以天下之孝子爲遇[46]，而不足以爲正乎？姑嘗本原之。先王之所書，《大雅》之所道[47]，曰：“無言而不讎[48]，無德而不報。投我以桃，報之以李。”即此言愛人者必見愛也，而惡人者必見惡也。不識天下之士，所以皆聞兼而非之者，其故何也。

意以爲難而不可爲邪？嘗有難此而可爲者。昔荆靈王好小要，當靈王之身，荆國之士飯不踰乎一，固據而後興[49]，扶垣而後行。故約食爲其難爲也，然後爲，而靈王說之[50]，未踰於世，而民可移也，即求以鄉其上也。昔者越王句踐好勇，教其士臣三年，以其知爲未足以知之也，焚舟失火，鼓而進之，其士偃前列，伏水火而死，有不可勝數也。當此之時，不鼓而退也，越國之士，可謂顫矣[51]。故焚身爲其難爲也，然後爲之，越王說之，未踰於世，而民可移也，即求以鄉上也。昔者晉文公好苴服[52]。當文公之時，晉國之士，大布之衣，牂羊之裘，練帛之冠，且苴之屨[53]，入見文公，出以踐之朝。故苴服爲其難爲也，然後爲，而文公說之，未踰於世，而民可移也，即求以鄉其上也。是故約食、焚舟、苴服，此天下之至難爲也，然後爲而上說之，未踰於世，而民可移也，何故也？即求以鄉其上也。今若夫兼相愛，交相利，此其有利，且易爲也，不可勝計也，我以爲則無有上說之者而已矣。苟有上說之者，勸之以賞譽，威之以刑罰，我以爲人之於就兼相愛、交相利也，譬之猶火之就上、水之就下也，不可防止於天下。

故兼者，聖王之道也，王公大人之所以安也，萬民衣食之所以足也，故君子莫若審兼而務行之。爲人君必惠，爲人臣必忠；爲人父必慈，爲人子必孝；爲人兄必友，爲人弟必悌。故君子莫[54]若欲爲惠君、忠臣、慈父、孝子、友兄、悌弟，當若兼之不可不行也。此聖王之道，而萬民之大利也。

【注释】

①又与：又如。惠：爱

②今人："人"字疑衍。

③本原：推究其根源。

④然即：然则。之：这些。交别者：交相别者。

⑤以水救火：俞樾认为，当作"以水救水，以火救火"。

⑥藉：假如。为：对待。

⑦独：偏要。举：率。

⑧由：同"犹"。

⑨若：这个。方：原则。

⑩王焕镳认为，此句当作"今吾将求正兴天下之利，除天下之害，而取兼以为正"。

⑪与：当作"为"。

⑫动宰：马宗霍认为即动作。

⑬肆：勉力。

⑭句意谓姑且以双方作进一步说明。

⑮谁：王引之认为，当为"设"之误字。

⑯当使：疑当作"尝使"。

⑰婴：同"缨"，名词用如动词。胄：头盔。

⑱权：变化。

⑲往来及否：往返与否。

⑳也：疑为"托"之误字。

㉑二句中"有"同"友"。

㉒费：王念孙认为，通"拂"，违背。

㉓谁：设。

㉔泰：太。

㉕"然即交"三字，戴望认为是衍文。

㉖常：疑当作"尝"。

㉗《泰誓》：《尚书》篇名，今已佚。

㉘乍照：孙诒让认为，"乍"与"作"通。

㉙《禹誓》：大禹所誓之辞。下面的文句见伪古文《尚书》中的《大禹谟》。

㉚济济：众多貌。有：语助词。

㉛若：王焕镳认为，疑当作"兹"。"群对诸群"：孙诒让认为，当读为"群封诸君"，言众邦国诸君也。

㉜句中第二个"以"字、"贵"字为衍文。

㉝求：孙诒让认为，当作"取法"。

㉞《汤说》：即今《尚书·汤誓》篇。

㉟履：殷汤之名。

㊱上天后：当作"上天后土"。

㊲简：高亨认为是"有"之假借字。

㊳《誓命》：依上文当作《禹誓》。

㊴周诗：以下四句，不见今本《诗经·周颂》，而见于《尚书·洪范》篇，文字相同而句次略异。

㊵底：当作"砥"，磨刀石。

㊶王焕镳认为，此句不可确解，疑当作"故若言，语兼之谓也"。

㊷阿：私。

㊸忠：当作"中"，读去声，符合。

㊹说：道理。

㊺交孝子：互为孝子。句式犹如交兼交别。

㊻意：抑或。孙诒让认为，"遇"当为"愚"之假借字。

㊼以下四句见本《诗经·大雅·抑》篇。

㊽雠：答应。

㊾固：故。据：据杖。

㊿后：孙诒让认为，疑当作"众"。依下段"为"下当有"之"字。

51李渔叔认为，"颤"当作"殚"，竭尽。

52苴服：粗服。

53且苴之屦：粗贱的草鞋。

54"莫"字疑。

【译文】

墨子说道：仁人的事业，一定努力追求兴天下之利，除天下之害。然而在现在天下之害，什么算是最大的呢？回答说："例如大国攻伐小国，大家族侵扰小家族，强大者劫夺弱小者，人多者虐待人少者，狡诈者算计愚笨者，尊贵者傲视卑贱者，这就是天下的祸害。又如，做国君的不仁惠，做臣下的不忠诚，做父亲的不慈爱，做儿子的不孝敬，这又都是天下的祸害。又如，现在的贱民，拿着兵刃、毒药，放水，纵火，用来相互残害，这又是天下的祸害。"

姑且试着推究这许多祸害产生的根源。这是从哪儿产生的呢？这是从爱人利人产生的吗？必然会说不是这样的。必然会说是从憎恶别人残害别人而产生的。先分辨一下概念，天下憎恶别人和残害别人的人，是兼相爱还是别相恶呢？则必然会说是别相恶。既然如此，那么这种别相恶，果然是产生天下大害的原因啊！所以别相恶是不对的。墨子说："非难别人，必须有理论去替代它，如果非难别人而又没有理论去替代它，就好像用水救水、用火救火。这种说法将必然是不可取的。"所以墨子说："要用兼相爱来取代别相恶。"那么可以用兼相爱来替换别相恶的原因何在呢？回答说：假如对待别人的国家，像治理自己的国家，谁还会动用本国的力量，以攻伐别人的国家呢？对待别人应该像对待自己一样啊。对待别人的都邑，像治理自己的都邑，谁还会动用自己都邑的力量，以攻伐别人的都邑呢？对待别人应该像对待自己一样啊。对待别人的家族，就像对待自己的家族，谁还会动用自己的家族的力量，以侵扰别人的家族呢？对待别人应该像对待自己一样啊。既然如此，国家、都邑不相互攻伐，个人、家族不相互侵扰残害，这是天下之害呢？还是天下之利呢？必然会说是天下之利。

姑且试着推究这许多利是如何产生的。这是从哪儿产生的呢？这是从憎恶人残害人产生的吗？必然会说不是的，必然会说是从爱人利人产生的。先分辨一下概念：天下爱人爱利的，是别相恶呢？还是兼相爱呢？必然会说是兼相爱。既然如此，这种兼相爱果然是产生天下大利的啊！所以墨子说："兼是对的。"而且从前我曾说过："仁人之事，一定努力追求兴天下之利，除天下之害。"现在我推究由兼相爱产生的，都是天下的大利;我推究由别相恶所产生的,都是天下的大害。所以墨子说,别相恶不对,兼相爱正确,就是出于这个道理。

现在我将寻求兴天下之利的办法而采用它,以兼相爱为政。大家都耳聪目明,相互帮助视听;大家都用坚强有力的手足,相互协助;有好的道理,努力互相教导。年老而没有妻室子女的,有所奉养而终其天年;幼弱孤儿没有父母的,有所依傍而长大成人。现在以兼相爱为政,则其利如此。不知道天下之士听到兼相爱之说却加以非难,其原因是什么呢?

然而天下的士人,非难兼相爱的言论还没有停止。他们说:"兼相爱即使是好的,但是,难道可以应用吗?"墨子说:"如果不可应用,即使我也要非难它,哪有好的东西不能应用呢?"姑且试着让主张兼和主张别的两种人各尽其见。设有两位人士,其中一位主张别相恶,另一位主张兼相爱。主张别相恶的人士说:"我怎么能对待我朋友的身体,就像我的身体;对待我朋友的双亲,就像我的双亲。"于是他回头看到朋友饥饿时不给食物,寒冷时不给衣服,有病不服侍疗养,死亡后不埋葬。主张别相恶的人士言论如此,行为如此。主张兼相爱的人士言论不是这样,行为也不是这样。他说:"我听说作为天下的高士,必须对待朋友之身如自己之身,看待朋友的双亲如自己的双亲,然后才可以成为天下的高士。"于是他回头看到朋友饥饿时就给他食物;寒冷时就给他衣服;疾病时服侍疗养,死亡后给予埋葬。主张兼相爱的人士言论如此,行为也如此。这两位人士,言论相非而行为相反吗?假使这两位人士,言必信,行必果,他们的言与行就像符节一样符合,没有什么话不能实行。那么请问:现在这里有平原旷野,人们将披甲戴盔前往作战,死生之变不可预料;又有国君的大夫出使遥远的巴、越、齐、楚,去后能否回来不可预料。那么请问:他向何处托付家室,奉养父母,安顿自己的妻子?不知道是托付那主张兼相爱的友人呢?还是托付那主张别相恶的友人呢?我认为在这种情况下,无论天下的愚夫愚妇,即使反对兼爱的人,也必然要托付给主张兼相爱的友人。说话非难兼相爱,找人帮忙却选择兼相爱者,这就是言行相违。我不知道天下的士人何以听到兼相爱而非议它,其原因究竟在哪里?

然而天下的士人，非难兼爱的言论还是没有停止。他们说："或许可以用这种理论选择士人，但却不可以用来选择国君吧？"姑且试着让双方各尽其见。假设这里有两位国君，其中一位主张兼相爱，另一位主张别相恶。主张别相恶的国君说：我怎能对待万民之身，就对待自己之身呢？这太不合天下的情理了。人生在世并没有多少时间，就好像马车奔驰缝隙那样短暂。于是他回头看到他的万民，挨饿不给食物吃，寒冷不给衣服，有疾病不给服侍疗养，死亡后不埋葬。主张别相恶的国君的言论如此，行为如此。主张兼相爱国君的言论不是这样，行为也不是这样。他说："我听说在天下做一位明君，必须先重视万民之身，然后才重视自己之身，然后才可以在天下做一位明君。"于是回头看到百姓挨饿就给他吃，寒冷就给他衣服，生了病就给他疗养，死亡后就给予埋葬。主张兼相爱的君主言论如此，行为如此。像这两位国君，言论相非而行为相反吗？假使这两位国君，言必信，行必果，言行像符节一样符合，没有什么话不能实现。那么请问：假如今年有瘟疫，万民因劳苦和冻饿而辗转死于沟壑之中的，已经很多了，不知道他们若要从这两位国君中选择一位，将会跟随哪一位呢？我认为在这种情况下，无论天下的愚夫愚妇，即使反对兼爱的人，也必定跟随主张兼相爱的国君。在言论上反对兼相爱，而在选择时采用兼相爱，这就是言行相违。我不知道天下的人何以听到兼相爱而非难它，其原因在哪里？

然而天下的士人，非难兼爱的言论还是没有停止。他们说："兼爱即使是仁，是义了。虽然如此，难道可以做得到吗？我打个比方，兼爱的行不通，就像是提起泰山超越长江、黄河一样。所以兼爱只不过是一种愿望而已，哪里是可行之事呢？"墨子说："提起泰山超越长江、黄河，自古及今，生民以来，还不曾有过。现在说的兼相爱、交相利，这是自先圣六王就亲自实行过了。"怎么知道先圣六王亲自实行了呢？墨子说："我并不和他们处于同一时代，能亲自听到他们的声音，亲眼看到他们的容貌。我是从他们书写在简帛上，镂刻在钟鼎石碑上、雕琢在盘盂上，并留给后世子孙的文献中知道这些的。"《泰誓》篇说："文王像太阳，像月亮一样照耀，光辉遍及四方，遍及西周大地。”这就是说文王兼爱天下之广大，好比太阳、月亮兼照天下，而没有偏私。这就是文王的兼爱。墨子所说的兼爱，是从文王那里取法的。

况且不止《泰誓》这样记载，即使《禹誓》也这样说。大禹说：“你们各位民众，都听从我的话：不是我小子敢发动战争，而是苗民蠢动，因而行天之罚。现在我率领众邦各位君长，去征讨有苗。”大禹征讨有苗，不是为取得贵重宝物，干求福禄，使耳目享乐，而是追求天下之利，除天下之害。这就是大禹的兼爱。墨子所说的兼爱，是从大禹那里取法的。

况且不止《禹誓》这样记载，即使《汤说》篇，也这样说。汤说：“我小子履，敢用黑色的公牛，祭告于皇天后土说：‘如今天下大旱，应由我殷履本人承当责任。也不知道怎么得罪了天地。于今有善不敢隐瞒，有罪也不敢宽饶，这都存在上帝的心里。万方百姓有罪，由我本人承担；我本人有罪，不要累及万方。’”这说的是商汤贵为天子，富有天下，然而尚且不惜以身作为牺牲祭品，用言辞向上帝鬼神祷告。这就是商汤的兼爱。墨子的兼爱，是从汤那里取法的。

况且不止《禹誓》和《汤说》是这样，周诗也有这类的话。周诗上说：“王道坦荡，不偏私不结党；王道公平，不结党不偏私，其直如箭杆，其平如砥石，君子在实行，小人在仰望。”这里所说的话，讲的正是兼爱的道理。古时周文王、周武王为政公平，赏贤罚暴，没有偏私父母兄弟的现象。这就是周文王、武王的兼爱。墨子所说的兼爱，是从文王、武王那里取法的。不知道天下的人听到兼爱就非难，原因究竟在哪里？

然而天下非难兼爱者的言论，还是没有停止。他们说道：“那或许不符合双亲的利益，而有害于孝道吧？”墨子说：姑且试着推究孝子为双亲所考虑者。我不知道孝子为双亲考虑，是希望别人爱利他的双亲呢？还是希望别人恶贼他的双亲呢？按照常理来看，当然希望别人爱利他的双亲。那么我首先从事什么才能得到这种结果呢？假若我先从事于爱利别人的双亲，然后别人报我以爱利我的双亲呢？还是我先从事于憎恶别人的双亲，然后别人报我以爱利我的双亲呢？必然是我先从事于爱利别人的双亲，然后别人才会报我以爱利我的双亲。然则这种互为孝子，果真是不得已吗？是不先从事于爱利别人的双亲呢？还是以为天下的孝子都是愚蠢而不足以为正确榜样呢？姑且试着探究。先王所写的书，《大雅》说道："没有什么话不答应，没有什么德不报答。你投给我桃，我报给你李。"这就是说爱人的必被人爱，而憎恶人的必被人憎恶。不知天下的士人，一听到兼爱就非难，原因究竟在哪里？

或许认为困难而做不到吗？曾有比这更困难而可以做到的事。从前楚灵王喜欢细腰，当灵王在世时，楚国的人士每天吃饭不超过一次，用力拄杖而后才能站起，扶着墙壁而后才能走路。节食本是难以做到的事，然而这样做灵王喜欢，所以没有经过多久时间，民风可以转变，这是要求自己迎合君主罢了。从前越王勾践喜欢勇猛，训练他的将士三年，认为自己的智慧还不足以测知效果如何，于是故意放火烧船，擂鼓命令将士前进。他的将士前仆后继，投身水火之中而死的不计其数。在这个时候，如果不停止擂鼓而撤退的话，越国的将士就快死光了。焚身本是难于做到的事，然而后来做到了，因为越王喜欢，所以没经过很久时间，民风可以转变，这无非是要求自己迎合君主罢了。从前晋文公喜欢穿粗布衣服，当文公在世时，晋国的人士都穿大布的衣服和母羊皮的袍子，戴厚缯帛做的帽子，穿粗糙的鞋子，进宫廷可见晋文公，出来可以侍列朝廷。穿粗陋衣服本是难做到的事，然而后来做到了。因为文公喜欢，没过多长时间，民风可以转变，这无非是要求自己迎合君主罢了。所以说节食、焚舟、穿粗衣服，这本是天下最难做的事，然而这样做可使君主喜欢，因此没过多长时间，民风可以转变。这是什么缘故呢？这无非是为迎合君主罢了。现在像兼相爱交相利，这是有利而且容易做到的，例子不可胜数。我认为只是没有君上喜欢罢了，只要有君上喜欢，用奖赏表扬来勉励，用刑罚来威慑，我认为人们趋向兼相爱，交相利，会像火之向上、水之向下，在普天之下是不可阻止得了的。

所以说兼爱是圣王之道，王公大人因此得到安稳，万民衣食因此得到满足。君子最好审察兼爱并努力实行它。做人君的必须仁惠，做人臣的必须忠诚，做人父的必须慈爱，做人子的必须孝敬，做人兄的必须友爱其弟，做人弟的必须敬顺兄长。君子假如想要做仁惠之君、忠诚之臣、慈爱之父、孝敬之子、友爱之兄、敬顺之弟，对于兼爱就不可不去实行。这是圣王的大道，万民最大的利益。

17. 非攻上

【说明】

春秋战国时期，诸侯兼并，战乱频起。墨子认为，这些战争是非正义的。就如同偷窃别人财产的强盗行为一样，应该加以谴责。文章采取从小到大层层推论的方法，以民众普遍认同的社会公德为依据，证明掠夺性战争乃大不义，有百重之罪。然而天下君子不以为非，反而誉之，乃不识义与不义之别。全篇无“子墨子曰”，可能是墨子自著。

【原文】

今有一人，入人園圃①，竊其桃李，衆聞則非之，上爲政者得則罰之。此何也？以虧人自利也。至攘人犬豕雞豚者②，其不義，又甚入人園圃竊桃李。是何故也？以虧人愈多，其不仁茲甚③，罪益厚。至入人欄廄④，取人馬牛者，其不仁義，又甚攘人犬豕雞豚。此何故也？以其虧人愈多。苟虧人愈多，其不仁茲甚，罪益厚⑤。至殺不辜人也，扡其衣裘⑥，取戈劍者，其不義，又甚入人欄廄取人馬牛。此何故也？以其虧人愈多。苟虧人愈多，其不仁茲甚矣，罪益厚。當此，天下之君子皆知而非之，謂之不義。今至大爲不義攻國⑦，則弗知非，從而譽之，謂之義，此可謂知義與不義之別乎？殺一人，謂之不義，必有一死罪矣。若以此說往⑧，殺十人，十重不義⑨，必有十死罪矣；殺百人，百重不義，必有百死罪矣。當此，天下之君子皆知而非之，謂之不義。今至大爲不義攻國，則弗知非，從而譽之，謂之義，情不知其不義也⑩。故書其言，以遺後世。若知其不義也，夫奚說書其不義以遺後世哉⑪？今有人於此，少見黑曰黑，多見黑曰白，則必以此人爲不知白黑之辯矣⑫；少嘗苦曰苦，多嘗苦曰甘，則必以此人爲不知甘苦之辯矣。今小爲非，則知而非之；大爲非攻國，則不知非，從而譽之，謂之義，此可謂知義與不義之辯乎？是以知天下之君子也，辯義與不義之亂也。

【注释】

①园圃:种树为园,种菜为圃。这里指果园。
②攘:夺取。豚:小猪。
③兹:同"滋",更加。甚:超过。
④栏厩:指牲口棚。厩:马棚。
⑤厚:重。
⑥拖:同"拖",夺取。萧鲁阳认为,同"脱"。
⑦此句原文脱"不义"二字,据毕沅《墨子注》和后文补。
⑧以此说往:按照这种说法进一步推论。
⑨十重:十倍。
⑩情:通"诚",实在。
⑪奚说:怎么解释。
⑫此句原文脱"必"、"为"二字,据孙诒让校和后文补。

【译文】

如今有一个人,跑进人家的果园,偷那里的桃子和李子,人们听说后都会谴责他;在上面当政的长官抓住他,就会处罚。这是什么缘故呢?因为他损人利己。至于偷盗人家狗猪鸡,他的不义,又超过进入人家果园偷窃桃李。这是什么缘故呢?因为他损害别人的程度更深,他的不仁就更加严重,罪过更大。至于闯入人家的牲口棚,牵走人家马牛,他的不仁义,又超过偷盗人家的狗猪鸡。这是什么缘故呢?因为他损害别人的程度更深。如果损害别人的程度更深,他的不仁也严重,罪过更大。至于妄杀无辜的人,抢夺他的衣裘,夺取其戈剑,他的不义,又超过闯入别人牲口棚牵走马牛。这是什么缘故呢?因为他损害别人的程度更深。如果他损人更多,他的不仁就更严重,罪过就更大。对此,天下的君子都懂得谴责他们,认为这样做不义。现在有人大行不义,攻打别人的国家,人们反而不懂得去谴责他,反而跟着加以赞美,称之为义举,这样难道说是懂得义与不义的区别吗?杀死一个人,被认为是不义,必定构成一条死罪了。如果依照这种道理类推下去，杀死十个人，就是十倍的不义，必定构成十倍的死罪；杀死一百人，就是百倍的不义，必定构成百重死罪。对此，天下的君子都懂得谴责他们，认为这样做不义。如今有人大行不义，攻打别人的国家，却不知道去谴责他，反而跟着赞美他，称之为义举，这实在是不懂得他的不义了。还要记下他的话，传给后世。如果知道这是不义的，那为什么还要记下这些不义之事，流传后世呢？现在如果有这样的人，看到少一点的黑色，能说是黑色的，多看见些黑色，反说是白色的，那么人们一定认为他黑白不分了；少尝些苦味说是苦的，多尝些苦味反说是甜的，那么人们一定认为他不辨甘苦了。如今，对于犯了小的过失，人们都知道说他不对而加以谴责；对于犯大罪过，攻打别人的国家，却不懂得去谴责他，反而跟着赞美，称之为义举，这能说是懂得义与不义的区别吗？由此可见，现天下的君子，区别义与不义的观念是多么的混乱啊。

18. 非攻中

【说明】

本文论述三个问题：一、攻战消耗巨大，即使战胜也得不偿失。今大国土地有余人口不足，损民以得地，是弃所不足而重有余。二、驳攻战可以广土众民。历史上因攻战而成大国者不过四五国，而亡于攻战之国不可胜数。三、驳“我能用兵，故战必胜”。以夫差、智伯为例，说明虽兵强而且常胜，好战必亡。

【原文】

子墨子言曰：今者王公大人爲政於國家者[①]，情欲毁譽之審[②]，賞罰之當，刑政之不過失[③]。是故子墨子曰：古者有語：謀而不得，則以往知來，以見知隱，謀若此，可得而知矣。今師徒唯毋興起[④]，冬行恐寒，夏行恐暑，此不可以冬夏爲者也。春則廢民耕稼樹藝，秋則廢民獲斂[⑤]。今唯毋廢一時[⑥]，則百姓飢寒凍餒而死者，不可勝數。今嘗計軍出[⑦]：竹箭羽旄幄幕，甲盾拔劫[⑧]，往而靡弊腑冷不反者[⑨]，不可勝數；又與矛戟戈劍乘車[⑩]，其列往碎折靡弊而不反者[⑪]，不可勝數；與其牛馬，肥而往，瘠而反，往死亡而反者[⑫]，不可勝數；與其塗道之修遠，糧食輟絕而不繼，百姓死者，不可勝數也；與其居處之不安，食飯之不時，飢飽之不節，百姓之道疾病而死者[⑬]，不可勝數。喪師多不可勝數，喪師盡不可勝計[⑭]，則鬼神之喪其主後[⑮]，亦不可勝數。國家發政，奪民之用，廢民之利，若此甚衆。然而何爲爲之？曰：我貪伐勝之名及得之利，故爲之。子墨子言曰：計其所自勝，無所可用也；計其所得，反不如所喪者之多。今攻三里之城，七里之郭，攻此不用鋭，且無殺而徒得，此然也[⑯]。殺人多必數於萬[⑰]，寡必數於千，然後三里之城，七里之郭，且可得也。今萬乘之國，虛數於千[⑱]，不勝而入；廣衍數於萬，不勝而辟。然則土地者，所有餘也；王民者[⑲]，所不足也。今盡王民之死，嚴下上之患[20]，以爭虛城，則是棄所不足，而重所有餘也。爲政若此，非國之務者也。

飾攻戰者言曰：南則荆吳之王，北則齊晉之君，始封於天下之時，其土地之方[21]，未至有數百里也；人徒之衆，未至有數十萬人也。以攻戰之故，土地之博，至有數千里也。人徒之衆，至有數百萬人，故當攻戰而不可已也[22]。子墨子言曰：雖四五國則得利焉，猶謂之非行道也[23]。譬若醫之藥人之有病者然。今有醫於此，和合其祝藥之於天下之有病者而藥之[24]，萬人食此，若醫四五人得利焉，猶謂之非行藥也[25]。故孝子不以食其親，忠臣不以食其君。古者封國於天下，尚者以耳之所聞[26]，近者以目之所見，以攻戰亡者，不可勝數。何以知其然也？東方有莒之國者[27]，其爲國甚小，間於大國之間，不敬事於大，大國亦弗之從而愛利[28]，是以東者越人夾削其壤地，西者齊人兼而有之。計莒之所以亡於齊越之間者，以是攻戰也。雖南者陳蔡，其所以亡於吳越之間者，亦以攻戰。雖北者且不一著何[29]，其所以亡於燕代胡貊之間者[30]，亦以攻戰也。是故子墨子言曰：今者王公大人情欲得而惡失[31]，欲安而惡危，故當攻戰而不可不非。飾攻戰者之言曰：彼不能收用彼衆，是故亡。我能收用我衆，以此攻戰於天下，誰敢不賓服哉[32]？子墨子言曰：子雖能收用子之衆，子豈若古者吳闔閭哉？古者吳闔閭，教七年，奉甲執兵[33]，奔三百里而舍焉[34]，次注林[35]。出於冥隘[36]之徑，戰於柏舉[37]，中楚國[38]，而朝宋與魯[39]。及至夫差之身[40]，北而攻齊，舍於汶上[41]，戰於艾陵[42]，大敗齊人，而葆之大山[43]；東而攻越，濟三江五湖[44]，而葆之會稽，九夷之國[45]，莫不賓服。於是退不能賞孤，施捨群萌[46]，自恃其力，伐其功[47]，譽其智，怠於教，遂築姑蘇之臺[48]，七年不成。及若此，則吳有離罷之心[49]。越王勾踐，視吳上下不相得，收其衆以復其仇，入北郭，徙大內[50]，圍王宮，而吳國以亡[51]。昔者晉有六將軍[52]，而智伯莫爲強焉[53]，計其土地之博，人徒之衆，欲以抗諸侯，以爲英名攻戰之速[54]，故差論其爪牙之士，比列其舟車之衆[55]，以攻中行氏而有之。以其謀爲既已足矣，又攻茲范氏而大敗之[56]，並三家以爲一家而不止，又圍趙襄子於晉陽[57]。及若此，則韓魏亦相從而謀曰：古者有語，脣亡則齒寒。趙氏朝亡，我夕從之；趙氏夕亡，我朝從之。《詩》曰：魚水不務[58]，陸將何及乎？是以三主之君[59]，一心戮力，辟門除道，奉甲興士，韓魏自外，趙氏自內，擊智伯，大敗之。是故子墨子言曰：古者有語曰：君子不鏡於水[60]，而鏡於人。鏡於水，見面之容；鏡於人，則知吉與凶。今以攻戰爲利，則蓋嘗鑒之於智伯之事乎[61]？此其爲不吉而凶，既可得而知矣。

【注释】

①今：旧本作“古”，依王念孙校改。
②情：通“诚”。“毁”字原脱，据王引之校补。审：慎重。
③此下疑有脱文。
④师徒：军队。唯毋：助词无义。
⑤获敛：收获贮藏。此句下疑有脱文。孙诒让认为，依上文，当脱“此不可以春夏为者也”。
⑥一时：一季。
⑦出：原作“上”，今据孙诒让校并下文改。
⑧拨劫：拨，大盾；劫，孙诒让认为指刀柄。
⑨腑冷：毕沅认为同“腐烂”。
⑩又与：又如。
⑪往：原作“住”，今据毕沅说改。孙诒让认为“列往”当作“往则”。
⑫往死亡：出去后死亡。
⑬百姓之道：应为“百姓之于道路”。
⑭丧师尽：指全军覆没殆尽 。
⑮主后：指祭祀的主人和后裔。
⑯此然也：从上下文看，中疑脱“不”字。
⑰数于万：数目在万以上。
⑱虚数于千：“虚”同“墟”。“虚”下疑脱“城”字。指数以千计的小城邑。周才珠认为“虚”指小国。
⑲王民：王念孙认为当作“士民”。士兵和民众。
⑳严：严重加剧。
㉑方：或谓指方圆，或指广大。
㉒已：原作“为”，今据万历本改。已：止。
㉓行道：可行之道。
㉔祝药：指药物。古时巫医往往同为一人，用药并加祝祷，故称“祝药”。
㉕行药：通行的良药。

㉖尚者：指远古的事。“尚”即“上”。

㉗莒之国：即莒国，故址在今山东省莒县。

㉘弗之从而爱利：句有倒误，当作“弗助而爱利之”。

㉙且：即柤(jū)，古国名。不一著何：“一”是衍文。不著何，即不屠何，古国名，故址在今辽宁西部。

㉚胡貊：同“胡貉”，当时对北方少数民族的称谓。

㉛今者：原作“古者”，据王引之校改。

㉜宾服：服从。

㉝奉甲：披甲。

㉞舍：休息。

㉟次：驻扎。注林：古地名。按文意，此当指攻打楚国的行动，见《左传·定公四年》。

㊱冥隘：也写作“冥阸”、“渑阸”，地名，在今河南省信阳市东南。

㊲柏举：楚国地名，在今湖北省麻城市。

㊳中楚国：意为入据楚国之中心。

㊴而朝宋与鲁：原作“而朝宋与及鲁”，据苏时学说改。

㊵夫差：吴工大差是阖闾的儿子。

㊶汶上：古地名，在今山东省境内。

㊷艾陵：古地名，在今山东省泰安县东南。

㊸葆：同“保”。大山：即泰山。

㊹三江五湖：说法不一，有人认为，三江指吴淞江、钱塘江、浦阳江，五湖指太湖。

㊺葆之会稽：公元前495年，吴王夫差击败越王勾践，勾践以五千人退保会稽，事在伐齐之前。见《左传·哀公五年》。会稽：山名，在今浙江绍兴市东南。九夷之国：指当时淮河泗水流域的许多少数民族。

㊻萌：通“氓”，即民。

㊼伐：夸耀。

㊽姑苏：台名，在今苏州市西南。

㊾离罢：离散，疲弊。罢：通“疲”。

㊿徙：挪走。大内：王念孙认为是“大舟”之误；大舟是吴王夫差专用的大船。

(51)吴国以亡：公元前473年越灭吴。事见《左传·哀公二十二年》。

(52)六将军：即六卿，因兼任军将，故称。春秋时通称军将为将军。

(53)智伯：晋国六卿之一智氏的首领，即智伯瑶。

(54)张纯一认为，此句当作“以攻战之速为英名”。

(55)比：原作“皆”，今据王引之说改。比列：排列。

(56)“兹”字疑衍，范氏和上文的中行氏都是晋国六卿之一，先后被智氏攻灭，事见《左传·定公十三年》。

(57)赵襄子：晋国六卿之一赵氏的首领。晋阳：地名，今山西省太原市。

㊿鱼水:鱼在水中。务:通"骛",疾游而走。按此二句不见今本《诗经》,当为逸诗。
59三主之君:指赵、韩、魏三家的君主。
60镜:借鉴。名词用如动词。
61盖:通"盍",何不。"尝"字疑衍。

【译文】

墨子说:如今治理国政的王公大臣们,真的想做到批评和赞誉慎重,赏赐和惩罚允当,刑政没有过失。所以墨子说:古人有句名言:谋划如果得不到结论,就用以往的历史推测未来,用明显的事实推测潜在的可能,如果这样谋划,一般的事都可以知道了。现在如果要起兵出征,冬天行军怕寒冷,夏天行军怕暑热,用兵是不适宜在冬天夏天做的事。春天出兵,影响人民从事耕种,秋天出兵,影响人民从事收获。现在荒废一个季节,以致百姓挨饿受冻而死的,就多得无法计算。试计算一下军队出征时,所用的竹箭羽旄、帷幄帐幕、铠甲盾牌刀把等,发出去之后用得破烂不堪,不能收回的,多得无法统计;还有矛戟戈剑和兵车,发出去之后碎折破烂不能收回的,又多得无法统计;牛马出征时很肥壮,返回时都很瘦瘠,出去之后死而不再返回的,又多得无法统计;还有因为战争时道路遥远,粮食补给断绝而无法补充,百姓因此饿死的,又多得无法统计;还有因为战争时居住不得安宁,饮食不能按时,饥饱没有节度,百姓在途中生病而死的,又多得无法统计。阵亡的将士多得无法统计,全军覆没的也无法统计,那么鬼神丧失了祭祀它们的后人,也多得无法统计。由国家发布政令,夺取人民的财用,损害人民的利益,竟是如此巨大。但是为什么要这样做呢?他们说:我贪图战胜的威名,以及得到的利益,所以要这样做。墨子说:计算一下他自己胜利,没有什么可用的;计算他所得到的,反而不如损失的多。现在攻打一个三里方圆的城、七里方圆的郭,如果不动用精锐的军队,并且不死人就轻易地得手,这是不可能的。被杀死的人多者必定数以万计,少者也必定数以千计,然后一个三里方圆的城、七里方圆的郭才可以夺得。现在有兵车万乘的大国,小的城邑上千,住都住不过来;有广延万里的土地,开辟不过来。可见土地是有余的,而人民还是不足的。现在把士民全部驱赶去战死，加重全国上下的灾难，来争夺空虚的城邑，那就是丢弃本来缺乏的，而增加本来有余的。这样施政，不是治国的要务。

为攻战辩解的人说：南面楚、吴的君王，北面齐、晋的君王，刚受封号于天下的时候，他们土地的范围，方圆还没有几百里，拥有人口的总数，不到几十万。因为攻战的缘故，土地扩大到几千里，人口之多达到几百万。因此应当攻战，而不应停止攻战。墨子说：虽然有四五个国家因攻战获得利益，但还是应该说这不是通常可行的做法。譬如医生开药给有病的人吃一样。如今这里这有位医生，调和他的药剂为天下有病的人施药，一万个人吃了，如果只有四五个人痊愈，那么，这些药只能被认为是不能通行的药。因此孝子不拿这种药给双亲吃，忠臣不拿这种药给国君吃。古代天下的封国，远古的根据耳所闻，近世的根据眼所见，由于攻战而灭亡的，多得无法统计。何以知道是这样的呢？东方有个莒国，其国家很小，处在大国中间，不肯恭敬地服事大国，大国也不援助和爱护它。结果，东面让越国人侵占了它的疆土，西面让齐国人兼并占领。考察莒国之所以被齐越灭亡，主要是因为攻战。即如南方的陈国、蔡国，它们之所以被吴、越灭亡，也是因为攻战。即如北方的租及不屠何国，它们之所以被燕代胡貊等国灭亡，也是因为攻战。所以墨子说：现在的王公大臣，如果真的想有所得而不愿有所失，希望安定而不愿意出现危机的话，对于攻战，就不可不加以反对。

为攻战辩解的人说：他们不能召集动用自己的军队，所以灭亡了。我们能召集动用我们军队，凭借这支力量去攻打天下，谁敢不服从我呢？墨子说：你虽然能召集动用你的军队，但你哪里比得上古时候的吴王阖闾呢？古时候的吴王阖闾，训练军队七年，能身披铠甲，手持兵器，奔袭三百里才停下来驻营休息。攻打楚国时驻扎在注林，通过冥隘的要道，与楚国在柏举交战，攻入楚国的都城，并使宋国和鲁国前来朝拜。到夫差即位时，吴国向北攻打齐国，扎营在汶上，与齐国在艾陵交战，大败齐军，迫使齐人退守泰山；向东攻打越国，渡过三江五湖，迫使越人退守会稽山，东方各国，没有不降服的。从那里撤军以后，夫差不能优恤阵亡将士的遗孤，施舍给广大民众,自恃他的武力,夸耀他的战功,吹嘘他的聪明,放松军队训练。于是建筑姑苏台,历时七年尚未造成。到这时,吴国人就出现了涣散厌倦的情绪。越王勾践看到吴国上下不能团结,聚集他的军队来复仇,攻入北郭,拖走吴王的大船,包围王宫,吴国因而灭亡。从前晋国有六卿为将军,以智伯最为强大,他考虑自己疆域的博大,人口的众多,就想以此来抗拒诸侯,用神速的攻战来成就英名。所以按等级组织起将士,排列开众多的车船。去攻打中行氏,并侵占了它的领地。以为他的谋略已经足够了,又去攻打范氏,将范氏打得大败。合并三家为一家后,还不肯罢休,又包围晋阳赵襄子。到这时,连韩氏、魏氏也互相商议说:古代有句名言说:嘴唇如果没有了,牙齿就要受寒。赵氏如果早上灭亡,我们晚上就会跟着灭亡;赵氏晚上灭亡,我们早上就会跟着灭亡。《诗经》上说:鱼儿在水里不快快游走,等到失水处于陆地,后悔还来得及吗?所以赵、韩、魏三家的君主,齐心协力,沟通城关,开辟道路,提供装备,征发军队,韩氏、魏氏从外边攻打,赵氏从里边接应,攻打智伯,把他打得大败。因此墨子说:古代有句名言说:君子不用水作镜子,而用别人作镜子。用水作镜子,只能照见面容;用人来作镜子,就能预知吉与凶。如果认为攻战是有利的,那何不借鉴一下智伯的事例呢?他这样做不是吉而是凶,已经是可以知道的了。

19. 非攻下

【说明】

本文前一部分说明，攻战上不利天，中不利鬼，下不利人。中间一部分着重区别攻与诛。“攻”就是以大欺小的非正义的侵略战争；“诛”则是奉天命讨伐无道之国的正义战争，如禹征有苗，汤伐桀，武王伐纣等是。第三部分驳斥攻伐之君谎称以义名立天下而战；主张若大国攻小国则救之，应帮助弱小的被侵者，抵抗强暴的侵略者，提倡备战以反战。

【原文】

子墨子言曰：今天下之所譽善者[①]，其説將何哉？爲其上中天之利，而中中鬼之利，而下中人之利，故譽之與？意亡非爲其上中天之利[②]，而中中鬼之利，而下中人之利，故譽之與？雖使下愚之人，必曰：“將爲其上中天之利，而中中鬼之利，而下中人之利，故譽之。”今天下之所同義者，聖王之法也。今天下之諸侯，將猶多皆免攻伐並兼[③]，則是有譽義之名，而不察其實也。此譬猶盲者之與人[④]，同命白黑之名，而不能分其物也，則豈謂有別哉！是故古之知者之爲天下度也，必順慮其意而後爲之[⑤]，行是以動，則不疑，速通成。得其所欲[⑥]，而順天、鬼、百姓之利，則知者之道也。是故古之仁人有天下者，必反大國之説，一天下之和，總四海之内，焉率天下之百姓，[⑦]以農[⑧]。臣事上帝、山川、鬼神。利人多，功故又大，是以天賞之，鬼富之，人譽之，使貴爲天子，富有天下，名參乎天地[⑨]，至今不廢。此則知者之道也，先王之所以有天下者也。

今王公大人、天下之諸侯則不然。將必皆差論其爪牙之士，皆列其舟車之卒伍，於此爲堅甲利兵，以往攻伐無罪之國，入其國家邊境，芟刈其禾稼[⑩]，斬其樹木，墮其城郭，以湮其溝池，攘殺其牲牷[⑪]，燔潰其祖廟[⑫]，勁殺其萬民[⑬]，覆其老弱[⑭]，遷其重器[⑮]，卒進而柱乎門[⑯]，曰：“死命爲上，多殺次之，身傷者爲下；又況失列北橈乎哉[17]？罪死無赦！""以譚其衆[18]。夫無兼國覆軍[19]，賊虐萬民，以亂聖人之緒[20]。意將以爲利天乎？夫取天之人，以攻天之邑，此刺殺天民，剝振神之位[21]，傾覆社稷，攘殺其犧牲，則此上不中天之利矣。意將以爲利鬼乎？夫殺天之人[22]，滅鬼神之主，廢滅先王[23]，賊虐萬民，百姓離散，則此中不中鬼之利矣。意將以爲利人乎？夫殺(天)之人，爲利人也博矣[24]！又計其費此[25]，爲周生之本，竭天下百姓之財用，不可勝數也，則此下不中人之利矣。

今夫師者之相爲不利者也[26]，曰："將不勇，士不分[27]，兵不利，教不習，師不衆，率不利和[28]，威不圉[29]，害之不久[30]，爭之不疾，孫之不強[31]，植心不堅[32]，與國諸侯疑[33]。與國諸侯疑，則敵生慮而意羸矣[34]。偏具此物，而致從事焉，則是國家失卒，而百姓易務也[35]。今不嘗觀其說好攻伐之國[36]，若使中興師[37]，君子、庶人也必且數千，徒倍十萬[38]，然後足以師而動矣。久者數歲，速者數月。是上不暇聽治，士不暇治其官府，農夫不暇稼穡，婦人不暇紡績織紝。則是國家失卒，而百姓易務也。然而又與其車馬之罷斃也，幔幕帷蓋，三軍之用，甲兵之備，五分而得其一，則猶爲序疏矣[39]。然而又與其散亡道路，道路遼遠，糧食不繼傺[40]，食飲之時[41]，廁役以此飢寒凍餒[42]，疾病而轉死溝壑中者，不可勝計也。此其爲不利於人也，天下之害厚矣。而王公大人樂而行之，則此樂賊滅天下之萬民也，豈不悖哉！今天下好戰之國，齊、晉、楚、越，若使此四國者得意於天下，此皆十倍其國之衆，而未能食其地也[43]，是人不足而地有餘也。今又以爭地之故，而反相賊也，然則是虧不足而重有餘也。

今遝夫好攻伐之君[44]，又飾其說，以非子墨子曰："以攻伐之爲不義，非利物與？昔者禹征有苗，湯伐桀，武王伐紂，此皆立爲聖王，是何故也？"子墨子言曰：子未察吾言之類，未明其故者也。彼非所謂"攻"，謂"誅"也。昔者三苗大亂，天命殛之。日妖宵出，雨血三朝，龍生於廟，犬哭乎市，夏冰，地坼及泉，五穀變化，民乃大振[45]。高陽乃命玄宮[46]，禹親把天之瑞令[47]，以征有苗。四電誘祇[48]，有神人面鳥身，若瑾以侍[49]，搤矢有苗之祥[50]。苗師大亂，後乃遂幾[51]。禹既已克有三苗，焉磨爲山川[52]，別物上下，卿制大極[53]，而神明不違，天下乃靜。則此禹之所以征有苗也。遝至乎夏王桀，天有酷命[54]，日月不時，寒暑雜至，五穀焦死，鬼呼國，鶴鳴十夕餘。天乃命湯於鑣宮：用受夏之大命[55]，夏德大亂，予既卒其命於天矣[56]，往而誅之，必使汝堪之[57]，湯焉敢奉率其衆，是以鄉有夏之境，帝乃使陰暴毁有夏之城。少少有神來告曰[58]：夏德大亂，往攻之，予必使汝大堪之。予既受命於天，天命融隆火於夏之城間西北之隅[59]。湯奉桀衆以克有[60]，屬諸侯於薄[61]，薦章天命通於四方[62]，而天下諸侯莫敢不賓服。則此湯之所以誅桀也。遝至乎商王紂，天不序其德[63]，祀用失時。兼夜中十日[64]，雨土於薄，九鼎遷止[65]，婦妖宵出，有鬼宵吟，有女爲男，天雨肉，棘生乎國道，王兄自縱也[66]。赤烏銜珪降周之岐社，曰：天命周文王，伐殷有國。泰顛來賓，河出綠圖[67]，地出乘黃[68]。武王踐功[69]，夢見三神曰：予既沈漬殷紂於酒德矣[70]，往攻之，予必使汝大堪之。武王乃攻狂夫[71]，反商之周[72]，天賜武王黃鳥之旗。王既已克殷，成帝之來[73]，分主諸神，祀紂先王，通維四夷[74]，而天下莫不賓。焉襲湯之緒，此即武王之所以誅紂也。若以此三聖王者觀之，則非所謂'攻'也，所謂'誅'也。

則夫好攻伐之君又飾其說，以非子墨子曰："子以攻伐爲不義，非利物與？昔者楚熊麗，始討此睢山之間[75]；越王翳虧[76]，出自有遽，始邦於越；唐叔與呂尚邦齊、晉[77]。此皆地方數百里，今以並國之故，四分天下而有之。是故何也？"子墨子曰："子未察吾言之類，未明其故者也。古者天子之始封諸侯也，萬有餘；今以並國之故，萬國有餘皆滅，而四國獨立。此譬猶醫之藥萬有餘人，而四人愈也。則不可謂良醫矣。"

則夫好攻伐之君又飾其說，曰："我非以金玉、子女、壤地爲不足也，我欲以義名立於天下，以德求諸侯也。"子墨子曰："今若有能以義名立於天下，以德求諸侯者，天下之服，可立而待也。"夫天下處攻伐久矣，譬若傅子之爲馬然[78]。今若有能信效[79]，先利天下諸侯者，大國之不義也，則同憂之；大國之攻小國也，則同救之。小國城郭之不全也，必使修之，布粟之絶則委之[80]，幣帛不足則共之[81]。以此效大國[82]，則小國之君說。人勞我逸，則我甲兵強，寬以惠，緩易急，民必移，易攻伐以治我國，攻必倍[83]。量我師舉之費，以爭諸侯之斃[84]，則必可得而序利焉[85]。督以正，義其名，必務寬吾衆，信吾師，以此授諸侯之師[86]，則天下無敵矣，其爲下不可勝數也[87]。此天下之利，而王公大人不知而用，則此可謂不知利天下之巨務矣。”

是故子墨子曰：“今且天下之王公大人士君子，中情將欲求興天下之利，除天下之害，當若繁爲攻伐，此實天下之巨害也。今欲爲仁義，求爲上士，尚欲中聖王之道，下欲中國家百姓之利，故當若‘非攻’之爲說，而將不可不察者，此也！”

【注释】

①誉善：依下文当作“誉义”。

②意亡非：意，抑或，还是。刘文忠认为，“亡”“非”当有一字为衍文，否则两个否定词则构成肯定词，与上句义无别。

③免：通“勉”，勉力。李生龙认为，“免”是衍文。

④人：此指正常人。

⑤顺：当为“慎”字之误字。

⑥这个句子，刘文忠标点为“行是以动，则不疑速通，成得其所欲。”周才珠以“行”居上句，逗号在“不疑”后。

⑦焉：乃。

⑧以农：以从事农业。

⑨参：立。

⑩芟刈（shān yì 山亿）：割除草类。

⑪牲牷：牷本指纯色牲畜，此泛指牲口。

⑫燔：（fán）烧。溃：通“隤”，毁灭。

⑬劲杀：刺杀。

⑭覆：灭。

⑮重器：国家之珍贵。

⑯卒：急。柱乎斗：戴望认为“柱”为“极”之误字。

⑰失列：掉队。北桡：败退。“桡”同“挠”。

⑱毕沅认为，“譂”即“惮”，恐惧。

⑲夫无：发语词，无义。

⑳绪：功业。

㉑剥振：毁坏。

㉒原作“杀之人”，依戴望校补“天”字。

㉓废灭先王：下应有“之祀”。
㉔“博”疑当作“薄”。高亨认为“博”当作“悖”。
㉕李渔叔认为下句“周生之本”即济生之本。刘文忠以“此”字属下句。费此：当作“费赀”。
㉖师者：指率师者、指挥员。相为：都认为。
㉗孙诒让认为，“分”是“奋”的假借字。
㉘率：帅。“利”为衍文。
㉙圉：通“御”。
㉚孙诒让认为：“害”当作“围”。
㉛孙：疑为“系”之误字，缚也，指束缚力。
㉜植心不坚：下决心不够坚决。水渭松训“植”为“立”。
㉝与国：同盟国。
㉞敌生虑：应为“生敌虑”，即产生敌意。
㉟易务：改变职业。
㊱句中“说”字疑衍。
㊲中兴师：当为“国中兴师”。
㊳徒倍：服劳役之辈。
㊴序疏：序其疏略。
㊵继傺（chì）：接济。
㊶食饮之时：应为“饮食不时”。
㊷厕役：应为“厮役”，杂务人员。
㊸食其地：耕其地以食。
㊹遝（dài）：通“逮”，及也。
㊺振：同“震”。震惊。
㊻此句当作“高阳乃命禹于玄宫”。高阳：此指帝高阳之六世孙帝舜。玄宫：颛顼所处之宫。
㊼把：握。瑞令：以玉为信物的符命。
㊽四电诱祇：孙诒让认为，当作“雷电悖振”。
㊾孙诒让认为“若瑾”为“奉珪”之误。
㊿搤，通“扼”。矢，疑作“夫”，那个。祥：孙诒让认为当作“将”。句谓神人扼住有苗氏的将领。
51几：微，弱。
52磨：当为磿（lì），通“离”，分别。
53卿制大极：孙诒让认为，当作“乡制四极”，享有并控制四方。
54犆：当为“酷”之误字。
55用：以。大命：天命。

㊽卒：终止。
57堪：胜。
58少少：稍稍，片刻。
59融：祝融，火神。隆：丰隆，雷神。
60"有"字下脱"夏"字。
61薄：即汤之都城亳。
62荐：进。章：明。
63序：乃"享"之误字。
64兼夜：全夜。中，王焕镳认为当作"出"。
65止：同"址"。
66王念孙认为，"兄"为"况"之误字，益也。更加。
67河出绿图：黄河中浮出箓图。古时认为是真命天子的征兆。绿：同"箓"。
68乘黄：神马。
69践功：孙诒让疑为"践阼"，指帝王即位。
70沈渍：沉溺。德：高亨认为，当作"食"。
71狂夫：指殷纣王。
72反商之周：旧本作"反商立周"。
73来："赉"之假借字，赐予。
74维：通"于"。
75楚熊丽：楚国先王名。"讨"：当为"封"。睢山：在今湖北保康县西南。
76医(yī)亏：越国始祖，即越王无余。
77唐叔：名虞，晋国始封之君。吕尚：即姜太公，齐国始封之君。
78傅子：孙诒让认为，当作"孺子"。
79信效：刘文忠疑当作"信交"，谓国与国之间相交以信。
80之绝：当作"乏绝"。
81共：通"供"，供给。
82效：同"校"，校量。
83攻：孙诒让认为，当为"功"之借字。
84争：王焕镳认为，当是"净"之误字。"净"通"靖"，安抚。
85序利：王念孙认为，当作"厚利"。
86授：当作"援"。
87其为下：苏时学认为，当作"其为利天下"。

【译文】

墨子说道：如今天下所赞美的善人，是怎样一种说法呢？是他对上能符合上天的利益，中间能符合鬼神的利益，对下能符合人民的利益，所以才赞誉他呢？还是他对上不能符合上天的利益，中间不能符合鬼神的利益，对下不能符合人民的利益，所以才赞誉他呢？即使是最愚蠢的人，也必定会说："是他对上能符合上天的利益，中间能符合鬼神的利益，对下能符合人民的利益，所以才赞誉他。"现在天下所共同认为是义的，是圣王的法则。如今天下的诸侯，还有许多人在尽力于攻战兼并，那就只是仅有称之为义的虚名，而未考察其实际。这就像瞎子与常人，同样能叫出白黑的名称，却不能辨别黑白的物体一样，这难道能说会辨别吗？古时的智者为天下谋划，必定慎重考虑此事是否合乎义，然后去做。则号令不疑而迅速通行成功，实现自己的愿望，而又顺乎上天、鬼神、百姓的利益，这就是智者之道。所以古时统治天下的仁人，必然反对大国攻伐的说法，使天下和睦一致，总领四海之内，率领天下百姓务农，以臣礼事奉上帝、山川、鬼神。有利于人多，功劳又大，所以上天赏赐他，鬼神富裕他，人们赞誉他，使他贵为天子，富有天下，名声与天地并列，至今不废。这就是智者之道，先王之所以统治天下的缘故。

如今的王公大人、天下的诸侯，则不是这样。他们必定要选派他们的勇猛的将士，排列其兵船战车的队伍，在某地使用坚固的铠甲和锐利的兵器，前去攻打无罪的国家，侵入那些国家的边境，割掉其庄稼，斩伐其树木，摧毁其城郭，用以填塞沟池，夺杀其牲畜，烧毁其祖庙，屠杀其万民，残害其老弱，搬走其宝器。急进而鏖战，宣布说："死于君命的为上，多杀敌人的次之，身体受伤的为下，至于落伍败退的呢，罪杀无赦！"用这些话威胁士卒。兼并他国，覆灭敌军，残害虐待万民，以破坏圣人的功业。以为这会有利于上天吗？夺取上天的人民，去攻占上天的城邑，这乃是屠杀上天的人民。毁坏神的灵位，倾覆宗庙社稷，夺取其祭品，这就对上不符合上天的利益了。以为这会有利于鬼神吗？屠杀上天的人民，毁灭鬼神的祭主，废灭先王的祭祀，残害虐待万民，使百姓离散，这就中间不符合鬼神的利益了。以为这会有利于人民吗？杀戮上天的人，说是利人，这利也就微薄了。又计算那些费用，原都是人民周济生活的资本，消耗天下百姓的财物，就无法计算了。那么，这就对下不符合人民的利益了。

现在统帅军队的人互相认为不利的事情是：将领不勇敢，兵士不奋勇，武器不锐利，训练不经常，军队不多，将帅不和，受威胁而不能抵御，包围敌人而不能长久，争斗不能迅疾，束缚力不强劲，下决心不坚定，结交的诸侯产生疑心。结交的诸侯产生疑心，那么敌对之心就会产生，而战斗意志就减弱了。完全具备这些不利条件，反而极力从事战争，那么国家就会损兵折将，百姓也就要另谋生计了。现在何不试着看看那些喜欢攻伐的国家，倘若其国中出兵打仗，君子和普通人数以千计，负担劳役的人十万，然后才足以成军而出动。战争久者数年，快者数月，这使在上位的人无暇听政，官吏无暇治理政府之事，农民无暇耕种，妇女无暇纺织，那么国家就会损兵折将，而百姓则要另谋生计了。又如其兵车战马的损失，帐幕帷盖，三军的用度，兵甲的设备，五份只能够收回一份，还只是粗略的估计。又如其士卒在道路上逃亡，由于道路遥远，粮食不能接济，饮食不时，徒役们因而饥寒冻饿生病，辗转死于沟壑中的，又多得不可胜数。像这样不利于人、为害天下之处就够严重了。而王公大人却乐于实行，这实际是乐于残害天下的百姓，难道不荒唐吗？如今天下好战的国家，齐、晋、楚、越，如果让这四国得逞于天下，使它们的人口增加十倍，也不能全部耕种其土地。这是人口不足而土地有余呀！如今又因争夺土地的缘故，反而互相残杀，这就是亏损其不足而增加其多余了。

如今一些喜好攻伐的国君，又粉饰其说，用以非难墨子说："你认为攻战是不义，我看那不是有利的事情吗？从前大禹征讨有苗氏，汤讨伐桀，周武王讨伐纣，这些人都立为圣王，这是什么缘故呢？"墨子说：您没有搞清我说法的类别，不明白其中的缘故。他们的讨伐不叫做"攻"，而叫做"诛"。从前三苗大乱，上天下令诛杀他。太阳为妖在晚上出来，下了三天血雨，龙在祖庙出现，狗在市场上哭，夏天结冰，土地大开裂而下及泉水，五谷不能成熟，百姓于是大为震惊。帝舜于是在玄宫向禹授命，大禹亲自握着天赐的玉符，去征讨有苗。这时雷电大震，有一位天神人面鸟身捧圭侍立，掐住有苗的将领，苗军大乱，后来就衰微了。大禹既已战胜三苗，于是就划分山川，区别事物的上下，享有并控制四方，神民不背离，天下于是安定。这就是大禹征讨有苗的情形。等到夏王桀的时候，上天降下严命，日月失时，寒暑混杂，五谷枯死，国都有鬼叫，鹤鸣十余个晚上。上天就在镳宫命令汤：去接替夏朝的天命，夏王品德大乱，我已在天上把他的命运结束，你去诛灭他，一定使你戡定他。汤于是奉命率领他的部队，向夏边境进军。天帝派神灵暗中毁掉夏的城池。不久，有神来通告说："夏王品德大乱，你去攻打他，我一定让你彻底戡定他。我既已受命于上天，上天命令火神祝融雷神丰隆火烧夏的都城西北角。"汤接受夏的民众并战胜了夏，在亳地会合诸侯，进而明示天命，通告四方，而天下诸侯没有敢不归附的。这就是汤诛灭夏桀的情形。等到商王纣，上天不再欣赏其品德，祭祀失时，夜半出了十个太阳，在亳地下了土雨，九鼎迁移位置，女妖夜晚出现，有鬼晚上叹气，有女子变为男人，天下了一场肉雨，国都大道上生了荆棘，而纣王更加放纵自己。有只赤鸟口中衔圭，降落在周的岐山社庙，圭上写道："上天授命周文王，讨伐殷邦，享有国祚。"贤臣泰颠来归顺，黄河中浮出图录，地下冒出乘黄神马。周武王即位，梦见三位神人说："我已经使殷纣沉湎在酒乐之中，你去攻打他，我一定使你彻底戡定他。"武王于是去进攻纣这个疯狂之徒，消灭商朝建立周朝。上天赐武王黄鸟之旗。武王既已战胜殷商，完成上帝的赐命，分别为诸神立主祭者，并祭祀纣的祖先，政教通达于四方各族人民，而天下没有不归附的，于是继承了汤的功业。这就是武王伐纣的情形。如果从三位圣王来看，可知他们并非"攻"，而应叫做"诛"。

那些喜好攻伐的国君又粉饰其说，用来非难墨子道："您以攻战为不义，我看那不是很有利的事情吗？从前楚子熊丽，最初封于睢山之间；越王医亏出自有遽，始建国于越；唐叔和吕尚分别建国于晋、齐，那时他们的地方都不过方圆数百里，如今因为兼并别国的缘故，已经占有天下四分之一，这是什么缘故呢？"墨子说："您没有搞清我说法的类别，不明白其中的缘故。从前天子最初分封诸侯，万有余国；如今因为并国的缘故，万多个国家都已覆灭，而唯独这四个国家存在。这譬如医生开药方给万余人，仅四个人治好了病，那就不能说是好的医生了。”

那些喜好攻伐的国君又粉饰其说，说道：“我并不是因为金玉、子女、土地不够而攻战，我要在天下以义立名，以德服诸侯。”墨子说：“现在如果真有以义在天下立名，以德服诸侯的君主，那么天下的归附就可以立等而成了。”天下处于攻伐时代已很久了，就像小孩把竹竿当马骑一样，无用而徒劳。今天如果有能先以信义相交而利于天下诸侯的，对大国的不义，就共同为之担忧；对大国攻打小国，就共同救助；小国的城郭不完整，必定帮他修整好；布匹粮食乏绝，就输送给他；货币不足，就供给他。以此与大国较量，小国之君就会高兴。别人劳累而我安逸，则我的兵力就强大。政策宽厚而仁惠，以从容取代急迫，民心必定归附。改变攻伐政策来治理我们的国家，攻效必定加倍。计算我们兴师的费用，以之安抚诸侯的困乏，一定能获得厚利。以公正督察别人，以义为名，务必宽待我们的民众，取信于我们的军队，以此援助诸侯的军队，那么就可以无敌于天下了。这样做对天下的好处也就数不清了。这是天下之利，然而王公大人不懂得去利用，这可以说是不懂得有利于天下的最大要务了。

所以墨子说：“如今天下的王公大人士君子，心中确实想求得兴天下之利，除天下之害，那么，假若频繁进行攻伐，这实际上是天下巨大的祸害呵！如今若想行仁义，求做高尚的贤士，上要符合圣王之道，下要符合国家百姓之利，因而对于像非攻这样的学说，将不可不审察，道理即在于此。”

20. 节用上

【说明】

节用是墨家的重要主张之一。本文认为，节用的出发点是为了增加国家财富，减少不必要的消费。凡衣服、宫室、甲兵、舟车的制作皆出于此目的。只要实行节用，一国之财富即可成倍增加。文章还主张早婚，男二十，女十五，必须成家；同时减少劳役，避免战争，这样人口就可以成倍增长。

【原文】

聖人爲政一國，一國可倍也[①]；大之爲政天下，天下可倍也。其倍之，非外取地也，因其國家去其無用之費，足以倍之。聖王爲政，其發令、興事、使民、用財也，無不加用而爲者[②]。是故用財不費，民德不勞[③]，其興利多矣！

其爲衣裘何以爲？冬以圉寒[④]，夏以圉暑。凡爲衣裳之道，冬加溫、夏加清者[⑤]，芊䱉；不加者[⑥]；去之。其爲宫室何以爲？冬以圉風寒，夏以圉暑雨。有盜賊加固者，芊䱉；不加者，去之。其爲甲盾五兵何以爲[⑦]？以圉寇亂盜賊。若有寇亂盜賊，有甲盾五兵者勝，無者不勝，是故聖人作爲甲盾五兵。凡爲甲盾五兵，加輕以利、堅而難折者，芊䱉；不加者，去之。其爲舟車何以爲？車以行陵陸，舟以行川谷，以通四方之利。凡爲舟車之道，加輕以利者，芊䱉；不加者，去之。凡其爲此物也，無不加用而爲者。是故用財不費，民德不勞，其興利多矣。有去大人之好聚珠玉、鳥獸、犬馬，以益衣裳、宫室、甲盾、五兵、舟車之數，於數倍乎？若則不難。故孰爲難倍？唯人爲難倍；然人有可倍也。昔者聖王爲法，曰："丈夫年二十[⑧]，毋敢不處家[⑨]；女子年十五，毋敢不事人[⑩]。"此聖王之法也。聖王既沒，於民次也[⑪]，其欲蚤處家者[⑫]，有所二十年處家[⑬]；其欲晚處家者，有所四十年處家。以其蚤與其晚相踐[14]，後聖王之法十年[15]，若純三年而字[16]，子生可以二三計矣[17]。此不惟使民蚤處家，而可以倍與？且不然已！

今天下爲政者，其所以寡人之道多[18]。其使民勞，其籍斂厚[19]，民財不足，凍餓死者，不可勝數也。且大人惟毋興師以攻伐鄰國，久者終年，速者數月，男女久不相見，此所以寡人之道也。與居處不安，飲食不時，作疾病死者，有與侵就𠊓槖[20]，攻城野戰死者，不可勝數。此不令爲政者[21]，所以寡人之道，數術而起與[22]？聖人爲政特無此。不聖人爲政[23]，其所以衆人之道，亦數術而起與？故子墨子曰："去無用之費，聖王之道，天下之大利也。"

【注释】

①倍：指财富增加一倍。
②加用：增益实用。
③德：通"得"。
④圉：通"御"。下同。
⑤清：凉。
⑥芊䱙（qiān qū）：当作"善诸"或"尚诸"，意为肯定，支持，参看吴毓江《墨子校注》。又，刘文忠译为华美装饰。
⑦五兵：五种兵器，泛指戈、矛、刀、剑等。
⑧丈夫：指男子。
⑨处家：娶妻成家。
⑩事人：嫁人。
⑪次：通"恣"，任意。
⑫蚤：通"早"。
⑬有所：有时。
⑭践：行列整齐之貌，此处意为平均。
⑮后圣王之法：意即落后于圣王之法。
⑯纯：都。字：生育。
⑰二三计：通行本"计"作"年"，此据明万历潜庵叙《子汇》本校改。
⑱寡人：减少人口。
⑲籍敛：税收。
⑳有：通"又"。与：加上。侵：入侵。就：接近。此指突击。𠊓：疑当作"伏"。槖

(tuō):攻城之具。

㉑不令:吴毓江认为,当作"非今"。水渭松释"令"为"善"。

㉒数术:各种手段。

㉓王焕镳认为:"不"为"夫"之误,夫,语首词。李渔叔认为,"不"前应有"此"字。"不"与"非"同。

【译文】

圣人施政于一国,一国的财富可以加倍增长。大到施政于天下,天下的财富可以加倍增长。其财富的加倍,并不是向外夺取土地;而是根据国家的情况省去无用之费,就足以加倍。圣王施政,他发布命令,举办事业,使用民力和财物,没有不是有益于实用才去做的。所以使用财物不浪费,民众有所得而不劳苦,他兴办的利益就多了。

他们制造衣裘做什么呢?冬天用以御寒,夏天用以防暑。凡是做衣服的原则,冬天能增加温暖,夏天能更凉爽,就赞成它;不能增加效益的,就去掉。他们建造房子做什么呢?冬天用以抵御风寒,夏天用以防御炎热和下雨,有盗贼能够增加防守之固的,就赞成,不能增加效益的就去掉。他们制造铠甲、盾牌、戈矛和各种兵器做什么呢?用以抵御外寇和盗贼。如果有外寇盗贼,拥有铠甲、盾牌和各种兵器的就胜利,没有的就不能取胜。所以圣人制造铠甲、盾牌和各种兵器。凡是制造铠甲、盾牌和兵器,能增加轻便锋利,坚而难折的,就赞成它;不能增加效益的,就去掉。他们制造车、船做什么呢?车用来行于陆地,船用来行于河谷,以此沟通四方的利益。凡是制造车船的原则,能增加轻快便利的,就赞成它;不能增加效益的,就去掉。凡是制造这些东西,无一不是增加实用才去做的。所以用财物不浪费,民众有所得而不劳苦,他们兴办的利益就多了。去掉王公大人喜好搜集的珠玉、鸟兽、狗马的费用,用来增加衣服、房屋、兵器、车船的数量,使之成倍增加,这并不难。什么是难以倍增呢?只有人是难以倍增的;然而人也有可以倍增的办法。古代圣王制定法则,说道:男子年到二十,不许不成家;女子年到十五,不许不嫁人。这是圣王的法规。圣王既已去世,听任百姓自由,那些想早点成家的,有时二十岁就成家;那些想迟点成家的，有时四十岁才成家，拿早的与晚的相平均，与圣王的法规差了十年。如果婚后都三年生一个孩子，就可以生两三个孩子了。这岂不是使百姓早成家从而可使人口倍增吗？不过如今不这样做罢了。

如今天下执政的人，他们之所以人口减少的原因很多。他们使用百姓很劳苦，他们的税收很重。百姓因财用不足而冻饿死的，不计其数。而且大人们兴师动众去攻打邻国，时间久的要一年，快的要数月，男女夫妇很久不相见，这就是减少人口的原因。再加上居住不安定，饮食不按时，生病而死的；又加上被敌人入侵，突击，中埋伏，攻城野战而死的，也不计其数。这难道不是如今为政者之所以使人口减少的原因，即上述各种手段而造成的吗？圣人施政绝对没有这种情况。圣人施政，他使人口众多的原因，也是多种手段造成的。所以墨子说："除去无用的费用，是圣王之道，天下的大利呀。"

21. 节用中

【说明】

《节用》中篇把上篇提出的原则进一步具体化，假托古者圣王之制，规定：一、饮食之法，“足以充虚继气，强股肱，耳目聪明，则止。”二、衣服之法，冬服轻暖，夏服轻凉则止。三、甲兵之法，轻且利即可。四、舟车之法，“乘之则安，引之则利”即可。五、节葬之法，衣三领，棺三寸，则止。六、宫室之法，旁可御风寒，上可御雨雪，中可别男女，则止。凡超过实用标准者，圣王弗为。墨家这种厉行节俭的精神可嘉，但他们把消费限在最低水平，完全不考虑改善生活和美观的需要，未免过于极端，难以实行。

【原文】

子墨子言曰：古者明王聖人所以王天下①，正諸侯者，彼其愛民謹忠，利民謹厚，忠信相連，又示之以利②，是以終身不饜③，歿世而不卷④。古者明王聖人，其所以王天下正諸侯者，此也。是故古者聖王制爲節用之法，曰：凡天下群百工，輪車韗匏⑤，陶冶梓匠⑥，使各從事其所能。曰：凡足以奉給民用則止，諸加費，不加於民利者，聖王弗爲。古者聖王制爲飲食之法，曰：足以充虛繼氣，強股肱，耳目聰明則止，不極五味之調⑦，芬香之和，不致遠國珍怪異物。何以知其然？古者堯治天下，南撫交阯⑧，北降幽都⑨，東西至日所出入，莫不賓服。逮至其厚愛⑩，黍稷不二，羹胾不重⑪，飯於土熘⑫，啜於土形⑬，斗以酌⑭。俛仰周旋威儀之禮⑮，聖王弗爲。古者聖王制爲衣服之法，曰：冬服紺緅之衣⑯，輕且暖；夏服絺綌之衣⑰，輕且清，則止。諸加費，不加於民利者，聖王弗爲。古者聖人爲猛禽狡獸，暴人害民⑱，於是教民以兵行，日帶劍，爲刺則入，擊則斷，旁擊而不折，此劍之利也。甲爲衣則輕且利，動則兵且從⑲，此甲之利也。車爲服重致遠⑳，乘之則安，引之則利。安以不傷人，利以速至。此車之利也。古者聖王，爲大川廣谷之不可濟，於是利爲舟楫[21]，足以將之[22]，則止。雖上者三公諸侯至，舟楫不易，津人不飾，此舟之利也。古者聖王制爲節葬之法，曰：衣三領，足以朽肉；棺三寸，足以朽骸。堀穴深不通於泉[23]，流不發泄，則止。死者既葬，生者毋久喪用哀。古者人之始生，未有宮室之時，因陵丘掘穴而處焉，聖王慮之，以爲堀穴，曰：冬可以辟風寒；逮夏，下潤濕，上熏烝，恐傷民之氣，於是作爲宮室而利。然則爲宮室之法，將奈何哉？子墨子言曰：其旁可以圉風寒，上可以圉雪霜雨露，其中蠲潔[24]，可以祭祀，宮牆足以爲男女之別，則止。諸加費，不加民利者，聖王弗爲。

【注释】

①第二个“王”字读去声，名词用如动词，指成为天下之王。
②示之以利：让百姓看到利益所在。
③餍：满足。
④卷：同“倦”，疲倦。
⑤轮车：指制轮造车的工匠。鞼匏(Kuì páo)：指制作皮革用品的工匠。
⑥陶：制陶工人。冶：冶炼金属的工匠。梓匠：木工。
⑦极：极力追求。调：调和。
⑧交阯：也作“交趾”，南方的国家，大致在现在的广西南部和越南北部。
⑨降：王念孙认为，当是“际”之误；际，接续。幽都：即幽州，在今山西河北北部地区。
⑩厚爱：曹耀湘认为“爱”当为“受”。
⑪羹：肉汤；胾(zì)：大块肉。
⑫土塯(liú)：土制成的陶器，作盛饭用。
⑬啜：饮。形：即“型”，是一种炊具。土形就是用土烧制而成的瓦器。
⑭斗以酌：斗，木勺。酌，舀取的意思。
⑮俛仰：即“俯仰”，指低头行礼和抬头受礼。
⑯绀(gàn)：以帛染成深青透红的颜色。緅(zōu)：以帛染成近似雀头的颜色。
⑰絺绤(chī xì)之衣：指葛布做成的衣服，织得精细的为絺，织得粗的为绤。
⑱暴人害民：残害人民。暴是动词。
⑲兵：当是“弁”字之误，弁通“变”。变且从：指屈伸自如。
⑳服重：载重。
㉑利为舟楫：王念孙说，应为“制为舟楫”，隶书“制”与“利”形近而误。
㉒将：行。
㉓堀穴：同“窟穴”，此指埋棺材的坑穴。

㉔蠲:通“涓”,清洁。

【译文】

墨子说:古代的明王圣人,他们之所以能做天下的帝王,做诸侯的首领,是因为他们忠实地爱护人民,丰厚地为人民谋利,忠信有加,而且使人民看到利之所在,所以人民对于圣王,终身都不会感到厌恶,至死都不会感到厌倦。古代的明王圣人,他们之所以能做天下的帝王,做诸侯的首领,原因就在于此。因此古代的圣王制定出节约用度法规说:天下各行各业的工匠,举如制造轮车的、制作皮件的、烧制陶器的、冶炼五金的、当木匠的,使他们各自从事所专长的技艺。还说:凡事只要足够供给民用就适可而止,各种徒增费用,对民生不能带来好处的事,圣王就不做。古代的圣王,制定出饮食的法规说:但求能够充实饥肠,增添气力,强壮四肢,使耳聪目明,就够了。不讲究各种美味的烹调和气味芳香的食品,不罗致远方的珍羞异馔。根据什么知道是这样呢?古时候尧治理天下,南边安抚交趾,北边接近幽都,东西边到达太阳升起和落下的地方,没有谁不归服的。至于他自身的最高享受:粮食不同时吃两种,肉和汤不同时吃两样,盛饭用陶盆,喝水用瓦器用木勺子斟酒喝。俯仰周旋等繁琐的礼节,圣王不做。古时候圣王制定出缝制衣服的法规,说:冬天穿深颜色的衣服,取其轻暖;夏天穿葛布做的衣裳,取其凉爽,就够了。各种徒增费用,对民生不能带来益处的事,圣王不做。古时候圣人因为有凶猛的禽兽伤害人民,于是教导人民带着武器走路,平日带着剑,用剑刺击就能刺入野兽的躯体,挥剑斫击必能斩断,向旁边砍劈也不会折断,这就是剑的好处。以铠甲做戎装,又轻又便利,活动时屈伸自如,这就是甲的好处。车子用来载驮重物到达远方,乘坐在车上很安稳,拉车很便利。安稳就不损伤人,便利就可以迅速到达,这是车子的好处。古代的圣王,因为大河宽谷不能渡过,于是制造船只,但求能够行驶,就够了。虽然是上司三公诸侯来了,船桨不用更换,摆渡的船工也不用打扮。这就是船的好处。古时候的圣王,制定简化丧葬的法规说:埋葬死者只用三套衣服,但求死者的躯体易于腐烂；棺木厚三寸，但求死者的骸骨易于腐朽；墓穴的深度不达到有泉水的地方，但求臭气不致散发出来，就够了。死者既已下葬，生者不要长久地服丧哀恸。古时候，在人类刚刚产生，还没有房屋的时候，依傍着山丘挖洞穴居住。圣王为此而忧虑，以为挖洞穴居住，虽说冬天可以避风寒；但到了夏季，地下潮湿，上面暑热熏蒸，恐怕会损害人们的健康，于是建造房屋，使居住得到改善。那么建造房屋的法规如何呢？墨子说：房间的四周可以抵御风寒，屋顶可以承受雪霜雨露，室内清洁，可以祭祀，房的垣壁足以分隔男女，使之有别，就够了。各种徒增费用，对民生不能增加益处的事，圣王是不做的。

22. 节葬下

【说明】

节葬是节用原则的引申。本文前半段论述，厚葬有五不利：一、浪费大量资财，不可以富家；二、久丧损害健康，不可以众民；三、国贫必乱，道德沦丧，不利于治刑政；四、不可以禁大国之攻小国；五、不可干求鬼神之福。下半段驳斥厚葬者两种言论：一、以尧舜禹皆薄葬驳斥厚葬为"圣王之法"；二、引越东之国、啖人之国、仪渠之国的奇异葬俗，说明丧葬乃"便其习，义其俗"的产物，不在厚薄，也并非不可改变。《节葬》共三篇，今仅存下篇，但其基本观点在《节用》等篇中皆有所表述。

【原文】

子墨子言曰：仁者之爲天下度也[①]，辟之無以異乎孝子之爲親度也[②]。今孝子之爲親度也，將奈何哉？曰：親貧則從事乎富之，人民寡則從事乎衆之[③]，衆亂則從事乎治之[④]。當其於此也，亦有力不足，財不贍，智不智[⑤]，然後已矣。無敢舍餘力，隱謀遺利，而不爲親爲之者矣。若三務者[⑥]，孝子之爲親度也。既若此矣，雖仁者之爲天下度，亦猶此也。曰：天下貧，則從事乎富之；人民寡，則從事乎衆之；衆而亂，則從事乎治之。當其於此，亦有力不足，財不贍，智不智，然後已矣。無敢舍餘力，隱謀遺利，而不爲天下爲之者矣。若三務者，此仁者之爲天下度也。

既若此矣，今逮至昔者。三代聖王既沒，天下失義。後世之君子，或以厚葬久喪以爲仁也義也，孝子之事也；或以厚葬久喪以爲非仁義，非孝子之事也。曰：二子者[⑦]，言則相非，行即相反，皆曰："吾上祖述堯舜禹湯文武之道者也。"而言即相非，行即相反，於此乎後世之君子，皆疑惑乎二子者言也。若苟疑惑乎之二子者言，然則姑嘗傳而爲政乎國家萬民而觀之[⑧]。計厚葬久喪，奚當此三利者[⑨]？我意若使法其言，用其謀，厚葬久喪，實可以富貧衆寡定危治亂乎，此仁也義也，孝子之事也，爲人謀者，不可不勸也。仁者將興之天下，設置而使民譽之[10]，終勿廢也。意亦使法其言，用其謀，厚葬久喪，實不可以富貧衆寡定危理亂乎，此非仁非義，非孝子之事也，爲人謀者，不可不沮也[11]。仁者將求除之天下，相廢而使人非之[12]，終身勿爲。是故興天下之利[13]，除天下之害，令國家百姓之不治也，自古及今，未嘗之有也。

何以知其然也？今天下之士君子，將猶多皆疑惑厚葬久喪之爲中是非利害也[14]。故子墨子言曰：然則姑嘗稽之，今雖毋法執厚葬久喪者言[15]，以爲事乎國家。此存乎王公大人有喪者[16]，曰，棺椁必重[17]，葬埋必厚，衣衾必多，文繡必繁，丘隴必巨[18]。存乎匹夫賤人死者，殆竭家室。存乎諸侯死者[19]，虛庫府[20]，然後金玉珠璣比乎身，綸組節約[21]，車馬藏乎壙。又必多爲屋幕[22]，鼎鼓几梴壺濫[23]，戈劍羽旄齒革，寢而埋之，滿意[24]，若送從[25]。曰：天子殺殉，衆者數百，寡者數十；將軍大夫殺殉，衆者數十，寡者數人。處喪之法，將奈何哉？曰：哭泣不秩聲翁[26]，縗絰垂涕[27]，處倚廬[28]，寢苫枕甶[29]，又相率強不食而爲飢，薄衣而爲寒，使面目陷陽[30]，顏色黧黑，耳目不聰明，手足不勁強，不可用也。又曰：上士之操喪也，必扶而能起，杖而能行，以此共三年。若法若言，行若道，使王公大人行此，則必不能蚤朝[31]；五官六府[32]，辟草木，實倉廩；使農夫行此，則必不能蚤出夜入，耕稼樹藝；使百工行此，則必不能修舟車爲器皿矣；使婦人行此，則必不能夙興夜寐，紡績織紝[33]。細計厚葬，爲多埋賦之財者也[34]；計久喪，爲久禁從事者也。財以成者，扶而埋之[35]；後得生者，而久禁之[36]，以此求富，此譬猶禁耕而求穫也，富之說無可得焉。

是故求以富家，而既已不可矣；欲以衆人民，意者可邪？其說又不可矣。今唯無以厚葬久喪者爲政，君死，喪之三年，父母死，喪之三年，妻與後子死者，五皆喪之三年；然後伯父叔父兄弟孽子其[37]，族人五月，姑姊甥舅，皆有月數[38]。則毀瘠必有制矣，使面目陷陽，顏色黧黑，耳目不聰明，手足不勁強，不可用也；又曰，上士操喪也，必扶而能起，杖而能行，以此共三年。若法若言，行若道，苟其飢約又若此矣[39]。是故百姓冬不仞寒[40]，夏不切暑,作疾病死者,不可勝計也。此其爲敗男女之交多矣,以此求衆,譬猶使人負劍[41],而求其壽也,衆之説無可得焉。

是故求以衆人民,而既以不可矣;欲以治刑政,意者可乎?其説又不可矣。今唯無以厚葬久喪者爲政,國家必貧,人民必寡,刑政必亂。若法若言,行若道,使爲上者行此,則不能聽治,使爲下者行此,則不能從事。上不聽治,刑政必亂;下不從事,衣食之財必不足。若苟不足,爲人弟者,求其兄而不得,不弟弟必將怨其兄矣[42];爲人子者,求其親而不得,不孝子必是怨其親矣[43];爲人臣者,求之君而不得,不忠臣必且亂其上矣[44]。是以僻淫邪行之民,出則無衣也,入則無食也,内續奚吾[45],並爲淫暴,而不可勝禁也,是故盗賊衆而治者寡。夫衆盗賊而寡治者,以此求治,譬猶使人三睘[46],而毋負己也[47],治之説無可得焉。

是故求以治刑政,而既已不可矣;欲以禁止大國之攻小國也,意者可邪?其説又不可矣。是故昔者聖王既没,天下失義,諸侯力征,南有楚越之王,而北有齊晉之君,此皆砥礪其卒伍[48],以攻伐並兼爲政於天下。是故凡大國之所以不攻小國者,積委多[49],城郭修,上下調和,是故大國不耆攻之[50]。無積委,城郭不修,上下不調和,是故大國耆攻之。今唯無以厚葬久喪者爲政,國家必貧,人民必寡,刑政必亂。若苟貧,是無以爲積委也;若苟寡,是城郭溝渠者寡也;若苟亂,是出戰不克,入守不固。

此求禁止大國之攻小國也,而既已不可矣;欲以干上帝鬼神之福[51],意者可邪?其説又不可矣。今唯無以厚葬久喪者爲政,國家必貧,人民必寡,刑政必亂。若苟貧,是粢盛酒醴不淨潔也;若苟寡,是事上帝鬼神者寡也;若苟亂,是祭祀不時度也[52]。今又禁止事上帝鬼神,爲政若此,上帝鬼神始得從上撫之曰[53]:“我有是人也,與無是人也,孰愈?”曰:“我有是人也,與無是人也,無擇也。”則惟上帝鬼神降之罪厲之禍罰而棄之[54],則豈不亦乃其所哉!故古聖王制爲葬埋之法,曰:棺三寸,足以朽體;衣衾三領,足以覆惡;以及其葬也,下毋及泉,上毋通臭[55],壟若參耕之畝[56],則止矣。死者既以葬矣,生者必無久哭,而疾而從事,人爲其所能,以交相利也。此聖王之法也。

今執厚葬久者之言曰：厚葬久喪，雖使不可以富貧衆寡，定危治亂，然此聖王之道也。子墨子曰：不然。昔者堯北教乎八狄[57]，道死，葬蛩山之陰[58]，衣衾三領，穀木之棺[59]，葛以緘之[60]，既氾而後哭[61]，滿埳無封[62]，已葬而牛馬乘之。舜西教乎七戎，道死，葬南已之市[63]，衣衾三領，穀木之棺，葛以緘之，已葬而市人乘之。禹東教乎九夷，道死，葬會稽之山，衣衾三領，桐棺三寸，葛以緘之，絞之不合[64]，道之不埳[65]，土地之深，下毋及泉，上毋通臭，既葬，收餘壤其上，壟若參耕之畝，則止矣。若以此若三聖王者觀之，則厚葬久喪，果非聖王之道。故三王者，皆貴爲天子，富有天下，豈憂財用之不足哉？以爲如此葬埋之法。今王公大人之爲葬埋，則異於此，必大棺中棺[66]，革闠三操[67]，璧玉既具，戈劍鼎鼓壺濫，文繡素練，大鞅萬領[68]，輿馬女樂皆具，曰必捶垛差通[69]，壟雖凡山陵[70]。此爲輟民之事[71]，靡民之財，不可勝計也。其爲毋用若此矣。

是故子墨子曰：鄉者吾本言曰：意亦使法其言，用其謀，計厚葬久喪，請可以富貧衆寡定危治亂乎[72]，則仁也義也，孝子之事也，爲人謀者，不可不勸也。意亦使法其言，用其謀，若人厚葬久喪，實不可以富貧衆寡定危治亂乎，則非仁也，非義也，非孝子之事也，爲人謀者，不可不沮也。是故求以富國家，甚得貧焉；欲以衆人民，甚得寡焉；欲以治刑政，甚得亂焉；求以禁止大國之攻小國也，而既已不可矣；欲以干上帝鬼神之福，又得禍焉。上稽之堯舜禹湯文武之道，而政逆之[73]；下稽之桀紂幽厲之事，猶合節也。若以此觀，則厚葬久喪，其非聖王之道也。

今執厚葬久喪者言曰：厚葬久喪，果非聖王之道，夫胡說中國之君子，爲而不已，操而不擇哉[74]？子墨子曰：此所謂便其習，而義其俗者也。昔者越之東有輆沭之國者[75]，其長子生，則解而食之，謂之"宜弟"；其大父死，負其大母而棄之，曰："鬼妻不可與居處。"此上以爲政，下以爲俗，爲而不已，操而不擇，則此豈實仁義之道哉？此所謂便其習，而義其俗者也。楚之南有炎人國者[76]，其親戚死，朽其肉而棄之[77]，然後埋其骨，乃成爲孝子。秦之西有儀渠之國者[78]，其親戚死[79]，聚柴薪而焚之，熏上謂之"登遐"[80]，然後成爲孝子。此上以爲政，下以爲俗，爲而不已，操而不擇，則此豈實仁義之道哉？此所謂便其習，而義其俗者也。若以此若三國者觀之，則亦猶薄矣；若以中國之君子觀之，則亦猶厚矣。如彼則大厚，如此則大薄，然則葬埋之有節矣。故衣食者，人之生利也，然且猶尚有節；葬埋者，人之死利也[81]，夫何獨無節於此乎？子墨子制爲葬埋之法，曰：棺三寸，足以朽骨，衣三領，足以朽肉，掘地之深，下無菹漏[82]，氣無發泄於上，壟足以期其所[83]，則止矣；哭往哭來，反從事乎衣食之財，佴乎祭祀[84]，以致孝於親。故曰，子墨子之法，不失死生之利者，此也。

故子墨子言曰：今天下之士君子，中請將欲爲仁義[85]，求爲上士，上欲中聖王之道，下欲中國家百姓之利，故當若節喪之爲政，而不可不察此者也。

【注释】

①度(duó)：谋划，考虑。

②辟之：同“譬之”，打比方。

③人民：指人口。

④众乱：指家庭人多、混乱。

⑤第二个“智”通“知”，知晓。句意谓智力所不及。

⑥三务：指“亲贫则从事乎富之，人民寡则从事乎众之，众乱则从事乎治之”三方面的事情。

⑦二子：这两种人。

⑧传：通“转”。

⑨三利：即富之、众之、治之。

⑩设置：原作“谁贾”，误。今依孙诒让说改。

⑪沮：阻。

⑫相废：“相”依孙诒让说改，当是“措”之误。“措”、“废”都是废弃的意思。

⑬是故：原作“且故”，今依王念孙说改。

⑭中：合。

⑮虽毋：语助词。

⑯存：在。

⑰棺椁必重：棺是内棺，椁是外棺。按古代规定，天子的棺材五层，三公四层，诸侯三层，大夫二层。

⑱丑陇：同“丘垄”，即坟堆。

⑲“存”字原缺，今据毕沅校补。

⑳库府：原作“车府”，误。

㉑纶组节约：纶组，是盖在尸身上的棉被；节约，节束、约束，这里指带子。

㉒屋幕：同“幄幕”。

㉓几梴：同“几筵”，筵席。壶滥、器物名，即壶鉴，用壶盛水作镜子用。

㉔满意：此处语义不完，疑有脱文。

㉕若送从：当是“送死若徙”之脱误。

㉖不秩：不常，这里指哭泣不分昼夜。声翁：当是“声嗌”之误，即“声咽”。

㉗缞绖(cuī dié)：丧服。穿在身上的为缞，戴在头上或缠在腰间为绖。

㉘依庐：靠树而搭建之茅棚，为守丧用。

㉙苫(shān)：草垫。甴(kuài)：同“块”，土块。

㉚“陨”：应为“陬”，读“邹”，骨瘦嶙峋的样子。

㉛“蚤朝”：下疑有脱文。

㉜五官六府：上疑有脱文，应为“使士大夫为此，则必不能治五官六府”。五官六府为殷周时的官制。五官，指司徒、司马、司空、司土、司寇；六府，指司土、司水、司木、司草、司器、司货。

㉝纴：同“纫”，缝纫。

㉞赋：应为“赃”，即“藏”(从俞樾说)。

㉟扶而埋之：当是“挟而埋之”之误。

㊱孙诒让释此二句：“谓死者之亲属得生，而禁其从事耳。”

㊲孽子：庶子。其：同“期”，即服丧一年。

㊳月数：当是“数月”之误。

㊴饥约：忍饥缩食。

㊵仞：同“忍”，指忍受不了。

㊶负剑：同“伏剑”，指身伏在剑刃上自杀。

㊷不弟弟：不悌之弟。

㊸句中“是”字疑衍。

㊹句中“且”字疑衍。

㊺内续奚吾：俞樾认为应为“内积奚后”。奚后，同“謑诟”，即耻辱。

㊻睘：同“还”，转身。

㊼负己：背向自己。

㊽砥砺：本为磨刀石，此处用如动词，指磨炼。

㊾委：贮积。

㊿耆：同“嗜”，喜欢。

51干：向上请求。

52不时度：不按时，不合规矩、度数。

㊿抚：疾也，厌恶之意，见扬雄《方言》。
⑭厉：疾病。
⑮臭：气。
⑯垄：坟墓；参耕：即三耦耕。古制以二耜为耦；一耜广五寸，三耦耕就是三尺之广。
⑰八狄：泛指北方许多少数民族。
⑱蛩山：即邛山，在今山东濮县。阴：指山北。
⑲榖木：一种质地差的木材。
⑳葛以缄之：以葛条束棺。古时以皮革束棺，不用钉。
㉑泖（fàn）：应为“犯”，“窆”的同音字。窆，埋葬。
㉒埳：同“坎”。封：坟。
㉓已：亦作“纪”，南纪之市，即零陵，在今湖南省零陵县。
㉔绞之不合：周才珠译为：棺材板交合不严密。
㉕道：同“导”，指引棺入穴。埳：指墓道。
㉖大棺中棺：大棺即外棺，厚八寸；中棺也称属棺，厚六寸。这是葬国君和上大夫所用的棺材。
㉗阓（kuì）：同“鞼”，有绞饰的皮革，三操：三层。
㉘王焕镳疑作“衣衾万领”。
㉙垛：同“除”，除道。差通：疑误，当作“羡道”，即墓道。
㉚虽凡：当作“雄况”。况，比。这句是指坟墓高得像山陵一样。
㉛辍：停止。事：指正常劳作之事。
㉜请：情，诚。
㉝政：同“正”。
㉞择：通“释”，即舍。
㉟轸沭（kǎi shù）：也写作“辄沭”、“辄休”，古国名，据说有食子的习俗。
㊱炎人国：一作“啖人国”，可能因其俗吃人而得名。
㊲朽：同“歺”，本作“刳”，剔肉。
㊳仪渠：也作“义渠”，古代西方少数民族国名。
㊴亲戚：指父母，亲属。
㊵熏上：烟向上。
㊶人之死利也：“死利”与上文“生利”相对。指葬埋是对死者有利的。
㊷菹：通“沮”，湿。
㊸期其所：指按期在墓地聚会祭祀。期：期会，聚会。
㊹佴（nài）：毕沅训为便利。周才珠等译为“按时”。
㊺中请：真实，真正。情，通“诚”。

【译文】

墨子说：仁义的人为天下人考虑，就譬如孝子为父母考虑一样。现在孝子是怎样为父母考虑的呢？他说，父母贫困，就设法使他们富足；人口稀少，就设法增多；众人纷乱，就设法治理。在他们做这几件事的时候，只有在力量不足，财用不支，智力不及时，才会停止；绝不敢懈怠偷闲，隐匿智谋，保留私利，而不为父母去做的。这三方面的事情，就是孝子为父母所考虑的。儿子替父母着想是这样，仁义的人为天下人考虑也是这样。他说：天下人贫困，就设法使他富足；人口稀少，就设法增多；众人混乱，就设法治理。在他们做这些事的时候，只有在力量不足，财用不支，智力不及时，才会停止；绝不敢懈怠偷闲，隐匿智谋，保留私利，而不为天下人去做的。这三方面的事情，就是仁义的人为天下所考虑的。

既然如此，回顾从今至古的情况。三代的圣王去世以后，天下失去道义。后代的君子，有的认为厚葬久丧是符合仁义的，是孝子应该办的事情；又有的认为厚葬久丧是不符合仁义的，不是孝子该办的事情。墨子说：这两种人，言论上互相否定，行动上互相反对，都说："我是效法先祖尧舜禹汤文武的做法。"但是两者言论上却互相否定，行动上则互相反对，对此，后代的君子，自然都会对这两种人言论感到疑惑了。如果对这两种人的话感到疑惑，那么姑且把这些言论放到执掌国家政权，治理民众来加以考察。考虑一下实行厚葬久丧是否能够得到上面所说的三种好的结果？我以为，如果按照他们的意见，采用他们的主张，实行厚葬久丧，确实可以使穷者变富，人口增多，转危为安，变乱为治，那就是合乎仁义的，是孝子应该做的事。如果是为别人谋划的，就不可不劝导人们去做。仁义的人将推广于天下，并设置相应制度使人民赞同它，永不废止。假如按照他们的意见，采用他们的主张，实行厚葬久丧，实在不能使穷者变富，人口增多，转危为安，变乱为治，那就是不合乎仁义的，就不是孝子应该做的事。如果为别人谋划，就不可不加以阻止。仁义的人将要把它从社会上革除，废止这种制度并使人们反对它，一辈子不做这种事。所以，增进天下利益，革除天下的弊端，反而使国家百姓治理不好，那是从古到今所没有过的。

怎么知道是这样的呢？当今天下的士君子，许多人都怀疑厚葬久丧所得到的是非利弊。所以墨子说:那么姑且试加考察一下,看遵照实行厚葬久丧者的意见,推行于国家会怎样。这样的事发生在有丧事的王公大人之家,棺材一定要多层,葬埋一定要深,随葬的衣服一定要多,棺材的纹饰一定要讲究,坟堆一定要高大。对于办丧事的贫贱人家来说,几乎要倾家荡产。对于诸侯有死亡的,就要耗尽府库之财,然后将金玉珠玑缀满死者全身,用丝絮组带装束,将车马入墓随葬。还一定要多做些帐幕、钟鼎和鼓、几席、壶鉴、戈矛刀剑、鸟羽牛尾、象牙兽皮,陪同尸体一起埋葬,装得满满的,送葬就像搬家一样。天子杀人殉葬,多的几百人,少的几十人;将军大夫杀人殉葬,多的几十人,少的几个人。居丧守孝的做法又是怎样的呢?回答是:哭泣不分昼夜,直到声音都哑了,披麻戴孝,泪流满面,住在侧旁的茅屋里,睡在草垫上,枕在土块上。又都强制着不吃东西而挨饿,少穿衣服而受冻,以致面目消瘦,脸色黑黄,耳聋目昏,手脚无力,不听使唤;还有,士以上阶层的人居丧,一定要搀扶着才能站起来,拄着拐才能行走,这样一共三年。倘若遵照这样的主张,实行这样的办法,叫王公大人实行了,就一定不能够上早朝,不能管理好五官六府,开垦荒地,充实仓廪;叫农民实行了,一定不能早出晚归,耕耘种植;叫工匠们实行了,就一定不能修理车船制造器皿了;叫妇女实行了,就一定不能早起晚睡,纺纱织布缝制衣服了。仔细研究下厚葬,就是将许多财物埋没掉;研究一下久丧,就是长期禁止人们从事本业。已经获得的财富,被带走埋葬了;尚还活着的后辈,被禁止从事本业。想用这样办法求得富足,就好比禁止耕种却要求有收获一样,求富的想法一定无法实现。

实行厚葬以求家庭富足已经是不可能了,那么想用它来增殖人口,或许可以吧?这种想法也不可能实现。现在若让主张厚葬久丧的人来施政,国君死了,服丧三年;父母死了,服丧三年;妻子和长子死了,合起来五种人都得服丧三年。然后是伯父、叔父、兄弟、庶子死了,服丧一年;同族人死了,服丧五个月;姑姑、姐姐、外甥、舅父死了,都服丧几个月。毁坏身体必定有个规矩,使面目消瘦,脸色黑黄,耳目不聪明,手脚无力,不听使唤。还有,士以上阶层的人居丧,一定要搀扶着才能站起来,拄着拐杖才能行走，这样一共三年。倘若遵照这样的主张，实行这样的办法，假如他们又像上面说的那样节制衣食，结果就是老百姓冬天忍受不了寒冷，夏天忍受不了暑热，生疾病而死的，无法统计。这样做也大大妨碍男女之间正常的交合。想用这种方法求得人口增殖，就好比使人伏在剑刃上，却期望他长寿一样。人口增多的想法一定无法实现。

实行厚葬以求人口增多，已经不可能了；那么，想用它来治理政治，或许可以吧？这种想法又是不可能实现的。现在，若让主张厚葬久丧的人来施政，国家必然穷困，人民必然减少，政治必然混乱。倘若遵照他们的主张，实行他的办法，使上层统治者实行了，就不能去治理政事；使在下位者实行了，就不能从事自己的本业。上层统治者不处理政事，政治就一定混乱；在下的平民不从事本业，穿衣吃饭的财用就必定不足。如果财用不足，弟弟向哥哥有所索取而无法得到，那么不守悌道的弟弟就一定会埋怨他的哥哥了。做儿子的向父母有所索取而无法得到，那么，不孝之子就一定会埋怨他的父母了。做臣下的向国君有所请求而无法得到，不忠之臣就一定会犯上作乱了。因此品质邪僻不正的人，出门没衣穿，进屋没饭吃，心怀耻辱之感，就一齐发动暴乱而难以禁止，结果盗贼增多，而缺乏安定。如果盗贼增多而缺乏安定，在这种情况下还想求得治理，就好比要人旋转三圈，还不许他背向自己一样。使国家治理的想法一定无法实现。

实行厚葬来治理好政治，已经不可能了，那么，想用它来禁止大国攻打小国，或许可以吧？这种想法也不可能实现。从前圣王之去世以后，天下失去道义，诸侯以武力相征伐。南面有楚越的国王，北面有齐晋的君主，他们都致力于训练军队，从事于攻伐兼并，企图号令天下。所以，凡是大国不去攻打小国的，必定是这些小国粮食储备充足，城郭修筑坚固，上下团结，所以大国就不打算去攻打它。如果粮食没有储备，城郭不坚固，上下不团结，那么大国就想攻打它。现在要让主张厚葬久丧的人来施政，国家就必然贫穷，人民就必然减少，政治就必然混乱。如果国家贫穷，就无法储备粮食；人口减少，修筑城郭沟渠的劳力就缺乏；如果国内混乱，则出兵交战不能取胜，回师守城不能牢固。

这样还想要禁止大国去攻打小国,已经是不可能了。那么,想用它来祈求上帝鬼神赐福,或许可以吧?这种想法也不能实现。现在若让主张厚葬久丧的人来施政,国家必然贫穷,人民必然减少,政治混乱。如果国家穷了,祭祀神灵的酒饭就不能洁净;若人民少了,敬事上帝鬼神的人也就减少;如果混乱了,祭祀就不能按期举行。现在又是实际上禁止了事奉上帝鬼神,照这样治国,上帝鬼神就会在上面议论说:"我有这些人,与没有这些人,哪一样更好些?"答案必然是:"我有这些人和没有这些人,没有区别。"那么,上帝鬼神降给他们病疫和祸患,抛弃他们,岂不是他们自己理所应得的吗?

所以,古代圣王制定丧葬的法规说:棺材三寸厚,足以使尸体腐朽,衣服三件,足以遮盖住尸体难看的模样;至于下葬,底下不挖到泉水,上面不冒出臭气,坟堆有三尺宽,就够了。死者既已埋葬,生者就不必长久地哀伤,而要尽快从事本业,各人尽其所能,使大家相互获得利益。这就是圣王制定的法规。

现在坚持厚葬久丧的人说:厚葬久丧虽然不能使贫穷转为富足,人口稀少转为兴旺,危险变为安定,混乱得到治理,但这是圣王立下的准则啊!墨子说:不是这样。从前尧到北方教化少数民族,在路上死了,葬在蛩山北面,随葬衣被只有三件,用很差的木料做棺材,用葛条来捆束。下葬之后才举哀哭灵,只用土填平墓穴,没有坟堆,埋葬完毕之后,牛马照常在上面行走。舜到西方去教化少数民族,在路上死了,葬在南已市中,随葬衣被只有三件,用很差的木料做棺材,用葛条来捆束,埋葬完毕之后,市民们照常在上面行走。禹到东方教化少数民族,在路上死了,葬在会稽山上,随葬衣被只有三件,用桐木做的棺材只有三寸厚,用葛条来捆束。绑缚不求密合,引导棺木入葬不修墓道。墓穴入地的深度,只要求底下不挖到泉水,上面不冒出臭气,下葬之后,把剩余的泥土堆积在上边,坟宽三尺,这就够了。如果照这三位圣王的情况来看,可见厚葬久丧确实不是圣王所遵循的准则。这三位圣王,都贵为天子,富有天下,哪里会担忧财用不够,才制定这样节葬的法规呢?现在的王公大人们治丧埋葬,就与此不同了。

一定要外棺套内棺，还用皮革包裹三层，随葬的璧玉既已齐具，戈矛刀剑，鼎鼓壶鉴，绣花衣服和白绸带子，衣衾上万件，车马女乐一应具备，然后将墓道夯实除清，坟堆高得像山陵。这样做，荒废人民的生产，浪费人民的财物，损失是无法统计的。他们搞厚葬就是这样毫无用处。

因此墨子说：过去我曾经说过，假如遵照厚葬的主张，用他们的计划去办，算计厚葬久丧果真可以使贫穷的人富足，稀少的人口增殖，危险变为安定，混乱得到治理；那么这就是合乎仁义的，就是孝子应该办的事，而为别人出主意时，就不可不加以勉励。假如遵照厚葬的主意，用他们计划去办，而人们实行厚葬久丧之后，实际上不能使贫穷的人富足，稀少的人口增殖，危险变为安定，混乱得到治理；这就是不合乎仁义的，就不是孝子应该做的事，在为别人出主意时，就不可不加以制止。因此，想以厚葬使国家富足，结果是更加贫穷了；想以此使人丁兴旺，结果是更加稀少了；想以此使刑政得到治理，结果是更加混乱了；想以此禁止大国攻打小国，已经是不可能了；想以此来祈求上帝鬼神的福佑，却又得到灾祸。向上考察唐尧、虞舜、夏禹、商汤、周文王、周武王所遵循的准则，正好与之相反；向下考察夏桀、商纣、周幽王、周厉王的情况，倒恰好相合。如果从这些事实来看，就可见厚葬久丧并非是圣王所遵循的准则了。

如今坚持厚葬久丧的人说：厚葬久丧果真不是圣王遵循的准则的话，怎么解释中原的君子照样做而不停止，照样实行而不放弃呢？墨子回答说：这就叫做适应那种习惯，安于那种风俗了。从前在越国的东面，有个輆沭国，那里的人们，第一个孩子生下来，就肢解了吃掉，认为这样做对后出生的弟弟有好处；祖父死了，就背起祖母去扔掉，说她是鬼的妻子，不能和她住在一起。这些习惯被君主拿来教化百姓，被臣民视为风俗，照着做而不停止，跟着办而不放弃，这难道真是仁义之道吗？这就叫做适应那种习惯安于那种风俗。楚国的南面，有个啖人国，那里的人们，凡父母死了，就把肉剐下来丢掉，然后埋葬死者的骨头，这样才能称为孝子。秦国的西面，有个仪渠国，那里的人们，凡父母死了，就架起柴火焚烧尸体，烟雾上腾，就说死者升天了，然后才能称为孝子。这些习惯被君主拿来教化百姓，被臣民视为风俗，照样做而不停止，跟着办而不放弃，这难道真是仁义之道吗？这叫做适应那种习惯，安于那种风俗。假如以这三国的情况来看，那就是葬得太简单了；假如以中原君子的做法来看，那就葬得太铺张了。像那样葬就太铺张，像这样葬就太简单，可见处理丧葬要有个适度的准则。衣食是人生活所必需的，尚且要有一定的准则；埋葬是人死后所必需的，为什么就没有一定准则呢？因此，墨子制定埋葬的法规说：棺材三寸厚，足以使骸骨腐朽；随葬衣服三件，足以使肌体腐朽，挖掘墓穴的深度，只要下面不潮湿漏水，臭气不泄漏到上面来，墓地足以供人按期聚会祭祀，这就够了；出丧哭灵完毕，回来就从事衣食财用的生产，以利祭祀，用来把孝心呈献给双亲。所以说，墨子制定的办法，不会损害死者和生者的利益，道理就在于此了。

所以墨子说：当今天下的士君子，内心果真的想行仁义，希望做高尚的贤士，上要符合圣王的原则，下要符合国家百姓的利益，就应当照节葬的办法来施政，这是不可不注意的。

23. 天志上

【说明】

尊天是墨家十大主张之一,《天志》上篇阐述这一基本观点,文章认为,天是人世间最高的裁判者监督者。天的意志主要是兼相爱交相利。顺天之意必得赏,反天之意必得罚。古之圣王禹汤文武和古之暴王桀纣幽厉就是正反面的事例。文章把天志作为衡量世上一切是非的标准,有如匠人的规与矩。因此一些学者认为天志是墨家推行其学说的工具。

【原文】

子墨子言曰:"今天下之士君子,知小而不知大。"何以知之?以其處家者知之。若處家得罪於家長,猶有鄰家所避逃之①;然且親戚②、兄弟、所知識,共相儆戒③,皆曰:"不可不戒矣!不可不慎矣!惡有處家而得罪於家長而可爲也④?"非獨處家者爲然,雖處國亦然。處國得罪於國君,猶有鄰國所避逃之;然且親戚、兄弟、所知識,共相儆戒,皆曰:"不可不戒矣!不可不慎矣!誰亦有處國得罪於國君而可爲也?"此有所避逃之者也,相儆戒猶若此其厚⑤,況無所逃避之者,相儆戒豈不愈厚然後可哉?且語言有之曰⑥:"焉而晏日焉而得罪⑦,將惡避逃之?"曰:"無所避逃之。"夫天,不可爲林谷幽門無人⑧,明必見之⑨;然而天下之士君子之於天也,忽然不知以相儆戒⑩。此我所以知天下士君子知小而不知大也。

然則天亦何欲何惡⑪?天欲義而惡不義。然則率天下之百姓,以從事於義,則我乃爲天之所欲也。我爲天之所欲,天亦爲我所欲。然則我何欲何惡?我欲福祿而惡禍祟。若我不爲天之所欲,而爲天之所不欲,然則我率天下之百姓,以從事於禍祟中也⑫。然則何以知天之欲義而惡不義?曰:天下有義則生,無義則死;有義則富,無義則貧;有義則治,無義則亂。然則天欲其生而惡其死,欲其富而惡其貧,欲其治而惡其亂。此我所以知天欲義而惡不義也。

曰：且夫義者，政也[13]。無從下之政上，必從上之政下。是故庶人竭力從事，未得次己而爲政[14]，有士政之；士竭力從事，未得次己而爲政，有將軍、大夫政之；將軍、大夫竭力從事，未得次己而爲政，有三公、諸侯政之；三公、諸侯竭力聽治，未得次己而爲政，有天子政之；天子未得次己而爲政，有天政之。天子爲政於三公、諸侯、士、庶人，天下之士君子固明知；天之爲政於天子，天下百姓未得之明知也。故昔三代聖王禹、湯、文、武，欲以天之爲政於天子，明說天下之百姓[15]，故莫不犓牛羊[16]，豢犬彘[17]，潔爲粢盛酒醴，以祭祀上帝鬼神，而求祈福於天。我未嘗聞天下之所求祈福於天子者也[18]，我所以知天之爲政於天子者也。

故天子者，天下之窮貴也，天下之窮富也[19]。故於富且貴者，當天意而不可不順[20]。順天意者，兼相愛，交相利，必得賞；反天意者，別相惡[21]，交相賊，必得罰。然則是誰順天意而得賞者？誰反天意而得罰者？子墨子言曰："昔三代聖王禹、湯、文、武，此順天意而得賞也；昔三代之暴王桀、紂、幽、厲，此反天意而得罰者也。"然則禹、湯、文、武，其得賞何以也？子墨子言曰："其事上尊天，中事鬼神，下愛人，故天意曰：'此之我所愛[22]，兼而愛之；我所利，兼而利之。愛人者此爲博焉，利人者此爲厚焉。'故使貴爲天子，富有天下，業萬世子孫[23]，傳稱其善，方施天下[24]，至今稱之，謂之聖王。"然則桀、紂、幽、厲，得其罰何以也。子墨子言曰："其事上詬天，中詬鬼，下賊人，故天意曰：'此之我所愛，別而惡之；我所利，交而賊之。惡人者，此爲之博也；賤人者[25]，此爲之厚也。'故使不得終其壽，不歿其世[26]，至今毀之，謂之暴王。"

然則何以知天之愛天下之百姓？以其兼而明之。何以知其兼而明之？以其兼而有之。何以知其兼而有之？以其兼而食焉。何以知其兼而食焉？四海之內，粒食之民，莫不犓牛羊，豢犬彘，潔爲粢盛酒醴，以祭祀於上帝鬼神。天有邑人[27]，何用弗愛也？且吾言殺一不辜者，必有一不祥。殺不辜者誰也？則人也。予之不祥者誰也？則天也。若以天爲不愛天下之百姓，則何故以人與人相殺，而天予之不祥？此我所以知天之愛天下之百姓也。

順天意者，義政也；反天意者，力政也。然義政將奈何哉？子墨子言曰：處大國不攻小國，處大家不篡小家，強者不劫弱，貴者不傲賤，多詐者不欺愚。此必上利於天，中利於鬼，下利於人。三利無所不利，故舉天下美名加之，謂之聖王。力政者則與此異，言非此，行反此，猶倖馳也[28]。處大國攻小國，處大家篡小家，強者劫弱，貴者傲賤，多詐欺愚。此上不利於天，中不利於鬼，下不利於人。三不利無所利，故舉天下惡名加之，謂之暴王。

子墨子言曰："我有天志，譬若輪人之有規，匠人之有矩。輪、匠執其規、矩，以度天下之方員，曰：'中者是也，不中者非也。'今天下之士君子之書，不可勝載，言語不可盡計，上說諸侯，下說列士[29]，其於仁義，則大相遠也。何以知之？曰：我得天下之明法以度之。"

【注释】

①所：犹"可"。

②亲戚：指父母。

③儆：通"警"。

④恶：何，疑问词。

⑤厚：郑重。

⑥语言：俗语。

⑦晏：清明之日。孙诒让认为，此句前一个"焉"同"于"，后一个"焉"为语气词，"而"为转折词，竟然之意。俞樾认为，上"焉而"为衍文。

⑧门："间"之误字。

⑨明：指天之明察。

⑩忽然：疏忽。

⑪恶：好恶之恶，动词。

⑫刘文忠译此句为："而陷身在灾祸之中了。"

⑬政：同"正"，匡正，用如动词。

⑭次己：恣己，擅自。为政：做事。

⑮明说：明告。

⑯刍：用草料喂牲畜。

⑰豢：以谷物喂牲畜。

⑱顾千里认为，据《天志》中篇及下篇，此句之“天下”，当作“天”，“下”是衍文。
⑲穷：极。
⑳当：对于。
㉑别相恶：与兼相爱相反。别，指分别。相恶，互相敌视。
㉒此之：犹此之于，这些人对于。
㉓业：传业。
㉔方：古“旁”字。旁施即遍施。
㉕贱：当是“贼”之误字。
㉖意谓基业不待终其身而亡。
㉗邑人：下民，各地之人。
㉘倖驰：毕沅认为，当作“背驰”。
㉙列士：有功业之士，或各位士君子。

【译文】

墨子说道：如今天下的士君子，只知道小道理，而不知道大道理。怎么知道是这样呢？从他处身于家族的情况可以知道。如果一个人处在家族中而得罪了家长，他还有相邻家族可以逃避。然而父母、兄弟和相识的人彼此相互警戒，都说：“不可不警戒呀！不可不谨慎呀！怎么会有处在家族中而可以得罪家长的呢？”不仅处身于家族的情况如此，即使处身于国也是这样。处在国中而得罪国君，还有邻国可以逃避。然而父母、兄弟和相识的人们彼此相互警戒，都说：“不可不警戒呀！不可不谨慎呀，怎么会有处身于国而可以得罪国君的呢？”这是有地方可以逃避的，人们相互警戒还如此郑重，又何况那些没有地方可以逃避的呢？互相警戒难道不就更加郑重，然后才行吗？况且俗语有这种说法：“在那光天化日之下竟然犯了罪，有什么地方可以逃避呢？”回答是：“没有地方可以逃避。”上天不会对山林深谷幽暗无人的地方有所忽视，他的明察必定会看得见。然而天下的士君子对于天，却疏忽而不知道以之相互警戒。这就是我所以知道天下的士君子知道小道理而不知道大道理的原因。

那么上天喜欢什么厌恶什么呢？上天爱好义而憎恶不义。那么率领天下的百姓，去做合乎义的事，这就是我们在做上天所喜欢的事了。我们做上天所喜欢的事，那么上天就会做我们所喜欢的事。那么我们喜欢什么，憎恶什么呢？我们喜欢福禄而厌恶祸患。如果我们不做上天所喜欢的事，而去做上天所不喜欢的事，那么就等于我们率领天下的百姓，从事于祸患灾殃了。怎么知道上天喜欢义而憎恶不义呢？回答说，天下有义的就生存，无义的就死亡；有义的就富足，无义的就贫穷；有义的就安定，无义的就混乱。既然上天喜欢人类生存而讨厌死亡，喜欢人类富有而讨厌贫穷，喜欢人类安定而讨厌混乱，这就是我所以知道上天爱好义而憎恶不义的原因。

墨子说：义是用来匡正人的。不能从下正上，必须从上正下。所以老百姓竭力做事，不能擅自任意去做，有士去匡正他们；士竭力做事，不能擅自任意去做，有将军、大夫匡正他们；将军、大夫竭力做事，不得擅自任意去做，有三公、诸侯匡正他们；三公、诸侯竭力听政治国，不得擅自任意去做，有天子匡正他们；天子不得擅自任意去做，有上天匡正他们。天子匡正三公、诸侯、士、庶人，天下的士君子固然明白地知道；上天匡正天子，天下的百姓却未能明白地知道。所以从前三代的圣王禹、汤、文王、武王，想把上天匡正天子的事，明白地告诉天下的百姓，于是无不饲牛羊、养猪狗，洁净地预备酒类和食品，用来祭祀上帝鬼神，并向上天求福。我却不曾听到上天向天子求福的。这就是我所以知道上天匡正于天子的原因。

天子是天下极尊贵的人，天下极富有的人。想要贵且富的人，对天意不可不顺从。顺从天意的人，就兼相爱，交相利，必定得到赏赐；违反天意的人，互相交恶，互相残害，必定得到惩罚。那么谁顺从天意而得到赏赐呢？谁违反天意而得到惩罚呢？墨子说道：从前三代圣王禹、汤、文王、武王，这些是顺从天意而得到赏赐的；从前三代的暴王夏桀、商纣、周幽王、厉王，这些是违反天意而得到惩罚的。那么禹、汤、文王、武王得到赏赐是因为什么呢？墨子说：他们做的事，对上尊天，于中敬奉鬼神，对下爱人民。所以天意说：对我所爱的，他们兼而爱之；对我所利的，他们兼而利之。爱人的事，这是最广泛的了；利人的事，这是最厚重的了。所以使他们贵为天子，富有天下，子孙基业传万世，历史上称颂他们的美德，教化遍施于天下，至今人们还称道他，称他为圣王。那么桀、纣、幽王、厉王得到惩罚又是什么原因呢？墨子说道：他们做事，对上辱骂上天，于中辱骂鬼神，对下残害人民。所以天意说：对我所爱的，却让他们互相交恶；对我所利的，却让他们互相残害。恶人的事，这是最广泛的了；害人的事，这是最严重的了。所以使他们不得寿终，基业不能终其身而亡。至今人们还在骂，称他们为暴王。

那么怎么知道上天爱护天下的百姓呢？因为他对百姓能完全了解。怎么知道他对百姓完全了解呢？因为人类全部为天所有。怎么知道全部为天所有呢？因为上天供给全人类食物。怎么知道他供给全人类食物呢？因为四海之内，凡是吃谷物的人，无不喂牛羊，养猪狗，洁净地做好食品和美酒，用来祭祀上帝鬼神。上天拥有下民，怎么会不喜爱他们呢？而且我曾说过，杀了一个无辜的人，就一定会遭到一桩灾祸。杀无辜之人的是谁呢？是人。给这人灾祸是谁呢？是天。如果认为上天不爱天下的百姓，那为什么人与人相残杀，而天却要降给他灾祸呢？这是我所以知道上天爱护天下百姓的原因。

顺从天意的，就是实行仁义政治；违反天意的，就是实行暴力政治。那么仁义政治应当怎么做呢？墨子说：居于大国地位的不攻打小国，居于大家族地位的不掠夺小家族，强者不压迫弱者，贵者不傲视贱者，狡诈的不欺负愚笨的。这就必然对上利于天，于中利于鬼，对下利于人。对上述三者有利，就会无所不利。所以将天下最好的名声加给他，称他们为圣王。而暴力政治则与此不同：他们言论不是这样，行动跟这相反，犹如背道而驰。居于大国地位的攻伐小国，居于大家族地位的掠夺小家族，强者压迫弱者，贵者傲视贱者，狡诈的欺负愚笨的。这对上不利于天，于中不利于鬼，对下不利于人。对上述三者不利，就没有什么利了。所以将天下最坏的名声加给他，称之为暴王。

墨子说道：我有上天的意志，就好像制车轮的有圆规，木匠有矩尺。轮人和木匠拿着他们的圆规和矩尺来量度天下的方和圆，说："符合二者的就是对的，不符合的就是错的。"如今天下士君子所著的书籍多得载不完,所说的言语多得不能全部记录,对上游说诸侯,对下游说有功业之士。但他们对于仁义,则相差很远。怎么知道呢?回答说:我得到天下的明法来衡量他们。

24. 天志中

【说明】

《天志》中篇是上篇的发挥。篇幅更长，论述更充分。文章认为，天贵于天子。天意的内容除上篇所提的兼爱外，还包括非攻、睦邻、爱民、强力等等。除继续举禹汤与桀纣等为事例之外，还引用《诗经》、《尚书》作为书证。而关于天志之工具性适应范围也扩大了，“上将以度天下之王公大人为刑政也，下将以量天下之万民为文学，出言谈也。”

【原文】

子墨子言曰：今天下之君子之欲爲仁義者，則不可不察義之所從出。既曰不可以不察義之所欲出，然則義何從出？子墨子曰：義不從愚且賤者出，必自貴且知者出①。何以知義之不從愚且賤者出，而必自貴且知者出也？曰：義者，善政也。何以知義之爲善政也？曰：天下有義則治，無義則亂，是以知義之爲善政也。夫愚且賤者，不得爲政乎貴且知者；然後得爲政乎愚且賤者②。此吾所以知義之不從愚且賤者出，而必自貴且知者出也。

然則孰爲貴？孰爲知？曰：天爲貴、天爲知而已矣。然則義果自天出矣。

今天下之人曰：當若天子之貴諸侯，諸侯之貴大夫，傐明知之③，然吾未知天之貴且知於天子也。子墨子曰：吾所以知天貴且知於天子者，有矣。曰：天子爲善，天能賞之；天子爲暴，天能罰之；天子有疾病禍祟，必齋戒沐浴，潔爲酒醴粢盛，以祭祀天鬼，則天能除去之。然吾未知天之祈福於天子也。此吾所以知天之貴且知於天子者。不止此而已矣，又以先王之書馴天明不解之道也知之④。曰：明哲維天，臨君下土⑤。則此語天之貴且知於天子。不知亦有貴、知夫天者乎？曰：天爲貴、天爲知而已矣。

然則義果自天出矣。是故子墨子曰：今天下之君子，中實將欲遵道利民，本察仁義之本，天之意不可不慎也[⑥]。既以天之意以爲不可不慎已，然則天之將何欲何憎？子墨子曰：天之意，不欲大國之攻小國也，大家之亂小家也，強之暴寡，詐之謀愚，貴之傲賤，此天之所不欲也。不止此而已，欲人之有力相營，有道相教，有財相分也。又欲上之強聽治也，下之強從事也。上強聽治，則國家治矣；下強從事，則財用足矣。若國家治，財用足，則內有以潔爲酒醴粢盛，以祭祀天鬼；外有以爲環璧珠玉，以聘撓四鄰[⑦]。諸侯之冤不興矣[⑧]，邊境兵甲不作矣。內有以食飢息勞，持養其萬民[⑨]，則君臣上下惠忠，父子兄弟慈孝。故唯毋明乎順天之意，奉而光施之天下[⑩]，則刑政治，萬民和，國家富，財用足，百姓皆得暖衣飽食，便寧無憂[⑪]。是故子墨子曰：今天下之君子，中實將欲遵道利民，本察仁義之本，天之意不可不慎也。

且夫天子之有天下也，辟之無以異乎國君、諸侯之有四境之內也[⑫]。今國君、諸侯之有四境之內也，夫豈欲其臣國、萬民之相爲不利哉！今若處大國則攻小國，處大家則攻小家，欲以此求賞譽，終不可得，誅罰必至矣。夫天之有天下也，將無已異此。今若處大國則攻小國，處大都則伐小都，欲以此求福祿於天，福祿終不得，而禍祟必至矣。然有所不爲天之所欲，而爲天之所不欲，則夫天亦且不爲人之所欲，而爲人之所不欲矣。人之所不欲者，何也？曰：疾病禍祟也。若已不爲天之所欲，而爲天之所不欲，是率天下之萬民以從事乎禍祟之中也。故古者聖王，明知天鬼之所福，而辟天鬼之所憎[⑬]，以求興天下之利，而除天下之害。是以天之爲寒熱也節，四時調，陰陽雨露也時，五穀孰[⑭]，六畜遂[⑮]，疾災、戾疫、凶飢則不至。是故子墨子曰："今天下之君子，中實將欲遵道利民，本察仁義之本，天意不可不慎也。

且夫天下蓋有不仁不祥者，曰：當若子之不事父，弟之不事兄，臣之不事君也，故天下之君子，與謂之不祥者。今夫天，兼天下而愛之，撽遂萬物以利之[⑯]，若毫之末，非天之所爲也[⑰]，而民得而利之，則可謂否矣[⑱]。然獨無報夫天，而不知其爲不仁不祥也。此吾所謂君子明細而不明大也。

且吾所以知天之愛民之厚者,有矣。曰:以磨爲日月星辰[19],以昭道之[20];制爲四時春秋冬夏,以紀綱之[21]。雷降雪霜雨露[22],以長遂五穀絲麻[23],使民得而財利之;列爲山川溪谷,播賦百事[24],以臨司民之善否[25];爲王公侯伯,使之賞賢而罰暴,賊金木鳥獸[26],從事乎五穀絲麻,以爲民衣食之財。自古及今,未嘗不有此也。今有人於此,歡若愛其子[27],竭力單務以利之[28]。其子長,而無報子求父[29],故天下之君子,與謂之不仁不祥[30]。今夫天,兼天下而愛之,撽遂萬物以利之,若毫之末,非天之所爲,而民得而利之,則可謂否矣。然獨無報夫天,而不知其爲不仁不祥也,此吾所謂君子明細而不明大也。

且吾所以知天愛民之厚者,不止此而足矣。曰殺不辜者,天予不祥。不辜者誰也?曰人也。予之不祥者誰也?曰天也。若天不愛民之厚,夫胡說人殺不辜而天予之不祥哉?此吾之所以知天之愛民之厚也。

且吾所以知天之愛民之厚者,不止此而已矣。曰愛人利人,順天之意,得天之賞者有之;憎人賊人,反天之意,得天之罰者亦有矣。夫愛人、利人,順天之意,得天之賞者,誰也?曰:若昔三代聖王堯、舜、禹、湯、文、武者是也。堯、舜、禹、湯、文、武焉所從事[31]?曰:從事"兼",不從事"别"。兼者,處大國不攻小國,處大家不亂小家,強不劫弱,衆不暴寡,詐不謀愚,貴不傲賤;觀其事,上利乎天,中利乎鬼,下利乎人,三利無所不利,是謂天德。聚斂天下之美名而加之焉,曰:"此仁也,義也。愛人、利人,順天之意,得天之賞者也。"不止此而已,書於竹帛,鏤之金石,琢之盤盂,傳遺後世子孫,曰:"將何以爲?將以識[32]。夫愛人、利人,順天之意,得天之賞者也。"《皇矣》道之曰[33]:"帝謂文王,予懷明德,不大聲以色,不長夏以革[34],不識不知,順帝之則。"帝善其順法則也,故舉殷以賞之,使貴爲天子,富有天下,名譽至今不息。故夫愛人、利人,順天之意,得天之賞者,既可得留而已[35]。夫憎人、賊人,反天之意,得天之罰者,誰也?曰:若昔者三代暴王桀、紂、幽、厲者是也。桀、紂、幽、厲焉所從事?曰:從事别,不從事兼。别者,處大國則攻小國,處大家則亂小家,強劫弱,衆暴寡,詐謀愚,貴傲賤;觀其事,上不利乎天,中不利乎鬼,下不利乎人,三不利無所利,是謂天賊。聚斂天下之醜名而加之焉，曰："此非仁也，非義也。憎人，賊人，反天之意，得天之罰者也。"不止此而已，又書其事於竹帛，鏤之金石，琢之盤盂，傳遺後世子孫，曰將何以爲？將以識夫憎人、賊人，反天之意，得天之罰者也。《太誓》之道之曰[36]："紂越厥夷居[37]，不肯事上帝，棄厥先神祇不祀，乃曰：'吾有命。'無廖僔務天下[38]，天亦縱棄紂而不葆[39]。"察天以縱棄紂而不葆者，反天之意也。故夫憎人、賊人、反天之意，得天之罰者，即可得而知也。

是故子墨子之有天志，辟人無以異乎輪人之有規，匠人之有矩也。今夫輪人操其規，將以量度天下之圜與不圜也[40]，曰："中吾規者，謂之圜；不中吾規者，謂之不圜。"是以圜與不圜，皆可得而知也。此其故何？則圜法明也。匠人亦操其矩，將以量度天下之方與不方也，曰："中吾規者，謂之方，不中吾規者，謂之不方。"是以方與不方，皆可得而知之。此其故何？則方法明也。故子墨子之有天之意也，上將以度天下之王公大人爲刑政也，下將以量天下之萬民爲文學、出言談也。觀其行，順天之意，謂之善意行；反天之意，謂之不善意行。觀其言談，順天之意，謂之善言談；反天之意，謂之不善言談。觀其刑政，順天之意，謂之善刑政；反天之意，謂之不善刑政。故置此以爲法，立此以爲儀[41]，將以量度天下之王公大人、卿、大夫之仁與不仁，譬之猶分墨白也。

是故子墨子曰：今天下之王公大人、士君子，中實將欲遵道利民，本察仁義之本，天之意不可不順也。順天之意者，義之法也。

【注释】

①知：通"智"。
②此句"然后"下脱"贵且知者"四字。
③偒：当为"确"。
④驯：同"训"。不解：难以理解。
⑤王引之认为，此句意谓"明明上天照下土"。
⑥慎：孙诒让认为，同"顺"。下同。
⑦挠：疑为"接"之误字。

⑧冤:当为“怨”。
⑨持养:保养。
⑩光:通“广”。
⑪便宁:安宁。
⑫辟:通“譬”。
⑬辟:通“避”。
⑭时:适时。孰:通“熟”。
⑮遂:顺。
⑯撽(qiào)遂万物:育成万物。
⑰苏时学认为,句首当有“莫”字。
⑱否:俞樾认为,当作“后”,通“厚”。
⑲磨:分离、分别之意。
⑳昭道:明白引导。
㉑纪纲:法度。
㉒雷:王念孙认为,当是“陨”的古写。
㉓长遂:长成。
㉔播:布。赋:同“敷”。
㉕临:察视。司:治理。
㉖贼:孙诒让认为,当作“赋”,赋敛。
㉗欢若:高兴地。欢若是形容词,构词法如同《诗经》之“其叶沃若”。
㉘单:通“殚”,尽。务:努力。
㉙此句当作“而无报于其父”。
㉚与:举。不祥:不善。
㉛焉:何。
㉜识:通“志”,记住。
㉝《皇矣》:《诗经・大雅》篇名。
㉞不长夏以革:郑玄认为,意即不只助长诸夏变更王法。
㉟既可得留而已:当作“既可得而知也”。
㊱《太誓》:即《尚书》中的《泰誓》篇。第一个“之”字疑衍。
㊲越厥:发语词,无义。夷居:傲慢貌。
㊳无廖僔务:孙诒让认为,当作“无僇其务”。言不戮力从事。“僇”当为“戮”。“僔”则“其”字之误。毕沅疑“天下”二字为衍文。
㊴纵弃:放弃。葆:同“保”。
㊵圜:同“圆”。
㊶仪:准则。

【译文】

墨子说：如今天下的君子想实行仁义，就不可不考察义是从哪里产生的。既然说不可不考察义从哪里产生，那么义究竟是从哪里产生的呢？墨子说：义不从愚蠢而卑贱的人中产生，必定从尊贵而聪明的人中产生。怎么知道义不从愚蠢而卑贱的人中产生，而必定从尊贵而聪明的人中产生呢？回答说：所谓义，就是善政。怎么知道义就是善政呢？回答说：天下有义则治理，无义则混乱，所以知道义就是善政。愚蠢而卑贱的人，不能向尊贵而聪明的人发号施令；只有尊贵而聪明的人，然后才可能向愚蠢而卑贱的人发号施令。这就是我知道义不从愚蠢而卑贱中产生，必定从尊贵而聪明的人中产生的原因。

那么谁是尊贵者？谁是聪明者？回答说：天是尊贵的，天是聪明的，如此而已。那么，义果然是从上天产生出来的了。

如今天下的人说：应当是天子比诸侯尊贵，诸侯比大夫尊贵，这是的确明白知道的事，但是我不知道上天比天子更尊贵而且聪明。墨子说道：我之所以知道上天比天子更尊贵而且聪明，是有理由的。那就是说：天子为善，上天能够赏赐他；天子行恶，上天能惩罚他。天子有疾病灾祸，必定斋戒沐浴，洁净地准备美酒食品，用来祭祀上天鬼神，那么上天就能帮他除去疾病灾祸。可是我并没有听说上天向天子祈求赐福的，这就是我知道上天比天子尊贵而且聪明的理由。不仅止此而已，又从先王的书籍训释上天高明而不易解说的道理中知道。书上说："高明圣哲的只有上天，如同君主凌驾天下大地。"这说的就是上天比天子尊贵而且聪明。不知道还有没有比上天更尊贵而且聪明的呢？回答说：只有天是最尊贵，天是最聪明的。那么义果然是从天产生出来的了。

所以墨子说：如今天下的君子；如果心中确实想要遵行圣王之道，利于民众，考察仁义的根本，天意就不可不顺从。既然认为天意不可不顺从，那么天喜欢什么憎恶什么呢？墨子说：天意不喜欢大国攻打小国，大家族侵犯小家族，强大的侵夺弱小的，狡诈的算计愚笨的，尊贵的傲视卑贱的，这是天所不喜欢的。不仅止此而已，天喜欢人们有力气互相帮助，有道义互相教导，有财物互相分享；又喜欢居上位的努力听政治事，居下位的努力从事劳作。居上位的努力听政治事，那么国家就会安定；在下位的努力从事劳作，那么财用就充足了。假若国家和家族都治理好了，财用也充足了，那么在内部有能力洁净地准备酒醴食品，用以祭祀上天和鬼神；对外面有环璧珠玉用以聘问交接四方邻国，诸侯间的仇怨不再会出现了，边境上的战争不会产生了。在内部有能力让饥者得食，劳者得息，保养万民，那么君臣上下就互相仁惠效忠，父子兄弟之间就慈爱孝顺。所以明白顺从上天之意，奉行并广施于天下，那么刑政就会治理，万民就会和谐，财用就会充足。百姓都能得到暖衣饱食，安宁无忧。所以墨子说：如今天下的君子，如果心中确实希望遵循圣道，利于民众，考察仁义的根本，天意就不可不顺从。

而且天子拥有天下，就好比国君、诸侯拥有四境之内一样没有区别。如今国君、诸侯拥有四境之内，难道希望他的臣下民众做互相不利的事情吗？如今倘若居于大国者攻打小国，居于大家族者的侵犯小家族，想借此求取赏赐和荣誉，终究是得不到的，而且诛戮惩罚必然降临。而上天之拥有天下，与此并没有区别。如今倘若居于大国者攻打小国，居于大都邑者攻打小都邑，想以此向天求福禄，福禄终归是得不到的，而且祸殃必然降临。如果人不做天所喜欢的事，而做上天所不喜欢的事，那么天也将不做人所喜欢的事，而做人所不喜欢的事。人所不喜欢的是什么呢？是疾病和灾祸。如果自己不做上天所喜欢的，反而做上天所不喜欢的，这是率领天下的百姓，陷入灾祸之中。所以古时的圣王，明白地知道上天、鬼神所降福者，因而避免做上天、鬼神所憎恶之事，以追求兴天下之利，除天下之害。于是上天安排寒热符合节度，四时调顺，阴阳雨露适时，五谷丰登，六畜兴旺，疾病灾祸瘟疫饥荒都不发生。所以墨子说道：如今天下的君子，如果心中确实想要遵循圣道，利于人民，考察仁义的根本，对天意就不可不顺从。

天下或许有不仁不善的人，就像儿子不侍奉父亲，弟弟不服事兄长，臣子不服事君上，所以天下的君子都称之为不善的人。如今天对于天下都兼而爱之，育成万物，以利百姓，即使如毫末之微，也莫非天之所创造，而人民得而利之，则可谓丰厚了。然而人们唯独不知报答上天，而且也不知道这种事是不仁不善。这就是我所说的君子明白小道理而不明白大道理。

我之所以知道上天爱民甚为深厚，是有理由的。那就是说，天分别日月星辰，以照耀天下，制定四季春夏秋冬以为法度，降下霜雪雨露，以长成五谷丝麻，使老百姓得为财物利用；又分列为山川溪谷，广设各种事业，用以监察百姓的善恶；设立王、公、侯、伯，使他们赏贤而罚暴，征收金木鸟兽，从事五谷丝麻，以为百姓的衣食之财，从古到今，未曾不是如此。例如现在这里有一个人，喜欢疼爱他的孩子，竭尽心力，一切事务，都为了有利于孩子。他的儿子长大后不报答父亲，于是天下的君子都说他不仁不善。如今上天对天下兼而爱之，长养万物以利于他们，即使如毫末之微，也莫非天所创造。百姓得到利益，可谓厚了。然而人们不报答上天，却不知这是不仁不善。这就是我所说的君子明于小道理而不明于大道理。

我所以知道上天爱民深厚的理由，还不仅如此。凡杀戮无罪的人，上天必定给他不祥。无辜者是谁呢？是人。给予不祥的是谁呢？是天。如果天爱民不深厚，那么为什么有人杀了无辜而天给他不祥呢？这就是我所以知道上天爱民深厚的理由。

我所以知道上天爱民深厚的理由，还不仅如此。因为爱人利人，顺从天意，从而得到上天赏赐的人，是有过的；憎人害人，违反天意，从而得到上天惩罚的人，也是有过的。爱人利人，顺从天意，得到上天赏赐的是谁呢？回答说：像从前三代的圣王尧、舜、禹、汤、文王、武王就是。尧、舜、禹、汤、文王、武王做些什么事呢？回答说：实行“兼”，不实行“别”。所谓兼，处在大国地位不攻打小国，处在大家族地位不侵犯小家族，强大的不劫掠弱小的，人多的不强暴人少的，狡诈的不算计愚笨的，尊贵的不傲视卑贱的。观察他们的行事，对上有利于天，于中间有利鬼神，对下有利于人。对此三者有利，就无所不利，这就叫做“天德”。人们把天下的美名聚集起来加到他们头上，说：“这是仁，是义。是爱人利人，顺从天意，因而得到上天的赏赐的人。”不仅止此而已，又把他们的事迹书于简帛，刻上金石，雕于盘盂，传给后世子孙。为什么这样做呢？将用以使人们记住那些爱人利人，顺从天意，得到上天赏赐的人。《诗经·皇矣》说道：“天帝告诉文王，我思念有光明之德的人，他不说大话，不虚张声势，不只助长诸夏国家变革法度。似乎不知古不识今，只遵循天帝的法则。”天帝赞赏文王顺从法则，所以把殷商的天下赏赐给他，使他贵为天子，富有天下，名声至今流传不止。爱人利人，顺从天意，从而得到上天赏赐的，已经可以知道了。那憎人害人、违反天意、得到上天惩罚的，又是谁呢？回答说：像从前三代的暴君夏桀、商纣、周幽王、厉王就是。桀、纣、幽王、厉王做了些什么事呢？回答说：他们从事“别”，不从事“兼”。所谓“别”，即处于大国地位的攻打小国，处于大家族地位的侵犯小家族，强大的劫掠弱小的，人多的强暴人少的，狡诈的算计愚笨的，尊贵的傲视卑贱的。观察他们的行事，对上不利于天，中不利于鬼神，对下不利于人，对此三者不利就无所得利，这就叫做“天贼”。人们聚集天下的丑名加到他们头上，说：“这是不仁不义，是憎人害人，违反天意，得到上天惩罚的人。”不仅止此而已，又将他们的劣迹书于简帛，刻于金石，雕于盘盂，传给后世子孙。为什么这样做呢？将用以使人们记住，憎人害人，违反天意，得到上天惩罚的人。《尚书·泰誓》说道：“纣傲慢不恭，不肯奉事上帝，弃其祖先与天地神祇不祭祀，竟说：‘我有天命’，不努力从事他的政务，上天也放弃纣而不保佑他。”观察上天之所以抛弃纣而不去保佑他的原因，是由于他违反天意。所以憎人害人，违反天意，得到上天惩罚的人，已经可以知道了。墨子认为有天志，好比制轮的人有圆规，木匠有矩尺一样，如今轮匠拿着他的圆规用来量度天下之物圆与不圆，说：“符合我圆规的，就是圆；不符合我圆规的，就是不圆。”因此圆和不圆，都是可得而知的。这其中的缘故是什么呢？是因为确定的规则明确。木匠拿着他的矩尺，用来量度天下之物方与不方，说“符合我矩尺的就是方，不符合我矩尺的，就是不方”。因此方与不方，都是可得而知的。这其中是什么缘故呢？是因为确定方的规则明确。所以墨子认为天有意志，对上用以量度天下的王公大人施行政事，对下用以量度天下的民众写文章和发表言论，观察他们的行为。顺从天意的，就叫做好的意识行为；违反天意的，就叫做不好的意识行为。观察他们的言谈，顺从天意的，就叫做好的言谈；违反天意的，就叫做不好的言谈。观察他们的刑政，顺从天意的，就叫做好的刑政；违反天意的，就叫做不好的刑政。所以把天志设为法则，立为标准，用它来量度天下王公大人、卿大夫的仁与不仁，就好比分别黑白一样明白。

所以墨子说：如今天下的王公大人士君子，如果心中确实想遵循天道，造福民众，考察仁义的根本，对天意就不可不顺从。顺从天意，就是合乎义的法则。

25. 天志下

【说明】

《天志》下篇的前半部分在上篇、中篇大致已有论述。后半部分着重论证何以说天之意在兼爱百姓，尤其反对侵略战争。有些文字接近《非攻》上篇。文章指出，凡不与其劳而获其实，非其有而取之者，都应受到处罚与谴责。这就从劳动理论和所有权方面阐明了掠夺行为的非正义性。

【原文】

子墨子言曰：天下之所以亂者，其說將何哉？則是天下士君子，皆明於小而不明於大。何以知其明於小不明於大也？以其不明於天之意也。何以知其不明於天之意也？以處人家者知之[①]。今人處若家得罪[②]，將猶有異家，所以避逃之者。然且父以戒子，兄以戒弟曰：戒之慎之。處人之家，不戒不慎之，而有處人之國者乎[③]？今人處若國得罪[④]，將猶有異國，所以避逃之者矣。然且父以戒子，兄以戒弟曰：戒之慎之，處人之國者，不可不戒不慎也。今人皆處天下而事天，得罪於天，將無所以避逃之者矣。然而莫知以相極戒也[⑤]，吾以此知大物則不知者也。

是故子墨子言曰：戒之慎之，必爲天之所欲，而去天之所惡。曰：天之所欲者何也？所惡者何也？天欲義而惡其不義者也。何以知其然也？曰：義者正也。何以知義之爲正也？天下有義則治，無義則亂，我以此知義之爲正也。然而正者，無自下正上者，必自上正下。是故庶人不得次己而爲正[⑥]，有士正之；士不得次己而爲正，有大夫正之；大夫不得次己而爲正，有諸侯正之；諸侯不得次己而爲正，有三公正之[⑦]；三公不得次己而爲正，有天子正之；天子不得次己而爲政，有天正之。今天下之士君子，皆明於天子之正天下也，而不明於天之正天子也。是故古者聖人，明以此說人曰：天子有善，天能賞之；天子有過，天能罰之。天子賞罰不當，聽獄不中，天下疾病禍福[8]，霜露不時。天子必且犓豢其牛羊犬彘，潔爲粢盛酒醴，以禱祠祈福於天。我未嘗聞天之禱祈福於天子也，吾以此知天之重且貴於天子也。是故義者，不自愚且賤者出，必自貴且知者出。曰：誰爲知？天爲知。然則義果自天出也。今天下之士君子之欲爲義者，則不可不順於天之意矣。

曰：順天之意何若？曰：兼愛天下之人。何以知兼愛天下之人也？以兼而食之也。何以知其兼而食之也？自古及今，無有遠靈孤夷之國[9]，皆犓豢其牛羊犬彘，潔爲粢盛酒醴，以敬祭祀上帝山川鬼神，以此知兼而食之也。苟兼而食焉，必兼而愛之。譬之若楚越之君，今是楚王食於楚之四境之内[10]，故愛楚之人；越王食於越，故愛越之人。今天兼天下而食焉[11]，我以此知其兼愛天下之人也。

且天之愛百姓也，不盡物而止矣[12]。今天下之國，粒食之民，殺一不辜者，必有一不祥。曰：誰殺不辜？曰：人也。孰予之不辜[13]？曰：天也。若天之中實不愛此民也，何故而人有殺不辜，而天予之不祥哉？且天之愛百姓厚矣，天之愛百姓别矣[14]，既可得而知也。何以知天之愛百姓也？吾以賢者之必賞善罰暴也。何以知賢者之必賞善罰暴也？吾以昔者三代之聖王知之。故昔也三代之聖王，堯舜禹湯文武之兼愛之天下也[15]，從而利之，移其百姓之意焉[16]，率以敬上帝山川鬼神。天以爲從其所愛而愛之，從其所利而利之，於是加其賞焉，使之處上位，立爲天子以法也[17]，名之曰"聖人"，以此知其賞善之證。是故昔也三代之暴王，桀紂幽厲之兼惡天下也，從而賊之，移其百姓之意焉，率以詬侮上帝山川鬼神。天以爲不從其所愛而惡之，不從其所利而賊之，於是加其罰焉，使之父子離散，國家滅亡，抎失社稷[18]，憂以及其身。是以天下之庶民，屬而毁之[19]，業萬世子孫繼嗣毁之賁[20]，不之廢也，名之曰失王[21]，以此知其罰暴之證。今天下之士君子，欲爲義者，則不可不順天之意矣。

曰：順天下之意者兼也，反天之意者别也。兼之爲道也義正[22]，别之爲道也力正[23]。曰：義正者何若？曰：大不攻小也，強不侮弱也，衆不賊寡也，詐不欺愚也，貴不傲賤也，富不驕貧也，壯不奪老也。是以天下之庶國[24]，莫以水火毒藥兵刃以相害也。若事上利天[25]，中利鬼，下利人。三利而無所不利，是謂“天德”。故凡從事此者，聖知也，仁義也，忠惠也，慈孝也，是故聚斂天下之善名而加之。是其故何也？則順天之意也。曰：力正者何若？曰：大則攻小也，強則侮弱也，衆則賊寡也，詐則欺愚也，貴則傲賤也，富則驕貧也，壯則奪老也。是以天下之庶國，方以水火毒藥兵刃以相賊害也。若事上不利天，中不利鬼，下不利人。三不利而無所利，是謂“之賊”[26]。故凡從事此者，寇亂也，盜賊也，不仁不義，不忠不惠，不慈不孝，是故聚斂天下之惡名而加之。是其故何也？則反天之意也。

故子墨子置立天之[27]，以爲儀法，若輪人之有規，匠人之有矩也。今輪人以規，匠人以矩，以此知方圜之别矣。是故子墨子置立天之，以爲儀法。吾以此知天下之士君之去義遠也。何以知天下之士君子之去義遠也？今知氏大國之君[28]，寬者然曰[29]：吾處大國，而不攻小國，吾何以爲大哉？是以差論蚤牙之士[30]，比列其舟車之卒，以攻罰無罪之國，入其溝境[31]，刈其禾稼，斬其樹木，殘其城郭，以禦其溝池[32]，焚燒其祖廟，攘殺其犧牷，民之格者[33]，則勁拔之[34]，不格者，則繫操，而歸[35]丈夫以爲僕圉胥靡[36]，婦人以爲舂酋[37]。則夫好攻伐之君，不知此爲不仁義，以告四鄰諸侯曰：吾攻國覆軍，殺將若干人矣。其鄰國之君，亦不知此爲不仁義也，有具其皮幣，發其緦處[38]，使人饗賀焉[39]。則夫好攻伐之君，有重不知此爲不仁不義也[40]，有書之竹帛，藏之府庫。爲人後子者[41]，必且欲順其先君之行，曰：何不當發吾府庫，視吾先君之法美[42]。必不曰：文武之爲正者若此矣；曰：吾攻國覆軍，殺將若干人矣。則夫好攻代之君，不知此爲不仁不義也；其鄰國之君，不知此爲不仁不義也。是以攻伐世世而不已者，此吾所謂大物則不知也。

所謂小物則知之者，何若？今有人於此，入人之場園，取人之桃李瓜薑者，上得且罰之，衆聞則非之。是何也？曰：不與其勞獲其實，已非其有所取之故。而況有踰於人之牆垣，抯格人之子女者乎[43]！與角人之府庫[44]，竊人之金玉蚤絫者乎[45]！與踰人之欄牢，竊人之牛馬者乎！而況有殺一不辜人乎[46]！今王公大人之爲政也，自殺一不辜人者，踰人之牆垣，抯格人之子女者，與角人之府庫，竊人之金玉蚤絫者，與踰人之欄牢，竊人之牛馬者，與入人之場園，竊人之桃李瓜薑者，今王公大人之加罰此也，雖古之堯舜禹湯文武之爲政，亦無以異此矣。今天下之諸侯，將猶皆侵凌攻伐兼併[47]，此爲殺一不辜人者，數千萬矣！此爲踰人之牆垣，格人之子女者，與角人府庫，竊人金玉蚤絫者，數千萬矣！踰人之欄牢，竊人之牛馬者，與入人之場園，竊人之桃李瓜薑者，數千萬矣！而自曰義也。故子墨子言曰：是蕡我者[48]，則豈有以異是蕡黑白甘苦之辯者哉？今有人於此，少示之黑，謂之黑；多而示之黑，謂白。必曰：吾目亂，不知黑白之別。今有人於此，能少嘗之甘，謂甘；多嘗謂苦。必曰：吾口亂，不知其甘苦之味。今王公大人之政也，或殺人，其國家禁之，此蚤越[49]；有能多殺其鄰國之人，因以爲文義[50]，此豈有異蕡白黑甘苦之別者哉？

故子墨子置天之以爲儀法。非獨子墨子以天之志爲法也，於先王之書，《大夏》之道之然[51]："帝謂文王，予懷明德，毋大聲以色，毋長夏以革，不識不知，順帝之則。"此誥文王之以天志爲法也[52]，而順帝之則也。且今天下之士君子，中實將欲爲仁義，求爲上士，上欲中聖王之道，下欲中國家百姓之利者，當天之志[53]，而不可不察也。天之志者，義之經也。

【注释】

①此句应为"以人之处家者知之"。
②处若家：应为"若处家"。
③有：应为"可"。此句当有脱误。
④处若国：应为"若处国"。
⑤极戒：据《天志》上篇，应为"儆戒"，即警惕。
⑥次：同"恣"，恣意。
⑦三公：指太师、太傅、太保。
⑧祸福："福"字义不可通，据《天志中》"天子有疾病祸祟"，"福"应为"祟"。
⑨无有：所有。远灵：远方。"灵"不可通，当是"雱"之误。雱：即"方"。
⑩今是：同"今夫"。夫：语助词。
⑪兼天下：包容天下。
⑫不尽物：王念孙认为，应为"不尽此"，即不止于此。

⑬不辜：孙诒让认为，依上文应为“不祥”。
⑭别：王引之认为，古通“遍”，即广泛的意思。
⑮句中第二个“之”为衍字。
⑯移：改变，引导。意：思想。
⑰以法：应为“以为仪法”。
⑱抎（yǔn）失：丧失。抎：有所失。
⑲属：连续。
⑳赍：“者”之误。
㉑失王：疑误，依上文应为“暴王”。
㉒义正：依《天志》上篇当作“义政”。
㉓力正：据《天志》上篇，当作“力政”，指靠暴力来维持统治。
㉔庶国：众国、各国。
㉕若：其，代词。
㉖之贼：俞樾认为应为“天贼”，与上文“天德”相对而言。
㉗置立天之：应为“置立天志”。毕沅认为，远古“志”可写作“之”。
㉘今知氏：俞樾认为“知”字是衍文。今氏：同“今是”，即今夫。“氏”与“是”占通用。
㉙宽者然：“者”字是衍文。宽：古通“嚣”。宽然：嚣张，傲慢的神态。
㉚差论：意同选择。蚤牙：同爪牙。
㉛沟境：应为“边境”。
㉜御：王引之认为应是“抑”之误。抑：同“堙”，填满。
㉝格：斗，抵抗。
㉞劲拔：当作“刭杀”，因形近而误。
㉟系操：应为“系累”，即捆绑。
㊱仆圉：养马的奴仆。胥：相；靡：捆绑。这里指用绳索捆系在一起的役徒。
㊲舂酋：舂，捣粟的人；酋，管酿酒的人。
㊳缌处：曹耀湘认为，当作“总处”，指府库之积聚。
㊴飨：同“享”。飨贺：犒劳，祝贺。
㊵有重：又更加。
㊶后子者：后代继承者。
㊷法美：应为“法义”，即法仪，楷模。
㊸扭格：俞樾说“扭”当为衍文；格：拘捕。
㊹角：俞樾认为，应为“穴”字之误。穴：挖掘。
㊺蚤絫：王引之认为，当是“布喿”之误。布喿：同“布缲”；布帛：即钱帛。
㊻有：又。
㊼将犹皆：都将在。
㊽蕡我：应为“棼义”。棼同“纷”，乱。棼义：即搅乱义与不义的界限。

㊾此蚤越：不可解，疑有脱误。据上下文，当是“此以为不义”的意思。

㊿文义：王引之说应为“大义”，文、大形近而误。

51《大夏》：即大雅，《诗经》中一部分贵族诗歌。下面引的诗句，见《诗经·大雅·皇矣》。

52诰：毕沅认为，当是“语”之误字。

53当：对于。

【译文】

墨子说：天下之所以混乱，其缘故是什么呢？就是因为天下的士君子，都只明白小道理而不明白大道理。怎么知道他们只明白小道理不明白大道理呢？因为他们不明白天的意志。怎么知道他们不明白天的意志呢？从居住在别人家族中的事可以知道。现在有人住在别人族中得罪了它的主人，还有邻人的家族能够逃避。然而，父亲尚且要用来告诫儿子，哥哥要用来告诫弟弟说：要小心谨慎，身居别人之家，如果不小心谨慎，还能够住在别人的家里吗？现有人住在一个国家得罪国君，还有别的国家能够逃避。然而父亲尚且要用来告诫儿子，哥哥要用来告诫弟弟说：要小心谨慎，住在别人的国家，不可不小心谨慎啊。现在人们都处于天底之下，事奉上天；得罪了天，那就无处可以逃避了。但是人们却不懂得互相警戒。我从这里就可以知道他们对于大道理反而不清楚了。

因此墨子说：要小心谨慎，一定要做天所喜欢的事，而去掉天所厌恶的事。有人问：天所喜欢的是什么，所厌恶的又是什么呢？天喜欢合乎义的事而厌恶不合乎义的事。怎么知道是这样呢？回答说：义就是匡正的意思。怎么知道义就是匡正的意思呢？因为天下有义就得到治理，没有义就混乱，我从这里知道义就是匡正。但是匡正天下，没有从下面来匡正上面的，必须由上面匡正下面。因此，平民不能擅自任意去做事，应有士人来匡正他们；士人不能擅自任意去做事，应有大夫来匡正他们；大夫不能擅自任意去做事，应有诸侯来匡正他们；诸侯不能任意擅自去做事，应有三公来匡正他们；三公不能任意擅自去做事，应有天子来匡正他们；天子不能任意擅自去做事，还有上天来匡正他们。现在天下的士君子，虽然都懂得天子匡正天下的人，却不懂得还有上天匡正天子。因此古时候的圣人，明确地将这个道理告诉人们说：天子有善行，上天能够奖赏他；天子有过失，上天能够惩罚他。如果天子赏罚不当，断案不公正，上天就会降下疾病灾祸，霜露不按时令出现。天子一定要饲养好牛羊猪狗，准备好洁净的供品，去向上天祷告求福。我没听说过上天向天子祷告求福的，我从这里就知道上天比天子重要而高贵。因此，义不会出自愚蠢而下贱的人，而必然出自高贵而又聪明者。有人问：谁聪明呢？上天聪明。这样，义就必然是出自上天了。现在天下想行义的士君子，就不可不顺从天的意志了。

有人问：怎样顺天意呢？回答是：兼爱天下的人。怎样知道兼爱天下的人就是天意呢？因为上天享用天下所有人的供品。怎样知道上天享用天下所有的供品呢？因为从古今，无论什么远方偏僻的少数民族国家，都饲养牛羊猪狗，准备洁净的供品，用来恭敬地祭祀上帝山川鬼神，我以此知道上天享用天下所有人的供品。上天既然享用天下所有人祭品，就必然会兼爱天下的人了。这就像楚、越的国君一样。现在，楚王享用着楚国境内百姓的供奉，所以就爱楚国的人；越王享用越国百姓的供奉，所以就爱越国的人。现在，上天享用着天下所有的人供奉，我由此知道他必然兼爱天下的人。

况且，上天爱百姓，不仅仅由这一点来证明。现在天下所有的国度中，凡是吃谷米的人民，如果他杀害一个无辜的人，就一定会遭遇到一件灾祸。若问是谁杀死了无辜的人？回答说：是人。是谁给他降下灾祸？回答说：是上天。如果上天的心中不爱这些百姓，那为什么有人杀害无辜的人，上天就要给他降下灾祸呢？上天爱百姓是深厚的，上天爱百姓是普遍的，由此已经可以知道了。怎么知道上天是这样爱护百姓呢？我从贤人必定要赏赐善良，惩罚凶暴中可以知道。怎么知道贤人必定要赏赐善良，处罚凶暴呢？我从以前夏商周三代的圣王知道。从前夏商周三代的圣王，如尧、舜、禹、汤、周文王、武王等，兼爱天下人民，顺从民意，给他们以利益，推动百姓的诚意，带领他们去敬事上帝山川鬼神。天认为这是顺从天之所爱而爱护人民，顺从天之所利而造福于人民。于是给他们以赏赐，使他们居于尊贵的地位，立为天子，作为楷模，把他们称做“圣人”。从这里可以得知上天赏赐善良的证明。从前夏商周三代的暴君，如夏桀、商纣、周幽王、厉王等，厌恶天下的人民，残害他们，改变百姓的心意，带领人们咒骂和侮慢上帝山川鬼神。上天认为他们不顺从天之所爱而厌恶人民，不顺从天之所利而残害人民，于是给予他们惩罚，使他们父子离散，国家灭亡，丧失社稷，忧患降到他们身上。所以天下百姓，也都不断诅咒他们，虽历经万世之后，仍旧诅咒他们不止，把他们称做“暴君”。从这里可以得知上天惩罚贪暴的证明。当今天下的士君子，想要做事合乎义，就不能不顺从天的意志。

墨子说：顺从天的意志就是实行“兼”，违反天的意志就是实行分“别”。实行“兼”就是以道义去统治，实行别就是以暴力来统治。有人问：义道统治是怎样呢？回答是：大国不攻小国，强者不欺凌弱者，势众的不残害力单的，乖巧的不欺负愚憨的，尊贵的不傲视低贱的，富足的不鄙视贫穷的，少壮的不侵陵衰老的。因此，天下众多的国家，不用水火毒药兵刃互相侵害。这样办事上对天有利，中对鬼神有利，下对人民有利，对这三方面有利，也就无所不利了，这就叫做“天德”。所以，凡是这样行事人，就是圣哲聪明的，合乎仁义的，忠诚仁厚的，慈祥孝顺的。因此，集中天下的美名加在他的身上，这是什么缘故呢？就是因为顺从了天的意志。有人问：以暴力统治是怎样的呢？回答是：大国攻打小国，强者欺凌弱者，势众的残害力单的，乖巧的欺负愚憨的，尊贵的傲视低贱的，富足的鄙视贫穷的，少壮的侵夺衰老的。因此，天下众多的国家才会用水火毒药兵刃来互相残害。这样办事上对天不利，中对鬼神不利，下对人民不利，有此三不利就无所谓利了，这就叫做“天贼”。所以，凡是这样行事的人，就是行暴乱的，做盗贼的，不仁不义的，不忠诚的，不惠爱的，不慈祥的，不孝顺的。因此，集中天下的恶名加在他的身上。这是什么缘故呢？就因为他违反天的意志。

所以墨子创立“天志”之说，作为人们行为的法则，就像造车轮的人有圆规，木匠有矩尺一样。现在，造车轮的人使用圆规，木匠使用矩尺，用这些来测知方和圆的区别。墨子创立“天志”之说，用它来作为准则。我从这里也可以知道天下士君子的行为远不合乎义，怎么知道天下士君子的行为远不合乎义呢？现在大国的国君嚣张地说：我居于大国地位，如果不攻打小国，我的国家怎么能成大国呢？因此选派谋臣战将，分遣车船军队，去攻打无辜的国家，侵入他们的国境，收割他们的庄稼，砍伐他们的树林，毁坏他们的城郭，填塞他们的护城河，焚烧他们的祖庙，屠杀他们的牲口。人民敢于抵抗的，就把他们杀死；不敢抵抗的，就捆绑起来带回国，男人做养马的奴仆，做囚徒苦工；妇人做舂粟，酿酒的奴婢。那些好攻伐的国君，不懂得这是不合乎仁义的，反而对四邻的诸侯说：我攻打某国，消灭了他们的军队，杀死了他们的若干将领。那些邻国的国君，也不懂得这是不合乎仁义的，还准备好皮革，钱币，拿出他们府库的积蓄，派人犒赏祝贺他们。这样，那些好攻伐的国君，就更不能懂得这是不合乎仁义的，又把战事记载在竹简帛上，收藏在府库之中。作为嗣子继位的人，必然想效法先君的行为，就会说：为什么不打开我的府库，看看我们先君留下的法则？那上面必定不会说，周文王、武王治理天下就像这样；而是说，我攻打某国，消灭他们的军队，杀死他们若干将领。这样，那些好攻伐的国君，不懂得攻伐是不合乎仁义的；他们邻国的国君，也不懂得这是不合仁义的，所以攻伐世代相因不能停止。这就是我所说的，他们对于大道理反而不懂。

所谓对小道理倒很清楚，是怎么样呢？现在假如这里有一个人，擅自进入人家的园子，摘取别人的桃、李、瓜、姜，在上位的人抓到就责罚他，众人听到都谴责他。这是为什么呢？因为他不参加耕植劳动，却坐享它的果实，不是自己所有却偷拿的缘故。何况有人翻越人家的围墙，拘捕别的子女，挖穿别人的府库，偷窃人家的金玉钱财；以及翻进别人的牛栏马圈，偷走人家的牛马呢？更何况去杀死一个无辜的人呢？当今的王公大人治理政事，从杀死一个无辜者，翻越人家的围墙，拘捕人家的子女，到挖穿人家的府库，偷窃人家的金玉钱财，翻越别人的牛栏马圈，偷走人家的牛马，以及擅入人家园圃，偷摘别人的桃、李、瓜、姜的，王公大人都要加以惩罚。

即使是古代的尧、舜、禹、汤、周文王、武王治理政事，和这种做法没什么不同。如今天下诸侯，都还在进行攻伐，侵略兼并他国，这种罪行，比杀害一个无辜的人要重几千万倍了；比起翻越人家围墙，拘捕别人子女，挖穿人家的府库，偷窃人家金玉钱财，要重几千万倍；比翻入人家的牛栏马圈，偷走人家的牛马，以及擅入人家的园圃，偷摘别人的桃、李、瓜、姜，要重几千万倍了。但是，却自以为是合乎仁义的。所以墨子说：像这样将义与不义混淆不分的人，跟分不清黑白甜苦的人有什么不同呢？现在这里假使有个人，给他看少许的黑颜色，他说是黑；多给他看些黑颜色，他反说是白。他一定会说：我的眼睛昏花了，不能分辨黑白的区别。现在这里假使有个人，少许吃点甜品，尚能说是甜的；多吃点了就反说是苦的。他一定会说：我的口味搅乱了，不能分辨甜和苦了。如今的王公大人治理政事，如果有人杀人，国家就要拘禁他，说这是不义；而有人能大肆屠杀邻国的人，却被认为是大仁大义，这与黑白不分，甜苦混淆的人有什么不同呢？

所以墨子创立"天志"之说，作为人们的法则。不只是墨子用天的意志为法则，在先王的书《大雅》上说的也是这样："天帝对周文王说道，我思念有光明之德的人，他不说大话，不虚张声势，不只助长诸夏国家变更法度，不识古，不知今事，只顺从天帝的法则。"这就是告诫周文王要以天的意志为法则，顺从天帝的法则行事。所以现在天下士君子，如果诚心诚意想行仁义，希望能成为高尚之士，上能合乎圣王的"道"，下能符合国家百姓的利益，那么，对天的意志，就不能不加以考察。天的意志，就是义的经纬啊。

26. 明鬼下

【说明】

墨家认为鬼神是确实存在的，并具有赏善罚暴的职能。《明鬼》篇从多方面进行论证，同时回答无鬼的质疑。一、举周宣王、秦穆公、燕简公、宋文公、齐庄公皆曾白日见鬼，以证鬼神乃众人耳目之实；二、以三代圣王敬鬼祭神为例，说明明鬼乃圣王之务；三、援引周书，商书，夏书的记述作为明鬼的文献根据；四、以夏桀、殷纣之亡，说明鬼神能赏贤罚暴；五、敬鬼不妨碍孝亲，祭神也不是浪费。有鬼论属于迷信，然而墨子企图利用鬼神来劝善惩恶，也有其用心良苦的一面。

【原文】

子墨子言曰：逮至昔三代聖王既沒[①]，天下失義，諸侯力正，是以存夫爲人君臣上下者之不惠忠也，父子弟兄之不慈孝弟長貞良也，正長之不強於聽治，賤人之不強於從事也，民之爲淫暴寇亂盜賊，以兵刃毒藥水火，退無罪人乎道路率徑[②]，奪人車馬衣裘以自利者，並作，由此始，是以天下亂。此其故何以然也？則皆以疑惑鬼神之有與無之別，不明乎鬼神之能賞賢而罰暴也。今若使天下之人，偕若信鬼神之能賞賢而罰暴也[③]，則夫天下豈亂哉？

今執無鬼者曰：鬼神者，固無有。旦暮以爲教誨乎天下，疑天下之衆，使天下之衆皆疑惑乎鬼神有無之別，是以天下亂。是故子墨子曰：今天下之王公大人士君子，實將欲求興天下之利，除天下之害，故當鬼神之有與無之別，以爲將不可以不明察此者也。既以鬼神有無之別以爲不可不察已[④]，然則吾爲明察此，其說將奈何而可？子墨子曰：是與天下之所以察知有與無之道者[⑤]，必以衆之耳目之實，知有與亡爲儀者也[⑥]。請惑聞之見之[⑦]，則必以爲有；莫聞莫見，則必以爲無。若是，何不嘗入一鄉一里而問之，自古以及今，生民以來者，亦有嘗見鬼神之物，聞鬼神之聲，則鬼神何謂無乎？若莫聞莫見，則鬼神可謂有乎？

今執無鬼者言曰：夫天下之爲聞見鬼神之物者，不可勝計也，亦孰爲聞見鬼神有無之物哉？子墨子言曰：若以衆之所同見，與衆之所同聞，則若昔者杜伯是也。周宣王殺其臣杜伯而不辜[⑧]，杜伯曰："吾君殺我而不辜，若以死者爲無知，則止矣；若死而有知，不出三年，必使吾君知之！"其三年[⑨]，周宣王合諸侯而田於圃[⑩]，田車數百乘，從數千人，滿野。日中，杜伯乘白馬素車，朱衣冠，執朱弓，挾朱矢，追周宣王，射之車上。中心折脊，殪車中[⑪]，伏弢而死[⑫]。當是之時，周人從者莫不見，遠者莫不聞，著在《周之春秋》。爲君者以教其臣，爲父者以警其子，曰：戒之慎之！凡殺不辜者，其得不祥，鬼神之誅，若此之憯遬也[⑬]！以若書之說觀之，則鬼神之有，豈可疑哉！非惟若書之說爲然也，昔者鄭穆公[⑭]，當晝日中處乎廟，有神入門而左，鳥身，素服三絕[⑮]，面狀正方。鄭穆公見之，乃恐懼，犇[⑯]。神曰："無懼！帝享女明德[⑰]，使予錫女壽[⑱]，十年有九，使若國家蕃昌，子孫茂，毋失鄭。"穆公再拜稽首曰："敢問神名。"曰："予爲句芒[⑲]。"若以鄭穆公之所身見爲儀，則鬼神之有，豈可疑哉！非惟若書之說爲然也，昔者燕簡公殺其臣莊子儀而不辜[⑳]，莊子儀曰："吾君王殺我而不辜，死人毋知亦已；死人有知，不出三年，必使吾君知之！"期年[㉑]，燕將馳祖[㉒]。燕之有祖，當齊之社稷[㉓]，宋之有桑林[㉔]，楚之有雲夢也[㉕]，此男女之所屬而觀也[㉖]。日中，燕簡公方將馳於祖塗，莊子儀荷朱杖而擊之，殪之車上。當是時，燕人從者莫不見，遠者莫不聞，著在《燕之春秋》。諸侯傳而語之曰：凡殺不辜者，其得不祥，鬼神之誅，若此其憯遬也！以若書之說觀之，則鬼神之有，豈可疑哉！非惟若書之說爲然也，昔者宋文君鮑之時[㉗]，有臣曰祐觀辜[㉘]，固嘗從事於厲[㉙]。祩子杖揖出，與言曰[㉚]："觀辜！是何珪璧之不滿度量[㉛]，酒醴粢盛之不淨潔也？犧牲之不全肥，春秋冬夏選失時[㉜]，豈女爲之與？意鮑爲之與？"觀辜曰："鮑幼弱，在荷繈之中[㉝]，鮑何與識焉！官臣觀辜特爲之。"祩子舉揖而槀之[㉞]，殪之壇上。當是時，宋人從者莫不見，遠者莫不聞，著在《宋之春秋》。諸侯傳而語之曰：諸不敬慎祭祀者，鬼神之誅,至若此其憯遫也!以若書之說觀之,鬼神之有,豈可疑哉!非惟若書之說爲然也。昔者齊莊君之臣[35],有所謂王里國、中里徼者,此二子者,訟三年,而獄不斷。齊君由謙殺之[36],恐不辜;猶謙釋之,恐失有罪。乃使之人共一羊[37],盟齊之神社。二子許諾,於是泏洫[38],搤羊而漉其血[39]。讀王里國之辭,既已終矣;讀中里徼之辭,未半也,羊起而觸之,折其腳,祧神之而槁之[40],殪之盟所。當是時,齊人從者莫不見,遠者莫不聞,著在《齊之春秋》。諸侯傳而語之曰:請品先不以其請者[41],鬼神之誅,至若此其憯遫也!以若書之說觀之,鬼神之有,豈可疑哉!是故子墨子言曰:雖有深谿博林幽澗,毋人之所[42],施行不可以不董[43],見有鬼神視之。

今執無鬼者曰:夫衆人耳目之請,豈足以斷疑哉?奈何其欲爲高君子於天下[44],而有復信衆之耳目之請哉[45]!子墨子曰:若以衆之耳目之請,以爲不足信也,不以斷疑;不識若昔者三代聖王,堯舜禹湯文武者,足以爲法乎?故於此乎,自中人以上,皆曰:若昔者三代聖王,足以爲法矣。若苟昔者三代聖王足以爲法,然則姑嘗上觀聖王之事。昔者武王之攻殷誅紂也,使諸侯分其祭,曰:使親者受內祀[46],疏者受外祀[47]。故武王必以鬼神爲有,是故攻殷伐紂,使諸侯分其祭。若鬼神無有,則武王何祭分哉?非惟武王之事爲然也,故聖王其賞也必於祖[48],其僇也必於社[49]。賞於祖者何也?告分之均也。僇於社者何也?告聽之中也。非惟若書之說爲然也。且惟昔者虞夏商周,三代之聖王,其始建國營都日,必擇國之正壇[50],置以爲宗廟;必擇木之脩茂者,立以爲菆位[51];必擇國之父兄慈孝貞良者,以爲祝宗[52];必擇六畜之勝腯肥倅毛[53],以爲犧牲,珪璧琮璜[54],稱財爲度[55];必擇五穀之芳黄,以爲酒醴粢盛。故酒醴粢盛,與歲上下也[56]。故古聖王治天下也,故必先鬼神而後人者,此也。故曰:官府選效[57],必先祭器祭服,畢藏於府;祝宗有司,畢立於朝,犧牲不與昔聚群[58]。故古者聖王之爲政若此。古者聖王必以鬼神爲[59],其務鬼神厚矣[60]。又恐後世子孫不能知也,故書之竹帛,傳遺後世子孫。咸恐其腐蠹絕滅,後世子孫不得而記,故琢之盤盂,鏤之金石以重之。有恐後世子孫不能敬莙以取羊[61],故先王之書,聖人一尺之帛,一篇之書,語數鬼神之有也,重有重之[62]。此其故何?

則聖王務之。今執無鬼者曰，鬼神者固無有。則此反聖王之務。反聖王之務，則非所以爲君子之道也。

今執無鬼者之言曰：先王之書，慎無一尺之帛[63]，一篇之書，語數鬼神之有，重有重之，亦何書之有哉？子墨子曰：《周書·大雅》有之[64]。《大雅》曰："文王在上，於昭於天[65]。周雖舊邦，其命維新。有周不顯[66]，帝命不時[67]。文王陟降[68]，在帝左右。穆穆文王[69]，令問不已[70]！"若鬼神無有，則文王既死，彼豈能在帝之左右哉？此吾所以知《周書》之鬼也[71]。且《周書》獨鬼[72]，而《商書》不鬼[73]，則未足以爲法也。然則姑嘗上觀乎《商書》。曰："嗚呼！古者有夏，方未有禍之時。百獸貞蟲[74]，允及飛鳥[75]，莫不比方[76]，矧隹人面[77]，胡敢異心？山川鬼神，亦莫敢不寧。若能共允[78]，佳天下之合[79]，下土之葆[80]。"察山川鬼神之所以莫敢不寧者，以佐謀禹也，此吾所以知《商書》之鬼也。且《商書》獨鬼，而《夏書》不鬼，則未足以爲法也。然則姑嘗上觀乎《夏書》。《禹誓》曰[81]："大戰於甘[82]，王乃命左右六人[83]，下聽誓於中軍[84]，曰：'有扈氏威侮五行[85]，怠棄三正[86]，天用剿絕其命。'"有曰："日中，今予與有扈氏爭一日之命[87]。且爾卿大夫庶人，予非爾田野葆士之欲也[88]，予共行天之罰也[89]。左不共於左[90]，右不共於右[91]，若不共命[92]。御非爾馬之政[93]，若不共命。是以賞於祖，而僇於社！"賞於祖者何也？言分命之均也。僇於社者何也？言聽獄之事也。[94]故古聖王必以鬼神爲賞賢而罰暴，是故賞必於祖，而僇必於社，此吾所以知《夏書》之鬼也。故尚者《夏書》，其次商周之《書》，語數鬼神之有也，重有重之。此其故何也？則聖王務之。以若書之說觀之，則鬼神之有，豈可疑哉！於古曰[95]：吉日丁卯[96]，周代祝社方[97]，歲於社者考[98]，以延年壽。若無鬼神，彼豈有所延年壽哉？

是故子墨子曰：嘗若鬼神之能賞賢如罰暴也[99]，蓋本施之國家[100]，施之萬民，實所以治國家利萬民之道也。若以爲不然[101]，是以吏治官府之不潔廉，男女之爲無別者，鬼神見之；民之爲淫暴寇亂盜賊，以兵刃毒藥水火退無罪人乎道路，奪人車馬衣裘以自利者，有鬼神見之。是以吏治官府，不敢不潔廉，見善不敢不賞，見暴不敢不罪；民之爲淫暴寇亂盜賊，以兵刃毒藥水火退無罪人乎道路，奪車馬衣裘以自利者，由此止。是以莫放幽閒，擬乎鬼神之明顯，明有一人，畏上誅罰[102]。是以天下治。故鬼神之明，不可爲幽閒廣澤[103]，山林深谷，鬼神之明必知之。鬼神之罰，不可爲富貴衆強，勇力強武，堅甲利兵，鬼神之罰必勝之。若以爲不然，昔者夏王桀，貴爲天子，富有天下，上詬天侮鬼，下殃傲天下之萬民[104]，祥上帝伐元山帝行[105]，故於此乎，天乃使湯至明罰焉[106]。湯以車九兩[107]，鳥陳雁行[108]，湯乘大贊[109]，犯遂下衆[110]，人之遂[111]，王乎禽推哆大戲[112]。故昔夏王桀，貴爲天子，富有天下；有勇力之人推哆、大戲，生列兕虎[113]，指畫殺人[114]，人民之衆兆億，侯盈厥澤陵[115]，然不能以此圉鬼神之誅。此吾所謂鬼神之罰，不可爲富貴衆強，勇力強武，堅甲利兵者，此也。且不惟此爲然。昔者殷王紂，貴爲天子，富有天下，上詬天侮鬼，下殃傲天下之萬民[116]，播棄黎老，賊誅孩子，楚毒無罪[117]，刳剔孕婦，庶舊鰥寡，號咷無告也。故於此乎，天乃使武王至明罰焉。武王以擇車百兩[117]、虎賁之卒四百人[118]，先庶國節窺戎[119]，與殷人戰乎牧之野，王乎禽費中、惡來[120]，衆畔百走[121]。武王逐奔入宮，萬年梓株[122]，折紂而系之赤環[123]，載之白旗，以爲天下諸侯僇。故昔者殷王紂貴爲天子，富有天下；有勇力之人費中、惡來、崇侯虎，指寡殺人[124]，人民之衆兆億，侯盈厥澤陵，然不能以此圉鬼神之誅。此吾所謂鬼神之罰，不可爲富貴衆強，勇力強武，堅甲利兵者，此也。且《禽艾》之道之曰[125]："得璣無小[126]，滅宗無大。"則此言鬼神之所賞，無小必賞之；鬼神之所罰，無大必罰之。

今執無鬼者曰：意不忠親之利[127]，而害爲孝子乎？子墨子曰：古之今之爲鬼[128]，非他也，有天鬼，亦有山水鬼神者，亦有人死而爲鬼者。今有子先其父死，弟先其兄死者矣。意雖使然，然而天下之陳物曰[129]：先生者先死。若是，則是先死者非父則母，非兄而姒也[130]。今潔爲酒醴粢盛，以敬慎祭祀，若使鬼神請有[131]，是得其父母姒兄而飲食之也，豈非厚利哉？若使鬼神請亡，是乃費其所爲醴粢盛之財耳。自夫費之[132]，非特注之汙壑而棄之也[133]，內者宗族，外者鄉里，皆得如具飲食之[134]。雖使鬼神請亡，此猶可以合歡聚衆，取親於鄉里。

今執無鬼者言曰：鬼神者固請無有，是以不共其酒醴粢盛犧牲之財[135]。吾非乃今愛其酒醴粢盛犧牲之財乎[136]，其所得者臣將何哉[137]？此上逆聖王之書，内逆民人孝子之行，而爲上士於天下，此非所以爲上士之道也。是故子墨子曰：今吾爲祭祀也，非直注之汙壑而棄之也，上以交鬼之福，下以合歡聚衆，取親乎鄉里。若神有，則是得吾父母弟兄而食之也，則此豈非天下利事也哉[138]？是故墨子曰：今天下之王公大人士君子，中實將欲求興天下之利，除天下之害，當若鬼神之有也，將不可不尊明也，聖王之道也。

【注释】

①逮至：自从。没：同“殁”。

②退：当为“迓”字之误。迓：通“御”，袭击。率径：孙诒让说，应为“术径”，术是车行的大道，径是人走的小路。

③偕若：王引之说，偕：同“皆”；“若”当是衍文。

④已：同“矣”。

⑤张纯一认为句中“是”字疑衍。与：同“举”。

⑥仪：标准，准则。

⑦请：同“诚”，实际。惑：同“或”。

⑧周宣王：姓姬名静，公元前804年至前782年在位。杜伯：周宣王的大夫。

⑨其三年：孙诒让认为，应作“后三年”。

⑩田：打猎。圃：猎场。

⑪殪：死。

⑫弢(tāo)：装弓的袋子。

⑬憯遬：快速。

⑭郑穆公：应为“秦穆公”，下同。秦穆公，名任好，公元前659年至前621年在位。

⑮三绝：孙诒让说，当是“玄纯”之误。玄纯即采纯，是深颜色的带子。

⑯犇：同“奔”，逃跑。

⑰享：奖赏。女：汝。

⑱锡：同“赐”，赐予。

⑲句芒：古代传说中的木神，传说是远古少昊氏的儿子。

⑳燕简公：燕国国君，公元前504年至前493年在位。

㉑期年：一周年。

㉒祖：同“沮”，祭祀湖泽。

㉓社稷：本指土神和谷神的祭坛，这里指祭祀社稷的活动。
㉔桑林：据说是商汤祭祀旱神的地方，这里指祭祀桑林的活动。
㉕云梦：楚国境内的大湖，在今湖南湖北两省之间，久已堙没。这里指祭祀云梦的活动。
㉖属：聚集。
㉗宋文君鲍：即宋文公，名鲍，公元前610年至前589年在位。
㉘祐：孙诒让认为：应为"祝"，主持祭祀仪式的人。观辜：人名。
㉙厉：神祠，庙。
㉚袾(zhū)子：即祝史。祭祀鬼神时，鬼神附在他身上说话。杖揖：当是"揖杖"之误倒。揖：双手拿着。
㉛珪璧：玉类，上圆下方为圭，外圆里方为璧。
㉜选：通"馔"，准备食物。
㉝荷繦：疑为"襁褓"，指包婴儿的布兜和被子。
㉞揖，当作"杖"。槁：同"敲"。
㉟齐庄君：即齐庄公，名光，公元前794年至前731年在位。
㊱由：与下文"犹"通，都是"欲"的意思。谦：同"兼"。
㊲之人：当为"二人"之误。
㊳泏洫：应为"歃血"。古人立盟誓，用血涂在口旁，以示忠诚。
㊴摽(jīng)：同"刭"，即到，用刀割；漉：当是"洒"之误字。
㊵祧：神祠，这里当指守祠的人。之：走出。
㊶请品先：王引之认为，应为"诸共盟"。后一个"请"：同"情"，实情。
㊷毋，通"无"。
㊸董：俞樾说应为"堇"，"堇"通"谨"，即谨慎。
㊹高君子：疑有脱误，应为"高士君子"。
㊺而有：而又。
㊻受内祀：指古代分封诸侯，以同姓立国者，得以设立先祖王庙，祭祀先王。
㊼受外祀：指以异姓立国者，郊祭山川。
㊽祖：祖庙。
㊾僇：同"戮"，杀。
㊿国之正坛：国都中的祭坛。《吕氏春秋·慎势》："古之王者，择天下之中而立国，择国之中而立宫，择宫之中而立庙。"即此。
(51)菆位：菆同"丛"，丛树。"位"，当是"社"之误。丛社，社树，这里指神祠。
(52)祝：太祝；宗：宗伯。皆为祭祀之官。
(53)胜：同"盛"。腯(tú)：肥胖。卒：同"粹"，毛色纯粹。毛：选择牲口的毛色。
(54)圭璧琮璜：都是玉类。琮，专供祭祀用的玉；璜，半璧形的玉。
(55)句谓与其财力相称为原则。

㊻与岁上下：按照年成的丰歉，祭品有厚薄之差。《逸周书·籴匡》说："年成谷足，宾祭以盛；年饥，举祭以薄；大荒有祷无祭，祭以薄资。"
㊼选效：准备好，孙诒让认为"选"同"馔"，具也。
㊽昔：通"夕"，夜晚。
㊾必以鬼神为：应为"必以鬼神为有"。
㊿务鬼神：敬事鬼神。
㉑敬莙以取羊：毕沅认为，即敬威而取祥。"莙"，古威字；羊：同"祥"。
㉒重：重复。有：又。
㉓慎无：王念孙认为应为"圣人"。
㉔《周书·大雅》：应为"《周诗·大雅》"。古代书诗二字经常互用。下面的引诗见《诗经·大雅·文王》。
㉕于昭于天：于是语首助词，昭：昭明。
㉖不：同"丕"，大。
㉗时：同"是"，正确。
㉘降陟：指逝世。
㉙穆穆：勤勉的样子。
㉚令：美好。问：同"闻"，指名声。
㉛或于"之"下增"有"字。不增亦可通。
㉜独鬼：应作"独有鬼"，下同。
㉝不鬼：应作"无鬼"或"不有鬼"，下同。
㉞贞虫，动物的通称。贞，同"征"。
㉟允及：同"以及"。
㊱比：依顺。方：道。
㊲佳：同"惟"；矧惟，语助词，何况。人面：指人类。孙诒让说："言有面目而为人。"
㊳共允：恭敬诚恳。共，同"恭"；允，诚。
㊴佳：惟。合，统一。
㊵之：即"是"。葆：同"保"。
㊶《禹誓》：《夏书》篇名。毕沅认为应是《甘誓》，只是文字略有不同。今本《尚书》认为《甘誓》记载的是夏启与有扈氏的战争。
㊷甘：地名，在今陕西省户县。
㊸六人：指六卿，即六军之将。古代天子亲征，王居中军，六卿在左右。
㊹下：周才珠认为指下坛，六卿原在坛上。
㊺有扈氏：夏同姓国，故地在今陕西省户县。威："蔑"之误字。五行：即仁、义、礼、智、信，亦称五常。
㊻三正：指天、地、人的正道。
㊼争一日之命：拼死活于一日。

⑧⑧葆士：俞樾说当是“葆玉”之误，即宝玉。
⑧⑨共：同“恭”，恭谨。
⑨⓪左：指车左之射手，执弓箭者。共：同“攻”。
⑨①右，指车右之枪手，执矛者。
⑨②共命：恭谨从命。
⑨③政：同“正”。御：驭，驾车者。尔：当为“其”。
⑨④“事”：应为“中”，即公允。
⑨⑤于古曰：疑当作“于古之时”。刘文忠认为“指在古书上记载说”。
⑨⑥丁卯：应为“丁酉”。周代人以子至卯为忌日，午至酉为吉日。
⑨⑦周代祝社方：当是“用代祀社方”之误。用：遍。代祀：群臣代君王祝祷。社：土地神。方：四方之神。
⑨⑧岁于社者考：年终祭祀祖先。“社者”，孙诒让认为应为“祖若”，即祖父；考，死去的父亲。
⑨⑨尝若：当若，如果。如：而。
⑩⓪盖：语首词，无义。
⑩①王念孙认为，此句疑为衍文。
⑩②戴震认为，“是以莫放幽闲”至“畏上诛罚”当是衍文，故译文略去。
⑩③不可为：毕沅说是无论、不管的意思。间：同“涧”。
⑩④殃傲：应为“殃杀”。
⑩⑤祥上帝伐元山帝行：疑有脱误，大意是说：上帝对夏桀与帝王不相称的行为感到恼怒。
⑩⑥至：同“致”，给予。
⑩⑦九两：孙诒让认为当是“九十两”之误。两，同“辆”。古代兵车一辆有兵卒二十五人。
⑩⑧鸟陈雁行：古代军队作战的阵形。《六韬·鸟云泽兵》有“鸟云之阵”，并说：“所谓鸟云者，鸟散而云合，变化无穷者也。”《太白阴经》载黄帝的八阵有“雁行”。
⑩⑨乘大赞：乘，登上；大赞，俞樾说是一个地势较高的地名。
⑪⓪犯遂下众：应为“犯逐夏众”。
⑪①人：孙诒让认为应作“入”。遂，应是“郊遂”之误。
⑪②乎禽：应为“手擒”。推哆、大戏：人名，夏桀所宠信的两大力士。哆，又写作“侈”、“移”。
⑪③列：同“裂”。兕(sì)：雌犀牛。
⑪④句谓不用武器，仅以手指戮划即可杀死人。
⑪⑤侯：同惟，发语词。厥：其。
⑪⑥殃傲：孙诒让认为，“傲”当作“杀”。
⑪⑦楚毒，王念孙认为，当作“焚炙”，即炮烙之刑。

⑪⑦择车：精选的战车。
⑪⑧虎贲之卒：指武士；虎贲，言其勇猛。
⑪⑨庶国节：指各国持节领兵的诸侯。窥戎：窥探对方军情。
⑫⓪乎：当为"手"之误字。费中、恶来：纣之大将，近臣。中：同"仲"。
⑫①百走：王引之说应为"皆走"。
⑫②万年梓株：义不详，疑是衍文。
⑫③刘文忠认为，句谓折断纣之头，而系于红色的车轮上。周才珠译"赤环"为赤色的环。孙诒让认为赤环当为"赤旂"。
⑫④指寡：同"指画"。
⑫⑤禽艾：《逸周书》篇名。之道之：第二个"之"疑衍。
⑫⑥得玑无小：得玑，得祥，得福。无小，不在于小。
⑫⑦忠：同"中"，合乎。
⑫⑧古之今之：第一个"之"字疑衍。
⑫⑨陈物：常言，俗话。
⑬⓪姒：古称年长的女子为姒。此指姐姐。
⑬①请：诚。
⑬②自夫：应为"且夫"，发语转折词。
⑬③非特：不只是。
⑬④如：而。具：备。
⑬⑤共：同"供"。
⑬⑥乃今：即"如今"。爱：吝惜。
⑬⑦臣将：孙诒让认为，当是"且将"之误。
⑬⑧以上一小段与前面完全重复，可见该文是缀合墨子多次谈话而成。

【译文】

墨子说：自从当初夏商周三代的圣王死后，天下的人都不讲道义，诸侯用武力相征伐，所以存在着君主对臣下没有恩惠，臣下对君主不能尽忠；父兄对子弟不慈爱，子弟对父兄不孝敬；官长不能勤勉治政，平民不愿努力从事生产；民间发生凶暴淫乱，抢劫偷盗一类的事，用兵器、毒药、水火，在大小道路上遏阻袭击无辜的人，抢夺别人的车马衣服来为自己获取利益。种种不义的行为一齐出现了，从这时开始，天下就混乱了。是什么缘故导致这种情况呢？都是因为人们对于鬼神的有无疑惑不定，对于鬼神能赏贤罚恶未能了解。现在如果天下的人都相信鬼神能赏贤罚恶，那么天下怎么会混乱呢?

如今主张无鬼论的人说:鬼神本来就是没有的。从早到晚拿这些话来向天下的人宣传,惑乱天下的民众,使天下的民众对鬼神的有无疑惑不定,所以天下混乱。因此墨子说:当今天下的王公大人和士君子们,果真想要为天下的人谋福利,为天下的人除祸害,那么对于鬼神的有无,我以为是不可不考察清楚的。既然有没有鬼神的问题,是不可不考察清楚的,那么我要弄清这个问题,该怎样论证才行呢?墨子说:普天之下,凡要弄清一件事物是有还是没有,一定要以众人耳目闻见的实情,从而得知其有或无作为标准。果真有人听见了,看见了,就一定认为是有的;如果没有听到,又没见过,一定认为是没有的。如果这样,何不到一个乡里去,问问该地的居民,倘若他们回答,从古到今,自有人生存以来,曾经有人见到过鬼神的形状,听到过鬼神的声音,那么怎么能说鬼神是没有的呢?假如没听到过,没见到过,那么怎么能说鬼神是有的呢?

如今主张无鬼论的人说:"天下的人,传说曾听到见到鬼神这种东西的人,多得无法计算,但是有谁真正听到,看见过鬼神这种东西呢?墨子说:如果要以众人共同看见和众人共同听见作准,那么像从前杜伯的事就是例证。当初周宣王杀死了他的臣子杜伯,而实属无罪。杜伯临死前说:"我的君王要杀死我,而我是无罪的,如果人死了一无所知,也就罢了;如果死后尚且有知,那么不出三年,一定要使我的君王知道!"到了第三年,周宣王会合诸侯,在围场打猎,打猎用的车子有几百辆,随从的人有好几千,布满了田野。到了中午,杜伯乘着白马素车,穿戴红色衣帽,握着红色的弓,挟着红色的箭,追赶周宣王,朝他的车上放箭,射中宣王的心窝,宣王折断脊骨,扑倒在车里,伏在弓袋上死去。在这个时候,跟从的周人没有谁不曾看见,远处的人没有谁不曾听说。这件事记载在周室王的史书上,做国君的拿来教育他的臣下,做父亲的拿来警戒他的儿子,说:要戒惧,要谨慎!凡是杀死无辜的人,他得到不祥的报应,遭受鬼神的惩罚,就是这样快啊!照这书所说的来看,鬼神的存在还有什么可怀疑的呢?不光这本书的说法是这样。从前的秦穆公,有一天中午正在庙里,有一位神人进门,站在左边,长着鸟的身子,穿着素色的衣服,系着深色的带子,面形方正。秦穆公见了,心里害怕,急忙逃跑。神人说:“不要害怕!上帝赞赏你的明德,命令我多赐给你十九年寿命,使你的国家昌盛,子孙兴旺,不会丧失秦国。”秦穆公再次叩拜,说:“请问尊神的大名。”神说:“我是句芒神。”如果以秦穆公亲眼见到的事作准,那么鬼神的存在,还有什么可以怀疑的呢?不光这本书上说的是这样。从前燕简公杀死他的臣子庄子仪,而实属无罪。庄子仪临死的时候说:“我的国君要杀死我,而我无罪。如果人死了一无所知则罢,如果死人还有知,那么不出三年,一定要使我的国君知道!”过了一年,燕国人准备乘车去祭湖。燕国人有祭湖的习俗,就像齐国有祭社稷,宋国有祭桑林,楚国有祭云梦泽的习俗一样,这是男女百姓聚会在一起观看的活动。中午,燕简公还在前去祭湖的路上,庄子仪出现了,举着红色的棍棒打简公,把他打死在车上。在这时候,跟随的燕国人没有谁不曾看见,远处的人没有谁不曾听说,这件事记载在燕国的史书上。诸侯互相转告说:枉杀无辜的人,他得到不祥的报应,遭受鬼神的惩罚,竟然会这么快呵!按照这本书上说的来看,鬼神的存在,还有什么可以怀疑的呢!不光这本书上说的是这样。从前宋文公鲍的时候,有个臣子叫祝观辜。本来是掌理祭祀的。有一次,附在祝史身上的神手持木杖走出来对他说:“观辜!为什么祭祀用的宝玉不合规格分量,酒和饭不洁净,牲畜毛色不纯又不肥壮,春秋冬夏准备的供品不能按时呢?这是你干的?还是鲍干的呢?”观辜说:“鲍年纪还小,尚在襁褓之中,哪里会懂得这些呢!这是专管此事的臣子观辜我特意这样做的。”祝史举起木杖就打观辜,把他打死在祭坛上。在这时候,在场的宋国随从没有谁不曾看见,远处的人没有谁不曾听说。这件事记载在宋国的史书上。诸侯互相转告说:凡是不恭敬谨慎地对待祭祀的人,鬼神对他的惩罚,竟然来得这样快呵!按照这本书上说的来看,鬼神的存在还有什么可以怀疑的呢?不光这本书上说的是这样。从前齐庄公的臣子中,有名叫王里国、中里徼的。这两个人,打了三年的官司,司法官还是不能判决谁是谁非。齐庄公想把两个人都杀了,但怕错杀无辜;又想把他们都放了,但怕让有罪的逃脱了。

于是，让他们两人共牵一头羊，到齐国的神社去立誓，两个人都同意了。于是开始歃血为誓，先把羊杀了，把血洒在社土上。先读王里国的誓词，读完之后，又读中里侥的誓词，还不到一半，死羊突然跳起来用头触他，折断其脚。守神祠的人以为是鬼神显灵了，就出来打中里侥，把他打死在立誓的地方。在这时候，齐国随从的人没有谁不曾看见，远处的人没有谁不曾听说，这件事记载在齐国的史书上。诸侯互相转告说：凡是设盟誓而不真诚的，遭受鬼神的惩罚，竟然来得这样的快呵！按照这本书上说的来看，鬼神的存在还有什么可以怀疑的呢！所以墨子说：即使在深山里面，密林之中，幽闭隔绝，无人居住的地方，行事也不可不谨慎，因为有鬼神在注视着。

如今主张无鬼论的人说：由普通人所耳闻目见的情况，哪能就用来判明疑难呢？怎么会想做天下的高人士君子，却听信普通人耳目所闻见的情况呢！墨子说：如果认为普通人耳目所闻见的情况不足信，不能拿来判断疑难，那么不知道从前夏商周三代的圣王，如尧、舜、禹、商汤、周文王、周武王等，能不能拿来作为判断的准则呢？对于这个问题，中等以上的人都会说：像从前夏商周三代圣王那样，是足以拿来作为判断的准则的。如果从前夏商周三代圣王足以成为断事的准则，那么且来看看上古这几位圣王的事迹吧。从前周武王攻伐殷商，杀死商纣王，命令诸侯分掌祭祀。说：让同姓诸侯得立先祖庙宇，让异姓诸侯得祭山川四望。可见周武王必定认为鬼神是有的，因此在攻伐殷商，杀死纣王以后，命令诸侯分掌祭祀。如果是鬼神没有的，周武王何必命令诸侯去分掌祭祀呢？不仅周武王行事是这样，凡是古代圣王，他们赏赐功臣，必定在祖庙里举行，杀戮罪人，必定在神祠里举行。行赏为什么一定要在祖庙里举行呢？是告诉祖先恩惠分得平均；杀戮为什么一定要在神祠里举行呢？是要向神灵表明断案允当。不只是这本书上说的是这样，并且，从前虞夏商周，三代的圣王，他们开始建立国家营造都城时，必定要选择国都中心建立祭坛；修造宗庙，必定要选择树木茂盛的地方，设立神祠；必定要选择国都中慈孝、善良的父兄，让他们去做太祝、宗伯；必定要选择肥壮而毛色纯正的牲畜，作为祭祀的供品；置备珪璧琮璜等玉器，以适合自己的财力为度；必定要选择芳香黄熟的五谷，作为祭祀的酒醴米饭。所以酒醴米饭按照年成的好坏而有增减。所以古代圣王治理天下，一定要先敬祭鬼神，然后才办人事，就是因为这个缘故。所以说：官府的置备，一定要先准备好祭器祭服，置办齐全，收在府库里；太祝、宗伯等官员，全体站立在朝堂之上；供祭祀用的牲口，晚上不与其他牲口关在一起。古代圣王的施政就是这样的。古代圣王必定认为鬼神是有的，所以他们对祭祀鬼神才这般敬重；还恐怕后世子孙不能够知道，因而写在竹帛上，传给后代子孙。有的怕竹帛会腐朽烂掉，后世子孙不能记诵，因而雕琢在盘盂上，镂刻在金石上，以表示慎重。又怕后代子孙不能敬畏神威而获得福佑，所以在先王的书上，圣人所著每一尺帛书，每一篇文字，都多次讲到鬼神是有的，重复了又重复。这是什么缘故呢？正因为圣王以敬事鬼神为急务。如今主张无鬼论的人说，鬼神本来就是不存在的。这就否定了视为急务的圣王之事，那样，就不是作为君子所应有的行为了。

如今主张无鬼论的人说：先王的书，圣人所著每一尺帛书，每一篇文章，都多次讲到鬼神是有的，重复了又重复，究竟哪些书上有这样的内容呢？墨子说：《诗经》里的《大雅》就有。《大雅》上说："文王在万民之上，其功德昭著于天下。周虽是古老的国家，但到文王接受了天命就面目一新。周国的功业十分辉煌，天帝的授命非常正确。文王的神灵浮沉于天地之中，伴随在天帝左右。勤勉的文王，他的美名永不泯灭！"如果鬼神是没有的，那么文王死后，他怎么还能在天帝的左右呢？这就是我所知道的《周书》上记载鬼神之事的篇章。再者，如果唯独《周书》上记载了鬼神之事，而《商书》没有鬼神，也还不足为依据。那么且来看《商书》上吧。那上面说："呵，古代的夏朝，在尚未发生灾祸的时候，所有的禽兽动物，以及飞鸟，没有不依顺着'道'而运动的，何况是人类，谁敢有异心？山川鬼神，莫不安宁。如果能够恭敬诚恳，就能将天下统一，领土得以保全。"细察山川鬼神之所以莫不安宁，就是因为他们在辅佐大禹啊，这就是我所知道的《商书》上记载鬼神之事的地方。倘若唯独《商书》记载了鬼神，而《夏书》

没有鬼神，也不足为据。且来看看《夏书》吧。《禹誓》上说：“大战将在甘河边开始，夏王便命令左右六军的将领，下坛到夏王亲领的中军来听训示。训示说：‘有扈氏违反仁、义、礼、智、信的五常，抛弃天地人的三正，上天因此要去消灭它。’”又说：“中午的时候，我将与有扈氏一决胜负。你们各位卿大夫和平民要知道，我们并不是要得到土地和宝玉，我是在忠实地替上天实行诛罚。战车左边的射手如果不尽力从左边进攻，战车右边的枪手如果不尽力从右边进攻，就是不服从命令；御者不能驾御车马；就是不服从命令，就当论罪。所以在祖庙里行赏，在神社里罚罪。”为什么要在祖庙里行赏呢？为了向祖先表明赏赐是公平的；为什么要在神社里罚罪呢？为了向鬼神表明处罚是公正的。古代圣王必定认为鬼神是要赏赐贤人，诛罚罪人的，因此才一定要在祖庙里行赏，在神社里处罚，这就是我所知道的《夏书》上记载鬼神之事的内容。所以，上有《夏书》，其次是《商书》、《周书》，多次讲到鬼神是存在的，重复又讲，这是什么缘故呢？就是因为圣王以鬼神为重要事务。按照这些书上所说的来看，鬼神的存在，还有什么可以怀疑的呢？古时在丁卯吉日这一天，通常由群臣代表君主祭祀土地神和四方神灵，每年还要祭祀祖先，以求延年益寿。如果没有鬼神，他们向谁去祈求延年益寿呢？

因此墨子说：如果鬼神是能够赏贤而罚恶的，用这种观念去治理国家，治理万民，实在是治理国家造福于万民的正道。假若认为不是这样，因而官吏在办理公务时不廉洁，男女混杂没有分别，鬼神都能看见；老百姓做淫邪横暴的事，扰乱社会，偷盗抢窃，用兵器、毒药、水火等，在道路上遏阻袭击无辜的人，抢夺别人的车马衣裘以自利者，有鬼神能看见。因此，官吏在办理公务时就不敢不廉洁，看见善的行为不敢不赏；看见恶的行为不敢不罚；百姓淫邪横暴，扰乱社会，偷盗抢窃，用兵器、毒药、水火等在道路上袭击无辜的人，抢夺别人车马衣裘以自利者，也从此绝迹，所以天下安定。因此说鬼神的明察秋毫，无论是幽深隐微、浩渺广阔之处，还是山林深谷掩蔽之地，鬼神的明察一定能知道。鬼神的惩罚，无论是富贵势众、勇武强悍，或拥有坚固的铠甲和锋利的武器的人，鬼神的惩罚一定能战胜他们。如果认为不是这样，试看从前的夏王桀，贵为天子，富有天下，对上咒骂天帝，侮辱鬼神，对下残害天下万民百姓，天帝对夏桀与帝王不相称的行为感到恼怒，于是，天帝就命令商汤去给予惩罚。商汤用战车九十辆，摆开鸟云阵势，雁行队列。汤登上大赞之丘，居高临下冲击夏朝的军队，攻入夏城之近郊。商汤亲手擒获夏臣推哆、大戏。从前的夏王桀，虽贵为天子，富有天下；又有勇力之士推哆、大戏，能够生裂野牛和老虎，挥手之间，就能置人于死命，他的臣民多达兆亿，遍布于山陵湖泽，但是仍不能以此抵挡鬼神的惩罚。这就是我所说的，鬼神的惩罚，不管它是富贵势众、勇武强悍，或拥有坚固的铠甲、锋利的武器的人，就是这个意思。况且不仅夏桀是这样。从前商纣王贵为天子，富有天下，对上咒骂天帝，侮慢鬼神，对下残害万民，遗弃老人，伤害儿童，炮烙无罪的人，剖割孕妇，庶民遗属，鳏夫寡妇，痛哭哀号而无处申冤。因为这个缘故，天帝就命令周武王给予惩罚。武王调遣一百辆精选的战车，四百名勇武的兵士，先率领已领受符节的诸侯去观察军情，继而与商朝的军队在牧野大战，武王亲手擒获费仲、恶来，商朝的军队纷纷倒戈或逃散。武王追逐到宫中，砍下商纣王的头，把它用红色的环子系吊着，挂在白旗上，以代表天下诸侯对他的惩罚。从前的商纣王，贵为天子，富有天下；又有有勇力的人如费仲、恶来、崇侯虎等，挥手之间就能置人于死命。他所拥有人口多达亿万，遍布于山陵湖泽，但是终不能以此抵挡鬼神的惩罚。这就是我所说的，鬼神的惩罚，不论它是否富贵势众、勇武强悍，或拥有坚固的铠甲和锋利的武器的人，就是这个意思。而且《禽艾》之书上曾说："得福音不论其为善之微小，伐恶灭宗，不论它怎样强大。"这就是说，鬼神行赏，无论是多么微小的德行也必然要奖励；鬼神的行罚，无论其多么强大也一定要惩治。

如今主张无鬼论的人说：你的意思也许不合乎双亲的利益，对做孝子有妨害吧！墨子说：古今称为鬼神的，不是别的，有天上的鬼神，有山水的鬼神，也有人死后变成鬼神的。现在也有儿子比父亲先死的，弟弟比哥哥先死的。虽然如此，但是按天下比较普遍的说法，总是先出世的人先死。如果是这样，那么先死的，不是父亲就是母亲，不是哥哥就是姐姐了。现在准备好洁净的酒食祭品，恭敬谨慎的祭祀，假使鬼神真的有，这就等于使父母兄姊可以得到饮食，难道这不是很有益处的吗？假使鬼神确实没有，也只是花费了一些准备酒食祭品的钱财罢了。而且所谓花费，并不是把祭品丢进污水沟，白白扔掉。内部同族之人，外面乡里邻居，都可以请他们来食用。即使鬼神确实不存在，也可以用来聚众欢乐，使得邻里亲近。

如今主张无鬼论的人说：所谓鬼神，本来就是不存在的，所以不必去供奉酒醴米饭牺牲等财物。我们并不是舍不得酒醴米饭牺牲等财物，可是我们将能得到什么呢？这种行为，上违背圣王书上所说的话，内不符合做孝子的行为准则，还想去做天下的高士，这实在不是高士之“道”啊。因此墨子说：现在我们祭祀鬼神，并不是将祭品丢进污水沟白白抛弃它，上可以交结鬼神祈求它降福，下可以聚众欢乐，使得邻里亲近。如果鬼神果真存在，那么就请去世的父母兄弟共进饮食，这岂不是对天下都有利的事吗？因此墨子说：现在天下的王公大人、士君子，如果心中确实想为天下人谋求利益，为天下人除患害，那么对于鬼神存在这个问题，就不能不重视和确信它，这是圣王之“道”啊。

27. 非乐上

【说明】

所谓“非乐”，就是否定文化娱乐活动。本文认为：一、娱乐对社会无益，不能解决饥寒、攻战、欺诈等现实问题；二、娱乐势必浪费大量财力物力人力；三、娱乐影响各行业的正常工作与劳动。所以墨家一再强调“为乐非也”。这种观点，忽视文化娱乐对人类社会的积极作用，似乎人们只应该一味进行物质生产，而不需要休息和精神生活，这是片面的，狭隘的。

【原文】

子墨子言曰：仁之事者①，必務求興天下之利，除天下之害，將以爲法乎天下②，利人乎即爲，不利人乎即止。且夫仁者之爲天下度也，非爲其目之所美，耳之所樂，口之所甘，身體之所安。以此虧奪民衣食之財，仁者弗爲也。

是故子墨子之所以非樂者，非以大鍾鳴鼓琴瑟竽笙之聲以爲不樂也，非以刻鏤華文章之色以爲不美也，非以犓豢煎炙之味以爲不甘也③，非以高臺厚榭邃野之居以爲不安也④。雖身知其安也，口知其甘也，目知其美也，耳知其樂也，然上考之，不中聖王之事；下度之，不中萬民之利，是故子墨子曰：爲樂非也。

今王公大人，雖無造爲樂器⑤，以爲事乎國家，非直掊潦水折壤坦而爲之也⑥，將必厚措斂乎萬民，以爲大鍾鳴鼓琴瑟竽笙之聲。古者聖王亦嘗厚措斂乎萬民，以爲舟車，既以成矣，曰：吾將惡許用之⑦？曰：舟用之水，車用之陸，君子息其足焉，小人休其肩背焉。故萬民出財齎而予之⑧，不敢以爲慼恨者⑨，何也？以其反中民之利也。然則樂器反中民之利，亦若此，即我弗敢非也。然則當用樂器，譬之若聖王之爲舟車也，即我弗敢非也。民有三患：飢者不得食，寒者不得衣，勞者不得息，三者民之巨患也。然即當爲之撞巨鍾[10]，擊鳴鼓，彈琴瑟，吹竽笙，而揚干戚[11]，民衣食之財，將安可得乎？即我以爲未必然也。意舍此[12]。今有大國即攻小國，有大家即伐小家，強劫弱，衆暴寡，詐欺愚，貴傲賤，寇亂盜賊並興，不可禁止也，然即當爲之撞巨鐘，擊鳴鼓，彈琴瑟，吹竽笙，而揚干戚，天下之亂也，將安可得而治與？即我未必然也。是故子墨子曰：姑嘗厚措斂乎萬民，以爲大鐘鳴鼓琴瑟竽笙之聲，以求興天下之利，除天下之害，而無補也。是故子墨子曰：爲樂非也。

今王公大人，唯毋處高臺厚榭之上而視之，鍾猶是延鼎也[13]，弗撞擊，將何樂得焉哉？其說將必撞擊之。惟勿撞擊[14]，將必不使老與遲者[15]，老與遲者耳目不聰明，股肱不畢強[16]，聲不和調，明不轉樸[17]。將必使當年[18]，因其耳目之聰明，股肱之畢強，聲之和調，眉之轉樸[19]。使丈夫爲之，廢丈夫耕稼樹藝之時；使婦人爲之，廢婦人紡績織紝之事。今王公大人唯毋爲樂，虧奪民衣食之財，以拊樂如此多也[20]。是故子墨子曰：爲樂非也。

今大鐘鳴鼓琴瑟竽笙之聲既已具矣，大人鏽然奏而獨聽之[21]，將何樂得焉哉？其說將必與賤人，不與君子[22]。與君子聽之，廢君子聽治；與賤人聽之，廢賤人之從事。今王公大人惟毋爲樂，虧奪民之衣食之財以拊樂，如此多也。是故子墨子曰：爲樂非也。

昔者齊康公興樂萬[23]，萬人不可衣短褐，不可食糠糟。曰：食飲不美，面目顔色不足視也；衣服不美，身體從容醜羸，不足觀也。是以食必粱肉，衣必文繡。此掌不從事乎衣食之財[24]，而掌食乎人者也。是故子墨子曰：今王公大人，惟毋爲樂，虧奪民衣食之財以拊樂，如此多也。是故子墨子曰：爲樂非也。

今人固與禽獸麋鹿蜚鳥貞蟲異者也[25]。今之禽獸麋鹿蜚鳥貞蟲，因其羽毛，以爲衣裘；因其蹄蚤[26]，以爲絝屨；因其水草，以爲飲食，故唯使雄不耕稼樹藝[27]，雌亦不紡績織紝，衣食之財固已具矣。今人與此異者也，賴其力者生，不賴其力者不生。君子不強聽治，即刑政亂；賤人不強從事，即財用不足。今天下之士君子，以吾言不然，然即姑嘗數天下分事[28]，而觀樂之害。王公大人蚤朝晏退，聽獄治政，此其分事也。士君子竭股肱之力，亶其思慮之智[29]，内治官府，外收斂關市山林澤梁之利，以實倉廩府庫，此其分事也。農夫蚤出暮入，耕稼樹藝，多聚菽粟，此其分事也。婦人夙興夜寐，紡績織紝，多治麻絲葛緒，綑布縿[30]，此其分事也。今惟毋在乎王公大人，説樂而聽之，即必不能蚤朝晏退，聽獄治政，是故國家亂而社稷危矣。今惟毋在乎士君子，説樂而聽之，即必不能竭股肱之力，亶其思慮之智，内治官府，外收斂關市山林澤梁之利，以實倉廩府庫，是故倉廩府庫不實。今惟毋在乎農夫，説樂而聽之，即必不能蚤出暮入，耕稼樹藝，多聚菽粟，是故菽粟不足。今惟毋在乎婦人，説樂而聽之，即不必能夙興夜寐[31]，紡績織紝，多治麻絲葛緒，綑布縿，是故布縿不興。曰：孰爲大人之聽治，而廢國家之從事[32]？曰：樂也。是故子墨子曰：爲樂非也。

何以知其然也？曰：先王之書湯之《官刑》有之，曰："其恒舞於宫，是謂巫風。其刑，君子出絲二衛[33]，小人否[34]。"似二伯黄徑[35]。乃言曰："嗚呼！舞佯佯[36]，黄言孔章[37]，上帝弗常[38]，九有以亡[39]；上帝不順，降之百殃[40]，其家必壞喪。"察九有之所以亡者，徒從飾樂也。於《武觀》曰[41]，啓乃淫溢康樂，野於飲食，將將銘莧磬以力[42]，湛濁於酒[43]，渝食於野[44]，萬舞翼翼[45]，章聞於大[46]，天用弗式[47]。故上者天鬼弗戒[48]，下者萬民弗利。

是故子墨子曰：今天下士君子，請將欲求興天下之利，除天下之害，當在樂之爲物，將不可不禁而止也。

【注释】

①仁之事者：应为"仁者之事"。

②法：法则。乎：于。

③刍豢：饲养牲畜。这里指牛羊猪肉。

④邃野：幽深的房屋。野：王引之认为，同"宇"，屋。

⑤虽无：王念孙认为是语助词。虽：同"唯"。

⑥直：只。掊：捧；折：通摘，揭取。壤坦：坛土。

⑦恶许：毕沅认为，相当于"何所"。

⑧赍：给予。

⑨戚恨：忧愁，怨恨。

⑩然即：同"然则"。当：同"尝"，试。

⑪扬：挥动。干：盾牌。斧形兵器。古代常以兵器作舞蹈道具。

⑫意：同"抑"，抑或。

⑬犹是延鼎：像反盖过来的鼎锅。延：同"偃"，覆盖。

⑭惟勿：同"唯毋"、"唯无"，语助词。

⑮迟：王念孙认为应为"稚"，小孩。

⑯毕：快捷。

⑰明不转朴：萧鲁阳解为奏不成曲子。俞樾认为"明"当是"音"字之误；朴当是"汴"字之误。汴通"变"，谓音调不变化。

⑱当年：壮年。

⑲眉：当是"音"字之误。

⑳拊：敲击，演奏。

㉑锈然：清静幽闲。锈：同"肃"。

㉒必与贱人，不与君子：疑有误，依下文，当去"不"字。

㉓齐康公：名贷，齐宣公的儿子，公元前404年至前379年在位。乐万：音乐和舞蹈名称。

㉔掌：通"常"。

㉕蜚：同"飞"。贞虫：泛指动物。

㉖蹄蚤：即蹄爪。

㉗唯：同"虽"。

㉘分事：分内之事。分：读去声。

㉙亶：通"殚"，尽。

㉚綑布縿(shān)：织出成捆的布帛。綑：同"捆"；縿：当是"缲"之误，缲即缣，就是细绢。

㉛不必能：即"必不能"。

㉜此二句疑有误，依上文，当为"孰为而废大人之听治，贱人之从事"。

㉝二卫：毕沅认为指二把纬线。卫：同"纬"，织布的纬线。

㉞孙诒让认为，"否"为"倍"之省，即加倍处罚。

㉟似二伯黄径：疑有脱误，义不详。乃言：孙治让疑为《太誓》之误。

㊱佯佯：同"洋洋"，人众多的样子。

㊲黄：孙诒让认为，当是"其"字之误，语助词。孔：很。章：彰著。

㊳上帝弗常：上帝认为不好。常：同"尚"。

㊴九有：九州，指国家。

㊵百殚：(xiáng)：同"百殃"。

㊶武观：即五观，夏启子，曾占据西河发动叛乱。这里指记述五观之事的逸书《五观》篇。

㊷将将铭苋磬以力：孙诒让认为，应为"将将锽锽，筦磬以方"。将将锽锽：乐声。方：

即“并”。箫磬以方：即笛磬并作。

㊸湛浊：沉溺。

㊹渝：孙诒让认为同“俞”，苟且，随便。

㊺翼翼：整齐的样子。

㊻章：同“彰”，明白。大：当是“天”字之误。

㊼式：赞许。用：因此。

㊽戒：应为“式”，即赞成。

【译文】

墨子说：仁人办事，务必谋求天下的福利，除天下的祸害，以此作为天下人的楷模，对人有利的就去做，对人不利的就不去做。并且，仁人是为天下考虑的，并不是为自己眼睛看了悦目，耳朵听了觉得动听，口里尝了觉得甜美，身体觉得舒适。为了这些而损害人民的衣食财用，仁人是不会去做的。

墨子之所以要反对音乐，并不是认为大钟、响鼓、琴瑟、竽笙的声音不悦耳动听，不是认为雕刻有华美图纹的色彩不美丽，不是认为烹调禽畜佳肴美味不甘美，不是认为高楼深院居住不舒适。虽然身体感到舒适，嘴里觉得甜美，眼睛感到美丽，耳朵觉得动听；但是，上考察古代的事迹，不符合于圣王之行事；下考察当今的民情，不符合众百姓的利益。因此墨子说：从事音乐是不对的。

当今的王公大人制造乐器，用于国家的礼仪，并不是像捧起一点水，掬起一把土那样随手可得，必然要在广大人民身上增加赋税，用来制造大钟、响鼓、琴瑟、竽笙等乐器。古代的圣王也曾经向人民那里增收赋税，用来制造车船。完成以后，他就说：我拿它做什么用呢？船用于水运。车用于陆运，尊贵的人可以用来省却步行的劳苦，劳作的人可以免去负重的艰辛。因此人民都愿意奉献出财物，让他们使用，并不心怀怨恨，为什么呢？因为这些花费反过来符合人民的利益。如果制作乐器反过来也符合人民的利益，也像这样，那我也不敢反对了。如果使用乐器，好像古代圣王制作使用舟车那样，那我就不敢反对了。人民有三种忧患：饥饿的得不到食物,寒冷的得不到衣服,劳苦的得不到休息。这三者是人民最大的忧患。那么试为之撞大钟,敲响鼓,弹琴瑟,吹竽笙,挥舞干戈跳舞,人民的衣食财用,就因此可以解决了吗?我认为这是不可能的事情。或者撇开这点不论。现在有大国将要去攻打小国,有大家族将要去攻打小家族,强壮的抢夺弱小的,人多的欺凌人少的,聪明的欺侮愚笨的,尊贵的傲视卑贱的,暴乱、盗贼一齐出现,无法禁止,那么试为之撞大钟,敲响鼓,弹琴瑟,吹竽笙,挥舞干戈跳舞,天下的混乱局面,因此就得到治理了吗?我认为这是不可能的事情。因此墨子说:如果向百姓加重征收赋税财物,用来制造大钟响鼓琴瑟竽笙,用这样的方法来求兴天下之利,除天下之害,是没有补益的。因此墨子说:从事于音乐是不对的。

现在的王公大人,坐在高大的台榭上望下去,那钟就像一只倒覆过来的鼎一样,如果不敲击它,将会得到什么乐趣呢?如此说来,一定要敲击它。要敲击它,必然不会用老人和小孩,因为老人和小孩耳目不聪明,手脚不敏捷有力,奏出的声音不和谐,音调没有变化。所以必定要用年轻力壮的人,因为年轻人耳目聪明,手脚敏捷有力,奏出的声音和谐,音调有变化。但是,如果叫男子去做这事,那就耽误了男子耕田种植的时机;让妇人去做这事,就荒废了妇女的纺织缝纫之事。现在王公大人从事音乐,损害人民的衣食财用以奏乐,损失就是这样的多啊!因此墨子说:从事于音乐是不对的。

现在大钟响鼓琴瑟竽笙等乐器既已具备,王公大人如果是独自听演奏音乐,将会得到什么乐趣呢?这么说来,他们又必然要和平民或者君子一起听音乐。如果与君子一起听,就会耽误君子治理政务;与平民一起听,就会荒废平民从事业务。现在王公大人们从事音乐,损害人民的衣食财用以奏乐,损失就是这样的多。因此墨子说:从事于音乐是不对的。

从前齐康公大兴《万》舞,跳《万》舞的人就不能穿粗布短衣,不能吃粗糙的饮食。因为饮食如不精美,脸色就会憔悴不好看了;衣服如不华美,身体四肢的举动形貌,就会显得丑陋不好看。因而吃的必须是美味佳肴,穿的必须是华丽服饰。这些人长期不从事衣食财用的生产,还要长期靠人们供奉。因此墨子说:现在的王公大人们从事于音乐,损害人民的衣食财用以奏乐,损失就是这样的多。因此墨子说:从事于音乐是不对的。

如今人类当然是与禽兽麋鹿飞鸟动物不同的。禽兽麋鹿飞鸟动物,用它们的羽毛作为衣裳,用它们的蹄爪作为鞋袜,用水草作为饮食,所以即使雄的不耕田种植,雌的不纺纱缝衣,衣食财用本来就已经具备了。如今人类与这些动物是不同的,依靠自己力量做事的就能生存,不依靠自己力量做事的就不能生存。君子如果不勉力去治理政事,那么刑政就会混乱;平民如果不努力生产,那么衣食财用就会不足。如今天下的士君子,如果认为我的话不对,那么且试举天下人各自分内的事情,再看看音乐对于他们的害处。王公大人早上朝晚回宫,审理案件,治理政务,这就是他们分内的事。士君子竭尽自己的体力和智力,对内治理官府,对外征收关市山林湖泊的税利,用来充实仓廪府库,这是他们分内的事。农民早出晚归,耕田种植,多收粮食,这是他们分内的事。妇女早起晚睡,纺纱缝衣,多制出麻丝葛布,织出成捆的布帛,这是她们分内的事。如今对于王公大人来说,如果喜欢听音乐,就必然不能早上朝,晚休息,以审理案件,治理财务,因此国家就混乱,江山就危险了。如今对于士君子来说,如果喜欢听音乐,就必然不能竭尽自己的体力和智力,对内治理官府,对外征收关市山林湖泊的税利,用来充实仓廪府库,因此仓库就会空虚。如今对于农夫来说,如果喜欢听音乐,就必然不能早出晚归,耕田种植,多收粮食,因此粮食就会不足。如今对于妇女来说,如果喜欢听音乐,就必然不能早起晚睡,纺纱缝衣,多制麻丝葛布,织出成捆布帛,因此布帛的生产就不会发展。请问:是什么耽误了王公大人治理政事,荒废了平民百姓的生产呢?回答:是音乐。因此墨子说:从事于音乐是不对的。

怎么知道这是不对的呢?先王的书——商汤的《官刑》上就有答案。上面说:经常在屋里跳舞,这就叫做巫风。刑罚是:君子缴纳二把纬线,小人加倍,出二匹帛。《大誓》上说:“唉!乐舞洋洋,声音响亮,上帝认为不好,九州因而沦亡;上帝不顺心,因而降下各种灾殃,他的家族一定会灭亡。”考察九州之所以会沦亡,就是由于沉迷于音乐。《武观》上说,夏启之子荒淫过度，贪图享乐，在野外饮食，锵锵锽锽，筦磬并作，沉湎于酒，随意在野外进餐，舞蹈整齐壮观，响亮的声音传到天上，上天因而不赞许。结果是上者天帝鬼神不赞许，下者百姓认为不利。

因此墨子说：现在天下的士君子，如果真的想要兴天下之利，除天下之害，那么对于从事音乐这件事，就不可不加以禁止。

28. 非命上

【说明】

非命是墨家极其卓越的观点之一。尤其可贵的是《非命》三篇的开头都提出以“本”“原”“用”三表作为衡量事物存在与否的客观标准，这是对中国古代认识论的重要贡献。在本文中，墨家运用三表法，指斥“命”不见于先王之书，不合于古者圣王之事，人们相信有命，就会“上不听治，下不从事”，造成刑政混乱，财用不足，以致“亡失国家，倾覆社稷”。其批判是深刻的。

【原文】

子墨子言曰：古者王公大人爲政國家者，皆欲國家之富，人民之衆，刑政之治。然而不得富而得貧，不得衆而得寡，不得治而得亂，則是本失其所欲，得其所惡，是故何也？

子墨子言曰：執有命者以雜於民間者衆。執有命者之言曰：“命富則富，命貧則貧；命衆則衆，命寡則寡；命治則治，命亂則亂；命壽則壽，命夭則夭；命雖強勁[①]，何益哉？”以上說王公大人，下以駔百姓之從事[②]，故執有命者不仁。故當執有命者之言[③]，不可不明辯。

然則明辯此之說，將奈何哉？子墨子言曰：必立儀[④]。言而毋儀[⑤]，譬猶運鈞之上[⑥]，而立朝夕者也，是非利害之辯，不可得而明知也。故言必有三表。何謂三表？子墨子言曰：有本之者，有原之者，有用之者。於何本之？上本之於古者聖王之事；於何原之？下原察百姓耳目之實；於何用之？廢以爲刑政[⑦]，觀其中國家百姓人民之利。此所謂言有三表也。

然而今天下之士君子，或以命爲有。蓋嘗尚觀於聖王之事[⑧]？古者桀之所亂，湯受而治之；紂之所亂，武王受而治之。此世未易，民未渝[⑨]，在於桀、紂，則天下亂；在於湯、武，則天下治。豈可謂有命哉！

然而今天下之士君子，或以命爲有。蓋嘗尚觀於先王之書？先王之書，所以出國家[10]，佈施百姓者，憲也[11]；先王之憲亦嘗有曰："福不可請，而禍不可諱[12]，敬無益、暴無傷者乎？"所以聽獄制罪者，刑也；先王之刑亦嘗有曰："福不可請，禍不可諱，敬無益、暴無傷者乎？"所以整設師旅，誓也；先王之誓亦嘗有曰："福不可請，禍不可諱，敬無益、暴無傷者乎？"

是故子墨子言曰：吾當未鹽數天下之良書[13]，不可盡計數，大方論數[14]，而五者是也[15]。今雖毋求執有命者之言[16]，不必得，不亦可錯乎[17]？

今用執有命者之言，是覆天下之義[18]。覆天下之義者，是立命者也，百姓之誶也[19]。說百姓之誶者，是滅天下之人也。然則所爲欲義在上者[20]，何也？曰：義人在上，天下必治，上帝、山川、鬼神，必有幹主[21]，萬民被其大利。何以知之？子墨子曰：古者湯封於亳，絶長繼短，方地百里，與其百姓兼相愛，交相利，移則分[22]，率其百姓以上尊天事鬼。是以天鬼富之，諸侯與之，百姓親之，賢士歸之，未殁其世而王天下，政諸侯[23]。昔者文王封於岐周，絶長繼短，方地百里，與其百姓兼相愛，交相利則[24]。是以近者安其政，遠者歸其德。聞文王者，皆起而趨之；罷不肖[25]，股肱不利者[26]，處而願之[27]，曰："奈何乎使文王之地及我，吾則吾利[28]，豈不亦猶文王之民也哉！"是以天鬼富之，諸侯與之，百姓親之，賢士歸之。未殁其世而王天下，政諸侯。鄉者言曰[29]：義人在上，天下必治，上帝、山川、鬼神，必有幹主，萬民被其大利。吾用此知之。

是故古之聖王，發憲出令，設以爲賞罰以勸賢。是以入則孝慈於親戚，出則弟長於鄉里，坐處有度，出入有節，男女有辨。是故使治官府，則不盗竊；守城，則不崩叛；君有難則死，出亡則送。此上之所賞，而百姓之所譽也。執有命者之言曰：上之所賞，命固且賞，非賢故賞也；上之所罰，命固且罰，不暴故罰也[30]。是故入則不慈孝於親戚，出則不弟長於鄉里，坐處不度，出入無節，男女無辨。是故治官府，則盗竊；守城，則崩叛；君有難則不死，出亡則不送。此上之所罰，百姓之所非毁也。執有命者言曰：上之所罰，命固且罰，不暴故罰也；上之所賞，命固且賞，非賢故賞也。以此爲君則不義，爲臣則不忠，爲父則不慈，爲子則不孝，爲兄則不良，爲弟則不弟。而強執此者，此特凶言之所自生，而暴人之道也！

然則何以知命之爲暴人之道？昔上世之窮民，貪於飲食，惰於從事，是以衣食之財不足，而飢寒凍餒之憂至；不知曰我罷不肖，從事不疾，必曰我命固且貧。昔上世暴王，不忍其耳目之淫，心塗之辟[31]，不順其親戚，遂以亡失國家，傾覆社稷；不知曰我罷不肖，爲政不善，必曰吾命固失之。於《仲虺之告》曰[32]："我聞於夏人矯天命[33]，布命於下。帝伐之惡[34]，襲喪厥師[35]。"此言湯之所以非桀之執有命也。於《太誓》曰[36]："紂夷處[37]，不肯事上帝鬼神，禍厥先神禔不祀[38]，乃曰：'吾民有命[39]。'無廖排漏[40]，天亦縱棄之而弗葆[41]。"此言武王所以非紂執有命也。

今用執有命者之言，則上不聽治，下不從事。上不聽治，則刑政亂；下不從事，則財用不足；上無以供粢盛酒醴祭祀上帝鬼神，下無以降綏天下賢可之士[42]，外無以應待諸侯之賓客，內無以食飢衣寒，將養老弱。故命上不利於天，中不利於鬼，下不利於人。而強執此者，此特凶言之所自生，而暴人之道也！

是故子墨子言曰：今天下之士君子，忠實欲天下之富而惡其貧[43]，欲天下之治而惡其亂，執有命者之言，不可不非。此天下之大害也。

【注释】

①命：刘昶认为，当为"力"之误字。王引之认为："此下当有脱文。"

②駔：同"阻"。

③当：对于。

④仪：标准，准则。

⑤毋：通"无"。

⑥运：转动。钧：制陶器的轮盘。

⑦废：王引之认为，当读作"发"。

⑧盖：同"盍"，何不。

⑨渝：变更。

⑩出：当是"用"之误字。

⑪宪：法律。

⑫讳：避。

⑬当:孙诒让认为是“尚”之误字。盐:毕沅认为是“尽”(繁体)之误字。
⑭大方:大概。
⑮五者:当作“三者”。
⑯虽毋:唯毋,语助词。
⑰错:通“措”,放置。
⑱覆:败坏。
⑲谇(suì):俞樾认为,同“悴”,忧也。
⑳义在上:孙诒让认为,当作“义人在上”。
㉑干主:宗主。
㉒移:毕沅认为,当作“多”。
㉓政:同“正”,匡正。
㉔则:王引之认为是衍文。
㉕罢:通“疲”。
㉖股肱不利者:指手脚不便之残疾人。
㉗处:处在原地。愿:望。
㉘王引之认为第一个“吾”与“利”是衍文。
㉙乡者:向者,从前。
㉚不:王引之认为,同“非”。
㉛心涂:心意。辟:癖好。
㉜《仲虺之告》:《尚书》篇名,已佚,内容是仲虺所宣读的汤之诰命。
㉝矫:假。
㉞伐之恶:《非命中》篇引作“式是恶”,意为于是恶之。
㉟袭:孙诒让认为是“用”的假借。
㊱《太誓》:即《尚书》中的《泰誓》篇,为周武王伐纣的宣言。原文已佚,今传本为后人伪作。
㊲纣夷处:夷,灭族。王焕镳认为,“处”当作“虐”。句意谓纣实行夷灭酷虐之法。
㊳祸厥先神禔:先,指祖先,禔(tì):当作“祇”。神祇,指神灵。
㊴民:孙诒让认为是衍文。
㊵无廖排漏:江永认为,“廖”当作“僇”,同“戮”,努力。吴毓江认为,“排”当作“彼”,“漏”为“务”之借字。句谓不努力其事。
㊶葆:保。
㊷降绥:安定。贤可:贤良可用。
㊸忠实:确实。

【译文】

墨子说：古时候王公大人治理国家，都想使国家富裕，人口众多，政治安定，然而求富不得反而贫困，求人口众多不得反而减少，求安定不得反而混乱，正好是失去了所想要的，得到了所憎恶的，这是什么原因呢？

墨子说：主张有命的人，杂处于民间太多了。主张有命的人说："命里富裕则富裕，命里贫困则贫困，命里人口众多则众多，命里人口少则少，命里安定则安定，命里混乱则混乱，命里长寿则长寿，命里短命则短命，虽然使出强大的力量，有什么益处呢？"用这话对上游说王公大人，对下阻碍百姓的生产。所以主张有命的人是不仁义的。对主张有命的人的话，不能不明加辨析。

然而如何去明加辨析这些话呢？墨子说："必须订立准则。"说话没有准则，好比在制陶轮盘之上，放立测量时间的仪器，是非利害之分就不可能弄明白。言论有三条标准，何谓三条标准？墨子说："有考察本源的，有推究原因的，有用于实践的"。如何考察本原呢？要向上溯源于古时圣王的事迹。如何推究原因呢？要向下考察百姓耳目所见的事实。如何用于实践呢？要把它应用于政治，看看它是否符合国家百姓人民的利益。这就叫言论有三条标准。

然而如今天下的士君子，有人认为有命，何不往上看看圣王的事迹呢？古时候，夏桀乱国，商汤接过政权并治理它；商纣乱国，周武王接过政权并治理它。社会没有改变，人民没有变化，在桀纣统治下则天下混乱，在汤武统治下则天下得到治理，怎能说是有命呢？

然而如今天下的士君子，有人认为有命，何不向上看看先王的书呢？先王的书所用于治理国家，颁布给百姓的，是法律。先王的法律曾说过"福不可请求，祸不可避免；恭敬没有好处，凶暴没有坏处"之类的话吗？所用于断案定罪的是刑罚。先王的刑罚曾说过"福不可请求，祸不可避免，恭敬无益，凶暴无害"之类的话吗？所用于整治军队、指挥官兵的，是誓词。先王的誓词里曾说过"福不可请求，祸不可避免，恭敬无益，凶暴无害"之类的话吗？

墨子说：我尚未数完天下的好书，那是不可能全部统计完的，大概说来，这三种就是了。如今要从书中寻找主张“有命”的人的话，是必然得不到的。是不是可以把有命论放在一边呢？

如今若要采用主张有命的人的言论，就是颠倒天下的道义。颠倒天下道义的人，就是那些主张有命的人，是百姓所伤心的。喜欢百姓伤心者就是毁灭天下的人。人们希望讲道义的人居于上位，是为什么呢？答道：讲道义的人居上位，天下必然安定，上帝、山川、鬼神就有了主祭者，万民都能得到大利。怎么知道呢？墨子说：古时候汤封于亳地，断长接短方圆百里。汤与百姓兼相爱，交相利，多财就分享，率领百姓向上尊奉天帝鬼神。所以天帝鬼神使他富裕，诸侯归附他，百姓亲近他，贤士归顺他，未死之前就已成为天下的君王，为诸侯之长。古时候文王封于岐周，断长接短方圆百里，与他的百姓兼相爱、交相利。所以近处的人安心受他管理，远处的人向往他的德行。听说过文王的人，都赶快投奔他。疲惫无力，四肢不便的人，坐在一起盼望他，说：“怎样才能使文王的领地扩大到我们这里，我们得到好处，岂不也和文王的国民一样了吗？所以天帝鬼神使文王富裕，诸侯归附他，百姓亲近他，贤士归顺他，未死之前就已成为天下的君王，为诸侯之长。前面所说：“讲道义的人在上位，天下必然治理。上帝、山川、鬼神就有了主祭者，万民受其大利。”我因此认识到这点。

古时候的圣王颁布法令，设立赏罚制度，以鼓励贤人。因此贤人在家对双亲孝顺慈爱，在外能尊敬乡里的长辈。举止有节度，出入有规矩，男女有区别。使他们治理官府，则没有盗窃，守城则没有叛乱。君主有难则可以殉职，君主逃亡则护送。这些人都是上司所奖赏，百姓所称誉的。主张有命的人说：“上司所赏，是命里本来就该赏，并不是因为贤良才得赏的；上司所罚，是命里本来就该罚，不是因为凶暴才受罚。”所以在家对双亲不孝顺慈爱，在外对乡里长辈不尊敬。举止没有节度，出入没有规矩，对待男女没有区别。让他们治理官府则盗窃，守城则叛乱。君主有难不殉职，君主逃亡不护送。这些人都是上司所惩罚，百姓所指责的。主张有命的人说：“上司所罚，是命里该罚，不是因为他凶暴才罚；上司所赏，是命里本来该赏，不是因为贤良才得赏的。”照这种观点来做国君则不义，做臣下则不忠，做父亲则不慈爱，做儿子则不孝顺，做兄长则不良，做弟弟则不悌。而顽固主张这种观点，简直是恶言产生的根源，是强暴者的道理。

然而怎么知道“命”是强暴者的道理呢？古时候的穷极无聊之民，对饮食很贪婪，而懒于工作，因此衣食财物不足，饥寒冻饿的忧愁就来了。他们不知道说：“因为我疲惫无能，劳动不勤快。”一定说：“我命里本来就该贫穷。”古时候的暴君，不能克制自己耳目的贪欲，心里的邪僻，不顺从他的双亲，以至于国家灭亡，社稷绝灭。不知道说：“因为我疲惫无能，治理不善。”一定说：“我命里本来要亡国。”《仲虺之告》说：“我听说夏朝的人伪托天命，对下面的人发布天命。上帝于是厌恶他，因而使他丧失军队。”这是说汤反对桀主张有命。《泰誓》说：“纣实行夷灭之法非常酷虐，不肯侍奉上帝鬼神，毁弃他的先祖及神祇而不祭祀。”并说：“我有天命。”不努力其事，天帝也就抛弃他而不保佑。这是说武王反对纣主张有命。

如今若采用主张有命的人的言论，则在上位的人不听狱治国，下面的人不工作。在上位的人不听狱治国则政治混乱，下面的人不工作则财用不足。对上没有酒食祭品来供奉上帝鬼神，对下没有东西安抚天下贤良之士；对外没有东西接待诸侯的宾客；对内不能给饥者以食，给寒者以衣，抚养老弱。所以“命”，上对天帝不利，中对鬼神不利，下对人民不利。而顽固坚持它，则简直是恶言产生的根源，强暴者的道理。

所以墨子说：“如今天下的士君子，内心确实想使天下富裕而不喜欢贫困，想使天下安定而不喜欢混乱，主张有命者的话，就不能不反对。这是天下的大害啊！”

29. 非命中

【说明】

本篇继续阐发和运用三表法以驳斥有命论。再次强调命之为物是从来没有人见过、听过的。并以主要篇幅考之圣王之事和先王之书，证明只有“暴王”和“穷民”才执“有命”论，而圣王都是主张非命的。

【原文】

子墨子言曰：凡出言談、由文學之爲道也[①]，則不可而不先立義法[②]。若言而無義，譬猶立朝夕於員鈞之上也[③]，則雖有巧工，必不能得正焉。然今天下之情僞，未可得而識也。故使言有三法。三法者何也？有木之者，有原之者，有用之者。於其本之也，考之天鬼之志，聖王之事；於其原之也，徵以先王之書；用之奈何？發而爲刑。此言之三法也。

今天下之士君子[④]，或以命爲亡。我所以知命之有與亡者，以衆人耳目之情，知有與亡。有聞之，有見之，謂之有；莫之聞，莫之見，謂之亡。然胡不嘗考之百姓之情[⑤]？自古以及今，生民以來者，亦嘗見命之物，聞命之聲者乎？則未嘗有也。若以百姓爲愚不肖，耳目之情，不足因而爲法；然則胡不嘗考之諸侯之傳言流語乎？自古以及今，生民以來者，亦嘗有聞命之聲，見命之體者乎？則未嘗有也。

然胡不嘗考之聖王之事？古之聖王，舉孝子而勸之事親，尊賢良而勸之爲善，發憲布令以教誨，明賞罰以勸沮。若此，則亂者可使治，而危者可使安矣。若以爲不然，昔者桀之所亂，湯治之；紂之所亂，武王治之。此世不渝而民不改，上變政而民易教，其在湯、武則治，其在桀、紂則亂。安危治亂，在上之發政也，則豈可謂有命哉！夫曰有命云者，亦不然矣。

今夫有命者言曰：我非作之後世也[⑥]，自昔三代有若言以傳流矣，今故先生對之[⑦]，曰：夫有命者，不志昔也三代之聖、善人與[⑧]？意亡昔三代之暴、不肖人也[9]？何以知之？初之列士桀大夫[10]，慎言知行[11]，此上有以規諫其君長，下有以教順其百姓。故上得其君長之賞，下得其百姓之譽。列士桀大夫，聲聞不廢，流傳至今，而天下皆曰其力也，必不能曰我見命焉[12]。是故昔者三代之暴王，不繆其耳目之淫[13]，不慎其心志之辟[14]，外之驅騁田獵畢弋[15]，内沈於酒樂，而不顧其國家百姓之政，繁爲無用，暴逆百姓，使下不親其上，是故國爲虚厲[16]，身在刑僇之中[17]，不肯曰我罷不肖，我爲刑政不善，必曰我命故且亡[18]。雖昔也三代之窮民，亦由此也[19]，内之不能善事其親戚，外不能善事其君長，惡恭儉而好簡易，貪飲食而惰從事，衣食之財不足，使身至有飢寒凍餒之憂，必不能曰我罷不肖，我從事不疾，必曰我命固且窮。雖昔也三代之僞民，亦猶此也，繁飾有命，以教衆愚樸人久矣[20]！

久矣！聖王之患此也，故書之竹帛，琢之金石。於先王之書《仲虺之告》曰："我聞有夏人矯天命，布命於下，帝式是惡，用闕師[21]。"此語夏王桀之執有命也，湯與仲虺共非之。先王之書《太誓》之言然，曰："紂夷之居，而不肯事上帝，棄闕其先神而不祀也，曰：'我民有命。'毋僇其務[22]，天不亦棄縱而不葆[23]。"此言紂之執有命也，武王以《太誓》非之。有於三代不國有之[24]，曰："女毋崇天之有命也。"命三不國亦言命之無也[25]。於召公之執令於然[26]："且[27]！敬哉，無天命！惟予二人[28]，而無造言[29]，不自降天之哉得之[30]。"在於商、夏之《詩》、《書》曰："命者，暴王作之。"

且今天下之士君子，將欲辯是非、利害之故，當天有命者[31]，不可不疾非也。執有命者，此天下之厚害也，是故子墨子非也。

【注释】

①由：孙诒让认为与"为"义近。由文学，指写文章。

②不可而：吴毓江认为犹"不可以"。义法：同《非命上》之"仪法"。

③员钧：同《非命上》之"运钧"。

④据上下文意此处当脱"或以命为有"五字。

⑤情：实际情况。

⑥作之后世：创作于后世。

⑦孙诒让认为，此句当作“今胡先生非之”。吴龙辉认为：“对”通“怼 ”，愤恨。
⑧毕沅认为，志即“识”，知也。
⑨亡昔：疑当作“往昔”。
⑩列士：名士。桀：通“述”。
⑪知：智。
⑫吴毓江认为，此句当作“其命焉”。
⑬缪(miù)：即“纠”之假借字。
⑭辟：癖好。
⑮毕：捕雉兔之网。弋：射鸟之箭，带有绳子。
⑯虚：通“墟”。厉：死而无后之鬼曰厉。
⑰僇：同“戮”。
⑱故：同“固”。
⑲由：通“犹”。
⑳愚朴人：老实人。
㉑阙：通毕沅认为当是“厥”。
㉒毋僇其务：不努力其事。僇：同“戮”。
㉓句中第一个“不”字是衍文。
㉔三代不国：孙诒让认为，当作“三代百国。”
㉕命三不国：孙诒让认为，当作“今三代百国。”
㉖孙诒让认为，此句当作“于召公之非执命亦然”。召(shào)公，周武王之弟，曾与周公共同辅佐成王。
㉗且：疑为“曰”之误字。
㉘予二人：指召公与周公。
㉙造言：制造谣言。
㉚孙诒让认为，此句当作“不自天降，自我得之”。
㉛毕沅认为，“天”当作“夫”。

【译文】

墨子说过：凡是发表谈话，撰写文章的原则，不可以不先树立一个标准。如果言论没有标准，就好像把测时仪器放在转动的陶轮上。即使有聪明的工匠，也不能得到正确的答案。而现在世上的真假，尚未能得到辨识，所以言论要有三条法则。三条法则是什么呢？有考察本源的，有推究原因的，有用于实践的。怎样考察言论的本源呢？要考察天帝、鬼神的意志和圣王的事迹。怎样推究言论原因呢？验证先王的书。怎样把它用于实践呢？推行到刑事政务举措。这就是言论的三条标准。

现在天下的士人君子，有人认为命是有的，有人认为命是没有的。我判断命是有或是没有，是根据众人耳目见闻的实情才知道它有或没有。有人听到，有人见过，才叫“有”。没人听过，没人见过，就叫“没有”。然而为什么不试着考察百姓的实际情况：自古到今，自有人民以来，有曾见过命的形象、听过命的声音的人吗？不曾有过。假如认为百姓愚昧无知，耳目见闻的实情不能当作准则，那么为什么不试着考察诸侯所流传的言论呢？自古到今，自有人民以来，有曾听过命的声音、见过命的形体的人吗？不曾有过。那么为什么不考察圣王之事？古时圣王，选拔孝子，鼓励他侍奉双亲，尊重贤良，鼓励他做善事。颁布法令以教诲人民，严明赏罚以奖善止恶。如果这样做，则混乱可以治理，危险可转为安宁。若认为不是这样，古时候，夏桀乱国，汤治理了；商纣乱国，武王治理了。这个世界不变，人民不变，主上改变了政令，人民就容易教导了。在商汤、周武王时就得到治理，在桀、纣时则混乱。安宁、危险、治理、混乱，原因在主上所发布的政令，怎能说是有命呢？那些宣称有命者是不对的。

如今主张有命的人说：“这并非产生在我们后世，自古时三代就有这种言论流传了，先生为什么痛恨它呢？”答道：“主张有命的人，不知是三代的圣人、善人呢，还是往昔三代的残暴不良之人？”怎么知道呢？古时候有功之士和杰出的大夫，说话谨慎，行动敏捷，对上能规劝进谏君长，对下能教导百姓。所以上能得到君长的奖赏，下能得到百姓的赞誉。有功之士和杰出的大夫声名不废止，流传到今天。天下人都说：是由于他们的努力啊！他们必定不会说：“我有好命。”古时三代的暴君，不改正他们耳目的声色享受，不谨慎他们内心的邪僻；在外则驱车打猎射鸟，在内则耽于饮酒和娱乐，而不顾国家和百姓的政事，大量从事无用的事，对百姓凶暴，使下级不敬重上司。所以国家空虚，人民死亡，自己也受到刑戮的惩罚。他们不肯说：“我疲懒无能，我没做好刑法政事。”必然要说：“我命中本来就要灭亡。”即使是古时三代的贫穷人，都是这样说。对内不能好好地对待双亲，在外不能好好地对待君长。厌恶恭敬勤俭，而喜好简慢轻率，贪于饮食而懒于劳作。衣食财物不足，至使有饥寒冻馁的忧患。他们必定不会说："因为我疲懒无能，不勤快地劳作。"一定说："我命里本来就穷。"三代虚伪的人，也都这样说。粉饰有命之说，以教唆那些愚笨朴实的人很久了。

圣王担忧这种现象，所以把它写在竹帛上，刻在金石上。在先王的书《仲虺之告》中说："我听说夏代的人诈称天命，宣布天命于世，天帝于是厌恶他，消灭他的军队。"这是说夏朝的君王桀主张有命，汤与仲虺共同批驳他。先王的书《太誓》也这样说道："纣实行夷灭之法，非常酷虐，不肯侍奉上帝，抛弃他的先祖神灵而不祭祀，说：'我有命！'不努力其事，天帝也抛弃他而不保佑。"这是说纣主张有命，武王作《太誓》反驳他。在三代百国书上也有这样的话，说："你们不要崇信有天命。"三代百国也都说命是没有的。在召公的《执令》中也是如此说："要虔敬啊！没有天命。只有我们二人不说假话制造谣言，吉祥并不是从天而降的，是我们自己得到的。"在夏商时的诗书中说："命是凶暴的君王制造的。"

如今天下的士君子，想要辨明是非利害的原因，对于主张有命的人，不能不极力批驳。主张有命的人，是天下的大害，所以墨子反对他们。

30. 非命下

【说明】

本篇的前半部分与中篇大致相同，后半部分针对命运决定一切而提出“强力”能够创造一切。所谓“强力”就是努力从事本职工作，充分发挥主观能动性。王公大人“强必治，不强必乱；强必宁，不强必危”，卿大夫“强必贵，不强必贱；强必荣，不强必辱”。农夫妇人“强必富，不强必贫；强必饱，不强必饥”。“强必暖，不强必寒。”这是富于积极进取精神的自强不息论。

【原文】

子墨子言曰：凡出言談，則必可而不先立儀而言[①]。若不先立儀而言，譬比猶運鈞之上，而立朝夕焉也，我以爲雖有朝夕之辯，必將終未可得而從定也。是故言有三法。何謂三法？曰：有考之者，有原之者，有用之者。惡乎考之？考先聖大王之事。惡乎原之？察衆之耳目之請。惡乎用之？發而爲政乎國，察萬民而觀之。此謂三法也。

故昔者三代聖王，禹湯文武，方爲政乎天下之時，曰必務舉孝子，而勸之事親；尊賢良之人，而教之爲善。是故出政施教，賞善罰暴，且以爲若此，則天下之亂也，將屬可得而治也，社稷之危也，將屬可得而定也[②]。若以爲不然，昔桀之所亂，湯治之；紂之所亂，武王治之。當此之時，世不渝而民不易，上變政而民改俗。存乎桀紂，而天下亂；存乎湯武，而天下治。天下之治也，湯武之力也；天下之亂也，桀紂之罪也。若以此觀之，夫安危治亂，存乎上之爲政也，則夫豈可謂有“命”哉？故昔者禹湯文武，方爲政乎天下之時，曰，必使飢者得食，寒者得衣，勞者得息，亂者得治，遂得光譽令問於天下[③]。夫豈可以爲“命”哉？故以爲其力也。今賢良之人，尊賢而好功道術[④]，故上得其王公大人之賞，下得其萬民之譽，遂得光譽令問於天下,亦豈以爲其"命"哉? 又以爲力也。

然今夫有"命"者,不識昔也三代之聖善人與? 意亡昔三代之暴不肖人與? 若以說觀之[5],則必非昔三代聖善人也,必暴不肖人也。然今以"命"爲有者,昔三代暴王桀、紂、幽、厲,貴爲天子,富有天下。於此乎,不而矯其耳目之欲[6],而從其心意之辟[7],外之驅馳田獵畢弋,內湛於酒樂[8],而不顧其國家百姓之政,繁爲無用,暴逆百姓,遂失其宗廟。其言不曰吾罷不肖,吾聽治不強,必曰吾命固將失之。雖昔也三代罷不肖之民,亦猶此也,不能善事親戚君長,甚惡恭儉,而好簡易,貪飲食而惰從事,衣食之財不足,是以身有陷乎飢寒凍餒之憂。其言不曰吾罷不肖,吾從事不強,又曰吾命固將窮。昔三代僞民,亦猶此也。

昔者暴王作之,窮人術之[9],此皆疑衆遲樸[10]。先聖王之患之也,固在前矣,是以書之竹帛,鏤之金石,琢之盤盂,傳遺後世子孫。曰:何書焉存? 禹之《總德》有之曰[11]:"允不著[12],惟天民不而葆[13]。既防凶心[14],天加之咎。不慎厥德,天命焉葆?"《仲虺之告》曰:"我聞有夏人矯天命於下,帝式是增[15],用爽厥師[16]。"彼用無爲有,故謂矯。若有而謂有,夫豈爲矯哉? 昔者桀執有"命"而行,湯爲《仲虺之告》以非之。《太誓》之言也,於去發曰[17]:"惡乎君子[18]! 天有顯德[19],其行甚章[20]。爲鑒不遠,在彼殷王,謂人有命,謂敬不可行,謂祭無益,謂暴無傷。上帝不常,九有以亡[21];上帝不順,祝降其喪[22]。惟我有周,受之大帝[23]。"昔紂執有"命"而行,武王爲《太誓》,去發以非之,曰:子胡不尚考之乎商周虞夏之記,從十簡之篇以尚[24],皆無之,將何若者也?

是故子墨子曰:今天下之君子之爲文學出言談也,非將勤勞其惟舌[25],而利其唇呡[26]也,中實將欲其國家邑里萬民刑政者也。今也王公大人之所以蚤朝晏退,聽獄治政,終朝均分,而不敢怠倦者,何也? 曰:彼以爲強必治,不強必亂;強必甯,不強必危,故不敢怠倦。今也卿大夫之所以竭股肱之力,殫其思慮之知,內治官府,外斂關市山林澤梁之利,以實官府,而不敢怠倦者,何也? 曰:彼以爲強必貴,不強必賤;強必榮,不強必辱,故不敢怠倦。今也農夫之所以蚤出暮入,強乎耕稼樹藝,多聚菽粟,而不敢怠倦者，何也？曰：彼以爲強必富，不強必貧；強必飽，不強必飢，故不敢怠倦。今也婦人之所以夙興夜寐，強乎紡績織紝，多治麻統葛緒[27]，捆布縿，而不敢怠倦者，何也？曰：彼以爲強必富，不強必貧；強必暖，不強必寒，故不敢怠倦。今雖毋在乎王公大人，蕢若信有命而致行之[28]，則必怠乎聽獄治政矣，卿大夫必怠乎治官府矣，農夫必怠乎耕稼樹藝矣，婦人必怠乎紡績織紝矣。王公大人怠乎聽獄治政，卿大夫怠乎治官府，則我以爲天下必亂矣。農夫怠乎耕稼樹藝，婦人急乎紡績織紝[29]，則我以爲天下衣食之財，將必不足矣。若以爲政乎天下，上以事天鬼，天鬼不使[30]；下以持養百姓，百姓不利，必離散，不可得用也，是以入守則不固，出誅則不勝。故雖昔者三代暴王，桀、紂、幽、厲之所以共抎其國家[31]，傾覆其社稷者，此也。

是故子墨子言曰：今天下之士君子，中實將欲求興天下之利，除天下之害，當若有"命"者之言，不可不強非也。曰，"命"者，暴王所作，窮人所術，非仁者之言也。今之爲仁義者，將不可不察而強非者，此也。

【注释】

①此句应为"不可不先立仪而言"。
②属：适。
③令问：同"令闻"，好名声。
④功：孙诒让认为当作"蓄"。
⑤若以说：孙诒让认为，当作"以昔说"。
⑥而：能。
⑦辟：通"癖"，癖好。
⑧湛：同"沉"，沉湎。
⑨术：同"述"，即复述有命的说法。
⑩迟朴：应为"遇朴"。遇：通"愚"，即愚弄。
⑪《总德》：上古逸书的篇名。
⑫允不著：果真对天不恭顺。允：信、真；著：应为"若"，顺。
⑬而：能。葆：同"保"。
⑭防：吴毓江认为，读"放"。
⑮式：通"用"，因而。增：同"憎"，厌恶。

⑯爽：当是“丧”之误。

⑰去发：孙星衍说当是“太子发”之误。周武王名发，原是文王的太子。这里当指《太誓》的上篇，因以“太子发上祭于毕”发端而名之。

⑱恶乎：呜呼。感叹词。

⑲有：同“右”，辅佐。

⑳章：明。

㉑九有：九州，指国家。

㉒祝降其丧：谓天绝纣命，降予丧亡。祝：断。

㉓大帝：应为“大商”，商朝。

㉔十简：同“什简”，指书籍。以尚：之上。

㉕惟舌：王引之说，应为“喉舌”。

㉖唇呡：指嘴巴。呡即吻字，口边。

㉗麻统（liú）：王引之说：即麻丝。

㉘萛若：“萛”同“藉”。藉若：即假若。

㉙急乎：应为“怠乎”。

㉚不使：认为不顺从。使：当作“从”。

㉛共：当是“失”之误；抎，同损。失抎，即丧失。

【译文】

墨子说：凡是发表言论，就不可不先立准则，然后再讲。如果不先立准则就讲，就好比在制陶器的转轮上放置测量时间的仪器一样，我认为虽然分辨出早晚，其结果必然无法靠它来确定时间。因此判定言论有三条准则。什么是三条准则？有考求史实的，有推究原因的，有用于实践的。怎样考求史实呢？就是考求古代圣王的事迹。怎样推究原因呢？就是要审察人们耳目所见的实情。怎样用之于实际呢？就是运用到对国家、百姓的治理之中，看它对万民效果如何。这就是三条准则。

所以从前三代的圣王夏禹、商汤、周文王、周武王，当他们治理天下的时候，就说：务必要推举孝子，以勉励人们敬事双亲，要尊重贤良的人，以教导人们为善。因此施政教化，重在赏善罚恶。只要这样去做，天下的混乱局势，就恰好可以得到治理；国家有危险，就恰好可以安定。如果认为这话不对，试看从前夏桀统治下社会混乱，到商汤就治理好了；商纣王统治下社会混乱，到周武王就治理好了。在那个时候，社会没有改变，人民也没有改变，只是上面改变了政治措施，民风也就随之而改变。在桀、纣的统治下，天下就混乱；在汤武的统治下，天下就太平。天下之所以太平，是由于汤、武的努力；天下之所以混乱，是由于桀、纣的罪过。这样看来，安危和治乱的关键，在于上面的政治措施，怎么能说是有"命"呢？所以，从前的夏禹、商汤、周文王、周武王，当他们施政于天下时，都说：一定要使饥饿的人有饭吃，使受冻的人有衣穿，使劳苦的人得到休息，使混乱的局势得到治理，于是他们能获得广泛的荣誉，传扬美名于天下，怎么可以说这是"命"呢？这确实是因为他们的努力啊！现在的贤人君子，尊重贤才，又努力积累施政的经验，所以在上能得到王公大人的奖赏，在下能得到众百姓的称赞，他们能获得广泛的荣誉，传扬美名于天下，这难道也是因为有"命"吗？这也是因为他们努力啊！

然而，现在坚持有"命"的人，他们的观点不知道是根据从前三代的圣王贤人呢？还是根据从前三代的暴君坏人？如果从他们的说法来看，就一定不是出于从前三代的圣王贤人，而一定是出自暴君坏人。现在，有人认为"命"是有的。从前三代的暴君夏桀、商纣、周幽王、周厉王，贵为天子，富有天下。在这种情况下，他们不能抑制自己耳目的贪欲，而是放纵内心的邪僻，在外驰骋捕猎射鸟，在内则沉湎于饮酒作乐，不顾他们国家百姓的政事，做许多无益的事情，残害百姓，违背民心，于是丧失他们的宗庙。他们不是说，我疲懒无能，我做事不勤勉，而必定说我命里注定要丧失国家。即使从前三代的无能、不良之民，也是这样。他们不能很好地事奉双亲和君长，非常厌恶恭敬谦虚，喜欢傲慢无礼，贪图吃喝，懒于做事，衣食财用不足，于是身受饥寒冻饿的忧患。他们说不是我疲懒无能，我做事不勤勉，必定说：我命里注定要受穷。从前三代不老实的人，也是这样。

从前的暴君造出了命运前定的说法，穷极无聊之人又将它进一步演述，欺骗那些忠厚老实的人。前代圣王担心这一点已经很早了。所以写在竹简和素帛上，刻在金石上，雕镂在盘盂上，留传给后代子孙。有人问：记载在什么书上呢？夏禹的《总德》有这样的话："若真对天不恭顺，那么天和人民都不能保护他。既然放纵险恶之心，天就会给于惩罚。不重视自己德行的修养，天命怎么能保佑呢?”《仲虺之告》说:“我听说夏桀矫称天命于天下，天帝于是憎恶他，因而使他丧失军队。”他把本来不存在的天命谎称为是存在的，所以说是“矫称”。如果“命”确实存在，他说是有，哪能算是“矫称”呢？从前夏桀坚持“有命”来实行统治，商汤作《仲虺之告》来反对他。《太誓》上《太子发》篇曾说:“啊，君子！上天保佑有明德的人，这事非常明显，可作为借鉴，并不遥远，就在殷纣王的时代。他说人有‘命’，认为敬天没有必要，祭祀没有好处，贪暴没有妨害。上帝因此不赞助他，使他的九州之地因而丧失；上帝认为他不顺从，断绝纣的性命，降下丧亡。而我们周朝，则继承了商朝的大命。”从前商纣王坚持“有命”论来实行他的统治，周武王就写了《太誓》的《太子发》篇来反对他。你们何不向上考察商周虞夏的典籍，从这些书籍篇章上溯历史，都没有“命”的说法，为什么会这样呢?

墨子说:如今天下君子写文章发表言论，不是为了使他们的喉舌辛劳，使嘴巴快利，他们心中确实是为了国家、乡里、民众的政务。如今王公大人之所以很早上朝，很晚回家，审理案件，治理政事，自始至终安排工作，而不敢懈怠，是什么原因呢？因为他们知道，办事努力，国家就一定治理得好；如不努力，就一定会混乱；努力办事，国家就一定安定，如不努力，就一定危险。所以不敢懈怠。如今卿大夫之所以竭尽全身力量，绞尽脑汁，对内治理好官府，对外征收关市山林湖泊鱼梁的税利，用来充实仓廪府库，而不敢懈怠，是什么原因呢？因为他们知道，努力做事，地位就能提高，如不努力去做，地位就会低贱；努力的人一定显荣，不努力的人就会声誉扫地，所以不敢懈怠。如今农夫之所以早出晚归，努力耕田种植，多收粮食，而不敢懈怠。是什么原因呢？因为他们知道努力就能富足，不努力就会穷困；努力就能够吃饱，不努力就会挨饿，所以不敢懈怠。如今妇女之所以早起晚睡，努力纺纱织布，多制麻丝葛线，织出成捆的布帛，而不敢懈怠，是什么原因呢？因为他们知道，努力就能富足，不努力就会穷困；努力就能穿得暖，不努力就会受冻，所以不敢懈怠。如今王公大人，倘若相信有“命”而影响到自己的行动，那么，就必然会倦于审理案件治理政事，卿大夫就必然会懒于治理官府，农夫就必然会懒得耕田种植，妇女就必然会懒得纺纱织布了。而如果王公大人荒于审理案件、治理政事，卿大夫懒于治理官府，那么我认为天下一定会混乱了。如果农夫懒得耕田种植，妇女懒得纺纱织布，那么我认天下衣食财用就必然不足了。如果照这种情况去治理天下，向上敬事天帝鬼神，天帝鬼神也认为是不顺从天意的；向下保养百姓，百姓也认为对他们是不利的，就必然会离散出走，不能为主上所用。因而入城守卫就不能巩固，出城攻伐就不能取胜。从前三代的暴君，夏桀、商纣、周幽王、周厉王之所以会丧失他们的国家，倾覆他们的社稷，就是这个道理。

因此墨子说：如今天下的士君子，如果心中确实想兴天下之利，除天下之害，那么对于坚持“有命论”者的说法，就不可不坚决加以批判。因为“命”是暴戾的君王所造出来的，是由穷极无聊之民演述出来的，不是仁人的话。如今要行仁义的人，不可不审察并坚决加以反对，就是这个道理。

31. 非儒下

【说明】

本文对儒家的学说及人格进行多方面的非难和指责。前半段分别批评其久丧不葬，相信有命，提倡古言古服，循而不作，在战场上讲仁义，不主动建言等等。所指多属小人之儒，而非君子之儒。后半段专门批评孔子。两次引用晏子之言，所举口实显然缺乏根据；又举孔子在危难时饥不择食，穷不择主，皆有失公允，近乎捏造罪名，人身攻击。本篇公认为是墨家后学所作。墨子本人则是非儒而不非孔的。

【原文】

儒者曰：親親有術[①]，尊賢有等，言親疏尊卑之異也。其禮曰，喪父母三年，妻、後子三年[②]，伯父叔父弟兄庶子其[③]，戚族人五月。若以親疏爲歲月之數，則親者多而疏者少矣，是妻、後子與父同也；若以尊卑爲歲月數，則是尊其妻子，與父母同，而親伯父宗兄而卑子也[④]，逆孰大焉！其親死，列屍弗斂，登屋窺井[⑤]，挑鼠穴，探滌器，而求其人矣。以爲實在，則贛愚甚矣[⑥]；如其亡也，必求焉，僞亦大矣。取妻身迎，祗褍爲僕[⑦]，秉轡授綏[⑧]，如仰[⑨]嚴親，昏禮威儀，如承祭祀。顛覆上下，悖逆父母，下則妻子[⑩]，妻子上侵，事親若此，可謂孝乎？儒者曰：迎妻，妻之奉祭祀，子將守宗廟，故重之。應之曰：此誣言也。其宗兄，守其先宗廟數十年，死喪之其；兄弟之妻，奉其先之祭祀，弗散[⑪]。則喪妻子三年，必非以守奉祭祀也。夫憂妻子[⑫]，以大負絫[⑬]，有曰[⑭]，所以重親也。爲欲厚所至私，輕所至重，豈非大奸也哉！

有強執有“命”以說議曰：壽夭貧富，安危治亂，固有天命，不可損益；窮達賞罰，幸否有極[⑮]，人之知力，不能爲焉。群吏信之，則怠於分職；庶人信之，則怠於從事。吏不治則亂，農事緩則貧，貧且亂，政之本[⑯]，而儒者以爲道教[17]，是賊天下之人者也。且夫繁飾禮樂以淫人[18]，久喪僞哀以謾親[19]，立命緩貧而高浩居[20]，倍本棄事而安怠傲。貪於飲食，惰於作務，陷於飢寒，危於凍餒，無以違之[21]。是若人氣[22]，鼸鼠藏[23]，而羝羊視[24]，賁彘起[25]。君子笑之，怒曰："散人焉知良儒[26]！"夫夏乞麥禾，五穀既收，大喪是隨，子姓皆從[27]，得厭飲食[28]。畢治數喪，足以至矣。因人之家翠以爲[29]，恃人之野以爲尊。富人有喪，乃大說，喜曰："此衣食之端也。"

儒者曰：君子必服古言[30]，然後仁。應之曰：所謂古之言服者，皆嘗新矣，而古人言之服之，則非君子也？然則必服非君子之服，言非君子之言，而後仁乎？又曰：君子循而不作。應之曰：古者羿作弓[31]，伃作甲[32]，奚仲作車[33]，巧垂作舟[34]，然則今之鮑函車匠[35]，皆君子也？而羿、伃、奚仲、巧垂，皆小人邪？且其所循，人必或作之，然其所循，皆小人道也？又曰：君子勝不逐奔，揜函弗射[36]，施則助之胥車[37]。應之曰：若皆仁人也，則無說而相與[38]。仁人以其取捨是非之理相告，無故從有故也，弗知從有知也，無辭必服，見善必遷，何故相[39]？若兩暴交爭，其勝者，欲不逐奔，揜函弗射，施則助之胥車，雖盡能，猶且不得爲君子也。意暴殘之國也，聖將爲世除害[40]，興師誅罰，勝將因用儒術令士卒曰，毋逐奔，揜函弗射，施則助之胥車。暴亂之人也得活，天下害不除，是爲群殘父母，而深賤世也[41]，不義莫大焉！又曰：君子若鍾，擊之則鳴，弗擊不鳴。應之曰：夫仁人事上竭忠，事親得孝，務善則美[42]，有過則諫，此爲人臣之道也。今擊之則鳴，弗擊不鳴，隱知豫力[43]，恬漠待問而後對[44]，雖有君親之大利，弗問不言。若將有大寇亂，盜賊將作，若機辟將發也[45]，他人不知，已獨知之，雖其君親皆在，不問不言，是夫大亂之賊也。以是爲人臣不忠，爲子不孝，事兄不弟，交遇人不貞良[46]。夫執後不言之[47]，朝物[48]，見利使已[49]，雖恐後言[50]。君若言而未有利焉，則高拱下視[51]，會噎爲深[52]，曰："唯其未之學也。"用誰急[53]，遺行遠矣[54]。

夫一道術學業仁義者[55]，皆大以治人，小以任官，遠施周偏，近以修身，不義不處，非理不行，務興天下之利，曲直周旋，利則止[56]，此君子之道也。以所聞孔某之行，則本與此相反謬也。齊景公問晏子曰[57]："孔子爲人何如?"晏子不對。公又復問,不對。景公曰:"以孔某語寡人者衆矣,俱以賢人也,今寡人問之,而子不對,何也?"晏子對曰:"嬰不肖,不足以知賢人。雖然,嬰聞所謂賢人者,入人之國,必務合其君臣之親,而弭其上下之怨。孔某之荆,知白公之謀[58],而奉之以石乞[59],君身幾滅而白公戮。嬰聞賢人得上不虛,得下不危,言聽於君必利人,教行下必於上[60],是以言明而易知也,行明而易從也,行義可明乎民,謀慮可通乎君臣。今孔某深慮同謀以奉賊[61],勞思盡知以行邪,勸下亂上,教臣殺君,非賢人之行也。入人之國,而與人之賊,非義之類也。知人不忠,趣之爲亂[62],非仁義之也[63]。逃人而後謀,避人而後言,行義不可明於民,謀慮不可通於君臣,嬰不知孔某之有異於白公也,是以不對。"景公曰:"嗚乎!貺寡人者衆矣[64],非夫子,則吾終身不知孔某之與白公同也!"

孔某之齊見景公,景公說,欲封之以尼谿[65],以告晏子。晏子曰:"不可!夫儒浩居而自順者也[66],不可以教下;好樂而淫人,不可使親治;立命而怠事,不可使守職;宗喪循哀[67],不可使慈民;機服勉容[68],不可使導衆。孔某盛容修飾以蠱世,弦歌鼓舞以聚徒,繁登降之禮以示儀,務趨翔之節以觀衆[69]。博學不可使議世,勞思不可以補民。累壽不能盡其學,當年不能行其禮[70],積財不能贍其樂。繁飾邪術,以營世君;盛爲聲樂,以淫遇民[71]。其道不可以期世[72],其學不可以導衆。今君封之,以利齊俗[73],非所以導國先衆。"公曰:"善!"於是厚其禮,留其封,敬見而不問其道。孔某乃恚[74],怒於景公與晏子,乃樹鴟夷子皮於田常之門[75],告南郭惠子以所欲爲[76],歸於魯。有頃,聞齊將伐魯[77],告子貢曰[78]:"賜乎,舉大事,於今之時矣!"乃遣子貢之齊,因南郭惠子以見田常,勸之伐吳;以教高國鮑晏[79],使毋得害田常之亂;勸越伐吳。三年之內,齊、吳破國之難[80],伏屍以言術數[81],孔某之誅也[82]。

孔某爲魯司寇[83],舍公家而奉季孫[84]。季孫相魯君而走,季孫與邑人爭門關[85],決植[86]。孔某窮於蔡陳之間,藜羹不糂[87]。十日,子路爲享豚[88],孔某不問肉之所由來而食;號人衣以酤酒[89],孔某不問酒之所由來而飲。哀公迎孔子,席不端弗坐,割不正弗食。子路進請曰:"何其與陳蔡反也?"

孔某曰:“來!吾語女。曩與女爲苟生[90],今與女爲苟義。”夫飢約[91],則不辭妄取以活身;贏飽,則僞行以自飾,汙邪詐僞,孰大於此!

孔某與其門弟子閒坐,曰:“夫舜見瞽叟[92],就然[93],此時天下圾乎[94]。周公旦非其人也邪[95]?何爲舍亓家室而托寓也[96]?”孔某所行,心術所至也。其徒屬弟子,皆效孔某。子貢、季路,輔孔悝亂乎衛[97];陽貨亂乎齊[98];佛肸以中牟叛[99];桼雕刑殘[100],莫大焉[101]。夫爲弟子後生,其師[102],必修其言,法其行,力不足知弗及而後已。今孔某之行如此,儒士則可以疑矣。

【注释】

①亲亲有术:《中庸》作“亲亲有杀”。王引之认为,“术”与“杀”通,有递减,等差之意。

②后子:长子,嗣子。

③其:同“期”,即服丧一周年。

④亲:王念孙认为当是“视”字之误。宗兄:宗族里的嫡长子。而:同“如”。卑子:同婢子,即奴婢生的庶子。

⑤登屋:指登上屋顶,挥动衣服来招魂。“窥井”以及下面的“挑鼠穴,采涤器”都是招魂的动作。孙诒让说,此皆古丧礼所无,墨者谩骂之辞。

⑥赣:今作“戆”,义同“愚”。

⑦祗褍:即玄端,是一种黑色的礼服。

⑧古代婚礼,男子亲自驾车去接新娘,称为“秉辔”;用一条带子拉着新娘上车,称为“授绥”。

⑨仰:应为“御”,驾车。周才珠认为,“仰”是敬畏侍奉之意。

⑩本书“则”、“即”通用。“即”:就也。

⑪弗散:应为“弗服”,指不为兄弟之妻服丧。

⑫忧:通“优”。

⑬以:同“已”;负絫(léi):错误。

⑭有:同“又”。

⑮否:不幸。极:定数。

⑯政之本:应为“背政之本”。

⑰道:主张。教:进行教导。

⑱淫:惑。

⑲谩:欺骗。

⑳高浩居:同“高傲居”,态度傲慢。

㉑违:避。

㉒人气：孙诒让说应作“乞人”。
㉓鼸(jiān)鼠：田鼠。这里是嘲笑儒者得到吃的就藏起来，像田鼠藏粮食一样。
㉔羝(dī)羊：公羊。
㉕贲彘起：贲彘，野猪。指儒者站起来的样子像野猪一样愚笨可笑。上面几句都是嘲笑儒者的。
㉖散人：平庸无知识者。
㉗子姓：同姓的人。指子孙。
㉘厌：同“餍”，饱食。
㉙因人之家翠以为：应为“因人之家以为翠”。翠：同“脺”，肥。指儒者依靠别人而养肥自己。
㉚必服古言：应为“必古言服”，指儒者的言论和服饰都依古例。
㉛羿：相传是上古帝喾的射官，发明弓箭，射技很高。
㉜伃(zhù)：禹的七世孙，少康的儿子季杼，相传他发明铠甲。
㉝奚仲：夏时的车正，相传他发明了车。
㉞巧垂：也称工倕，是尧时的巧匠，据说他发明了舟船。
㉟鲍函：揉制皮革的工匠。
㊱揜函：应为“掩陷”。陷：陷阱。
㊲施则助之胥车：疑有脱误，孙诒让认为，大意当是：敌方败逃，就帮助他们挽拉重车。《左传》晋楚之战中曾有此类事发生。
㊳相与：吴毓江认为，古称相敌为相与。
㊴何故相：应为“何故相与”。
㊵“圣”字下脱“人”字。
㊶贱世：应为“贼世”，残害世人。
㊷此句，俞樾认为应作“事亲务孝，得善则美”。
㊸豫力：孙诒让说同“舍力”，把自己的力量舍弃而不为世用。
㊹恬漠：恬静淡漠。
㊺机辟：古代机械发射装置，如弓弩之扳机。
㊻交遇人：交友待人。
㊼执后不言之：指遇事持后退不言的态度。
㊽朝物：疑有脱误，意指在朝廷之上。
㊾利使：应为“利便”。
㊿虽：同“唯”。
51高拱下视：儒者敛手不干又不言的样子。
52会噎为深：指儒者不肯说话。会：同“哙”，下咽。深：周才珠注为“闭口不言”。
53谁：应为“虽”。
54遗行运矣：周才珠注为避而远行。

㊺一:统一。

㊻利则止:应为“不利则止”。

㊼齐景公:齐国国君,名杵臼,公元前547年至前490年在位。晏子:名婴,齐国国相,著名政治家。

㊽白公之谋:白公,楚平王孙,名胜,曾与石乞在楚国发动叛乱。事见《左传·哀公十六年》。

㊾奉之以石乞:指孔子让石乞参与白公胜的叛乱。这是墨子攻击孔子的话。当时孔子已死,此言不实。

㊿必于上:应为“必利上”。

(61)同谋:俞樾认为,应作“周谋”,周到谋划。

(62)趣:促,怂恿。

(63)“之”下当脱“人”字。

(64)贶(kuàng):赐。

(65)尼谿:也写作“尔稽”,古地名。

(66)浩居:义同“傲倨”,骄傲不恭的样子;自顺:自以为是。

(67)宗:同“崇”,厚。循哀:悲哀不止。

(68)机:危,高。机服即戴着高冠。勉:同“俛”。勉容:即低着头。

(69)趋:快步走。翔:盘旋。都是行礼时的礼仪动作。观众:使众人观看。

(70)当年:壮年。

(71)淫:惑。遇民:愚民。

(72)期世:俞樾认为同“示世”,明示于世人。

(73)以利齐俗:应为“以移齐俗”。

(74)恚(huì):怨恨。

(75)鸱夷子皮:即越国的范蠡。墨子在这里说,范蠡辅灭吴后,在孔子支持下,变名为鸱夷子皮,去齐国帮助田常弑君篡国,意在攻击孔子。其实吴亡时孔子早已死去。田常:也写作“陈恒”,即田成子,曾弑齐简公,逐步篡夺齐国政权。

(76)南郭惠子:朱彝尊说即卫惠叔兰,孔子的弟子。

(77)间:应为“闻”。

(78)子贡:孔子的弟子,名赐。

(79)高国鲍晏:指齐国的四家贵族高氏、国氏、鲍氏、晏氏。

(80)齐、吴破国之难:据《史记·仲尼弟子列传》记载,齐国田常欲伐鲁,孔子就派子贡到齐国去,说田常伐吴;吴人北上救鲁伐齐,与齐人战于艾陵,大破齐师。越王勾践趁机在背后袭击吴国,攻破吴国。

(81)伏尸以言术数:此句疑有脱误。“言”一本无。“尸”下疑脱“不可”二字。意谓不可胜计。术,通“述”。

(82)苏时学认为:“诛”当为“谋”之误字。

⑧③司寇:古官名,主持审理讼狱。孔子在鲁定公九年(公元前 501 年)为大司寇。此数段文字中之"孔某",疑原文皆为"孔丘",后代为尊敬而避讳,改为"孔某"。

⑧④季孙:鲁国贵族,曾逼走鲁昭公而掌握鲁国大权。

⑧⑤关:门闩。

⑧⑥决:同"抉",即撅,举起。植:作门闩的直木。

⑧⑦藜羹不糂(sǎn):指孔子等人没米下锅。藜:一种野菜。糂:把米放进菜汤里。

⑧⑧子路:孔子的弟子,字仲由。享:同"烹",煮。豚:小猪。

⑧⑨号:毕沅认为,当是"褫"字之误。褫(chǐ),剥夺。

⑨⓪曩:前日。苟生:苟且偷生。

⑨①饥约:饥饿。

⑨②瞽叟:指舜的父亲。

⑨③就然:同"蹴然",即戚然,不安的样子。

⑨④圾乎:同"岌岌乎",危险的样子。以上三句,是墨子说孔子攻击了圣人舜。

⑨⑤周公旦:周武王的弟弟,曾辅佐成王。非其人:应为"其非仁"。

⑨⑥舍亓家室而托寓:传说周公辅佐幼主周成王,成王长大后,周公把权力归还给他,自己放弃三公的职位,住到东方的商奄去。孔子认为周公以天下让,不为兆民考虑的做法是"不圣"。墨子抓住孔子批评周公的话来对他进行攻击。亓:古"其"字。

⑨⑦孔悝:卫国贵族,是卫国执掌大权的人物。《左传》哀公十五年(前 408 年),卫太子蒯聩胁迫孔悝结盟,和孔悝一起驱逐其父卫君辄。

⑨⑧阳货:即阳虎,鲁国季氏家臣,也有人认为他是孔子的弟子。鲁定公八年(前 502 年)他在鲁国发动叛乱,次年逃到齐国,被齐人拘捕,后又在齐国流亡。

⑨⑨佛肸(xī):曾任中牟宰,在中牟发动叛乱,曾经使人召孔子,孔子想去,受到弟子的劝阻。

⑩⓪泰雕:孔子的弟子,名开。泰雕:同"漆雕",复姓。

⑩①莫大焉:"莫"上疑有脱字。大意是"奸邪莫大焉"。

⑩②"其"字前疑有脱字。大意当是效法其师。

【译文】

儒家学派的人说:敬爱亲人应按关系远近而有亲疏的不同,尊重贤才也因人才各异而有等级的差别,说的是亲疏、尊卑的差异。他们的礼仪规定:父母死了,服丧三年;妻子和长子死了,服丧三年;伯父、叔父、弟兄、庶子死了,服丧一年;亲戚和同族的人死了,服丧五个月。如果按照亲疏远近关系来确定服丧年月的多少,越亲近的服丧时间越多,越疏远的服丧时间越少,可是,他们对妻子、长子的服丧时间都与父母亲相同了。如果按照尊卑高下来确定服丧年月的多少,可是,他们对妻子、长子的服丧时间与其父母相同,反而把伯父和宗族兄长看得同庶子一样了,这是多么违背常理啊!他们的双亲死了,将尸体陈放着不入棺,却为了招魂而爬上屋顶,窥看水井,挖掘鼠洞,拿出洗涤的器具,去追寻已死去的人的灵魂。如果以为死者真的在那里,这实在是愚蠢极了;如果明知道死者已不在世了,还硬要找他,这也太虚伪了。儒家之徒娶妻,要亲自迎亲,穿着黑色礼服如同仆人,拉着马缰绳,将上车攀拉的带子递给新娘,像为父母驾车般恭敬。婚礼之隆重,就像祭祀祖先一样。颠倒上下次序,违逆父母,将其地位降低到与妻子、长子一样,把妻子、长子的地位抬高到与父母一样。像这样对待父母,可以称为孝子吗?儒家之徒说:迎娶妻子,将要和妻子共奉祭祀;生下儿子,才有人承守宗庙,因此要重视。我们回答:这是胡说。他们的宗族兄长,守护祖先宗庙几十年,死后只为他服丧一年;他们的嫂嫂和弟媳,也供奉对祖先的祭祀,死后却不为她服丧。可见妻子、长子死后,服丧三年,肯定不是因为他们守宗庙奉祭祀。如此偏爱妻子、长子,已经是大错了,还要说这是尊重父母。为了想厚待自己所偏私的人,而轻视应当敬重的人,这难道不是非常奸邪的行为吗?

儒家之徒又坚持"有命"论,说:长寿与短命,贫穷与富贵,安定与危难,治理与混乱,本来就是由天命所决定,不能改变的;穷厄与得志,受赏或遭罚,吉祥或灾祸,都是既定的,人的智慧和力量是不能改变的。官吏们相信这种论调,就会懈怠他们分内的职守;平民们相信这种论调,就会荒废他们所从事的工作。官吏不理政事,社会就会混乱;农业生产被耽误,国家就会贫困。又穷又乱,违背施政的根本宗旨,然而儒家之徒却以为这是教化之道,这是在毒害天下的人啊。儒家之徒制定繁琐的礼乐制度,使人贪图淫逸。设久丧之礼,伪饰悲哀,欺骗双亲。制造"天命"论,使人安于贫困,而高傲自大,违背施政的根本,荒废社会生产,却苟且偷安,盲目自傲。他们贪图吃喝,懒于劳动,以至于为饥寒而窘,为冻饿所迫,无法摆脱困境。这些人就像乞丐,得到食物就像田鼠似的藏起来,看东西像公羊一样瞪着眼睛，发起怒来像头野猪。君子耻笑他们，他们还要发怒说：无用之辈哪能理解高尚的儒者！夏天向人乞讨麦子，各种庄稼收割完毕以后，就依靠替别人办丧事混饭吃，他们子孙全都跟随前去，以此得到饱食。只要替人办过几次丧事，他们的生活就足够了。他们依靠别人养肥自己，依靠别人田里的收获供自己吃喝。有钱人家有丧事，就非常高兴，说："这是衣食的来源啊。"

儒家之徒说：君子的言论和服饰都必须依照古例，这才合乎仁义。我们回答：所谓古代的言论和服饰，都曾经是新颖的，而古人用了这些言论和服饰，他们难道就不是君子了？那么一定要穿不是君子穿的衣服，说不是君子说的话，才是合乎仁义吗？儒家之徒又说：君子只遵循旧规而不加以创造。我们回答：古时候羿制造弓，伃制造甲，奚仲造车，巧垂造船。若按儒者的观点看，现在的皮匠车匠，都是君子；而羿、伃、奚仲、巧垂岂不都是小人了吗？况且他们所遵循的事物，最初必然是有人创造的。那么后人所遵循的，难道都是小人之道吗？儒家之徒又说：君子打了胜仗不再追赶逃跑的敌人，掩埋陷阱，不再射击；敌人败退就帮助他们拉重车。我们回答：如果都是仁人，就没有为敌的理由。仁人互相将是非道理申明以后，无理的必定会服从有理的，不懂事理的会服从懂事理的，说不出道理必定会折服于对方，看见好事一定会效法，怎么会互相敌对呢？如果是两个恶人在相争，胜利者不追赶逃跑者，掩埋陷阱不去射击，敌人败退就帮他拉车，这些虽然全部做到，还是不能称为君子。对残暴者统治的国家，圣人将为世人除害，派出军队去诛罚。如果胜利的将领采用儒家之道，命令士卒说：不要追赶败逃的人，掩埋陷阱不要射击，敌人败退帮助他拉车。那么暴乱的人就得以活命，天下的祸害就除不掉，这是残害众人的父母，并严重地残害世人，不义之事没有比这更大的了！儒家之徒又说：君子就像钟一样，敲击它就会发出声音，不敲就不出声。我们回答：仁人事奉主上，必定要尽忠，事奉父母，必定要尽孝。看到主上有善行就加以表扬；发现有过失就加以劝谏，这就是做臣子的原则。如今儒家之徒像钟一样，敲它才发出声音，不敲就不出声，把智慧隐藏起来，放弃力量不为世用，恬静冷漠地等待别人来问才回答,即使是对国君和双亲有重大利益的事,不问他就不说。假如有大暴乱即将发生,有盗贼将要闹事,像箭在弦上一触即发,别人不知道,只有他知道,即使国君和双亲都在身边,不问却不说,这简直是作大乱的盗贼了。用这种态度处世,为人臣就是不忠,为人子就是不孝,对待兄长就是不悌,与人交友就是不诚实正直。虽然是拘执后言,不肯先说,但在朝廷上,见到有利于自己的地方,却唯恐后言。国君所说的话如果对他没有利,就两手高高拱起,低头看着下边,像咽喉噎住一样闭嘴不回答,说:"这方面我没有学过。"事情虽然紧急,他却退避而远远走开。

能够统一道术学业行仁义的人,大可以治理人民,小可以担任官职,远可以普遍施恩于百姓,近可以修养自身。凡是不合乎义的地方就不停留,不合理的事就不做,务求兴天下之利,曲直反复、进退周旋之间,如果不利于天下就停止,这是君子的原则。用我们所听到的孔某人的行为,与此相比就大谬不然了。齐景公问晏子说:"孔子为人怎样?"晏子不回答。齐景公又问,晏子还是不回答。齐景公说:"跟我说到孔子的人很多,都认为他是贤人,现在我问到他,你却不回答,是为什么呢?"晏子回答说:"我这个人无能,不能够识别贤人。虽然这样,我听说所谓的贤人,如果进入别人的国家,一定要促进君臣间的亲密关系,而消除上下之间的怨恨。孔某人到楚国去,得知白公胜作乱的阴谋,却让石乞去参加他的叛乱,使得楚国国君差一点遇害,而白公胜遭到杀戮。我听说贤人得到君主的信任,就不会无所建树,得到下层人们的信赖,就不会感到危险,言论得到国君的听信,一定对人民有利;教化施行于百姓,一定对君主有利。所以他们说话明确,容易理解,行为明确,容易效法,行仁义可以使人民明了,出计谋可以通行于君臣。如今孔子老谋深算去帮助贼人,劳神尽智去做坏事,劝下面的人去造上司的反,教臣子去杀君主,都不是贤人的行为。进入别人的国家,却与别国的贼人勾结,不是仁义之辈。明知那个人不忠,却怂恿他去作乱,这不是仁义的行为。离开人而后出计谋,避开人而后说话,行仁义不能公之于民,出计谋不能通行于君臣,我不知道孔子与白公胜有什么不同，所以不回答。”齐景公说：“唉呀！向我进言的人很多，如果没有你，那我就一辈子也不知道孔子和白公胜是一样的！”

孔子到齐国，去见齐景公。齐景公很高兴，想封给他尼谿那块地方，并把这个想法告诉晏子。晏子说：“不行！儒家的人骄傲而又自以为是，不能教化下民；他们爱好音乐，使人贪图安逸，不可以让他们直接管理政治；坚持有命而懒于从事，不能让他们担任专门的职务；主张厚葬而悲哀不止，不能让他们养育人民；戴着高冠，却形容谦卑，不能让他们教导群众。孔子乔装打扮迷惑世人，奏乐唱歌击鼓跳舞招徕门徒，讲究繁琐的升降的礼节来显示礼仪，注重趋走旋转行礼动作来让人们观看。虽然博学，却不能让他们来议论时世；殚精竭虑，却对人民没有补益。人们几辈子都不能穷尽他们的学问，到了年长时也难以奉行他们的礼节，积累多少财富都不够供给他们作乐之用。极力美化其邪门歪道，用来迷惑当世的君主；设置盛大的音乐，使愚笨的人们贪图安逸。他们的理论不能用来给世人看，他们的学说不能用来教导群众。现在你封他，想用来改变齐国的风气，这实在不是治理国家、教导百姓的办法。”齐景公说：“说得好！”于是用厚礼对待孔子，却留下了封地未封，恭敬地接见他，却不请教他的学说。孔子于是怀恨在心，对齐景公和晏子很生气，就把鸱夷子皮介绍到田常门下，把自己的报复计划告诉南郭惠子，而回到鲁国。过了一些时候，听说齐国准备攻打鲁国，就告诉弟子子贡说：“子贡呀，办大事就趁现在这个机会了！”于是派子贡到齐国去，通过南郭惠子见到田常，劝他去攻打吴国；又教高氏、国氏、鲍氏、晏氏不要妨碍田常作乱；又劝越国攻打吴国。在三年之内，齐国、吴国都遭到破国的灾难，死人难以计数，这就是孔子所谋划的报复！

孔子担任鲁国司寇时，不顾公家而去帮助季孙氏。季孙氏为鲁君的国相，因获罪而逃走，和守城的人争夺门闩，孔子却用力把门闩举起来让季孙跑掉。孔子被围困在陈国和蔡国之间，拿藜羹充饥，没有饭吃。过了十天，子路煮熟了一头小猪，孔子不问肉是从哪里来的就吃了；子路剥别人的衣服买来酒，孔子不问酒是从哪里来的就喝了。后来鲁哀公迎孔子回国，座席没放正他就不坐，肉切得不正他就不吃。子路进去问道："您的做法怎么和在陈蔡的时候相反呢？"孔子说："过来，我告诉你！过去在陈蔡的时候，我和你急于求生，现在我和你急于行义。"饥饿之时，就不顾妄拿酒食以保存性命；饱食之后，就装模作样粉饰自己，奸邪虚伪，还有比这更大的吗？

孔子和他的弟子闲坐，说："舜看见瞽叟时，总是蹙然不安，当时天下真危险呵！周公旦还称不上是仁义吧，他为什么要抛弃家室，而寄寓到别处去呢？"孔子的所作所为，都是他心术不正决定的。他的门人弟子，都效法孔子。子贡和子路，帮助孔悝在卫国作乱，阳货在齐国作乱，佛肸占据中牟发动叛乱，漆雕氏受刑成了残废，罪过没有比他们更大的了。作为门人弟子，以他们的老师作为榜样，必定学习他的思想，效法他的行为，直到力量不够、智力不足时才会停止。现在孔子的行为是这样，那么一般的儒家之徒就很可怀疑了。

32. 经上、经说上

【说明】

《庄子·天下》篇说："相里勤之弟子，五侯之徒，南方之墨者苦获、已齿、邓陵子之属，俱诵《墨经》。"《墨子·经》和《经说》篇各分上下，合共4篇，一般称此4篇为狭义《墨经》，此4篇与《墨子·大取》、《小取》合计6篇，称为广义《墨经》。《墨经》又称《墨辩》、《辩经》。晋鲁胜说："《墨辩》有上、下《经》，《经》各有《说》，凡四篇。"又说："作《辩经》以立名本。"清汪中《述学·墨子序》说："《经上》至《小取》六篇，当时谓之《墨经》。"清孙诒让《墨子间诂·墨子后语上》说："案《墨经》即《墨辩》，今书《经》、《说》四篇及《大取》、《小取》二篇，盖即相里氏、邓陵子之伦所传诵而论说者也。"《墨经》用简练的《经》体，以极浓缩、精练的文字，述说古代科学和逻辑学的内容，学术价值极高，是墨家学者贡献给人类的宝贵知识遗产，是中国传统文化的精品。《墨经》在秦汉至清代的两千多年中被埋没，无人研究、通晓，未被学者系统引用、解释、说明和发挥。晋代鲁胜为《墨经》作注，称为《墨辩注》，可惜没有得到流传，只有其《墨辩注序》300余字，因为被《晋书·隐逸传》引用，而得以传播。清代毕沅、孙诒让等为《墨子》作注，《墨经》的崇高学术价值逐渐为世人所瞩目。自清代张惠言到近人高亨等整理、校注《墨经》，卓有成效。沈有鼎等解释《墨经》逻辑学，方孝博等解释《墨经》自然科学，各有成绩。经清代和近代学者对《墨经》文字的整理、校注及对其义理的研究、阐发，《墨经》的文字已大体可读，其所包含的逻辑学和科学内容也大致可以理解。《墨经》体例特殊，语法结构过简，文字浓缩凝炼，在长期传抄过程中多有讹错窜乱，至今没有一个公认的标准、模范读本，其精言妙道学界仍多有不解和误解。本书在前人注释、研究成果的基础上，凝聚个人研究心得，试用现代汉语译注《墨经》文字，作为解读这一千古奇书的一种努力。《墨子·经》和《经说》各分为上下篇，《经说》

上下分别解释《经》上下。为方便阅读，本书把《经说》上下与其相应解释的《经》上下依条相配，一并译注。此即鲁胜所谓“引《说》就《经》，各附其章”之法。为便称引，本书对《经》文各条标注统一的顺序号。这也是高亨早已用过的方法。只是在文字校勘、注释、翻译与条目的分合上，本书与高亨等人存有差异，这自然也反映了近代《墨经》研究上的进步。《经上》合计 100 个条目，分别用极精练的文字，规定古代逻辑学和科学的概念，列举简单的古代科学命题，《经说上》简略解释《经上》。本书依条目的先后顺序，先列《经》文，次列《说》文，合并注释，分别翻译，仍各标以《经》和《经说》的字样，以保持原作的篇目结构。《墨经》原文文字，主要参据孙诒让《墨子间诂》(诸子集或本)、高亨《墨经校诠》(1958 年科学出版社)、沈有鼎《墨经的逻辑学》(1980 年中国社会科学出版社)等。

【原文】

〔經 1〕故①，所得而後成也。

〔經說〕故②。小故③：有之不必然，無之必不然。體也④，若尺有端⑤。大故⑥：有之必然，無之必不然⑦。若見之成見也。

【注释】

①故：原因，引申为推论的理由、根据。

②《经说》各条开头一般有一字或数字，作为标题字，用来提示本条《经说》是解释哪一条《经》文的，一般可不与《经说》的下文连读(下同)，标题字一般不作译文。

③小故：形成某一结果的原因的部分要素，相当于必要条件。

④体：部分，意为小故(必要条件)，是形成某一结果的原因的部分要素。

⑤若：此处为“例如”之义。尺字旧脱，据伍非百校增。尺：相当于几何学上的线。端：相当于几何学上的点。意为端(点)是形成尺(线)的小故(必要条件)。

⑥大故：形成某一结果的原因，相当于充分必要条件。

⑦“有之必然，无之必不然”原作“有之必无然”，据孙诒让校改。

【译文】

〔经 1〕“故”(原因)是得到它而能形成某一结果的东西。

〔经说〕“小故”(原因中的部分要素,即必要条件):有它不一定有某一结果,没有它一定没有某一结果。“小故”是形成某一结果的部分原因,例如端(点)是形成尺(线)的小故(必要条件)。“大故”(形成某一结果的原因,相当于充分必要条件):有它一定有某一结果,没有它一定没有某一结果。例如看见东西的原因(条件)具备了,则看见就变为事实。

【原文】

〔經 2〕體,分於兼也[①]。

〔經說〕體。若二之一[②]、尺之端也。

【注释】

①兼:整体,与“体”(部分)相对。

②若:此处为“例如”之义。

【译文】

〔经 2〕“体”(部分)是从“兼”(整体)中分出来的。

〔经说〕例如一个集合“2”中的元素“1”,尺(一个线段)中的端(点),就是“兼”中之“体”(整体中的部分)。

【原文】

〔經 3〕知[①],材也[②]。

〔經說〕知材。知也者所以知也[③],而不必知[④],若明[⑤]。

【注释】

①知:《墨经》中的“知”字是多义词,此处“知”指人求得知识即认识的能力。

②材:材料,指人的认识器官,人有求得知识即认识的生理条件,引申为才能、本能,人有求得知识即认识的才能、本能。

③“知也者”的“知”是指“知,材也”的“知”,即人的认识能力。“所以知也”的“知”是指知识即认识。

④“不”字旧脱，据胡适校增。此处“知”是指知识即认识。
⑤若：譬如、犹如。明：明亮，指人的眼睛明亮、有健全视力。

【译文】

〔经 3〕认识能力是人所具有的才能、本能。

〔经说〕认识能力是人凭借它来认识事物的，但仅有认识能力还不一定能求得知识，譬如人仅有明亮的眼睛、视力健全，还不一定能看见东西。

【原文】

〔經 4〕慮，求也。

〔經說〕慮。慮也者以其知有求也[①]，而不必得之，若睨[②]。

【注释】

①知：此处“知”是指人的认识能力。
②睨：斜视。

【译文】

〔经 4〕思虑是求得知识的活动和状态。

〔经说〕思虑是人用认识能力来探求，而不一定能得到知识，譬如人用眼睛斜视，不一定能看见东西。

【原文】

〔經 5〕知[①]，接也。

〔經說〕知。知也者以其知過物，而能貌之[②]，若見。

【注释】

①知：此处“知”特指感性认识。
②“知也者”中的“知”特指感性认识。“以其知”中的“知”指人的认识能力。

【译文】

〔经 5〕感性知识是接触外界事物而产生的。

〔经说〕感性知识是用人的认识能力，跟事物相过从（相交往），而能描摹出其相貌，譬如人以健全的视觉器官与事物接触，而能看见事物。

【原文】

〔經 6〕恕[①]，明也。

〔經說〕知。知也者以其知論物[②]，而其知之也著[③]，若明。

【注释】

①恕：《墨经》独创“知”下加“心”的会意字，表示这种知识是通过心智思考而得到的理性认识。

②“知也者”的“知”指理性认识。“以其知”的“知”指人的认识能力。论：分析、整理，论证。

③著：显著，明白透彻。

【译文】

〔经 6〕理性知识是明白清楚的认识。

〔经说〕理性知识是用人的认识能力，分析整理事物，而能得到显著透彻的知识，譬如人用心观察，而能看明白事物。

【原文】

〔經 7〕仁，愛也[①]。

〔經說〕仁。愛民者非爲用民也[②]，不若愛馬。

【注释】

①《经说下》有“仁，爱也”的定义，此处“爱”字上原有“体”字，疑衍。张其煌、高亨释“体”为部分，与《经说下》“仁，爱也”的定义不合。王赞源释“体”为“设身处地”，译“体爱”为“设身处地去爱人”。

②二“民”字原作“己”,据孙诒让、高亨校改。

【译文】

〔经 7〕仁就是爱。

〔经说〕爱人民不是出于用人民的目的,不像爱马是出于用马的目的。

【原文】

〔經 8〕義,利也。

〔經說〕義。志以天下爲分[①],而能能利之[②],不必用。

【注释】

①分:职分。据王闿运、高亨说。

②能能:前一“能”字指才能。据张之锐、高亨说。后一“能”字指能做此事。据高亨说。

【译文】

〔经 8〕道义就是给人以利益。

〔经说〕心志以利天下为职分,而才能又能做到利天下,但不一定能为世所用。

【原文】

〔經 9〕禮,敬也。

〔經說〕禮。“貴者公[①],賤者臺[②],而俱有敬慢焉”:等異論也。

【注释】

①公:战国时次于王而高于大夫的高贵等级。《左传·昭公七年》:“王臣公,公臣大夫。”

②台:战国时最低贱的一个等级,《左传·昭公七年》:“仆臣台。”“台”字原作“名”,据高亨校改。

【译文】

〔经 9〕礼是表示尊敬的。

〔经说〕“高贵的是公的等级，低贱的是台的等级，而都有敬慢之分”：这是从等级差别出发的关于礼的论点。

【原文】

〔經 10〕行，爲也[①]。

〔經說〕行。所爲不善名[②]，行也。所爲善名，巧也，若爲盜。

【注释】

①《经说上》：“志行，为也。”有意识的自觉行动叫“为”。这里又用“为”来定义“行”，说明这里的“行”是指有意识的自觉的正义之行。《荀子·正名》：“正义而为谓之行。”

②善：善于，擅长。一说通“缮”，意为修治、缘饰。《墨子·修身》：“名誉不可虚假。”“名不可简而成也，誉不可巧而立也。君子以身戴行者也。”

【译文】

〔经 10〕有意识的正义之行叫做“为”。

〔经说〕所作所为不善于求名的叫做“行”。所作所为善于求名的叫做“巧”，这就像做盗贼巧取虚名一样。

【原文】

〔經 11〕實，榮也[①]。

〔經說〕實。其志氣之見也[②]，使人知矣[③]，若金聲玉服[④]。

【注释】

①荣：草类开花，引申为事物的实质所表现出来的现象。

②志气：本指人的意志、气质、精神，借用来表示事物的内在实质。见：读为“现”，现象，表现。

③“知”原作“如”，据张之锐、张其锽、高亨校改。“矣”原作“已”，假借。

④"若"前原衍"不"字,据高亨校改。

【译文】

〔经 11〕实质是透过现象表现出来的。

〔经说〕事物的内在实质表现为外在的现象,能够使人认知,这就像金属的声音、玉石的文采,可以帮助人们认识它们的实质一样。

【原文】

〔經 12〕忠,以爲利而強君也[1]。

〔經說〕忠。不利,弱孩足將入井之容[2]。

【注释】

①"君"原误为"低",据孙诒让、高亨校改。

②"孩"原误分为"子亥",据曹耀湘、张之锐、高亨说。"井"字旧脱,"之"原误为"止",据高亨校改。参见《墨子·公孟》篇:"若大人行淫暴于国家,进而谏。""若大人为政,将因于国家之难,譬若机之将发也然,君子之必以谏。"《非儒》篇:"仁人事上竭忠","有过则谏,此为人臣之道也","若将有大寇乱,盗贼将作,若机辟将发也"。

【译文】

〔经 12〕对国君忠诚的表现:认为对国家有利的事情,就应该强力地劝说国君去做。

〔经说〕遇到对国家不利的事情,其危险的程度犹如幼儿足将入井的状态,这时就要强力地劝说国君避免。

【原文】

〔經 13〕孝,利親也。

〔經說〕孝。以利親爲分[1],而能能利親,不必得。

【注释】

①"利"字旧脱,据上下文义增。分:职分。据王闿运、高亨说。

【译文】

〔经 13〕孝是做对父母有利的事情。

〔经说〕以做对父母有利的事情为自己的职分,而才能又能做到对父母有利的事情,但不一定能得到父母的喜欢。

【原文】

〔經 14〕信,言合於意也。

〔經説〕信。不以其言之當也[①]。使人視城得金。

【注释】

①当:恰当、真实、正确,即言论、思想符合实际。沈有鼎释本条说:言合于意,意合于实,言就既"信"且当。言合于意,意不合于实,言就"信"而不当。所以说"信,不以其言之当也"。意合于实,言不合于意,说谎的结果言也不合于实,言就既不"信"又不当。意不合于实,言又不合于意,一般说来在这情形下言也是既不"信"又不当。但有时言虽不合于意,凑巧与事实符合。例如甲骗乙说:"城门内藏有金。"乙去一看,果然有金。实际上甲并不知道,只是信口胡说。这就是言虽当而不"信"。

【译文】

〔经 14〕信是指言论与思想符合。

〔经说〕信(即言论与思想符合)不以其言论的恰当(即符合实际)为必要条件。有时言论虽与思想不符合(即不信),但却碰巧与事实符合(即当),如某人故意骗别人说:"城门内藏有金。"别人去一看,果然得金,这是言论不信,但却碰巧恰当的例子。

【原文】

〔經 15〕佴[①],自作也[②]。

〔經說〕佴。與人遇，人衆，𢓭[3]。

【注释】

①佴：次。《说文》："佴，佽也。"高亨释为"退缩无勇气"，"居从不居主，居后不居先"。指安于次要、从属、落后地位的心理状态。

②怍：惭愧。《说文》："怍，惭也。"

③𢓭：𢓭退、退缩之心。据谭戒甫、高亨校改。

【译文】

〔经 15〕退缩是由于自己有惭愧之心的缘故。

〔经说〕与人相遇，对方人多势众，容易产生𢓭退之心。

【原文】

〔經 16〕狷[1]，怍兼也[2]。

〔經說〕狷。爲是之害彼也[3]，弗爲也。

【注释】

①狷：洁身自好。据孙诒让校改。

②怍兼：有愧于兼爱，据高亨校释。

③"为是"旧重，据孙诒让校删。"害"旧误为"台"，据高亨校改。

【译文】

〔经 16〕洁身自好有愧于兼爱。

〔经说〕（洁身自好者）对为此而害彼、为己而害人的事，也不愿意做。

【原文】

〔經 17〕廉，怍非也[1]。

〔經說〕廉。己雖爲之[2]，知其耻也[3]。

【注释】

①“怍”原误为“作”，据高亨校改。
②“虽”原作“惟”，古通。
③据高亨校。

【译文】

〔经 17〕廉耻是对自己做错的事有所惭愧。

〔经说〕有廉耻者自己虽然也做错事，但知道做错事的耻辱。

【原文】

〔經 18〕令[①]，不爲所怍也[②]。

〔經說〕令。所非，身弗行。

【注释】

①令：善、美、好。《尔雅・释诂》：“令，善也。”
②怍：惭愧。原误为“作”，据高亨校改。

【译文】

〔经 18〕善的品德是不做自己内心惭愧的事情。

〔经说〕内心认为是错误的事情，自身就不要去做。

【原文】

〔經 19〕任[①]，士損己而益所爲也[②]。

〔經說〕任。爲身之所惡，以成人之所急。

【注释】

①任：保护。《说文》：“任，保也。”引申为以保护弱者为己任的侠客行为。
②《孟子・尽心上》：“墨子兼爱，摩顶放踵利天下为之。”《淮南子・泰族训》：“墨子服

役者百八十人，皆可使赴火蹈刃，死不旋踵。”墨子及其门徒有这种任侠精神。

【译文】

〔经 19〕任侠的精神，是士人肯于牺牲自己的利益，而使为自己所保护的人得到利益。

〔经说〕有任侠精神者，能经受自身本来所不愿意经受的痛苦，以便成功救助别人的急难。

【原文】

〔經 20〕勇，志之所以敢也①。

〔經說〕勇。以其敢於是也命之②，不以其不敢於彼也害之。

【注释】

①志：意志、思想。

②是：此，与彼相对。

【译文】

〔经 20〕英勇精神，是意志之所以敢于做某件事情的原因。

〔经说〕由于某人敢于做某件事情，就可以说他有英勇精神，并不因为他不敢于做另一件事情，而妨害说他有英勇精神。

【原文】

〔經 21〕力，形之所以奮也①。

〔經說〕力。重之謂。下舉重②，奮也③。

【注释】

①形：形体、物体。原作“刑”，古通。

②“举”原作“与”，古通。

③奋：动，运动。《广雅·释诂》：“奋，动也。”方孝博释“奋”为“运动的变化”。

【译文】

〔经 21〕力是物体运动变化的原因。

〔经说〕重量也可以叫做力。自下而上举起重物，是力引起物体运动变化之一例。

【原文】

〔經 22〕生[①]，形與知處也[②]。

〔經說〕生。盈之生[③]，常不可必也[④]。

【注释】

①生：生命现象。

②形：形体，特指人的身体。知：泛指人的认知能力、精神。

③盈：兼有。《经上》："盈，莫不有也。"

④常：经常。"常"原作"商"，古通。《广雅·释诂》："商，常也。"

【译文】

〔经 22〕生命现象，是形体与精神的共处。

〔经说〕形体与精神二者兼有，就有生命现象。但形体与精神不是经常必然兼有。

【原文】

〔經 23〕臥[①]，知無知也[②]。

【注释】

①卧：睡眠现象。

②第一个"知"指人的认知能力、精神现象，第二个"知"指认识活动。本条有标题字，无《说》文。

【译文】

〔经 23〕睡眠现象，是人的认识能力处于不从事认识活动的状态。

【原文】

〔經 24〕夢,臥而以爲然也[①]。

【注释】

①本条有标题字,无《说》文。

【译文】

〔经 24〕做梦现象,是人在睡眠中以为发生了某件事情,而实际并未发生某件事情。

【原文】

〔經 25〕平[①],知無欲惡也[②]。

〔經說〕平。惔然[③]。

【注释】

①平:平静恬淡的心理状态。

②知:认知能力、精神。

③惔:或为憺、倓。《说文》:"憺,安也。""倓,安也。"《玉篇》:"倓,静也;恬也。"

【译文】

〔经 25〕平静是人的认识能力、精神,没有发生好恶感情的心理状态。

〔经说〕平静是安然恬淡的状态。

【原文】

〔經 26〕利,所得而喜也。

〔經說〕利。得是而喜,則是利也。其害也,非是也。

【译文】

〔经 26〕利益是得到后感到喜悦的东西。

〔经说〕得到这个而感到喜悦，则这个就是利益。如果是祸害，就不是这样。

【原文】

〔經 27〕害，所得而惡也。

〔經說〕害。得是而惡，則是害也。其利也，非是也。

【译文】

〔经 27〕祸害是得到后感到厌恶的东西。

〔经说〕得到这个而感到厌恶，则这个就是祸害。如果是利益，就不是这样。

【原文】

〔經 28〕治，求得也。

〔經說〕治。吾事治矣，人有向背①。

【注释】

①"有"字后原涉上文衍"治"字，今删。"向背"原作"南北"，据高亨校改。

【译文】

〔经 28〕政治的治理，是以行动来求得的。

〔经 28〕我们从事治理，应注意人心的向背。

【原文】

〔經 29〕譽①，明美也。

〔經說〕譽。必其行也②，其言之忻，使人督之。

【注释】

①誉:赞誉,表扬。

②“必”字上原衍“之”字,据高亨校删。

【译文】

〔经 29〕赞誉(表扬)是宣明人的美好言行。

〔经说〕赞誉一定是针对人们行为的美好之处,这样赞誉的言论就会使其感到欣喜,从而使其得到督促。

【原文】

〔經 30〕誹[1],明惡也。

〔經說〕誹。必其行也,其言之怍[2]。

【注释】

①诽:批评。

②“怍”原误为“忻”,据高亨校改。

【译文】

〔经 30〕批评是宣明人的丑恶言行。

〔经说〕批评一定是针对人们行为的丑恶之处,这样批评的言论就会使其感到惭愧。

【原文】

〔經 31〕舉[1],擬實也[2]。

〔經說〕舉。告以之名舉彼實也[3]。

【注释】

①举:标举、列举、称举,约略相当于抽象、概括之意。《小取》:“以名举实。”《经说下》:“举友‘富商’也,是以名示人也。”《经上》:“谓:命、举、加。”《经说上》:“‘狗,犬。’举

也。”又此处谓：“举，拟实也。”

②拟：摹拟、描摹、反映，用语言列举、概括反映事物的性质、状貌。实：实物、实体、实质。

③“之名”原作“文名”，孙诒让云：“此篇‘之’字多误为‘文’，此‘文名’亦当作‘之名’，‘之名’犹言‘是名’，与‘彼实’文相对。”兹据改。《墨子》无“文名”这一基本概念，“文名”当为“之名”之误。“也”字下原有“故”字，孙诒让以之属下读。曹耀湘改“也故”为“故也”，从之者以“故”与“实”相配，造成“实故”一词，谓指事物的所以然之故，即本质、规律或特性、本质属性等，似牵强。

【译文】

〔经 31〕我们说“以名举实”的“举”（标举、列举），是指摹拟事物的实质。

〔经说〕告诉你这个“名”（语词、概念），是为了标举（反映）那个“实”（实物、实体、实质）。

【原文】

〔經 32〕言，出舉也。

〔經說〕言①。故言也者，諸口能之，出名者也②。名若畫虎也③。言，謂也④。言由名致也⑤。

【注释】

①标题字旧脱，据梁启超校增。

②③二“名”字旧均误为“民”，据孙诒让校改。

④“谓也”二字旧倒，据高亨校改。《吕氏春秋·精谕》篇：“言者，谓之属也。”又《离谓》篇：“辞者，意之表也。”《小取》：“以辞抒意。”“言”、“辞”指语句，“谓”、“意”指判断。

⑤“由名”原作“犹石”，孙诒让云“犹与由通”，“石疑名之误”，兹据改。

【译文】

〔经 32〕言辞语句是把语词概念所标举、摹拟、反映的事物性质表达出来。

〔经说〕所以说出言辞语句是人类口部的功能，是为了把语词概念表达出来。语词概念与事物的关系，犹如画虎以表现真虎一样。言辞语句是用来称谓陈述事物的。言辞语句是由语词概念联结构成的。

【原文】

〔經 33〕且①，言然也②。

〔經說〕且。自前曰且③，自後曰已④，方然亦且⑤。

【注释】

①且：《墨经》中的重要时间模态词，意为“将”、“将要”，相当于模态逻辑中的或然命题(可能命题)。如《小取》的“且入井”(将要入井)、“且出门”(将要出门)、“且夭”(将要夭折)。《吕氏春秋·音律》“阳气且泄”高诱注：“且，将也。”

②然：《墨经》中的重要逻辑变项，指代任一现象、事实或事物的存在状态，如《经上》“有之必然”、《小取》“其然也，有所以然也”中的“然”。

③前：指某事物及其存在状态尚未发生之前。

④后：指某事物及其存在状态已发生之后。已：指已经。如《经说下》谓：“已然，则尝然。”“已然”是已经如此，“尝然”是曾经如此，如说：“为衣已成。”(做衣服已经完成)又如说：“吾尝治病，病已无。”(我曾经治病，病已经没有了)这在时态上是指过去时，相当于模态逻辑中的实然判断。

⑤方：刚刚、正在，在时态上表现在时，相当于模态逻辑中的实然判断。如说“日方中方睨”和说“日且中且睨”是一样的，都是指“太阳正在中午又正在偏离中午”。在本条中将来时、过去时和现在时三种时态都谈到了。原本句后还有“若石者也”4 字，据俞樾说校删。

【译文】

〔经 33〕“且”是言说事物某种存在状态的模态词。

〔经说〕在事物的某种存在状态发生之前来表达它用“且”(将要)，在事物的某种存在状态发生之后来表达它用“已”(已经、曾经)，在事物的某种存在状态正在发生之时来表达它也可以用“且”。

【原文】

〔經 34〕君，臣民通約也①。

〔經說〕君。以若民者也②。

【注释】

①“民”原作“萌”，古通。梁启超引《墨子》“选择天下贤良”“立以为天子”、“国君”等语，释本条为“言国家之起源，由于人民相约置君”，“与西方近世民约说颇相类”。张纯一：“此墨家之‘民约论’也。”

②若：顺，见《尔雅·释言》。“民”旧讹作“名”，据鲁大东校改。鲁释“以若民”为“当以民意为归顺”。

【译文】

〔经 34〕君是臣民共同约定的结果。

〔经说〕君应当以民意为归顺。

【原文】

〔經 35〕功，利民也。

〔經說〕功。不待時，若衣裘。

【译文】

〔经 35〕政治的功效，以符合人民的利益为标准。

〔经说〕做对人民有利的事，不能待到不得已时才有所作为，这就像穿衣服裘，应该预先准备，不能待到不得已时才来制作。

【原文】

〔經 36〕賞，上報下之功也。

【译文】

〔经 36〕奖赏是上级对下级功劳的报答。

【原文】

〔經 37〕罪，犯禁也。

〔經說〕罪。不在禁，雖害無罪[①]，若詒[②]。

【注释】

①"虽"旧作"惟"，古通。

②"若诒"旧误为"殆姑"，据高亨校改。诒：欺，见《广雅・释诂》。本句后原有"上报下之功也"6 字，涉上条《经》文而衍。

【译文】

〔经 37〕有罪是违犯国家法律的禁令。

〔经说〕某人的行为如果不包含在国家法律的禁令之内，则其行为虽然有害，也不算有罪，例如欺骗虽有害于人，但若不在国家法律的禁令之内，则不算有罪。

【原文】

〔經 38〕罰，上報下之罪也[①]。

【注释】

①本条原有《经说》，与《经》文全同，疑系衍文，兹删。

【译文】

〔经 38〕惩罚是上级对下级罪过的处置。

【原文】

〔經 39〕同，異而俱於之一也[①]。

〔經說〕同[②]。二人而俱見是楹也，若事君。

【注释】

①俱：皆、都，《墨经》中常用的一个全称量词，义同于“尽”。之：此，这。
②标题字“同”原作“侗”，据孙诒让说校改。

【译文】

〔经39〕同，是相异的事物都具有这同一属性（方面）。

〔经说〕例如两人都同时见到这一根柱子，又如不同的人共同事奉同一个君主。

【原文】

〔經40〕久[①]，彌異時也[②]。

〔經說〕久。古、今、旦、暮。

【注释】

①久：相当于哲学上的时间概念，又叫“宙”，《淮南子·齐俗训》：“往古来今谓之宙。”
②弥：遍及，包括，概括。

【译文】

〔经40〕“久”（时间概念）是一切不同的具体时间形式的概括。

〔经说〕例如古代、今天、早晨、晚上。

【原文】

〔經41〕宇[①]，彌異所也。

〔經說〕宇。東、西、南、北[②]。

【注释】

①宇：相当于哲学上的空间概念。《淮南子·齐俗训》：“四方上下谓之宇。”
②“南”上原衍“家”字，据顾广圻校删。

【译文】

〔经 41〕"宇"(空间概念)是一切不同处所的概括。

〔经说〕例如东方、西方、南方、北方。

【原文】

〔經 42〕窮[①],或有前不容尺也[②]。

〔經說〕窮。或不容尺有窮,莫不容尺無窮也。

【注释】

①穷:极、尽,《墨经》的几何学和物理学概念。

②"或"在《墨经》中是一个特称量词。《小取》:"或也者,不尽也。"这里"或"指有的空间。梁启超说"或"即"域"之本字,谓区域,可备一说。尺:尺子,或一尺的长度。梁启超说"尺即线",但几何学上的线只有长度而没有宽度,不存在容、不容的问题。

【译文】

〔经 42〕一个空间是有穷的,是指在用尺子来量它时,它的前面有一处不够一尺了(容不下放一根尺子)。

〔经说〕用尺子来量一个空间,若是到一处它的前面不够一尺了,则它是有穷的;若是每到一处没有不够一尺的情况,则它是无穷的。

【原文】

〔經 43〕盡[①],莫不然也[②]。

〔經說〕盡。俱止[③]、動。

【注释】

①尽:《墨经》逻辑中的一个全称量词,与"俱"同义,意为"所有的"。

②然:指代任一事物状态的逻辑变项。

③俱:与"尽"同义,意为"所有的"。

【译文】

〔经 43〕"尽"(所有的)是一个全称量词,如果在一个论域中说"尽然"

(所有的个体都是如此),即是说“没有个体不是如此”。

〔经说〕例如在一个论域中说“所有的个体都停止”或“所有的个体都运动”。

【原文】

〔經 44〕始①,當時也。

〔經說〕始。時或有久②,或無久③。始當無久④。

【注释】

①始:开始,开端。

②有久:日常可感觉的有一段时间延续的量,如人走过一座桥梁。《经说上》对“有久”的举例是“若人过梁”。

③无久:靠数学的抽象思维把握的无穷小的时间量,如假想一支飞行很快的箭穿越一根很细的柱子所需的极短的时间量。《经说上》对“无久”的举例是“若矢过楹”。

④《庄子·齐物论》说:“有始也者,有未始有始也者,有未始有夫未始有始也者。”用无穷倒退、恶相循环的归谬法,否定“开始”概念的确定内涵,抹煞“开始”和“未开始”概念的界限。《墨经》认为“开始”的概念有确定的内涵,是一个无穷小的和确定的时间量。

【译文】

〔经 44〕开始,就是相当于某物刚刚肇端的那一个时间点。

〔经说〕时间或者是“有久”(有绵延的时间量),或者是“无久”(没有绵延的、无穷小的时间量)。开始相当于“无久”(没有绵延的、无穷小的时间量)。

【原文】

〔經 45〕化①,徵易也②。

〔經說〕化。若蛙爲鶉③。

【注释】

①化:变化,此处特指事物的性质变化。

②征:迹象、征象、特征、性质。易:变易,转变。《荀子·正名》:"状变而实无别而为异者,谓之化。"

③蛙爲鶉:古代传说,是虚幻的生物进化之例。《淮南子·齐俗训》:"虾蟆为鹑,生非其类,唯圣人知其化。"《论衡·道虚篇》:"虾蟆化为鹑。"《列子·天瑞篇》:"若蛙为鹑。"

【译文】

〔经 45〕事物性质的变化,就是其特征改变。

〔经说〕例如(传说中)青蛙变为鹌鹑。

【原文】

〔經 46〕損①,偏去也②。

〔經說〕損。偏也者兼之體也。其體或去或存,謂其存者損。

【注释】

①损:亏损,减损,事物量的减少。

②偏:部分,义同于"体"。

【译文】

〔经 46〕事物量的减少,就是它的部分失去了。

〔经说〕"偏"是指"兼"中之"体",即是指事物的部分。事物的部分或者失去了,或者存在着,事物量的减少,是对于其存在着的部分来说的。

【原文】

〔經 47〕益①,大也②。

【注释】

①益:增益,事物量的增多。

②本条原作“大益”，据伍非百校改。

【译文】

〔经 47〕事物量的增多，就是其量的扩大。

【原文】

〔經 48〕環俱柢[①]。

〔經說〕環。詢民也[②]。

【注释】

①据孙诒让校改。环：圆环，车轮。俱：都，全，尽，全称量词。柢：根底，根本。《说文》：“柢，根也。”《尔雅・释言》：“柢，本也。”孙诒让云：“凡物有端则有本，环之为物，旋转无端，若互相为本，故曰俱柢。”《庄子・天下》篇载辩者有“轮不碾地”（轮环处处都不碾地）的命题，“环俱柢”（轮环处处都碾地）是其反命题。

②“询”原作“煦”，与《经上》文义无关，孙诒让云：“‘煦’当为‘俱’，‘民’当为‘氐’（柢）。”这样《经说》与《经》全同，似不可取。“煦”当为“询”，因音形相近致误。《墨子・明鬼下》云：“天下之所以察知有与无之道者，必以众之耳目之实知有与无为仪者也。诚或闻之见之，则必以为有；莫闻莫见，则必以为无。若是，何不尝入一乡一里而问之。”“询民”当是这种用询问民众来解决问题的倾向于经验论的方法。

【译文】

〔经 48〕轮环处处都碾地。

〔经说〕这可用询问民众的方法来解决。

【原文】

〔經 49〕窟[①]，易也[②]。

〔經說〕窟。區[③]、穴常若斯貌[④]。

【注释】

①窟：原作“库”，假借为“窟”。据谭戒甫说。《经说下》“故影库内也”之“库”亦假借为

“窟”。“库”本为储存物品的建筑物，“窟”指土室、洞穴、空洞、孔洞、孔窍，俗谓窟窿、窟笼。《礼记·礼运》：“冬则居营窟。”孔颖达疏：“地高则穴于地，地下则窟于地上，谓于地上累土而为窟。”

②易：变易，变换。

③区：面，此处特指一物体上的实面。

④穴：土室、孔洞、窟窿，此处特指面上的空缺部分，即空面。“常”原在“貌”字下，据高亨校改。

【译文】

〔经 49〕孔洞是空间虚实变换的结果。

〔经说〕取出的实面，与原来容纳它的孔洞(空面)，恒常有如此相似的状貌。

【原文】

〔經 50〕動①，或徙也②。

〔經說〕動。偏際徙者③，戶樞④、蛇⑤、蠶⑥。

【注释】

①动：运动。

②或：部分。《小取》：“或也者，不尽也。”《经上》：“见：体；尽。”“或”、“体”皆指部分，与“尽”(全体、整体)相对。“徙”原误为“从”，据孙诒让校改。“徙”指迁徙、运动。本条《经》文后原有“读此书旁行”5字，是对于读《墨经》方法的提示，今不列入正文。

③“偏”义同于“或”、“体”。《经说上》：“偏也者，兼之体也。”“际”原作“祭”，假借。《广雅·释言》：“祭，际也。”“徙”原误为“从”，据孙诒让校改。偏际徙：部分迁徙运动。

④户枢：门的转轴。

⑤“蛇”原误为“免”，据孙诒让校改。

⑤蚕：原误为“瑟”。据孙诒让校改。

【译文】

〔经 50〕运动是物体至少有一部分迁徙。

〔经说〕物体至少有一部分迁徙的例子，如门转轴的自转、蛇与蚕的蠕动。

【原文】

〔經 51〕止①，以久也②。

〔經說〕止。無久之不止③，當牛非馬④，若矢過楹⑤。有久之不止⑥，當牛馬非馬⑦，若人過梁⑧。

【注释】

①止：静止，物理学概念。

②久：时间。

③无久：无穷小的时间量，《墨经》常用物理概念。不止：行。

④当：相当于。牛非马：牛不是马，指牛与马两概念外延的互相排斥和全异的关系，意为“无久”与“止”两个概念的关系与“牛”和“马”两个概念的关系相当，二者都是排斥关系。

⑤矢过楹：飞矢穿过一根柱子，比喻“无久之不止”即无穷小时间的运行。

⑥有久：有一段时间延续的量，《墨经》常用物理概念。

⑦“牛”据沈有鼎校增，《经下》与《荀子·正名》都有“牛马非马”的命题。当：相当于。这里“牛马非马”一语意为“牛马”的概念不是“马”的概念。但“牛马非马”的“非”与“牛非马”的“非”意思有别。在“牛非马”命题中，“非”表全异关系，“牛”与“马”概念的外延完全排斥，而在“牛马非马”命题中，“非”表大类和小类、属和种的兼容、包含关系（“牛马”真包含“马”），这个“非”的准确含义是“不等同”。《墨经》认为“有久”与“止”这两个概念的关系，与“牛马”和“马”这两个概念的关系相当，二者都是属种关系，“有久”中除包含“止”外，还包含“不止”，即“动”或“行”。

⑧人过梁：人走过一座桥梁，比喻“有久之不止”即有久之行。

【译文】

〔经 51〕静止需要经过一段时间的延续。

〔经说〕“无久”（无穷小的时间量）不是“止”（静止），相当于“牛”不是“马”（它们是排斥关系）。“无久之不止”（即无穷小时间之行）的例子，如飞矢穿过一根柱子。“有久”（经过一段时间延续）不是“止”（静止），相当于“牛马”不是“马”(它们是属种关系)。“有久之不止”(即经过一段时间延续之行)的例子,如人走过一座桥梁。

【原文】

〔經 52〕必[1],不已也[2]。

〔經說〕必。謂一執者也[3]。若弟兄[4]。一然者一不然者[5],必不必也[6],是非必也[7]。

【注释】

①必:必然,表示必然判断的模态词。

②已:停止。《诗·郑风·风雨》:“鸡鸣不已。”

③“一”旧误为“臺”,与“壹”(“一”的大写)形似。据高亨校改。高亨说“一执”谓“执于一而不变”。

④若弟兄:解释模态词“必”的一个例子,意为“有弟必有兄”。

⑤一然者:有是这样的。一不然者:有不是这样的。

⑥第一个“必”解为一定,“不必”是负必然判断。

⑦“非必”义同“不必”,负必然判断。

【译文】

〔经 52〕“必然”是指一种事物的状态不停止地一直如此下去。

〔经说〕“必然”是称谓一种事物的状态一直如此下去不改变。例如有弟必然有兄。“必然”蕴涵着“尽然”(全称),如果在一个论域中,有是这样的,有不是这样的,那一定不能叫做“必然”,只能称作是“非必然”。

【原文】

〔經 53〕平,同高也[1]。

【注释】

①《庄子·天下》说惠施有“山与泽平”的论题,《荀子·不苟》说惠施、邓析有“山渊平”的论题。《荀子·正名》说“山渊平”的论题是“惑于用实以乱名”,即用个别、特殊事

例,搞乱一般概念。

【译文】

〔经 53〕“平”是指不同个体有同样高度。

【原文】

〔經 54〕同長,以正相盡也[1]。

〔經說〕同。楗與框之同長也[2]。

【注释】

①正:标准。《大取》:“权,正也。”尽:完全重合。

②楗:挡门的直木。《老子》“善闭者无关楗”范应元注:“横曰关,直曰楗。”框:门两旁柱,门框。

【译文】

〔经 54〕说两个物体“同长”(同样长度),是拿第三个东西作标准,来跟这两个物体作比较,而这两个物体与第三个作为标准的东西完全重合。

〔经说〕例如门楗与门框的同长。

【原文】

〔經 55〕中[1],同長也[2]。

〔經說〕中。心[3],自是往相若也[4]。

【注释】

①中:指圆心。

②同长:指圆心到圆周的距离即半径。

③心:指圆心。

④“自是往”:指从圆心到圆周的距离。相若:相等。《大取》:“兼爱相若。”

【译文】

〔经 55〕圆的中心到圆周的任一半径都是同样长度。

〔经说〕从圆心到圆周引半径都是相等的。

【原文】

〔經 56〕厚[1]，有所大也。

〔經說〕厚。惟無厚無所大[2]。

【注释】

①《墨经》所说的"厚"，包括空间的长度、宽度和高度，即线、面、体都算有厚(有所大)，线在长度上有厚，面在长度和宽度上有厚，体在长度、宽度和高度上有厚。

②旧脱"无厚"二字，据高亨校增。《庄子・天下》载惠施说："无厚不可积也，其大千里。"惠施的"无厚"可指线和面，线只有长度，而没有宽度和高度(厚度)，面只有宽度和长度，也没有高度(厚度)。《墨经》的"无厚"指点，认为点在空间的三维上都没有厚(大)。参见下文："端，体之无厚而最前者也。"

【译文】

〔经 56〕"厚"(指空间三维长宽高上的厚度)就是"有所大"(有一定的量)。

〔经说〕只有"无厚"(即点)才在空间三维的长、宽、高上都"无所大"(其量为 0)。

【原文】

〔經 57〕日中，正南也[1]。

【注释】

①《庄子・天下》载惠施有"日方中方睨"的论题。

【译文】

〔经 57〕"日中"是指太阳在正南的时候。

【原文】

〔經 58〕直①，参也②。

【注释】

①直：直线。

②参：参与，加入，介于其间。《广雅·释言》："参，三也。"沈有鼎谓此为直线的定义，意谓三点在一直线上，等于说三点中有一点恰好介于其余两点之间。参看近代德国数学家希尔伯特公理体系中的顺序公理：公理一：设有 A、B、C 三点，若 B 介于 A 和 C 之间，则 A、B、C 是一直线上的三个不同的点，并且 B 也介于 C 和 A 之间。公理二：对于任何不同的 A 和 B 两点，在直线 AB 上至少有一点 C，使得 B 介于 A 和 C 之间。公理三：在一直线上任何不同的三点中，至多有一点介于其余两点之间。

【译文】

〔经 58〕直线是三点中有一点恰好介于另两点之间。

【原文】

〔經 59〕圜①，一中同長也②。

〔經說〕圜。規寫交也③。

【注释】

①圆：圆的平面几何图形。

②中：圆心。同长：指半径等长。

③规：画圆形的工具圆规。《墨子·法仪》："为圆以规。"《庄子·天下》载辩者有"规不可以为圆"的论题。

【译文】

〔经 59〕圆是由一个中心、等长半径构成的平面图形。

〔经说〕圆是用规写画的相交的封闭图形。

【原文】

〔經 60〕方①，柱②、隅四權也③。

〔經說〕方。矩寫交也[4]。

【注释】

①方：方的平面几何图形。

②柱：方形的边。

③隅：方形的角。权：相等。据栾调甫、高亨校释。

④矩：画方形的工具矩尺。《墨子·法仪》："为方以矩。"《庄子·天下》载辩者有"矩不方"(即矩不可以为方)的论题。校改据孙诒让、高亨。

【译文】

〔经 60〕方是四边、四角相等的平面图形。

〔经说〕方是用矩尺写画的相交的封闭图形。

【原文】

〔經 61〕倍[1]，爲二也。

〔經說〕倍。二尺與尺但去一[2]。

【注释】

①倍：加倍。

②去：减去。这是用减法做加倍运算的还原。

【译文】

〔经 61〕"倍"就是把一个数量乘以 2。

〔经说〕2 尺减去 1 尺等于 1 尺。

【原文】

〔經 62〕端[1]，體之無厚而最前者也[2]。

〔經說〕端。是無內也[3]。

【注释】

①端:《墨经》基本概念,相当于平面几何中的“点”。

②体:部分,此处的“体”特指组成线的部分,即点。“厚”原作“序”,据王引之校改,《墨经》屡言“无厚”,却无“无序”概念。晋鲁胜《墨辩注序》已引作“无序之辩”,可见晋时《墨经》文本已讹为“无序”。无厚:《墨经》常用基本概念,相当于几何学上的点或物理学上的“原子”,《墨经》认为几何学上的点,在长、宽、高空间三维上,都没有厚度(无所大)。《庄子·天下》载惠施有“无厚不可积也,其大千里”的论题,惠施的“无厚”可理解为线和面。线在宽度和高度上不可积累,然而在长度上可以大到千里。面在高度上不可积累,然而长度和宽度上可以大到千里。《墨经》所谓“体之无厚而最前”,是从几何学上解释“端”(即点)的本义,认为“端”是构成线段,并作为线段的“体”(部分)的极多“无厚”中最前的那一“无厚”(就所选取的某一角度而言)。《几何原本》云:“线之界是点。”即点是作为线段界限尽头最前端的部分,与《墨经》此条定义符合。引申推广来说,端(点)又指构成线段,并作为线段的“体”(部分)的任一“无厚”。又《经下》谓“非半弗斫则不动,说在端”,认为“端”不可再分,即没有内边,是物质最小的部分,相当于物理学上的“原子”。《墨经》“无厚”概念造词法同于“无久”。“无久”意为无穷小的时间点,不考虑“久”即时间的绵延;“无厚”则意为无穷小的空间点或物质点,不考虑“厚”即空间各维度上的厚度或物质的绵延。《墨经》又把无穷小的空间点即“无厚”叫做“无宇”,《经下》曾说“无久与宇”即“无久”和“无宇”的合并省略。

③“内”原误为“同”,《庄子·天下》载惠施“历物之意”云“至小无内”,即最小的东西没有内边,这与《墨经》“无厚”的概念一致。《经下》谓“非半弗斫则不动,说在端”,认为“端”不可再分,即没有内边,与此处“无内”义恰合。《几何原本》云:“点者无分。”也把点定义为不可分,与“无内”义合。

【译文】

〔经 62〕“端”(点)是作为线段构成部分的最前的“无厚”(没有厚度的空间点)。

〔经说〕这个“端”(点)是不考虑其内部的再分的。

【原文】

〔經 63〕有間①,中也。

〔經說〕有間。謂夾之者也。

【注释】

①间:间隙。

【译文】

〔经 63〕说两个物体有间隙,是指两个物体中间的空虚部分而言。

〔经说〕说两个物体有间隙,是以夹持中空部分的两个物体作为称谓的主体。

【原文】

〔經 64〕間[①],不及旁也。

〔經說〕間。謂夾者也。尺前於區而後於端[②],不夾於端與區內。及,非"齊及"之"及"也。

【注释】

①间:间隙。

②尺:指线。区:指面。端:指点。"区"字后原衍"穴"字,据梁启超、高亨校删,下文只言"端与区"可证。"尺前于区"相当于欧几里得几何中的定义"面的界限是线","尺后于端"相当于欧几里得几何中的定义"线的界限是点"。

【译文】

〔经 64〕说两个物体的间隙,不涉及旁边的两个物体本身,只涉及两个物体之间的空隙部分。

〔经说〕说两个物体的间隙,是指谓两个物体所夹持的空虚部分。在平面几何中,线是位于面的前边、夹持面而作为面的界限的东西,线又是位于点的后边、被点夹持而以点为界限的东西,即线夹面而又被点所夹,这样只能说点夹线、线夹面,而不能说线夹于点与面内,即不能说点与面夹线。我们说"间,不及旁也"的"及",是指涉及、包含之意,不是"齐及"(相等)之意。

【原文】

〔經 65〕離[①],間虚也。

〔經說〕離。虚也者,兩木之間,謂其無木者也。

【注释】

①离:分离,分开,有距离。据陶鸿庆校。

【译文】

〔经 65〕两个物体分开有距离,则中间形成空虚之处。

〔经说〕例如说两块木头之间的空虚之处,是说两块木头之间没有木头的地方。

【原文】

〔經 66〕盈[①],莫不有也。

〔經說〕盈。無盈,無厚。

【注释】

①盈:充满,渗透,涵容。

【译文】

〔经 66〕在一定范围内说“盈”(充满、渗透、涵容),就是某物无处不存在(即处处都存在)。

〔经说〕说“无盈”(不充满、不渗透、不涵容),那除非是“无厚”(即无穷小的空间点或质点)。

【原文】

〔經 67〕堅白[①],不相外也[②]。

〔經說〕堅[③]。於石無所往而不得二[④]。異處:不相盈,相非,是相外也。

【注释】

①坚白：坚硬和白色两种性质。坚白盈离是先秦诸子热烈争辩的题目。公孙龙一派持“坚白离”的观点，《墨经》持“坚白盈”的观点。据《庄子·天下》说墨家各派内部也曾“以坚白同异之辩相訾（非议）”。我们在《墨经》中所看到的观点与公孙龙一派是对立的。

②相外：互相除外。

③标题字“坚”原窜入“二”与“异”之间，据谭戒甫乙正。

④“石”原误为“尺”，据孙诒让校改。“得”字旧重，据高亨校删。

【译文】

〔经 67〕坚白这两种性质不是互相排斥的。

〔经说〕在一块坚白石中，到处都可以发现坚和白这两种性质。如果坚和白是处在两个不同的物体上，那么才可以说它们是“不相盈”（不互相渗透），互相排斥，是互相除外的。

【原文】

〔經 68〕攖①，相得也②。

〔經說〕攖。尺與尺俱不盡③。端與端俱盡。尺與端或盡或不盡④。堅白之攖相盡。體攖不相盡⑤。

【注释】

①撄：接触、交叉、重合。

②相得：至少互相得到或占有对方的一部分。

③尽：完全重合。

④“端”字原窜入本条最后，据孙诒让校改。或：有的。

⑤体：部分。

【译文】

〔经 68〕“撄”（接触、交叉、重合）是至少互相得到或占有对方的一部分。

〔经说〕这一直线与那一直线交叉，二者都不完全重合。这一点与那一点叠合，二者完全重合。这一直线与那一点迭合，从点一方说是完全被直线所占有了，从直线一方说并没有被点所完全占有。在一块坚白石中，坚与白的渗透是完全密合的。如果两个元素只有部分接触，那当然不会完全重合。

【原文】

〔經 69〕比[①]，有以相攖、有不相攖也。

〔經說〕比。兩有端而後可。

【注释】

①比：比较。“比”原误为“似”，据孙诒让、王引之校改。

【译文】

〔经 69〕对两个图形进行比较，可以用叠置法来看它们重合与不重合的部分。

〔经说〕对两个图形进行比较，以它们都有端点边界为必要条件。

【原文】

〔經 70〕次[①]，無間而不相攖也[②]。

〔經說〕次。無厚而後可。

【注释】

①次：按次序排比，至，及，即紧接着摆放。高亨谓“次”即几何学所谓相切。
②“相”旧误为“攖”，据孙诒让校改。高亨谓“攖”即几何学所谓相交。

【译文】

〔经 70〕两个物体紧接着摆放，它们中间既无空隙，又不重合。

〔经说〕这只在有“无厚”(即存在无穷小的空间点和物质点)的情况下,才有可能。

【原文】

〔經 71〕法[①],所若而然也[②]。

〔經說〕法。意、規、圓三也[③],俱可以爲法。

【注释】

①法:本义为标准、方法,引申为法则,规律。

②若:遵循,依照,符合。《广雅·释言》:“若,顺也。”《释名·释言语》:“顺,循也。”然:结果,此处特指人遵循一定的法则行动所造成的结果、效果、产品。

③意:意念,思想,概念,定义,判断。

【译文】

〔经 71〕法则(规律)是人们遵循着它而能得到确定结果的东西。

〔经说〕例如人按照圆的定义、使用圆规或者拿一个圆形来模仿,都可以作为画圆的法则。

【原文】

〔經 72〕循[①],所然也。

〔經說〕循。然也者,民若法也[②]。

【注释】

①循:遵循。《说文》:“循,顺行也。”“循”原误为“佴”,据高亨校改。

②若:遵循,依照,符合。《广雅·释言》:“若,顺也。”

【译文】

〔经 72〕遵循着规律办事,是人的行动之所以能取得预想结果的原因。

〔经说〕人的行动之所以能取得预想结果的原因，是由于人们遵循着规律办事。

【原文】

〔經 73〕說[①]，所以明也[②]。

【注释】

①说：推论。《小取》："以说出故。"

②明：揭示，阐明，探究。

【译文】

〔经 73〕推论是用来揭示事实，阐明道理，探究根据的。

【原文】

〔經 74〕彼[①]，不可兩也[②]。

〔經說〕彼。"之牛[③]。""其非牛[④]。"兩也，無以非也。

【注释】

①彼：本为指示代词，意为"那"、"那个"。《墨经》用为逻辑变项，指代任一事物、属性、词项或命题。本条与下条的"彼"指代事物、主项或所争论的论题。《经》文"彼"原作"攸"，形近致误，此条《经说》标题字作"彼"。

②两：两个对象、事物或主项。"不可两"意为辩论双方应针对同一论题，不能我说此，你说彼，争论不交锋。《经说》申明此义。"不可两也"句原作"不可两不可也"，梁启超云下"不可"二字衍，兹从之。依下条，"争彼"被定义为一对矛盾命题之争，若撇开《经说》义，说矛盾命题"不可两不可"(即不能同假)亦通。沈有鼎校为"不两可两不可"，云"两字旧脱，今增。仅增一字，视诸家旧校为胜。不增两字，不但意义不完备，语气亦生涩。"可备一说。

③之：代词，意为此、彼、其、他、它等。"之"旧作"凡"，高亨校为"兕"。本书据下条《经说》"之牛" 例校为"之"。"之"为《墨经》常用的另一个逻辑变项符号，与彼、此、是、其、夫、然、有等充当逻辑变项的作用同样，可指代任一事物、属性、词项或命题。"之牛"意为"这是牛"，犹如说"这个 S 是牛"。

④其：代词，意为彼、那、那个。“其非牛”意为“那不是牛”，犹如说“那个 S 不是牛”。“其”旧作“枢”，梁启超校为“渠”，“渠”、“其”，音近致误。沈有鼎谓“枢”似为复数代词，意同“彼等”，用单数为说于义亦无伤。高亨校“枢”为“貙”，貙，虎属，似貍而大，谓“兕是牛”与“貙不是牛”为“无以非”之“两”命题，亦通。

【译文】

〔经 74〕辩论者不能举出两个不相干的论题来进行辩论。

〔经说〕例如说“这是牛”与“那不是牛”，这是两个不相干的论题，并不构成互相否定。

【原文】

〔經 75〕辯[①]，爭彼也[②]。辯勝，當也。

〔經說〕辯。或謂[③]：“之牛[④]。”或謂：“之非牛[⑤]。”是爭彼也。是不俱當[⑥]。不俱當，必或不當[⑦]，不若當犬[⑧]。

【注释】

①辩：辩论。

②彼：《墨经》常用逻辑变项，指代任一事物、属性、词项或论题。根据此条定义，“争彼”意为争论一对矛盾命题的是非。

③或：有人。

④之：《墨经》常用逻辑变项，指代任一事物、属性、词项或论题，这里“之”字指代某一动物个体。“之牛”意为“这是牛”，犹如说“这个 S 是牛”。

⑤“之非牛”意为“这不是牛”，犹如说“这个 S 不是牛”。

⑥俱：都。

⑦或：有的。

⑧不若：不相当于，反比喻之词。“当犬”：特指《经说下》136 条的一个辩论例子，即一个人说：“这是狗。”另一个人说：“这是犬。”狗犬是二名一实，这实际上是同一论题，可以同真或同假，而不是必然一真一假，因而不构成辩论。

【译文】

〔经 75〕辩论就是双方争论一对矛盾命题的是非。其中辩论胜利的一方，就是所持论题符合实际的一方。

〔经说〕例如针对同一对象，有人说："这是牛。"有人说："这不是牛。"这就是争论一对矛盾命题的是非。一对矛盾命题不能同真。不能同真，必然有一不真，这不相当于如下议论，即一个人说："这是狗。"另一个人说："这是犬。"这种情况可以同真，不是必然有一不真。

【原文】

〔經 76〕訛①，窮知而懸於欲也②。

〔經說〕訛。欲飲其鴆③，智不知其害，是智之罪也。若智之慎之也④，無遺於其害也，而猶欲飲之⑤，則飲之是猶食脯也⑥。搔之利害⑦，未可知也，欲而搔，是不以所疑止所欲也。牆外之利害，未可知也，趨之而得刀⑧，則弗趨也，是以所疑止所欲也。觀"訛，窮知而懸於欲也"之理，食脯而非智也⑨，飲鴆而非愚也⑩。所爲與所不爲相疑也⑪，非謀也。

【注释】

①讹：错误。据高亨校释。

②穷知：知识、智能有所穷，知识水平没有达到，言行没有受理智的支配、制约。悬于欲：受欲望牵系，言行受欲望支配。

③据高亨校。鸩：毒酒。

④第二个"之"字旧误为"文"，据孙诒让校改。

⑤据高亨校。

⑥"饮"旧误为"离"，据高亨校改。脯：肉干。

⑦搔：指搔马，为马理毛和清洁身体。

⑧刀：古代刀形金属货币。"刀"旧误为"力"，据孙诒让校改。

⑨⑩据高亨校改。

⑪"所不为"旧误为"不所与为"，据张惠言校改。

【译文】

〔经 76〕人的言行之所以会犯错误，是由于没有受理智支配，而受欲望支配的结果。

〔经说〕例如某甲想喝毒酒，理智不知道毒酒的害处，这是理智的罪过。假若理智上很慎重，并没有忽视毒酒的害处，而还是想喝毒酒，那么他喝毒酒就像吃肉干一样（这种错误是由于受欲望支配，而不是受理智支配的结果）。某乙对搔马的利害（是否会被马踢伤）在事前不能确知，他只是想搔就搔了，这是不以他在理智上所持有的怀疑（是否会被马踢伤）来制止他想搔马的欲望（这时如果他真的被马踢伤，这种错误同样是由于受欲望支配，而不是受理智支配的结果）。某丙对到墙外去的利害（是否会受到伤害）在事前不能确知，即使去了能拾得钱币，也不贸然而去，这是以他在理智上所持有的怀疑（是否会受到伤害）来制止他想拾得钱币的欲望（这种理智上的慎重态度可以使他避免受到伤害）。我们看"人的言行之所以会犯错误，是由于没有受理智支配，而受欲望支配的结果"这一道理，某甲吃肉干是由于欲望而不是由于理智的聪明，喝毒酒是由于欲望，而不是由于理智的愚蠢。某乙所干的（搔马）和某丙所不干的（不去墙外）都只是在理智上对自己行为的后果和利害有些疑问，还算不上深刻的智谋。

【原文】

〔經 77〕已[①]：成；亡。

〔經說〕已。爲衣，成也。治病，亡也。

【注释】

①已：已经，时间模态逻辑中表示过去时的模态词。《经上》："自后曰已。"《经说下》："已然则尝然。"

【译文】

〔经 77〕"已"（已经）这个模态词有两种用法：一种是指已经成就某件事（表建设性）；一种是指已经消除某件事（表破坏性）。

〔经说〕例如说："已经制成一件衣服。"这是指已经成就某件事。而说："已经治好了某人的病。"这是指已经消除某件事。

【原文】

〔經 78〕使[①]：謂[②]；故[③]。

〔經說〕使。令[④]、謂，謂也，不必成[⑤]。濕[⑥]，故也，必待所爲之成也[⑦]。

【注释】

①使：命令，致使。《墨经》中表示主观与客观两种性质的基本模态词。
②谓：告诉，言说。表示祈使句的主观模态。
③故：原因，致使。表示原因致使结果必然产生的客观模态。
④令：命令。
⑤不必成：指甲命令（令）、指使（谓、叫、让）乙做某事，乙不必然做成某事。从模态逻辑上说，"不必然 P"等于"可能不 P"。
⑥湿：指地湿。
⑦指地湿这一自然现象（结果）必然有使它得以产生的客观原因。

【译文】

〔经 78〕"使"（命令、致使）这个模态词有两种用法：一种是指用言语指使（叫、让）某人干某事；一种是指某种客观原因致使某种结果必然产生。

〔经说〕命令、叫某人干某事，这只是用言语指使，某人不一定干成某事。而像地湿这种自然现象（结果），则有致使它产生的客观原因，一定要等待这原因起作用才能成立。

【原文】

〔經 79〕名[①]：達[②]、類[③]、私[④]。

〔經說〕名。物[⑤]，達也，有實必待之名也命之[⑥]。馬，類也，若實也者必以是名也命之[⑦]。臧[⑧]，私也，是名也止於是實也。聲出口，俱有名。若姓字麗[⑨]。

【注释】

①名：以语词表达的概念。

②达：指达名，即外延最大的名，外延最广的普遍概念，最高类概念，范畴。达：通达、周遍。
③类：指概括一类事物的名，普遍概念，类概念。
④私：指称谓个体的名，单独概念。
⑤物：称谓宇宙间万事万物的总名，相当于物质。
⑥"之名"旧误为"文多"，据孙诒让校改。孙谓"此'文多'与前'文名'并当作'之名'"。
⑦若：如此的，这样的。
⑧臧：奴仆名，这里用作一个人的名字。
⑨"字丽"原误为"宇洒"，据高亨校改。丽：附丽。

【译文】

〔经 79〕语词概念分为外延最广的普遍概念、一般类概念和单独概念。

〔经说〕例如"物"(物质)是外延最广的普遍概念，凡存在着的实体，一定都等待着这一个概念来概括。"马"是一个类概念，凡如此这般具有马的属性的实体，一定用这个概念来概括。"臧"是一个单独概念，这个概念只用来指称某一个实体。凡语言从人口中说出，里面都一定包含着语词概念。语词概念指称事物，犹如姓名跟随着人一样。

【原文】

〔經 80〕謂[①]：命、舉、加。

〔經說〕謂[②]。謂犬"狗"[③]，命也[④]。"狗，犬。"舉也[⑤]。叱："狗！"加也[⑥]。

【注释】

①谓：命名，称谓，判断，如《经说上》："或谓'之牛。'"
②标题字"谓"据高亨校增。
③"犬狗"二字据沈有鼎校改。谓犬"狗"：把犬这个实体叫做"狗"。
④命：命名。
⑤举：列举。指在把犬命名为"狗"之后，以"狗"作主项来称举事物。
⑥加：附加。指在"狗"这个语词概念上附加感情因素。

【译文】

〔经 80〕“谓”(称谓)有命名、列举和附加感情因素等用法。

〔经说〕把犬叫做“狗”,这是命名。说“狗是犬”,这是列举。斥责说:“狗!”这是再加上感情因素。

【原文】

〔經 81〕知①:聞②、説③、親④;名⑤、實⑥、合⑦、爲⑧。

〔經説〕知。傳受之,聞也。方不彰⑨,説也。身觀焉,親也。所以謂,名也。所謂,實也。名實耦⑩,合也。志行,爲也。

【注释】

①知:知识。

②闻:传授来的知识。

③说:推论出的知识。

④亲:亲身观察得来的知识。

⑤名:概念和理论的知识。

⑥实:对实际情况的知识。

⑦合:概念、理论与实际结合的知识。

⑧为:自觉行动即实践的知识。

⑨方:比方,推测。“彰”据沈有鼎校改。沈谓“方不彰”是说由已知测未知。吴毓江:“方者比类推论之意。”另张纯一:“方谓方域,言知不为方域所限生障碍也。”范耕研:“方犹边也。”“言不为时空所限也。”可备一说。

⑩耦:配合,结合。

【译文】

〔经 81〕知识的种类:闻知、说知、亲知;名知、实知、合知、为知。

〔经说〕传授来的知识是闻知,由已知推测未知是说知,亲自观察得来的是亲知,称谓陈述事物手段的知识是名知,对称谓陈述对象的知识是实知,概念理论和实际结合的知识是合知,自觉行动的知识是为知。

【原文】

〔經 82〕聞:傳、親。

〔經說〕聞。或告之[①],傳也。身觀焉,親也。

【注释】

①或:有人。

【译文】

〔经 82〕闻知有传闻和亲闻的不同。

〔经说〕有人告诉某种情况,这叫传闻。亲身在场听到某种情况,这叫亲闻。

【原文】

〔經 83〕見[①]:體[②]、盡[③]。

〔經說〕見。特者[④],體也。二者[⑤],盡也。

【注释】

①见:观察。
②体:部分。
③尽:全体。《经上》:"尽,莫不然也。"
④特:独,一,部分。《广雅·释诂》:"特,独也。"《仪礼》郑玄注:"特,犹一也。"
⑤二:两面、各方面。

【译文】

〔经 83〕观察有部分的和全面的两种。

〔经说〕只见一面,叫部分的观察。能见到两面,叫全面的观察。

【原文】

〔經 84〕合[①]:正[②]、宜[③]、必[④]。

〔經說〕合。矢至侯中[⑤],志功正也[⑥]。臧之爲[⑦],宜也。非彼必不有[8]，必也。聖者用而勿必[9]，必也者可勿疑[10]。

【注释】

①合：相合，符合。

②正：正合，指动机与效果正好符合。

③宜：宜合，指行为合乎分寸，恰到好处，合宜，合适。《经下》："无欲恶之为益损也，说在宜。"

④必：必合，指思想言行符合事物的必然规律。

⑤侯：箭靶。以兽皮或布制成。"矢至侯中"原误为"兵立反中"，据高亨校改。

⑥"功"原作"工"，假借。《大取》："志功为辩。""志功不可以相从也。"志：动机。功：效果。

⑦臧：奴仆名。《墨经》屡以"臧"指代任一人，犹如现在说"张三"，"某甲"。

⑧非彼必不有：《墨经》逻辑公式，等价于"无之必不然"、"无 P 则无 Q"，彼、有、之、然犹如 P、Q、R、S 之类的变项符号。这里"非彼必不有"是作为必然规律概念的一例。

⑨用：有作为，有所事，从事，用事。勿必：必然性的否定，等于"不必"、"非必"。《论语・子罕》："子绝四：毋意，毋必，毋固，毋我。""毋必"即"勿必"。毋、勿均为否定副词，意为"不"。

⑩疑：怀疑，臆测，猜想，想象，相当于西方哲学认识论中的"意见"，在逻辑上相当于或然判断（可能判断）的形式。《墨经》有多条讲到"疑"这一认识论范畴，如《经下》"疑，说在逢、循、遇、过"，"擢虑不疑，说在有无"等。"勿疑"即"不疑"、无疑。在逻辑上，否定可能等于必然，即"并非可能 P"等值于"必然非 P"，"并非可能非 P"等值于"必然 P"。

【译文】

〔经 84〕符合有正合、宜合和必合的不同。

〔经说〕例如射箭想射中靶心，结果真的射中了，这是动机和效果正好符合（正合）。臧的行为合乎分寸，这叫宜合。没有那个必然没有这个，这是必合（符合必然规律）。圣明的人做事不轻易下必然判断。如果是必然性的东西，那么可以不用怀疑。

【原文】

〔經 85〕欲正權利，且惡正權害。

〔經說〕欲[①]。權者兩而勿偏[②]。

【注释】

①标题字旧脱，今增。

②权：权衡思考。“权”旧误为“仗”，据孙诒让校改。两：两面，全面，两点。偏：一面，片面，一点。

【译文】

〔经 85〕正当的欲望可以用来权衡利益，正当的厌恶可以用来权衡害处。

〔经说〕在权衡思考的时候，要遵守两而勿偏的原则，顾及事情的两面，而不要只顾及事情的一面。

【原文】

〔經 86〕爲[①]：存、亡、易、蕩、治、化。

〔經說〕爲。甲臺[②]，存也。病，亡也[③]。買鬻，易也。消盡[④]，蕩也。順長，治也。蛙、鶉[⑤]，化也。

【注释】

①为：自觉行动。《经说上》：“志行，为也。”

②“甲”原误为“早”，据孙诒让校改。

③“亡”通“无”。

④“消”原作“霄”，古通。

⑤“蛙”原误为“买”，据孙诒让校改。《经说上》误以“蛙为鹑”的讹传为“化”之例。此处解释人的自觉行动，试以蛙、鹑的养殖为解。

【译文】

〔经 86〕自觉行动的实践有：保存、消除、交易、荡平、治理、变化。

〔经说〕制甲造台是保存的行为，治病是消除的行为，买卖是交易的行为，消除净尽是荡平的行为，遵循规律而使之长大是治理的行为，蛙、鹑养殖是利用生物变化的行为。

【原文】

〔經 87〕同：重、體、合、類。

〔經說〕同。二名一實，重同也。不外於兼[1]，體同也[2]。俱處於室，合同也。有以同，類同也。

【注释】

①兼：整体。
②体：部分。

【译文】

〔经 87〕相同的种类：重同、体同、合同、类同。

〔经说〕两个名称指谓同一个实体是“重同”。若干部分同属一个整体是“体同”。共同处于同一空间是“合同”。在某方面有相同性质是“类同”。

【原文】

〔經 88〕異：二、不體、不合、不類。

〔經說〕異。二必異，二也。不連屬，不體也。不同所，不合也。不有同，不類也。

【译文】

〔经 88〕相异的种类：二之异、不体之异、不合之异、不类之异。

〔经说〕两个个体必然相异是“二之异”。不从属于同一整体是“不体之异”。不存在于同一处所是“不合之异”。在某方面没有相同性质，是“不类之异”。

【原文】

〔經 89〕同異交得仿有無[1]。

〔經說〕同異交得。於富家良知[2]，有無也。比度，多少也。蛇蚓旋圓[3]，去就也。鳥折用桐，堅柔也。劍猶甲[4]，死生也。處室子母[5]，長少也。兩色交勝[6]，白黑也。中央，旁也。論行、行行、學實，是非也。雞宿[7]，成未也。兄、弟，俱適也。身處志往[8]，存亡也。霍[9]，爲姓故也。價宜[10]，貴賤也。超城，運止也[11]。

【注释】

①同异交得：同一性和差异性互相渗透与同时把握，《墨经》方法论重要观点和原理。"仿"原作"放"，借为"仿"。《墨子・法仪》"放依以从事"毕沅注："放与仿同。"《说文》："仿，相似也。"范耕研："放借为方字，比方也。"高亨说"放当读为比方之方"，"放"犹言"比方"、"例如"。

②"富"原作"福"，古通。"知"原作"恕"，据孙诒让校改。

③据孙诒让校改。

④"犹"原作"尤"，假借。"甲"原误为"早"，据孙诒让校改。

⑤"子"原重，据别本删其一。高亨、于省吾、沈有鼎同。

⑥"色交"原误为"绝"，据高亨校改。

⑦"鸡"原作"难"，据高亨校改。"鸡宿"即鸡孵雏，鸡抱窝。

⑧《庄子・让王》："身在江海之上，心存乎魏阙之下。"《吕氏春秋・审为》："身在江海之上，心居乎魏阙之下。"《孟子・告子上》："一人虽听之(指听弈秋诲弈)，一心以为有鸿鹄将至，思援弓缴而射之。"为"身处志往，存亡也"之例。

⑨"霍"、"鹤"古通，据张之锐、高亨说。《经说下》："麋与霍(指鹤)孰高?"《经说下》："狗假霍(指鹤)也，犹氏霍(姓鹤)也。"

⑩"价"原作"贾"，古通。

⑪吴毓江："'超城'上本有'诺'字，为次条标目，今移下文，'员'借为'运'，《非命》上下篇'运钧'中篇作'员钧'可证。超越城为运，已超越城则止也。"

【译文】

〔经 89〕同一性和差异性是互相渗透的，可以同时把握，例如"有"和"无"集于同一人之身。

〔经说〕一个人有富家、无良知，或无富家、有良知，是"有"和"无"集于同一人之身。一数与不同的数相比，既多且少。蛇、蚯蚓旋转，既去(离开)且就(接近)。鸟儿筑窝折用的梧桐树枝既坚且柔。用剑杀死敌人，同时就保存了自己的生命，所以剑这种杀伤性武器，也有如铠甲一样的防御作用。一个未出嫁女儿的母亲，既长(对于她的女儿来说)且少(对于她的母亲来说)。一物颜色比甲物淡，又比乙物浓，既白且黑。一圆的中心可以是另一圆的周边，既是“中央”又是“旁”。言论与行动、行动与行动、学问与实践，既有是又有非。母鸡孵雏的某一时刻，幼雏既成又未成。兄弟三人中的老二，说他是兄或弟都合适。一个人的身体处在这里，而心志却跑往别处去了，是既存且亡。霍本指鹤，又因为霍兼做了人的姓氏的缘故，使“霍”这个字有了歧义。买卖双方商议的适宜的价格，对卖方说是够贵的，他才肯卖，对买方说是够贱的，他才肯买，这是贵贱集于同一价格之身。以超越城墙为目标的竞技活动，既有运动，又有停止，这是“运、止”两种性质集于一人之身。

【原文】

〔經 90〕聞，耳之聰也。

【译文】

〔经 90〕听闻是健全的听觉器官耳朵的作用。

【原文】

〔經 91〕循所聞而得其意，心之察也。

【译文】

〔经 91〕根据所听到的言辞，而把握其中的含义，是心智的考察分析作用。

【原文】

〔經 92〕言，口之利也。

【译文】

〔经 92〕言说是健全的发音器官口部的作用。

【原文】

〔經 93〕執所言而意得見，心之辯也。

【译文】

〔经 93〕根据其言辞而得见其中的意义，是心智的辨别分析作用。

【原文】

〔經 94〕諾①，不一，利用。

〔經說〕諾。相從②、相去③、先知④、是⑤、可⑥。五色、長短、前後、輕重援⑦。

【注释】

①诺：讨论科学知识时应用的问答法，《说文》："诺，应也。"

②相从："从"的本义是跟随，顺从，追随，"相从"是指从已知的大前提和问方给出的小前提出发，由答方跟随之给出相应的结论。相当于演绎法中的直言或假言三段论。如已知"所有的圆都是一中同长"，问方又说："这个图形是圆，那么怎么样？"答方说："这个图形是一中同长。"

③相去："去"的本义是除去，放弃，"相去"是指从已知的若干选择关系和问方给出的某种选择出发，由答方排除其他的选择。相当于演绎法中的选言三段论的肯定否定式。如已知"时或有久或无久"，问方又说："始当无久，那么怎么样？"答方说："始非有久。"

④先知：断定先前已知的知识。如先前已知"圆无直"（一圆周上任何三点都不在一直线上）的定理，现在需要用它作推论的前提了，问方可以说："我们先前不是已知'圆无直'吗？"答方可以说："是的，我们先前已知'圆无直'。"

⑤是：此，这个，用来确定一个断定的个体，问方问："哪一个点是此圆的圆心？"答方

说："这一个点是此圆的圆心。"

⑥可：许可，能，可以，对所提问题做肯定的断定。如问方说："中央可以为旁吗？"答方说："可。"意味着肯定对方的问题，中央可以为旁。

⑦援：援引，用来，指五色等是常被援引来讨论科学问题的素材。

【译文】

〔经 94〕"诺"的方式（讨论科学知识时所用的问答法）不止一种，可以根据具体情况来应用。

〔经说〕"相从"（从已知知识跟随做出结论）、"相去"（从已知的选择关系和已有的选择出发排除其他选择）、"先知"（断定先前已知）、"是"（确定断定个体）、"可"（对所提问题做肯定回答），是五种常用的问答方式。五色、长短、前后、轻重，是讨论科学问题时经常被援引的素材。

【原文】

〔經 95〕服，執俔言，利[①]。

〔經說〕服[②]。執難，成言務成之[③]，詭則求執之[④]。

【注释】

①明正统十年刊《道藏》本作"服执俔音利"，"音利"二字为注解性的小字。高亨据孙诒让把"音"校为"言"，并说"言利"二字本是正文，误作小注。高亨解"俔言"即邪言，《集韵》引旧诂："俔言不正。"沈有鼎据郎兆玉本校为"服，执说"。"服"即服人。"说"解为"以说出故"之"说"，即论证。此备一说。王闿运本同。

②"服"原误置"执"字下，据高亨校为标题字。

③成言：正确之言，据高亨说。

④"诡"原作"九"，高亨说"九"通"宄"，《说文》："宄，奸也。读若轨。"《释名·释言语》："宄，诡也。诡易常正也。"今据《释名》校定为"诡"。诡言即邪言，俔言，奸言，诡辩的言辞。

【译文】

〔经 95〕在用言论说服人的时候，制止邪说诡辩，对世人有利。

〔经说〕在辩论中把握对方的言论是困难的事情。对方正确的言论,须务求助成它。对方诡辩的言论,须务求制止它。

【原文】

〔經 96〕巧傳則求其故[①]。

【注释】

①"传"旧误为"转",据孙诒让、张纯一、沈有鼎校改。下条《经说》谓"观巧传"可证。"巧传"指代代相传的手工业技巧、技术。为《墨经》一重要的基本概念。故:即原因、规律。张纯一:"言当于所传之巧,求其所以然之理。"

【译文】

〔经 96〕对代代相传的手工业技巧、技术,则探求它的原因和规律。

【原文】

〔經 97〕法同則觀其同。

〔經說〕法。法取同,觀巧傳。

【译文】

〔经 97〕如果事物的法则(规律)相同,则观察其相同的方面。

〔经说〕把握事物相同法则(规律)的事例,在代代相传的手工业技巧、技术中,可以观察到。

【原文】

〔經 98〕法異則觀其宜[①]。

〔經說〕法。取此擇彼,問故觀宜[②]。以"人之有黑者"、"有不黑者"也,止"黑人[③]";與以"有愛於人"、"有不愛於人",止"愛人[④]":是孰宜?

【注释】

①法:法则,规律,法式(形式、格式)。宜:适宜,合适,相当于《小取》谓"中效",即合乎标准的推论形式和法则,有效、合式。

②故:理由,根据,前提。问故:检查前提。观宜:观察是否适宜。

③"黑人"意为"所有的人是黑的",《墨经》惯用省略式的语句。《墨经》这里的意思是用"有些人是黑的"(有些S是P)和"有些人不是黑的"(有些S不是P)来反驳"所有人是黑的"(所有S是P)。《墨经》按照《小取》"或也者,不尽也"的定义,把"有些人是黑的"(有些S是P)理解为"有人是黑的,并且仅仅有些人是黑的"(有些S是P,并且仅仅有些S是P)。同理,"有些人不是黑的"(有些S不是P)也应作如是观。《墨经》的意思是用"有些人是黑的"并且"有些人不是黑的"(有些S是P,并且有些S不是P)的事实,可以驳倒"所有人是黑的"(所有S是P),认为这个反驳的法则和法式(形式、格式)是适宜、有效的。

④"止"原误为"心",据张惠言校改。"爱人"即墨家的"兼爱",墨家把"兼爱"看作一个关系命题,并且又相当于道义逻辑中的义务命题,即"所有人应该爱所有人",也就是在"所有人爱所有人"的关系命题之上,再加以"应该"(义务,理想)的道义概念。《墨经》的意思是,用"有些人被人爱"(有些S是P)和"有些人不被人爱"(有些S不是P)的现实事实(实然命题),不能驳倒"所有人应该爱所有人"的道德理想(道义逻辑中的义务命题,即所有人爱所有人是应该的,是义务,是理想),认为这个反驳的法则和法式(形式、格式)不是适宜、有效的。

【译文】

〔经 98〕如果在推论中遇到法则、法式(形式、格式)不同的情况,则应该观察应用哪种法则、法式(形式、格式)适宜。

〔经说〕在确定一个推论是否适宜时,是选择这个,还是选择那个,需要检查前提,才能观察其是否适宜。例如用"有些人是黑的"和"有些人不是黑的",来反驳"所有人是黑的",与用"有些人被人爱"和"有些人不被人爱",来反驳"所有人应该爱所有人",这两个推论哪个是适宜的呢?(言外之意是前一个反驳适宜,后一个反驳不适宜)

【原文】

〔經 99〕止①,因以别道②。

〔經説〕止。彼舉"然者"③,以爲"此其然"也④,則舉不然者而問之⑤。

若“聖人有非而不非”⑥。

【注释】

①止:《墨经》中一种特殊的、重要的反驳方式,意为:用反例反驳对方用简单枚举归纳推理得出的不正确的一般命题,或用对对方演绎推理大前提的否定,来怀疑对方演绎出的个别结论。《墨经》中用“止”字,有时是指物理学上的静止,停止,这里“止”的本义,是推翻,不许他那样说,被《墨经》作者用来特指一种重要的反驳方式。《墨经》作者给出了“止”的定义,阐述了“止”的步骤,制定了“止”的规则,并在许多条目中有所应用。

②因以:用来。别:区别,限制。道:指一般性命题。

③彼:指辩论对方。举:列举。然者:若干正面事例,如说“某甲是黑的”,“某乙是黑的”(即 S_1 是 P,S_2 是 P)等。

④以为:指不符合客观实际与逻辑规律的主观上的认为,想当然,想象,猜想,臆想,臆测。《经下》说:“以楹为抟,于‘以为’无知也。”即如果没有亲眼见到,只是单纯地“以为”(想象)柱子是圆柱形的,这种“以为”只是一种猜想,只能用或然(可能)判断表示,还不算是知识,知识是对于事实和必然性的认识,用实然判断或必然判断表示。此其然:一类事物都是如此。如说“所有人都是黑的”(即所有 S 是 P)。

⑤不然者:反例,反面事例。问:问难,反驳。例如用“某人不是黑的”或“有人不是黑的”可以驳倒“所有人是黑的”。

⑥若:例如。圣人有非而不非:应用止的反驳方式的一例,意为所有圣人都不指斥他人之非,所有圣人都是虽见他人有非却不揭露其非。《论语·子路》载孔子说:“父为子隐,子为父隐,直在其中矣。”《春秋公羊传·闵公元年》:“为尊者讳,为亲者讳,为贤者讳。”对方“所有圣人都不指斥他人之非”的论题,可由枚举“圣人甲不指斥他人之非”、“圣人乙不指斥他人之非”等若干正面事例,使用简单枚举归纳推理仓促得出,墨家可列举反例“墨子是圣人,而墨子是指斥他人之非的”来反驳对方论题。

【译文】

〔经 99〕“止”这种反驳方式是用来区别和限制一个一般性道理的。

〔经说〕对方列举若干正面事例,想当然地推出“所有这一类事物都是如此”的一般结论,我则列举“有事物不是如此”的反例来问难。例如反驳“圣人见别人有非却不揭露其非”。

【原文】

〔經 100〕正無非。

〔經說〕正。五諾[①]，皆人於知。有說[②]，過五諾，若“圓無直[③]”。無說，用五諾，若自然矣。

【注释】

①五诺：讨论科学问题时应用的五种问答方式，指上文的“相从、相去、先知、是、可”。“五诺”在本条有三次出现，为《墨经》基本术语。

②说：推理，证明。

③圆：明《道藏》本作“员”，与“圆”通。《经说上》“意规圆三也”的“圆”亦作“员”可证。“圆无直”的字面意思，是“圆周上没有直线”，即“一圆周上任何三点都不在一直线上”。相当于平面几何定理“一直线与一圆的公共点不能多于两个”，或推论“无圆能通过同在一直线上的三点”。《经上》：“直，参也。”是关于直线的定义，意为“三点中有一点恰好介于其余两点之间”，《墨经》把这一点看作是直线的一个基本性质。“参”是“介于其间”的意思。这与希尔伯特几何学基础公理体系中顺序公理的某些内容相似。孙诒让误把“员”(圆)改为“负”，《墨经》“圆无直”的几何学定理就被化有为无。

【译文】

〔经 100〕正确的科学理论应该排除其中错误的成分。

〔经说〕讨论科学问题时，经过五种问答方式，人人对论题都已经知晓了。假如论题还需要证明，那么可以一一经过五种问答方式，例如对“一圆周上任何三点都不在一直线上”的定理的证明，就是这样。假如论题不需要证明，那么用五种问答方式中的一部分，特别是后两种(是、可)，论题就好像是自然明白一样。

33. 经下、经说下

【说明】

本书校定《经下》为83个条目。这些条目用极精练的文字，列举古代逻辑学和科学的命题，并用“说在”的字样，标举少量的关键词，点出解释、论证该命题的理由或例证。《经说下》是对《经下》的简略解释和论证，是对《经下》“说在”的字样下所列举的关键词的简略展开。译注体例同《经上》和《经说上》。

【原文】

〔經101〕止①，類以行之②，說在同。

〔經說〕止。彼以此其然也③，說是其然也④；我以此其不然也⑤，疑是其然也⑥。

【注释】

①止：《墨经》中一种重要的反驳方式。见《经上》99条注。

②“之”旧误为“人”，据孙诒让校改。孙诒让引本条《经说》文字，指出“是言辞相执拒之意，不当言‘行人’，疑‘人’当作‘之’”，引《大取》“夫辞以类行者也”为证。

③彼：指辩论对方。此其然：指某类事物都是如此，所有S是P。即《经说上》“彼举然者，以为此其然也”中的“此其然”。

④说：推论，这里指演绎推理，《小取》“以说出故”的“说”。是其然：指从“此其然”的一般性前提中推出的个别结论，S_1是P。是：这个。

⑤此其不然：对“此其然”的否定，并非“此其然”，并非所有S是P，等值于“有S不是P”。

⑥疑：怀疑。因为并非“所有M是P”，而“所有S是M”，则推论说“所有S是P”是可疑的。

【译文】

〔经101〕“止”这种反驳方式应该按照事物的类别来进行，因为我所要反驳的与对方所要证明的是同一论题。

〔经说〕对方如果从"某类事物都是如此"，推出"这个事物是如此"，我则根据"并非某类事物都是如此"来怀疑"这个事物是如此"。

【原文】

〔經 102〕推類之難[①]，說在之大小、物盡[②]、同名、二與鬥、愛、食與招、白與視、麗與暴[③]、夫與屨[④]。

〔經說〕推。謂四足，獸與？並鳥與[⑤]？物盡與？大小也。此然是必然[⑥]，則俱爲麋[⑦]：同名。俱鬥不俱二[⑧]：二與鬥也。包肝肺子：愛也[⑨]。掘茅[⑩]：食與招也[⑪]。白馬多白，視馬不多視：白與視也。爲麗不必麗，爲暴必暴[⑫]：麗與暴也。爲非以人，是不爲非，若爲夫勇，不爲夫；爲屨以買衣，爲屨：夫與屨也。

【注释】

①推类：即类推，狭义指各种类比推论，包括譬（譬喻式的类比推论）、侔（比较相似句群的类比推论）、援（援引对方相似言行以证明自己言行的类比推论）、推（归谬式的类比推论）等，广义的推类或类推，相当于"推理"，包括演绎和归纳，如"止"等。实际上各种推理都与类有关。《大取》"夫辞以故生，以理长，以类行"的立辞三原则，对一切推理都适用。所以叫推类、推理、推故应该是一样的。推类之难：推论中所遇到的困难和容易出现的谬误。

②"大小"与"物尽"原为"五行毋常胜"一条所隔断，据《经说》"物尽与大小也"文义，"大小"与"物尽"应该连读，不应分作两条。《经》文"大小"与"物尽"连读，合并作一条，《经说》"则俱"与"为麋"连读，则释义可豁然贯通。

③"暴"字旧脱，据顾广圻校增。

④"屦"旧误为"履"，据《经说》改。

⑤"并"旧误为"生"，据沈有鼎校改。

⑥此然是必然："举然者，以为此其然也"，"以此其然也，说是其然也"的略语。如谓：甲四足者是麋，乙四足者是麋，故凡四足者都是麋，丙是四足者，故丙是麋。仓促概括和虚假论证的谬误。

⑦俱为麋：用归谬法说明犯仓促概括和虚假论证的谬误，会把万物都说成麋。俱：全称量词。

⑧俱斗："甲与乙斗"可以说"甲与乙俱斗"，即他们合起来才能斗殴。不俱二："甲与乙二"不能说"甲与乙俱二"，只能说"甲与乙俱一"，因为尽管甲与乙合起来是二，但分

开说还都是一。涉及概念的集合与非集合意义。“俱一”为《墨经》惯用语和基本概念，见《经说下》105 条“俱一與二”，《经下》113 条“說在俱一、惟是”，《经說下》“俱一若牛、馬四足”。

⑨“肝肺”本指内脏器官，也可引申用以指对儿子的爱怜之情（如说“心肝宝贝”）。

⑩“掘”原误为“橘”，据高亨校改。

⑪食与招：茅草可食，亦可用于招神祭祀。《周礼》“旁招以茅”郑注：“招四方之所望祭者。”

⑫“为暴必暴”旧误为“不必”，据沈有鼎校改。

【译文】

〔经 102〕类推存在困难和有导致谬误的机会，论证这一点可以列举“大小、物尽、同名、二与斗、爱、食与招、白与视、丽与暴、夫与履”等事例。

〔经说〕例如说到“四足”，能够断定是兽呢？还是两鸟相并而立呢？甚至于说万物尽是如此呢？这就牵涉到“四足”范围大小的问题。若见甲四足是麋，乙四足是麋，就说所有四足都是麋，丙是四足，就说丙必定是麋，甚至于说万物尽是（俱是）麋，把“麋”变成了万物的“同名”了，这岂不荒谬？“甲与乙斗殴”可以说“甲与乙俱（都）在斗殴”，但“甲与乙二人”不能说“甲与乙俱是二人”（只能说“甲与乙俱是一人”）。“肝、肺”本是内脏器官，又可引申以指对儿子的爱怜之情（“心肝”）。看见一个人在挖掘茅草，不能断定他是用来吃，还是用来招神祭祀。说“白马”是指马身上白的地方多，但说“视马”却并不需要多看上几眼。人为地想打扮得美丽，结果却不一定真的美丽，但人为地残暴，结果一定就是残暴。因为别人的原因而被迫犯错误，并不等于自己主观上想犯错误，就像表现武夫之勇，不等于做丈夫；但是做鞋子以用来交换衣服，却就是做鞋子。

【原文】

〔經 103〕一，偏棄之①。

〔經說〕一。一②，與一，亡；不與一，在：偏去③。

【注释】

①偏：部分。《经说上》："偏也者，兼之体也。"兼：整体。体：部分。偏弃：去掉一部分。

②原标题字"一"与此"一"误合为"二"，据梁启超校改。

③偏去：即"偏弃"。

【译文】

〔经 103〕一个整体可以去掉一部分。

〔经说〕从一个整体中去掉的部分，如果与原整体结合，则它就失去独立存在的地位。如果不与原整体结合，则它就具有独立存在的地位。这是说的从一个整体中去掉一部分的情况。

【原文】

〔經 104〕謂而固是也①，說在因②。

〔經說〕謂③。有之實也④，而後謂之。無之實也⑤，則無謂也。不若假⑥。舉"美"謂是⑦，則是固美也，謂也。則是非美，無謂，謂則假也⑧。

【注释】

①谓：称谓，陈述，判断。

②因：依，靠。指人的称谓、陈述、判断以事物的实际情况为转移。

③"谓"旧误为"未"，今改。

④⑤二"之"字旧均误为"文"，据孙诒让校改。孙诒让说："'文'并当为'之'，'之'犹'此'也。"

⑥假：这里指虚假。"假"旧误为"敷"，据沈有鼎校改。

⑦"举"旧作"与"，据沈有鼎校改。《经说上》"下举重"的"举"亦作"与"。是：这个，这样。

⑧"谓"字旧脱，今增。"假"旧误为"报"，据沈有鼎校改。

【译文】

〔经 104〕称谓要固定地反映事物的某种实质，论证的理由在于称谓要以事物的实际情况为转移。

〔经说〕有这样的实际情况，然后才能有这样的称谓。没有这样的实际情况，就不能有这样的称谓。这不像说假话。举出“美”的语词和概念来称谓这样一种状况，则是因为这样一种状况本来就是美的，才这样来称谓它。如果这样一种状况本来不是美的，就不能这样称谓，如果这样称谓就是假的。

【原文】

〔經 105〕不可偏去而二①，說在見與不見②、俱一與二③、廣與修④。

〔經說〕不。見、不見離，一、二不相盈，廣、修；堅、白相盈⑤。

【注释】

①偏：部分。偏去：从一个整体中去掉一部分。
②“不见”二字旧脱，据《经说》“见不见离”校增。
③俱一：指集合中的元素“每一个都是一个”的性质。二：两个“一”构成的集合。
④广：一个面积中的宽度。修：一个面积中的长度。
⑤“相盈”旧脱，据沈有鼎校增。相盈：互相渗透。《经上》：“盈，莫不有也。”

【译文】

〔经 105〕有些由两个元素构成的集合，其中的两个元素互相渗透，不能去掉其一，例如一个较大的物体，我们看见这边，看不见那边，这“见与不见”两面不可偏去其一。由两个元素“一”构成的集合“二”，从元素说，每一个都是一个（俱一），这“俱一与二”两面互相渗透、不能去掉其一。一个面积中的宽度与长度二者互相渗透、不能去掉其一。

〔经说〕不过，我们对一个较大物体，看见的一面和看不见的一面，毕竟是分离为两个不同的方面。元素“一”和集合“二”也是两件不同的事情，“二”包含“一”，“一”不包含“二”，一边“盈”，一边不“盈”，所以说“一、二不相盈”。而一个面积的宽度和长度，是每一处都互相渗透、不能去掉其一；一块石头的坚性和白性也是同样，即每一处都互相渗透、不能去掉其一。

【原文】

〔經 106〕不能而不害，說在容[1]。

〔經說〕不。舉重不舉針[2]，非力之任也。爲握者之奇偶[3]，非智之任也。若耳目。

【注释】

①容：面容，指面部器官。"容"原误为"害"，据谭戒甫校改。

②标题字"不"字原误窜入"举"字下，据梁启超改正。第二个"举"原作"与"，据毕沅校改。

③为握者：古代握算筹计算的数学家。奇偶：谈话与辩论。《庄子·天下》成玄英疏："独唱曰奇，对辩曰偶。""奇偶"二字据孙诒让校改。

【译文】

〔经 106〕有所不能，不是害处，犹如面部器官的作用。

〔经说〕举重运动员不善举针绣花，因为这不是大力士的职任。握筹善算的数学家不善讲演辩论，因为这不是数学智能的职任。如耳管听，目管看，各有职任而不能互相替代一样。

【原文】

〔經 107〕異類不比，說在量。

〔經說〕異。木與夜孰長？智與粟孰多？爵、親、行、價四者孰貴？麋與鶴孰高[1]？蟬與瑟孰悲[2]？

【注释】

①"鹤"原作"霍"，古通。

②原此句前有"麋与霍孰霍"五字，据孙诒让校删。"蝉"字据高亨校改。"悲"原作"瑟"，据高亨校改。

【译文】

〔经 107〕不同类的事物不能在同一个方面相比，因为它们有不同的量度标准。

〔经说〕提出如下的问题是荒谬的:“木头与夜间哪一个更长?某人的智能与粟米哪一样更多?爵位、亲缘、德行、价格哪一样更贵?在地上奔跑的麋鹿与在天空飞翔的仙鹤哪一个更高?蝉虫的鸣叫和琴瑟弹奏声哪一个更悲?”

【原文】

〔經 108〕偏去莫加少[①],說在故。

〔經說〕偏。俱一無變。

【注释】

①偏:部分。偏去:从一个整体中去掉一部分。

【译文】

〔经 108〕从一个整体中去掉一部分,作为整体的数量还没有减少,因为整体的数量还是原来那样。

〔经说〕虽然整体从量上说是减少了,作为整体的数量还是原来那一个,没有变化。

【原文】

〔經 109〕假必悖,說在不然。

〔經說〕假。假必非也而後假。狗假鶴也[①],猶氏霍也[②]。

【注释】

①“鹤”原作“霍”,古通。

②霍:此处特指人的姓氏,古通“鹤”,《墨经》屡以“霍”为例。

【译文】

〔经 109〕虚假必然有悖于事实,因为事实并不是如此。

〔经说〕虚假必然是错误的，然后才能说是虚假。比如一只狗假装成鹤，它并不就成为鹤，犹如一个人姓霍，并不等于鹤一样。

【原文】

〔經 110〕物之所以然，與所以知之，與所以使人知之，不必同，說在病。

〔經說〕物。或傷之，〔所以〕然也①。見之，〔所以〕知也②。告之，〔所以〕使知也③。

【注释】

①②③《经说》"然也"、"知也"、"使知也"前均省略"所以"二字，见《经》文"所以然"、"所以知之"、"所以使人知之"。《墨经》为文惯用省略。

【译文】

〔经 110〕事物之所以如此的原因，与人们之所以知道这原因的途径，与之所以使人知道的方式，不一定相同，例如某人生病。

〔经说〕在某种情况下他受到伤害，这是他之所以生病的原因。我亲眼看到了他因受伤而生病，这是我之所以知道这原因的途径。我亲口告诉了别人，这是我之所以使人知道的方式。

【原文】

〔經 111〕疑①，說在逢②、循③、遇④、過⑤。

〔經說〕疑。逢爲務則士⑥，爲牛廬者夏寒⑦：逢也。舉之則輕，廢之則重⑧，若石羽⑨，非有力也；沛從削⑩，非巧也：循也。鬥者之弊也⑪，以飲酒，若以日中⑫，是不可知也：遇也。知與⑬？以已爲然也與⑭？過也。

【注释】

①疑：怀疑，臆测，猜想，想象，意见。

②逢:偶尔见到,碰到。
③循:遵循,因循,顺势而为。《说文》:"循,顺行也。"
④遇:偶然遇到。
⑤过:知道过去已经(曾经)如此。
⑥务:事务。士:掌管事务的人。
⑦牛庐:牛棚。
⑧废:放置。
⑨"若石羽"旧窜入"非巧也"下,据谭戒甫校改。《管子·白心》:"其重如石,其轻如羽。"
⑩沛:指削下的木片。
⑪弊:弊病,弊端,指斗殴的原因。
⑫若:选择连词,相当于"或"。日中:指市场交易,《易·系辞》:"日中为市。"
⑬知:真切确实的知识,知道,没有疑点、疑问,与"疑"相对。
⑭以已为然:以过去推论现在。已:已经,曾经,即过去。然:指现在如此。以为:主观地、想当然地臆测。《经说下》:"过而以已为然。"即以过去已经(曾经)如此为根据,从而说现在也是如此。

【译文】

〔经 111〕怀疑、猜想还不等于确切的知识,譬如偶然遭逢、循势而为、路遇斗殴、以昔比今等事例。

〔经说〕偶然碰到忙于事务的人,就臆测他是管事的士;偶见搭牛棚的人,就想象他为的是取夏天的凉爽:这是偶然遭逢的猜疑。看到有人用桔槔机提举重物,当他举起重物时,显得轻如羽毛,而当他把重物放在地上时,却又显得重如磐石,这不能臆测他有与众不同的神力(实际上这是由于借助机械的缘故);木工匠人顺着木头的纹理刮削,木片纷纷然落地,也不能猜想他有超人的技巧:这是循势而为的猜疑。偶见人打架,他们是由于酗酒,还是由于在市场贸易而引发的争执,暂时还不能确知:这是路遇斗殴的猜疑。对于现实的事物,是有真切的知识,还是由于过去曾经如此,就说现在仍然如此:这是以昔比今的猜疑。

【原文】

〔經 112〕合①,與一或復否②,說在矩。

【注释】

①合：指几何图形的相合、相等。

②一：指用来比较几何图形是否相合、相等的共同标准。复否：相合与不相合。复：重合、叠合。

【译文】

〔经 112〕比较两个几何图形是否相合、相等，可以将它们跟一个共同标准相比较，看它们是否能与这个标准相叠合，例如用矩尺来比较方形是否相等。

【原文】

〔經 113〕區物一體也①，說在俱一②、惟是③。

〔經說〕區。"俱一"若牛、馬四足。"惟是"當"牛馬"。數牛數馬則牛、馬二。數"牛馬"則"牛馬"一。若數指，指五而"五"一。

【注释】

①区：区划，划分。"区"原作"欧"，古通。据吴汝纶、王闿运、尹桐阳、梁启超、高亨、李约瑟说。一：统一。体：部分。《经上》："体，分于兼也。""一体"即把不同的部分统一起来，合成一个整体，所以"一体"即相当于整体，也就是《墨经》说的"兼"。《庄子・天下》载惠施"历物之意"第十事说："泛爱万物，天地一体也。"此"一体"意谓整体。

②俱一：《墨经》基本概念，指集合中的元素"每一个都是一个"的性质。如"牛马"是一个集合，其中的元素牛、马每一个都是一个。"五指"是一个集合，其中的元素拇指、食指、中指、无名指、小指每一个都是一个。

③惟是：《墨经》基本概念，指集合本身所具有的不能分配于其元素的整体的性质，字面意思是"仅仅这一个"，即仅是集合整体具有的性质。如"牛马"、"五指"作为集合的性质。

【译文】

〔经 113〕当我们把世界上的事物区划为不同的整体时，会遇到集合与元素这两方面的性质，论证的理由就在于解释"俱一"（从元素方面说，它们“每一个都是一个”)与“惟是”(从集合方面说“仅仅这一个”,即集合有不能分配于其元素的整体的性质)。

〔经说〕解释“俱一”的例子,如说“牛、马四足”,这是指牛、马两个元素“每一个都是一个”的意义,即牛与马分别都是“四足”。解释“惟是”(集合作为一个整体“仅仅这一个”的性质)的例子,如说“牛马”这一个集合。从元素方面说,数牛数马,则有牛、马这两个元素。而从集合方面说,数“牛马”,则只有“牛马”这一个集合。再如数一只手的指头,从元素方面说,指头有5个;而从集合方面说,“五指”的集合却只有1个。

【原文】

〔經 114〕宇徙[①],說在長宇、久。

〔經說〕宇。宇徙而有處,宇南、宇北[②],在旦又在暮[③],宇徙久。

【注释】

①“徙”字前原衍“或”字,据《经说》删。

②“南宇”旧倒,据高亨乙正。

③“又”原作“有”,“暮”原作“莫”,古通。

【译文】

〔经 114〕关于物体在空间的迁徙运动,论证的关键在于说明物体的运动,随着空间的转移,也同时经历时间的绵延。

〔经说〕物体在空间中迁徙运动,要占有一定的处所(空间),例如物体在空间中由南往北迁徙运动,在时间上经历了由早到晚的过程,所以物体在空间中的迁徙运动,也同时经历时间的绵延。

【原文】

〔經 115〕“不堅白”(《墨經》作者引辯論對方的論點)[①],說在無久與宇[②]。

【注释】

①不坚白：公孙龙学派由“坚白相离”到“坚白离石”的观点。见《公孙龙子·坚白论》：“不坚石、物而坚。”“不白物而白焉。”“故离也。”“不坚白”是《墨经》作者引辩论对方的论点，《墨经》作者的观点是“盈坚白”和坚白“在石”。见《经说下》：“石一也，坚白二也，而在石。”

②无久与宇：即“无久”和“无宇”的合并省略。无久：《墨经》基本概念。指时间被分割为无穷小的单位、量、点。无宇即无厚，指空间被分割为无穷小的单位、量、点，与无久相对应。《墨经》作者认为，即使把时间、空间分割为无穷小的单位，一块坚白石中的坚白二性也同样是相互渗透的。《大取》：“苟是石也白，败是石也，尽与白同。”坚也同样。本条原为“荆之大”条所隔断，据高亨校合。

【译文】

〔经 115〕关于反驳“不坚白”（即坚白相离、坚白离石）的论点，论证的关键在于，把时间和空间分割为无穷小的单位，即“无久”、“无宇”（无厚）时，也还是相盈而不离于石的。

【原文】

〔經 116〕堅白，說在因①。

〔經說〕堅。撫堅得白②，必相盈也③。

【注释】

①因：因依，寄托。

②“抚”原作“无”，同音假借。

③相盈：相互渗透。

【译文】

〔经 116〕关于坚白之辩，论证的关键在于说明二者是互相因依渗透的。

〔经说〕当我们用手触摸石头的坚硬性质时，同时也能看到白色，这就说明坚白两种性质在石头中是互相渗透的。

【原文】

〔經 117〕察諸其所然、未然者①,說在於是推之②。

〔經說〕察。"堯善治",自今察諸古也。自古察之今,則堯不能治也。

【注释】

①"察"原作"在",《尔雅·释诂》:"在,察也。""所然"是"所以然"的略语,即之所以 P 的原因。"所未然"即"所以不然"的略语之变形,即之所以不 P 的原因。"然者"旧倒,据梁启超乙正。

②是:这个,这里指《经说》所分析的"尧善治"的命题适用于古不适用于今的例子。《墨经》还分析"尧之义"的命题"是声也于今,所义之实处于古",强调今古"异时"。《墨经》认为"以已为然"或"过而以已为然"的推论不成立。《大取》说:"昔者之虑也,非今日之虑也。"

【译文】

〔经 117〕审察某事之所以这样和之所以不这样的原因,可以从"尧善治"的命题适用于古而不适用于今的事例类推而知。

〔经说〕说"尧善治",这是从今天的情况出发来考察古代的情况(即"尧善治"是指善于治理古代)。假如从古代的情况出发来考察今天的情况,那么就不能够说"尧善治"(即"尧善治"不是指善于治理现代)。

【原文】

〔經 118〕影不徙,說在改爲①。

〔經說〕影。光至影亡。若在,盡古息。

【注释】

①"影"旧作"景",古通。"影不徙"本为辩者命题,墨家也赞成。《庄子·天下》篇引辩者说:"飞鸟之影未尝动也。"《列子·仲尼》篇引公孙龙说:"有影不移。"又引公子牟说:"影不移者,说在改也。"与《经下》本条"影不徙,说在改为"义同。

【译文】

〔经 118〕物体的影子本身是不会迁徙的，论证的理由在于，通常所看到的“影子迁徙”，是由于光源和物体相对位置改变的结果。

〔经说〕由于光源和物体相对位置的改变，光线照到了原来影子形成的地方，则影子就消失了。如果光线照到了原来影子形成的地方，影子仍没有消失，则影子就会永久留存在那里，这当然是不可能的。

【原文】

〔經 119〕影二①，說在重②。

〔經說〕影。二光加一光③，一光者影也④。

【注释】

①影二：两个光源照射同一个物体，会形成两个影子，这两个影子会发生重叠，而形成本影（两个光源都照不到的地方，即两个光源所形成的两个影子相重叠的地方，影子较浓）和半影（只有一个光源照不到，另一个光源能照到，影子较淡）两部分。

②重：有两个光源重复照射，会形成两个影子互相重叠的现象。

③二光夹一光：两个光源所形成的两个半影夹着一个本影。

④一光者影也：指本影。

【译文】

〔经 119〕两个光源照射同一个物体，会形成两个影子，这两个影子会发生重叠，而形成本影和半影两部分，论证的理由在于，有两个光源重复照射，会形成两个影子互相重叠的现象。

〔经说〕两个光源所形成的两个半影夹着一个本影。

【原文】

〔經 120〕影倒①，在午②、有端與影長③，說在端。

〔經說〕影。光之人，照若射。下者之人也高，高者之人也下。足蔽下光，故成影於上。首蔽上光，故成影於下。在遠近、有端與於光，故影窟內也[④]。

【注释】

①影倒:即倒影。
②午:交错。
③端:点,小孔。
④“窟”原作“库”,古通。

【译文】

〔经 120〕形成倒影的条件,在于光线交错、有一个小孔并且有一定长度的影子,论证的关键在于小孔的存在。

〔经说〕光线达到人的身上,光线的照耀就像射箭一样是直线进行的。光线照到人的身上,人下部的影子形成于高处,人高处的影子形成于下处。因为人的足部遮蔽从下边照来的光线,所以形成的影子在上边。头部遮蔽从上边照来的光线,所以形成的影子在下边。因为人站在离墙有一定远近的地方,墙上有一个小孔,并且被光线照射,所以倒影在室内形成。

【原文】

〔經 121〕影迎日[①],說在轉[②]。

〔經說〕影。日之光反燭人[③],則影在日與人之間。

【注释】

①影迎日:影子在太阳与人之间。
②转:反射。“转”原作“抟”,据孙诒让校改。
③反烛:反射。

【译文】

〔经 121〕影子迎着太阳(影子在太阳和人之间),论证的理由在于日光的被反射。

〔经说〕太阳的光线被镜子反射到人的身上，则影子形成于太阳和人之间。

【原文】

〔經 122〕影之大小，說在斜正遠近[①]。

〔經說〕影。木斜，影短大。木正，影長小。光小於木[②]，則影大於木。非獨小也，遠近。

【注释】

①"斜"原作"地"，据高亨校改。

②"光"原误为"大"，据孙诒让校改。

【译文】

〔经 122〕光源照射物体所形成的影子有大小的不同，论证的理由在于，物体摆放的斜正，光源距物体的远近等。

〔经说〕用木头做实验，木头斜放，则影子短大。木头正放，则影子长小。光源小于木头，则影子大于木头。不仅有"光源小于木头"的情况，还有光源大于木头的情况，这时影子会小于木头。当光源距木头远时，影子小；当光源距木头近时，影子大。

【原文】

〔經 123〕臨鑒而立[①]，影倒[②]，多而若少[③]，說在寡區[④]。

〔經說〕臨。正鑒[⑤]，影多寡[⑥]、貌態[⑦]、白黑[⑧]、遠近、斜正異於光。鑒、影當俱[⑨]，就、去亦當俱[⑩]，俱用背[⑪]。鑒者之容[⑫]，於鑒無所不鑒。影之容無數[⑬]，而必過正[⑭]。故同處，其體俱然鑒分[⑮]。

【注释】

①临鉴而立：指人站在镜子前面，照镜子，看自己在镜中的形象。《尔雅·释诂》："临，

视也。"《方言》:"临,照也。"《广雅·释诂》:"鉴谓之镜。"

②影倒:凹镜中会形成倒立的像。

③多而若少:物体大而形成的像小,凸镜中会形成缩小的像。

④寡区:指镜子是一个较小的区域。从本条开始,连同以下124条"鉴凹"和125条"鉴团"共3条,原窜在"不坚白"条之前,据《经说》文乙正。

⑤正鉴:正面对着镜子。

⑥影多寡:像的大小。"多"字据孙诒让校增。

⑦貌态:状貌形态,"貌"原作"能",古通。

⑧白黑:明暗淡浓。

⑨鉴、影当俱:物体在镜前,镜与物体之像总是同时存在。

⑩就、去亦当俱:物体与像接近与离开镜面的运动,也总是同时存在。

⑪俱用背:物体与像的运动方向,总是相反。"背"原作"北",古通。

⑫⑬二"容"字原作"臭",据方孝博校改。

⑭过正:指像与原物有所不同。

⑮其体俱然鉴分:磨制不均匀的镜面,物体在镜面的不同部分,会形成不同的像。

【译文】

〔经123〕人站在球面镜前,会形成倒立的像,或缩小的像,论证的理由在于镜面是一个较小的区域。

〔经说〕面对球面镜,像的大小、状貌形态、明暗、远近、正倒与物体有区别。物体在镜前,镜与物体之像总是同时存在,物体与像接近与离开镜面的运动,也总是同时存在,并且物体与像的运动方向,总是相反。被照物体的容貌,在镜中都会有所反映。像的容貌多样,而且一定会歪曲原物的形象。所以物体与镜面同在一处,物体在镜面的不同部分,会形成不同的像,就像物体被镜面分开了一样。

【原文】

〔經124〕鑒凹①,影一小而易②,一大而正③,說在中之外內④。

〔經說〕鑒。中之內:鑒者近中,則所鑒大,影亦大;遠中,則所鑒小,影亦小;而必正:起於中、緣正而長其值也。中之外:鑒者近中,則所鑒大,影亦大;遠中,則所鑒小,影亦小;而必易:合於中而長其值也。

【注释】

①鉴凹：凹镜。“凹”原误为“位”，应为“洼”，通凹。

②易：倒立。

③正：正立。

④中之外内：凹镜球心之外与焦点之内。

【译文】

〔经 124〕凹镜成像，一种情况是像比物体小，并且是倒立的，另一种情况是像比物体大，并且是正立的，论证的理由在于，物体是处在球心之外，还是焦点之内。

〔经说〕物体在焦点之内成像的情况：照镜子的人接近焦点，则所照的面积大，成像也较大；远离焦点，则所照的面积小，成像也较小；但像都一定是正立的：这是由于光线从焦点和球心出发，与镜面正交，并向镜后延长相交而成像的结果。物体在球心之外成像的情况：照镜子的人接近球心，则所照的面积大，成像也较大；远离球心，则所照的面积小，成像也较小；但像都一定是倒立的：这是由于光线会合于焦点和球心中间，并延长相交而成像的结果。

【原文】

〔經 125〕鑒團影一①。

〔經說〕鑒。鑒者近，則所鑒大，影亦大；其遠，所鑒小，影亦小；而必正。影過正故招②。

【注释】

①鉴团：凸镜。

②招：摇动，模糊不清。

【译文】

〔经 125〕凸镜成像只有一种情况。

〔经说〕物体距镜面近，则所照面积大，成像也大；距镜面远，则所照面积小，成像也小；但像一定是正立的。物体距镜面过远，像与原物差别过大，所以会招摇不定。

【原文】

〔經 126〕負而不翹[①]，說在勝[②]。

〔經說〕負。衡木加重焉，而(標端)不翹，極勝重也[③]。右校交繩[④]，無加焉而翹，極不勝重也。

【注释】

①负：指桔槔机本端负重，"负"原误为"贞"，据《经说》改。"翘"原作"挠"，据栾调甫校改。下同。

②③胜：胜过，大于，指杠杆标端重力距大于本端与重物的重力合力距。

④校：调节校准。交绳：立柱与横杆相交错捆绑之处。

【译文】

〔经 126〕使用桔槔机提取重物时，本端负重，而标端不会翘起来，论证的理由在于，标端的重力距，胜过本端与重物的重力合力距。

〔经说〕横杆本端加上重物以后，而标端不会翘起来，那是由于标端的重力距，胜过本端与重物的重力合力距的缘故。如果从右边调节立柱与横杆的连接之处，交点过于靠近标端，那么即使本端没有加上重物，标端也会翘起来，那是由于标端的重力距，没有胜过本端的重力距的缘故。

【原文】

〔經 127〕衡而必正[①]，說在得。

〔經說〕衡。相衡則本短標長[②]。加重於其一旁，必垂。權重相若也[③]，兩加焉，重相若，則標必下，標得權也。

【注释】

①衡:秤,秤杆。“衡”原误为“天”,据《经说》校改,谭戒甫说。

②“相衡则本短标长”原误窜到“权重相若也”下,今依意改正。

③权:秤锤。

【译文】

〔经127〕秤杆必须保持平衡,论证的理由在于,秤杆标端得到了一个可以在秤杆标端任意调节滑动的秤锤。

〔经说〕秤杆保持平衡,则本端短,标端长。如果秤杆已经保持了平衡,再在秤杆的某一端加上重量,那一端一定会下垂。如果秤锤与重物相等,分别加在秤杆的标端与本端,则标端一定会下垂,这是由于本来本端较短,标端较长,而标端又得到了一个与重物相等的秤锤的缘故。

【原文】

〔經128〕挈與收反①,說在權②。

〔經說〕挈③。挈有力也,引無力也。不必所挈之止於斜也④,繩制挈之也⑤,若以錐刺之。挈:長重者下,短輕者上,上者愈得,下者愈亡⑥。繩直,權重相若,則止矣⑦。收:上者愈喪,下者愈得。上者權重盡,則遂挈。

【注释】

①挈:提升。“挈”原误为“契”,据《经说》改。收:收取,下引。“收”原误为“枝”,据《经说》改。反:方向相反。“反”原误为“板”,据孙诒让校改。

②权:帮助提升或收取重物,起牵拉、缓冲或平衡作用的标准重物,相似于秤锤,故称为权。“权”原误为“薄”,据孙诒让校改。

③这个“挈”字是标题字,依例增。

④“必”原误为“心”,据谭戒甫校改。斜:斜面。“斜”原作“施”,据方孝博校改。

⑤绳制挈之:用绳索制动定滑轮以升降重物的装置,即滑车。

⑥“下”字旧重,删其一。

⑦“止”旧作“心”,据方孝博校改。

【译文】

〔经 128〕用滑轮提升与收取重物的方向相反，论证的关键在于，使用一个起牵拉、缓冲或平衡作用的标准重物“权”。

〔经说〕由下而上提升重物，要用力气。由上而下收取重物，是利用重力的作用，使重物自动下降，所以不用力气。要想方便或省力地提取重物，不一定只利用斜面这一种方式，用绳索制动滑轮以提取重物，就像用锥子刺物一样方便省力。由下往上提升重物时，系在绳子一端的相对较重的“权”，靠着重力的作用会自动下降，系在绳子另一端的相对较轻的重物，则被自动地往上提。被提举的重物越来越靠近上边，靠重力下降的“权”会越来越接近地面。如果制动定滑轮的绳子两边下垂，分别悬挂的“权”和重物重量相等，那么两边就会静止不动。由上往下收取重物时，系在绳子一端的相对较轻的“权”，离地越来越远，越来越靠近上边，重物凭借重力的作用，越来越靠近地面。待“权”上升到滑轮边沿时，如果还想提升重物，则需用人力把重物稍稍提举，以便使“权”能够再次自动下落，开始新一轮提举重物的过程。

【原文】

〔經 129〕倚者不可正[①]，説在梯[②]。

〔經説〕倚：背、拒、牽、射[③]，倚焉則不正。兩輪高，兩輪爲輇[④]，車梯也。重其前，弦其前，載弦其胡，而懸重於其前。是梯，挈且挈則行。凡重，上弗挈，下弗收，旁弗劫，則下直。斜，或害之也，流梯者不得下直也。今也廢石於平地，重，不下，無旁也。若夫繩之引胡也，是猶自舟中引横也。

【注释】

①倚：偏斜。正：垂直。《经下》另条：“正而不可倚。”

②梯：指车梯，兼有车子和梯子两种功用。

③背：背负。拒：抵拒。牵：牵引。射：投射。据孙诒让、谭戒甫、方孝博说校释。

④辁：小而无辐的车轮。

【译文】

〔经 129〕偏斜的东西不能够垂直，例如车梯。

〔经说〕背负、抵拒、牵引、投射，都有偏斜而不垂直的现象。车梯的前两轮低，后两轮高。因为车梯的重心偏前，为了在装运过程中保持车梯的平衡，需要在车前系以绳索，使绳索下垂，而悬以重物。这种车梯，提起前端并向前牵引，则能够前行。凡是重物，不往上提举，不往下收取，不从旁边给予强力，而仅受重力作用，则会垂直下落。斜面对物体的下落起某种妨害作用，在梯子上滑动的物体，不能够垂直下落。现在把一块石头放在平地上，它有重力，但受地面阻力的作用，不会下落，也没有从旁边来的作用力，它就会静止不动。说到用绳索牵引车梯前行的运动方式，这就像用绳索牵引舟前横木使舟做水平运动一样。

【原文】

〔經 130〕堆之必拄[①]，說在廢材[②]。

〔經說〕堆[③]。並石、壘石，循夾寢者法也[④]。方石去地石[⑤]，關石於其下，懸絲於其上，使適至方石。不下，拄也[⑥]。膠絲去石，挈也。絲絕，引也。未變而名易，收也。

【注释】

①堆：堆砌，“堆”原作“推”，据谭戒甫校改。拄：支撑，“拄”原作“往”，据徐克明校改。
②废材：放置建筑材料。
③标题字“堆”原误为“谁”，据谭戒甫校改。
④“循”原作“耳”(佴)，据《经上》高亨校“佴”为“循”。
⑤第二个“石”字原误为“尺”，据徐克明校改。
⑥“拄”原作“柱”，据徐克明校改。

【译文】

〔经 130〕堆砌一定要有所支撑，论证的理由在于，放置建筑材料应遵循一定的法则。

〔经说〕每层并砌和层层垒砌石料，要遵循互相夹持着摆放的法则。取一块方石，让它离地面正好有一块石头的间隔，然后放一块石头在它下面，在它上面悬挂一根丝绳，使丝绳下端正好够着这块方石。这块方石不落下，是由于受到下面石头的支撑。把丝绳胶结在上面那块石头上，去掉下面的石头，这时会发现丝绳对石头的提举作用。如果丝绳断了，这时会发现石头向下的牵引作用。还是这种情况，而换一种说法，从地面角度来说，这是地面对石头收取的作用。

【原文】

〔經 131〕買無貴[①]，說在反其價[②]。

〔經說〕買。刀糴相爲價[③]。刀輕則糴不貴，刀重則糴不易[④]。王刀無變，糴有變。歲變糴，則歲變刀。若鬻子。

【注释】

①买：含卖，指商品交易，《经说上》："买鬻，易也。"《说文》："买，市也。"
②本条及下条多次出现"价"字原为"贾"，古通。
③"刀"与下文"王刀"均泛指货币。籴：谷物，泛指商品。
④易：贱。

【译文】

〔经 131〕商品的价格没有绝对的贵贱，论证的理由在于，商品的价格可以由货币的币值来反观。

〔经说〕货币与商品可以互相比价。当货币贬值时，商品表面价格上涨，而实际价值并未上涨。当货币升值时，商品表面价格下跌，而实际价值并未下跌。如果国家规定的货币币值没有变化，商品价格也会因供求关系和人们的购买欲望而有变化。每年商品价格有变化，则每年也会影响到货币币值的变化。例如卖儿子，在不同年景，情况是有所不同的。

【原文】

〔經 132〕價宜則售，說在盡。

〔經說〕價。盡也者，盡去其所以不售也。其所以不售去，則售。價也宜不宜在欲不欲[①]。若敗邦鬻室嫁子[②]。

【注释】

①“价”字前原有“正”字，据高亨校删。“在”原误为“正”，据高亨校改。

②败邦：战败之国。鬻室：卖妻妾。嫁子：女儿出嫁。

【译文】

〔经 132〕商品价格适宜，则交易会成功，论证的理由在于，买方不想购物的欲望是否全部都被排除。

〔经说〕这里说的“全部”，就是指全部排除买方所以不想购物的欲望。买方所以不想购物的欲望全都排除，交易则会成功。所以这里说的商品价格适宜不适宜，就在于买方想不想购物。例如在战败之国，要想用很高的价钱卖妻妾、嫁女儿是不容易的。

【原文】

〔經 133〕無說而懼，說在弗必[①]。

〔經說〕無。子在軍，不必其死生；聞戰，亦不必其死生[②]。前也不懼，今也懼。

【注释】

①“必”旧误为“心”，据孙诒让校改。

②“死”字旧脱。据孙诒让校增。

【译文】

〔经 133〕没有解说的充分理由而恐惧，论证的理由在于缺乏必然性。

〔经说〕儿子在军队里，不能必然断定他的生死情况；现在听到战斗的消息，也同样不能必然断定他的生死情况。前者不恐惧，现在却恐惧起来，这是没有必要的。

【原文】

〔經 134〕或過名也①，說在實。

〔經說〕或。知是之非此也②，又知是之不在此也③，然而謂此南、北，過而以已爲然④。始也謂此南方，故今也謂此南方。

【注释】

①过名：名称过时，不适合当前情况。

②是之非此：这个已经不是这个，指事物性质变化，“此”亦即“是”。

③是之不在此：这个已经不在这里，指事物空间变化。

④过而以已为然：事情已经过去了，还拿“事情曾经如此”作为理由，推论说“现在还是如此”。《墨经》不赞成这种逻辑。《墨经》另条说：“知与？以已为然也与？过也。”认为“以已为然”(因为过去曾经如此，就说现在还是如此)不算知识，而是属于“疑”(猜疑、臆测)的一种。

【译文】

〔经 134〕名称有时会过时，论证的理由在于，事物的实际情况已经起了变化。

〔经说〕知道这个已经不是这个了，又知道这个已经不在这里了，然而因为过去曾经把这个地方叫“南”、“北”，现在就还说这个地方是“南”、“北”，这就是事情已经过去了，还以“过去曾经如此”为理由，而说“现在还是如此”。因为开始把这个地方叫“南方”，所以现在还把这个地方叫“南方”。

【原文】

〔經 135〕“知知之否之足用也”悖①，說在無以也②。

〔經說〕知。論之非知無以也。

【注释】

①《论语·为政》载孔子说："知之为知之，不知为不知，是知也。"《老子》说："知不知，上。"与《墨经》所批评的论点相似。

②无以：无用处，无意义。

【译文】

〔经 135〕"知道自己是知道，还是不知道，这就够用了"的论点，是自相矛盾的，论证的理由在于，这样说是没有意义的。

〔经说〕讨论某一个问题，就要求知道那个问题。如果说："讨论某一个问题，就承认不知道那个问题，这就已经够用了。"这样说是没有意义的，况且既说"知道自己不知道"，却又说"够用"，这是自相矛盾的。

【原文】

〔經 136〕謂"辯無勝"必不當，說在辯。

〔經說〕謂。"所謂非同也，則異也。同則或謂'之狗'，其或謂'之犬'也。異則或謂'之牛'，其或謂'之馬'也①。俱無勝。"（以上引辯論對方語）是不辯也。辯也者，或謂之是，或謂之非。當者勝也。

【注释】

①"其"原误为"牛"，据孙诒让校改。

【译文】

〔经 136〕说"辩论没有胜负可言"一定是不恰当的，论证的理由在于，究竟什么叫做辩论。

〔经说〕对方说："辩论双方如果所说的不是相同，那么就是相异。如果辩论双方所说的是相同，则如下例：甲说：'这个动物是狗。'乙说：'这个动物是犬。'这可以'俱无胜'(都没有胜利)。如果辩论双方所说是相异,则如下例:甲说:'这个动物是牛。'乙说:'这个动物是马。'这也可以'俱无胜'(都没有胜利)。所以,不管辩论双方所说的是相同,还是相异,总是'俱无胜'(都没有胜利)。"对方说的这些情况并不构成辩论。凡是辩论,一定是关于某件事情的某种属性,甲说"是",乙说"非"(不是)。而"当"(即符合实际)的一方,就是在辩论中胜利的一方。

【原文】

〔經 137〕"無不讓也"不可①,說在酤②。

〔經說〕無。讓者酒,未讓酤也③,不可讓也,若酤於城門與於臧也④。

【注释】

①《论语・里仁》载孔子说"以礼让为国",《学而》载孔子学生子贡说"夫子(指孔子)温、良、恭、俭、让以得之"。《墨经》不赞成"所有的事情都让"的全称命题。

②③酤:买酒。"酤"原误为"始",据高亨校改。这是列举反例以反驳全称命题,是"止"式论证的应用。

④"酤"原误为"殆",据高亨校改。

【译文】

〔经 137〕"无事不让"(凡事都让)的论题不能成立,论证的理由在于,请客吃饭时,买酒的事情就不能让。

〔经说〕请客吃饭时,可以对客人"让酒",但如果酒喝完了,不能让客人去买酒,买酒之事不可让于客人,如需到城门内去买酒,可以让自己家里的仆人臧去买,不能让客人去买。

【原文】

〔經 138〕於一,有知焉,有不知焉,說在存。

〔經說〕於。石,一也。堅、白,二也,而在石。故有知焉,有不知焉可①。

【注释】

①《墨经》有许多条文从各个方面阐述"坚白相盈"、"坚白存在于石"的正确观点，针对辩者（名家）公孙龙等"坚白相离"、"坚白离于石"的错误观点。今本《公孙龙子·坚白论》谓："于石，一也；坚白，二也，而在于石。故有知焉，有不知焉。"与《墨经》此条文句相似（今本《公孙龙子·坚白论》连《经说下》的标题字也引上，《列子·汤问》引《经说下》"均。发均"条亦将标题字引上，有人据此怀疑今本《公孙龙子》有魏晋人作伪的痕迹）。但《墨经》作者与公孙龙世界观和方法论观点的分野、区别非常鲜明，《墨经》在肯定坚白存于石的情况下，承认坚白二性在某些情况下可以"有知焉，有不知焉"。公孙龙虽引《墨经》此说，但紧接着论证"坚白离石而独立自存"的错误观点。

【译文】

〔经 138〕一个事物有多种不同的性质，人在某些情况下对其性质有知道的，有不知道的，但这些性质是存在于事物本身的。

〔经说〕例如有一块石头，具有坚白两种性质，但坚白这两种性质，是存在于石头本身的。在这种情况下可以说对其性质有知道的，有不知道的。

【原文】

〔經 139〕有指於二[①]，而不可逃[②]，說在以二參[③]。

〔經說〕有指。子知是[④]，又知是吾所先舉[⑤]，則重[⑥]。子知是，而不知吾所先舉也，是一[⑦]，謂"有知焉，有不知焉"可。若知之，則當指之知告我，則我知之。兼指之以二也。橫指之[⑧]，參直之也[⑨]。若曰："必獨指吾所舉，毋舉吾所不舉[⑩]。"則二者固不能兼指[⑪]。所欲指不傳[⑫]，意若未校[⑬]。且其所知是也，所不知是也，則是知是之不知也。惡得爲一[⑭]，而謂"有知焉[⑮]，有不知焉[⑯]"？

【注释】

①本条以二人同时交换所知的形象、直观的方法，论证墨者"盈坚白"的论题，反驳辩者公孙龙等人"离坚白"的论题。设有坚白石于此，一人指其坚，一人指其白，这叫

"有指于二"。指：以手指指物。于二：指坚白两种性质。

②不可逃：二人同时一指其坚，一指其白，同时俱指，则同时俱知，坚白无所逃离或避藏。"离"、"藏"的观点见《公孙龙子·坚白论》。

③以二参：以二人同时参加认识的方法，论证"坚白相盈"。参：参与，参加，参验。"参"字原误，据《经说》校改。

④这，这个，指代坚、白中的一个。下同。

⑤"又"原作"有"，通。

⑥"则重"二字旧倒，据高亨校改。

⑦是一：这个是"只知其一"。

⑧横指：二人同时指认坚白两种性质，即"有指于二"、"兼指之以二"。

⑨参直之：二人同时认知、把握坚白两种性质。《说文》："直，正见也。""直"有"见"意，引申有"得"意。据高亨说。

⑩"指"旧作"举"，涉上下文而误，据高亨校改。

⑪"二"字旧脱，据张纯一校增。"兼"旧误为"独"，据上下文意当作"兼"，"兼"与"二"相应。

⑫"指"旧误为"相"，据孙诒让校改。

⑬若：乃，据高亨释。"较"原作"校"，假借。《广雅·释诂》："较，明也。"

⑭一：指有多种性质的一个物体，即《经上》上条"于一"之"一"。

⑮"而谓"旧倒，据谭戒甫校改。

⑯"且其所知是也"以下用归谬法，驳斥对方自相矛盾。

【译文】

〔经 139〕假设有二人，同时指认事物的两种不同性质，那么，这两种不同的性质，就可以同时为人所把握，而无所逃逸，论证的理由在于，假设有二人同时参与认识活动。

〔经说〕你知道这种性质，又知道这种性质也是我先前所已经认识、并列举出来的，那么我们二人的所知就是重复的。你知道这种性质，而不知道这种性质也是我先前已经认识、并列举出来的，那么你就是只知其一，而不知其二。在这种情况下，说"一个事物，有多种不同的性质，我们对其性质有知道的，有不知道的"，是可以的。你如果知道了事物的一种性质，则应当把你已经知道的这一种性质告诉我，那么我就也知道了，用这种方法我们可以同时知道事物的多种不同性质。同时指认事物的各种不同性质，也就可以同时把握它们。你如果故意跟我为难，说："你必须仅仅指认我所已经列举的性质，而不许指认我还没有列举的性质。"那么事物的各种不同性质自然不能同时被认识。我想让你指认的性质，你偏偏不指认、不传播，那么意识、判断就不能彰显明白。况且在一种情况下你说你知道这一点（用手摸石头，你说你知道坚），在另一种情况下你又说你不知道这一点（用目看石头，你说你不知道坚），那么你就是说你既知道这一点，又不知道这一点，你知道这一点就是不知道这一点，这样你就是陷入了自相矛盾。既然你已经否认了确定的知识，你还怎么能够说"一个事物，有多种不同的性质，我们对其性质有知道的，有不知道的"？

【原文】

〔經 140〕所知而弗能指，說在春也[①]、逃臣、狗犬、遺者[②]。

〔經說〕所。春也，其死固不可指也[③]。逃臣，不知其處。狗犬，不知其名也。遺者，巧弗能兩也。

【注释】

①春：女仆名。据沈有鼎说。一说指春天。
②"遗"旧误为"贵"，据《经说》校改。
③"死"原作"执"，据沈有鼎校改，《经说下》另条："臧也今死，而春也得之，之死也可。"

【译文】

〔经 140〕有些我们所知道的，而不能用手指指着说，例如死去的女奴春、逃亡的臣仆、狗犬这两个语词的定义、遗失不见的宝物。

〔经说〕春这个女奴已经死了，本来不能用手指指着说。同样，逃亡的臣仆不知道他在哪里；狗犬这两个语词不知道其定义；遗失的宝物，再巧的工匠也不能造出两个完全一样的来：这都不能用手指指着说。

【原文】

〔經 141〕知狗而自謂不知犬，過也，說在重[①]。

〔經說〕知。知狗重知犬則過②,不重則不過③。

【注释】

①《庄子·天下》载辩者有"狗非犬"的论题。其论证的理由之一可能是"知狗不等于知犬(即知狗不知犬)"。本条对辩者的论证采用分析的方法。《经上》把知识分为"名、实、合、为"4 种。就"实知"说,狗和犬是二名一实,是"重同"。就"为知"说,杀了一只狗等于杀了一只犬。在这两种意义上,"知狗不是知犬"是错误的。

②过:过错,错误。

③就"名知"说,知"狗"名不等于知"犬"名。就"合知"说,知狗名何所指,不等于知犬名何所指。在这两种意义上,"知狗不是知犬"为"不过",即不算犯错误。

【译文】

〔经 141〕从一定意义上说,知道狗而自己说不知道犬,是错误的,论证的理由在于,狗和犬是重名。

〔经说〕如果在知狗与知犬相重合的意义上,说"知狗而不知犬"是错误的;如果在知狗与知犬不相重合的意义上,说"知狗而不知犬"就不算是错误。

【原文】

〔經 142〕通意後對,說在不知其孰謂也①。

〔經說〕通。問者曰:"子知羈乎②?"應之曰:"羈何謂也③?"彼曰:"羈旅④。"則知之。若不問:"羈何謂⑤?"徑應以:"弗知。"則過⑥。且應必應問之時而應焉⑦,應有深淺、大小⑧,當在其人焉⑨。

【注释】

①"孰"原作"谁",通。

②③④⑤"羁"据高亨校改。《说文》:"羁,马络头也。""羁"又有寄旅、寄客意。《广雅·释诂》:"羁,寄也。"《左传·昭公七年》杜注:"羁,寄客也。"《广雅·释诂》:"旅,客也。"《周礼·遗人》:"以待羁旅。"《韩非子·亡征》:"羁旅侨士。"《经说》"羁旅"的"旅"原误为"施",据高亨校改。

⑥过:过错。

⑦"而"旧作"若","焉"旧误为"长",据高亨校改。

⑧“小”旧误为“中”，据高亨校改。

⑨原作“常在兵人长”，“常”又与“中”误倒，据高亨校改。

【译文】

〔经 142〕应该弄通对方意思再回答，论证的理由在于，不如此就不知道对方究竟是在说什么。

〔经说〕问的人说：“您知道‘羁’吗？”回答的人说：“您说的‘羁’指的是什么意思？”对方说：“‘羁’就是‘羁旅’的意思。”那就知道了。如果开始的时候不问：“您说的‘羁’指的是什么意思？”而匆忙回答说：“不知道。”那就不对了。而且回答必须考虑对方所问的时机，回答的深浅和范围要适合对象的需要。

【原文】

〔經 143〕所存與存者[①]，恶存與孰存[②]，四焉[③]，說在異[④]。

〔經說〕所。室堂，所存也。其子，存者也。據存者而問室堂[⑤]，恶存也[⑥]？主室堂而問存者，孰存也？是一主存者以問所存，一主所存以問存者。

【注释】

①第二个“存”字旧脱，据张惠言校增。

②“恶”旧作“于”，通。

③④“四焉，说在异”据高亨校改。

⑤“存”原作“在”，据《经》文改。

⑥“存”字前原衍“可”字，据陶鸿庆校删。

【译文】

〔经 143〕存在的处所与存在的主体，询问存在的处所与询问存在的主体，这是四件事情，论证的理由在于，它们都有所不同。

〔经说〕屋室厅堂，是存在的处所。某人的儿子，是存在的主体。从存在的主体出发，而问屋室厅堂，是说："哪里是存在的处所？"从屋室厅堂出发，而问存在的主体，是说："谁是存在的主体？"这里，一个是从存在的主体出发，而问存在的处所；一个是从存在的处所出发，而问存在的主体。

【原文】

〔經 144〕五行無常勝①，說在多②。

〔經說〕五。金木土水火雜③。燃火鑠金④，火多也。金靡炭⑤，金多也。金之腐水⑥，火麗木⑦。若識麋與魚之數惟所利。

【注释】

①"五行"说是中国古代的一种宇宙物质构成说，《国语·郑语》载史伯说："以土与金木水火杂，以成百物。""五行常胜"是阴阳家邹衍等人所说的构成世界的五种基本元素——金、木、水、火、土有一种经常的胜克顺序，即谓火克金、金克木、木克土、土克水、水克火等。这种观点用简单枚举归纳推理概括了部分自然现象和生活经验，《墨经》认为这种观点不够全面，列举反例加以反驳，否定"五行常胜"的观点。《孙子·虚实篇》亦云"五行无常胜"。

②"多"旧涉下条误为"宜"，据高亨校改。《经》文言"火多"、"金多"。

③"金"、"木"原误为"合"、"水"，"水"原误为"火"，"杂"原误为"离"，今改。意为五种元素混杂以成万物。

④"燃"原作"然"，假借。铄：熔化。

⑤靡：灭。

⑥"腐"原作"府"，假借。"金之腐水"是阴阳家所谓"水克火，火克金"的反向相克。

⑦火丽木：火附丽（依赖）于木，是阴阳家所谓"火克金，金克木"的反向相克。"火"原作"木"，据谭戒甫校改，"丽"原作"离"，古通。

【译文】

〔经 144〕金木水火土五种元素，并没有一种固定的、经常的胜克顺序，论证的理由在于，哪种元素占了优势，哪种元素才能胜过其他元素。

〔经说〕金木土水火五种元素混杂，构成万物。火的燃烧，能够熔化金属，这是由于火占优势的缘故。金属能够压灭炭火，这是由于金属占优势的缘故。以金属器皿盛水，能够使水腐臭。火能够把木头燃烧成灰烬，却又要依赖于木头才能够存在。这就像要知道某处麋鹿盛，某处鱼儿多，只有看某处的环境是否对它们有利。

【原文】

〔經 145〕無欲惡之爲益損也①，說在宜②。

〔經說〕無。“欲惡傷生損壽③。”說以少連④。是惟愛也⑤，嘗多粟⑥。或者欲有不能傷也⑦，若酒之於人也⑧。且知利人，愛人也⑨，則惟恐弗治也⑩。

【注释】

①一种是纵欲主义的论调“所有的欲恶都是有益的”，另一种是禁欲主义的论调“所有的欲恶都是有损的”，《墨经》的论点是“并非‘所有的欲恶都是有益的’或者‘所有的欲恶都是有损的’”。

②宜：适宜，有节制，有分寸。

③伤生损寿：伤害身体，减损寿命。

④少连：人名。《论语·微子》称少连为古之“逸民”，孔子称少连“降志辱身”，《礼记·杂记下》载孔子说少连“善居丧”，可能首倡“欲恶伤生损寿”之说。《庄子·德充符》载庄子说“不以好恶内伤其身”。

⑤“惟”旧误为“谁”，今改。

⑥尝多粟：指仅仅因为爱吃就吃了过多的粟米食品而导致生病，下条即专言此事。这是“所有的欲恶都是有益的”这一命题的反例：因欲恶无节制而伤生损寿。

⑦“有不“二字原误倒，今校正。

⑧这是“所有的欲恶都是有损的”这一命题的反例：适量喝酒对人有益。

⑨“人”字原窜入“知”字下，据高亨校正。

⑩“恐”原误为“知”，据高亨校改。

【译文】

〔经 145〕并非“所有的欲恶都是有益的”或者“所有的欲恶都是有损的”，论证的理由在于，欲恶的满足要适宜。

〔经说〕“欲恶会伤害身体，减损寿命。”这是少连首倡的学说。这里有一个人，仅仅因为爱吃，就吃了过多的粟米食品，而损伤身体，因而并非

“所有的欲恶都是有益的”。有些欲望的满足不会伤生损寿，例如适量喝酒对人体有益，因而并非“所有的欲恶都是有损的”。并且我们知道，做对大众有利的事，是爱人的表现，那么我们就唯恐办不到这一点，这种欲望也是有益的。

【原文】

〔經 146〕損而不害，說在餘。

〔經說〕損。飽者去餘，適足不害，能害飽。若傷麋之瘨脾也[1]。且有損而後益者[2]，若瘧病之於瘧也[3]。

【注释】

①伤麋：因吃了过多的麋鹿肉而伤害身体。瘨脾：脾脏生病。《说文》、《尔雅・释诂》：“瘨，病也。”

②“益”下原衍“智”字，据孙诒让校删。

③“之”字旧重，今删其一。

【译文】

〔经 146〕有时损失一部分而不会有伤害，论证的理由在于，被损失的部分本来就是多余的。

〔经说〕吃得过饱的人去掉多余的部分，恰恰不会有害处，只能有害于过饱这一点。例如吃了过多的麋鹿肉，会伤害身体，使脾脏生病。并且有时有所损，然后才能得益，犹如患疟疾病的人，将其疟疾除去，是有益的。

【原文】

〔經 147〕知而不以五路[1]，說在久[2]。

〔經說〕知。“以目見”而目見[3]，“以火見”而火不見。惟“以五路知久”，不當“以目見”，若“以火見”。

【注释】

①五路：五种感觉器官，通路。

②久：指"时间"的抽象概念。

③后一"见"字据沈有鼎校增。

【译文】

〔经 147〕有些知识不是仅靠五种感官就能获得，论证的理由在于分析对"时间"抽象概念的知识。

〔经说〕说"用眼睛看见东西"，指眼睛是见物的器官。说"用光线看见东西"，指光线是见物的条件，光线本身不能看见东西。说"以五种感官认识'时间'抽象概念"的"以"字，不相当于"以目见"的"以"字（五种感官不是认识"时间"抽象概念的器官，认识"时间"抽象概念的器官是心智），相当于"以火见"的"以"字（五种感官是认识"时间"抽象概念的条件）。

【原文】

〔經 148〕"火熱[①]"，說在視[②]。

〔經說〕火。謂"火熱"也，非以火之熱我有，若視日[③]。

【注释】

①《庄子・天下》载辩者有"火不热"的论题。"火"旧误为"必"，据孙诒让校改。

②"视"旧误为"顿"，据《经说》校改。

③"日"旧误为"曰"，据曹耀湘校改。

【译文】

〔经 148〕火是热的，论证的理由在于分析"视日"的事实。

〔经说〕说"火是热的"，不是指火热是我的感觉，如看太阳，热从太阳发出，不是我本身所具有。

【原文】

〔經 149〕知其所不知[①]，說在以名、取[②]。

〔經說〕知。雜所知與所不知而問之，則必曰："是所知也，是所不知也。"取、去俱能之[③]，是兩知之也。

【注释】

①"所"下旧有"以"字，据梁启超校删。

②《经上》把知识分为"名、实、合、为"四种，这里的"取"相当于"实、合、为"三种。"取"指把概念的认识运用于实践，在实践中能区分和选取有关事物。《墨子・贵义》："瞽不知白黑者，非以其名也，以其取也。"

③取、去：指选取和舍去。

【译文】

〔经 149〕认识自己原来所不认识的东西，有两种方式，一种是概念，另一种是应用概念在实践中选取为概念所反映的事物。

〔经说〕把对方所知道的东西与所不知道的东西混杂在一起来问他，他一定说："这个是我所知道的东西，这个是我所不知道的东西。"像这样选取和舍去都能做到，就算是具有两方面的知识。

【原文】

〔經 150〕無不必待有，說在所謂。

〔經說〕無。若"無馬"[①]，則有之而後無。"無天陷"，則無之而無。

【注释】

①"马"旧作"焉"，据孙诒让校改。

【译文】

〔经 150〕"无"不以"有"为必要条件，论证的理由在于所说之"无"的种类。

〔经说〕例如说“现在无马”，指先有而后变为无；说“无天塌之事”，指从来都是无。

【原文】

〔經 151〕擢慮不疑①，說在有無。

〔經說〕擢。疑無謂也。臧也今死②，而春也得之③，之死也可④。

【注释】

①擢：抽引。《说文》：“擢，引也。” 虑：追求，思考。不疑：不用怀疑，《经说上》：“必也者可勿疑。”

②臧：男仆名。

③春：女奴名。“之”旧误为“文”，据孙诒让校改。

④“必”旧作“文”，据沈有鼎校改。

【译文】

〔经 151〕从一件事情中抽取思虑一种必然性，可以不用怀疑，论证的理由在于究竟有没有这种必然性。

〔经说〕怀疑是没有意义的。臧在目前这种医疗条件下，得了某种不治之症死了，而春不幸也得了这种不治之症，她也会必死无疑。

【原文】

〔經 152〕且然不可止①，而不害用功②，說在宜③。

〔經說〕且。宜猶是也④。且然必然，且已必已。且用功而後然者，必用功而後然⑤。且用功而後已者，必用功而後已。

【注释】

①且：将要，《经说上》：“自前曰且。”“止”旧作“正”，据曹耀湘校改。

②用功：从事。“功”旧作“工”，古通。

③宜：适宜，合适，有分寸。

④“宜”字旧脱，据高亨校增。是：正确，合乎标准。

⑤“且用功而后然者，必用功而后然”旧脱，据高亨校增。

【译文】

〔经 152〕事物将要怎样而不可阻挡，在这种情况下，人力仍然应当有所作为，论证的理由在于这种作为要适度。

〔经说〕适度就是合乎标准。事物将要发生而必然发生，事物将要结束而必然结束。这时人力仍然应当有所作为：事物将要运用人力作用而后发生，就必须运用人力作用而使之发生；事物将要运用人力作用而后结束，就必须运用人力作用而使之结束。

【原文】

〔經 153〕“髮之絕否[①]”，說在所均[②]。

〔經說〕髮。髮均，懸輕重。而髮絕，不均也。均，其絕也莫絕。

【注释】

①“发”旧作“均”，据高亨校改。“否”旧作“不”，古通。

②均：结构均匀。《列子·仲尼》篇引公孙龙说：“发引千钧。”又引公子牟说：“发引千钧，势至等也。”“等”即“均”。

【译文】

〔经 153〕对于“悬挂以重物的头发丝是否断绝”的问题，说明的理由在于其结构是否均匀。

〔经说〕头发丝结构均匀，就可以悬挂或轻或重之物。而头发丝断绝了，那是由于其结构不均匀。如果其结构均匀，那么就不会断绝。

【原文】

〔經 154〕“堯之義也”，聲於今而處於古[①]，而異時，說在所義二[②]。

〔經說〕堯。或以名示人[③]，或以實示人。舉：“友，富商也。”是以名示人也。指是鶴也[④]，是以實示人也。“堯之義也”，是聲也於今，所義之實處於古。

【注释】

①声：名称，语言。“声”原作“生”，据《经说》校改。
②所义二：指“尧是仁义的”名与实（语言与实际）两方面。
③“或”字前原衍“霍”字，据梁启超校删。“示”原作“视”，古通。下同。
④“鹤”原作“霍”，假借。

【译文】

〔经154〕说“尧是仁义的”，这是今天所说的话，而这句话所指的实际，是处于古代，古代和现代是不同的时代，论证的理由在于“尧是仁义的”这个命题涉及语言和实际两个方面。

〔经说〕我们让人了解一个事物，有两种方法，一种是说出名词语句，让人了解，另一种是把实际事物，展示给别人，让人了解。说：“我的朋友是富商。”这是说出名词语句，让人了解。指着眼前这个动物说：“这是鹤。”这是把实际事物，展示给别人，让人了解。说：“尧是仁义的”，这个语句是今天说的，而“尧是仁义的”这句话所指的实际，是处于古代。

【原文】

〔經155〕狗，犬也。而“殺狗非殺犬也”不可[①]，說在重[②]。

〔經說〕狗。狗，犬也。殺狗[③]，謂之殺犬，可。若蛹、魄[④]。

【注释】

①“不”字旧脱，据张纯一校增。
②重：即“二名一实的”的“重同”。
③“杀狗”二字据高亨校增。
④蛹、魄：茧虫的两个别名。据高亨说。

【译文】

〔经 155〕狗是犬。而说"杀狗不是杀犬"不对，论证的理由在于狗和犬是"二名一实"的"重同"。

〔经说〕狗是犬。杀狗，说是杀犬，是成立的。这就像蛹、蜕二名都是指茧虫一实。

【原文】

〔經 156〕使[1]：殷[2]；美[3]。說在使。

〔經説〕使。使，令也[4]。戍使戍[5]，不殷[6]，亦使戍[7]。殿使殿[8]，不美，亦使殿。

【注释】

①使：指使，指令，叫人做事。
②殷：殷勤。
③美：美善。
④"使令"二字旧倒，据《经说上》另条校改。
⑤二"戍"旧误为"我"，据高亨校改。
⑥"不殷"旧误为"我不使"，据高亨校改。
⑦"戍"旧误为"我"，据高亨校改。
⑧"使"字上原误衍"戈亦"二字，据高亨校删。

【译文】

〔经 156〕指使人做事，有殷勤和美善的不同，论证的理由在于被指使的事情是必须要有人来做的。

〔经说〕指使就是命令人做某事。某人应该戍守，则指令他戍守。即使他对戍守的事情做得不殷勤，也要指使他戍守。某人应该殿后，则指令他殿后。即使他对殿后的事情做得不美善，也要指使他殿后。

【原文】

〔經 157〕荆之大[1]，其沈淺也[2]，說在有[3]。

〔經說〕荆。沈，荆之有也[4]。則沈淺非荆淺也。若易五之一。

【注释】

①荆：楚的别名。
②沈：楚县名。今河南固始，临皖。浅：地域偏小。
③"有"旧作"具"，据孙诒让校改。
④"有"旧作"贝"，据孙诒让校改。

【译文】

〔经 157〕楚国是大的，其沈县是偏小的，论证的理由在于沈县为楚国所领有。

〔经说〕沈县为楚国所领有。则沈县小并非楚国小。如果把沈县与楚国混淆起来，那就像用五份东西偷换一份东西。

【原文】

〔經 158〕以楹爲摶[1]，於"以爲"無知也[2]。說在意[3]。

〔經說〕以。楹之摶也，見之，其於意也不易[4]，先知。意，相也[5]。若楹輕於秋[6]，其於意也洋然[7]。

【注释】

①《说文》："楹，柱也。"抟：圆柱形。
②以为：主观想象，而非必然性的推论。如："梦，卧而以为然也。"知：知识。
③意：臆测，猜测，想象。《大取》："知与意异。"
④这句话中的"意"指意识、判断，即《小取》"以辞抒意"的"意"。
⑤"相"同"象"，《韩非子・解老》："故诸人之所以意想者，皆谓之象也。"
⑥秋：这里指一种蒿类植物。
⑦洋然：茫然。

【译文】

〔经 158〕单纯地"以为"楹柱是圆柱形的，这种"以为"还不算是知识，论证的理由在于这只是一种臆测。

〔经说〕如果对于楹是圆柱形的，我们亲眼看到了，那么这种“意”（意识，判断）也就不会轻易改变，就算是先前已经知道了。臆测就是想象。例如想象楹柱比秋蒿还轻，这种臆测就是茫然无据的。

【原文】

〔經 159〕意未可知[①]，說在可用、過仵[②]。

〔經說〕意。段[③]、錘[④]、錐俱事於屨[⑤]，可用也。或會屨過錘[⑥]，與或錘過會屨同[⑦]，過仵也。

【注释】

①意：指意念，意图。
②仵：参错交互，违背忤逆，抵牾不同。
③段：砺石，锤物所垫之石。
④“锤”原作“椎”，古通。下同。《说文》：“锤，击也。”
⑤锥：穿刺工具。屨：麻、葛等制成的鞋。“屨”原作“履”，据下文改。
⑥⑦二“或”字原误为“成”，据高亨校改。会屨：上鞋，使鞋底与鞋面会合。“会”原作“绘”，据高亨校改。下同。

【译文】

〔经 159〕做一件事情，如果有多种方法与途径，则对方操作时，究竟先做什么、后做什么的意图很难预知，论证的理由在于有很多种工具可用，工艺流程可以先后交错。

〔经说〕段石、锤子、锥子都可以用来做鞋子，这叫做“有很多种工具可用”。或者是先上鞋、后锤平，或者是先锤平、后上鞋，这叫做“工艺流程可以先后交错”。

【原文】

〔經 160〕“一少於二而多於五[①]”，說在建[②]、住[③]。

〔經說〕一。五有一焉[④]，一有五焉[⑤]。十[⑥]，二焉[⑦]。

【注释】

①一少于二：1个元素少于2个元素。如1个指头少于2个指头。本条是《经说下》“若数指，指五而五一”的数学抽象。多于五：指“一多于五”，意为“一”的元素的数量多于“五”的集合的数量。如一只手，“一指”的元素有5个，而“五指”的集合却只有1个。“一少于二而多于五”是一个逆说、悖论、佯谬、似非而是形式的命题，在《墨经》被看作“同异交得”的事例。

②建：指建立元素或建立集合。如一只手，可以建立5个“一指”的元素，1个“五指”的集合。

③住：在一个集合里放进元素或其他集合。如在1个“五指”的集合中，可以住进5个“一指”的元素。在1个“十指”的集合中，可以住进10个“一指”的元素，2个“五指”的集合。

④五有一焉：“五”的集合有一个。例如一只手，“五指”的集合有1个。

⑤一有五焉：在1个“五”的集合中，“一”的元素有5个。例如一只手，“一指”的元素有5个。

⑥十：指10个元素。例如两只手，“一指”的元素有10个。

⑦二焉：指10个元素，可以分为2个“五”的集合。例如两只手，可以分为2个“五指”的集合。沈有鼎谓“十，二焉”是《经说》惯用的简化表述法，说全了应该是：“十，五有二焉，一有十焉。”

【译文】

〔经160〕一少于二却多于五，论证的理由在于建立元素（或集合）与在集合里住进元素（或集合）是不同的。

〔经说〕建立1个“五”的集合，其中“一”的元素有5个。10个元素可以被分为2个“五”的集合。

【原文】

〔經161〕非半弗斫則不動[①]，說在端[②]。

〔經說〕非。斫半，進前取也，前則中無爲半，猶端也。前後取則端中也。斫必半，無與非半[③]，不可斫也。

【注释】

①斫:砍断。

②端:相当于几何学上的点或物理学上的所谓不可分的物质微粒(原子)。

③无与非半:不能再做取半的操作。《庄子·天下》载辩者说:"一尺之捶,日取其半,万世不竭。"

【译文】

〔经 161〕对于给定的有一定长度的木棍,做连续取半的操作,到了不能再取半时,就不能用刀砍了,这时就会出现不动的端点,论证的理由在于对于"端"的定义。

〔经说〕做取半的操作时,如果从这一头往那一头进行,最后那一头会出现无法再取半的情况,这时就碰到了"端"。如果从两头往中间取半,那么"端"就在中间。规定必须做取半的操作,到了不能再做取半的操作时,就无法再砍了。

【原文】

〔經 162〕可無也,有之而不可去,說在嘗然。

〔經說〕可無也。已然則嘗然①,不可無也。

【注释】

①已然:已经如此。"然"旧误为"给",据孙诒让校改。尝然:曾经如此。"尝然"旧误为"当给",据孙诒让校改。《庄子·天下》载辩者说:"孤驹未尝有母。"《列子·仲尼》引公孙龙说:"孤犊未尝有母。"又引公子牟说:"孤犊未尝有母,有母非孤犊也。"从"孤犊现在无母"推出"孤犊从来无母"。《墨经》认为孤驹或孤犊尽管现在无母,但是"过去曾经有母",不能诡辩说"从来无母"("未尝有母")。

【译文】

〔经 162〕一件事情,可以是从来没有,但是一旦有了,就不能将它抹煞,论证的理由在于它曾经如此。

〔经说〕一件事情已经如此,那就是曾经如此,不能说它从来就没有如此。

【原文】

〔經 163〕正而不可倚①,說在摶②。

〔經說〕正。丸無所處而不中懸③,摶也。

【注释】

①正:垂直。倚:偏斜。

②抟:这里指圆球形物体。

③悬:自上而下悬挂的垂线。《墨子·法仪》:"正以悬。"即垂直的标准,是自上而下悬挂的垂线。"丸"旧作"九",据孙诒让校改。

【译文】

〔经 163〕垂直的东西不会偏斜,论证的理由在于分析圆球形的物体。

〔经说〕圆球形物体的重心方向,随处都与自上而下悬挂垂线的标准相符合。

【原文】

〔經 164〕宇進無近遠①,說在步②。

〔經說〕宇。區不可遍舉宇也③。進行者先步近④,後步遠⑤。

【注释】

①"远"字旧脱,据高亨校增。

②④⑤三个"步"字原作"敷",古通。

③"宇区"二字旧倒,据高亨校改。区:指一个具体的区域。宇:指整个宇宙,《经上》:"宇,弥异所也。"

【译文】

〔经 164〕因为宇宙是无穷大的,所以在宇宙中的迁徙运动,无所谓绝对的远近,它只有相对的远近,论证的事例在于分析人的走路。

〔经说〕一个具体有限的区域不可能"遍举"(穷举)无限大的宇宙。但是就一个走路的人来说,他必须先走近,后走远。

【原文】

〔經 165〕行修以久[①],說在先後。

〔經說〕行。行者必先近而後遠[②]。遠近修也,先後久也。民行修必以久也。久:有窮、無窮[③]。

【注释】

①修:长。"修"原误为"循",据《经说》改。
②此句前原衍"者"字,据张纯一校删。
③"久有穷无穷"5 字据孙诒让校移此。

【译文】

〔经 165〕走一定长度的路程,需要占有一定长度的时间,论证的理由在于人走一定长度的路程有先后的区别。

〔经说〕走路的人必然要先走近,而后走远。远近构成空间的长度,先后构成时间的久暂。民众走一定长度的路程,必然要占有一定长度的时间。时间分为有穷与无穷两种形式。

【原文】

〔經 166〕一法者之相與也盡類[①],若方之相合也,說在方。

〔經說〕一。方盡類,俱有法而異,或木或石,不害其方之相合也。盡類猶方也,物俱然。

【注释】

①"类"字旧脱,据孙诒让校增。

【译文】

〔经 166〕与一个共同标准相合的东西，都属于一类，这就像与标准的方形相合的东西都是属于方形一样，论证的事例在于分析方形的相同和不同。

〔经说〕所有方形的东西都是属于一类，它们都合乎方形的法则，而又有所不同，或者是木质的方，或者是石质的方，都不妨害其方形边角的相合。一切同类的事物都与方形的道理一样，所有的事物都是如此。

【原文】

〔經 167〕狂舉不可以知異①，說在有不可。

〔經說〕狂。牛與馬雖異②，以“牛有齒，馬有尾”，說“牛之非馬也”不可。是俱有③，不偏有、偏無有④。曰“牛與馬不類⑤”，用“牛有角，馬無角”，是類不同也。若不舉“牛有角⑥，馬無角”，以是爲類之不同也，是狂舉也，猶“牛有齒，馬有尾”。

【注释】

①狂举：乱举，胡乱列举事物的一些性质来说明其类别关系，是《墨经》与中国古代逻辑的常用术语。

②“虽”旧作“惟”，据孙诒让校改。

③俱：都。全称量词。

④偏：部分。《经说上》：“偏也者，兼之体也。”偏有偏无：一有一无。

⑤“牛”字旧脱，据上下文义增。

⑥“不”字旧脱，据上下文义增。

【译文】

〔经 167〕胡乱列举一些性质，不能用以说明事物的区别，论证的理由在于这些性质不能把事物区别开来。

〔经说〕牛与马虽然不同，但是用“牛有齿，马有尾”做根据来说“牛与马是不同类的”，是不能成立的。因为齿和尾是牛与马都有的，不是一个有，一个没有。说“牛与马是不同类的”，用“牛有角，马无角”来作为根据，可以区分出它们类别的不同。如果不举类似“牛有角，马无角”这样的性质，以此为根据来论证它们类别的不同，那么这就算是“狂举”（胡乱列举），犹如列举“牛有齿，马有尾”。

【原文】

〔經 168〕“‘牛馬之非牛’與‘可之’同”[①]（這是《經說》所敘述的關於“牛馬非牛”的辯論中難者用歸謬法反駁墨者論題開頭一句話的略語，用以指代整個辯論），說在“兼[②]”。

〔經說〕牛。“或不非牛、或非牛而‘非牛也’可[③]，則或非牛、或牛而‘牛也’可[④]。故曰：‘牛馬非牛也’未可，‘牛馬牛也’未可[⑤]。”（以上難者語）則或可或不可[⑥]。而曰“‘牛馬非牛也’未可[⑦]，‘牛馬牛也’未可”亦不可[⑧]。且“牛”不二，“馬”不二，而“牛馬”二。則“牛不非牛”，“馬不非馬”，而“牛馬非牛”、“（牛馬）非馬”無難[⑨]。

【注释】

①可之：指“牛马牛也”的命题。同：指本条《经说》开头部分所说的“牛马非牛也”为“可”，与“牛马牛也”为“可”，这两个同“可”的情形。“‘牛马之非牛’与‘可之’同”是用《经说》所叙述的整个辩论的第一句话的略语来代表整个辩论。

②兼：兼名，指集合概念。《墨经》有多条举“牛马”为集合概念的例子。

③或：有，有的。特称量词。与“尽”、“俱”相对。《小取》：“或也者，不尽也。”“或非牛”三字据沈有鼎校增。

④难者用归谬法想把《墨经》置于自相矛盾的境地。

⑤难者进一步用归谬法否定“牛马非牛”，也否定“牛马牛也”的命题。

⑥墨者把“牛马”理解为集合概念，而“牛”、“马”分别是其中的元素，由于集合不等于其中的元素（形式逻辑同一律），故以“牛马非牛”为“可”，以“牛马牛也”为“不可”，即一可、一不可。“或可或不可”在这里指“一可一不可”。

⑦“牛马非牛也未可”7 字据上下文义增。

⑧在墨者把“牛马”理解为集合概念的情况下，“牛马非牛也”与“牛马牛也”为一对矛盾命题，根据排中律，其真值关系为一可、一不可，而不允许“两不可”。这就推翻了难者用归谬法得出的“牛马非牛”为“未可”的结论。

⑨"非马"是"牛马非马"的略语。《荀子·正名》篇把"牛马非马"的命题,错误地斥责为"惑于用名以乱实",是对墨者命题的误解,没有从兼名和非兼名角度来区分"牛马"和"马"的概念。荀子否定"牛马非马"的命题,即认为"并非牛马非马",等值于肯定"牛马马也"的命题,即认为"牛马是马",也就是认为"牛马"的集合概念等同于"马"的元素概念,这既犯"用名以乱名"的错误,又犯"用名以乱实"的错误。

【译文】

〔经 168〕解决"'牛马非牛'与'牛马牛也'的真值情况相同"(这一句是难者的话)这一辩论的问题,论证的理由在于,"牛马"是一个兼名。

〔经说〕如果根据牛马中一部分是牛,一部分不是牛,而说"牛马非牛"是成立的话,那么也可以根据牛马中一部分不是牛,一部分是牛,而说"牛马牛也"是成立的。所以说"牛马非牛"是不成立的,"牛马牛也"也是不成立的。(以上难者语)"牛马非牛"与"牛马牛也"这两个命题,必然是一个成立,一个不成立。即"牛马非牛"成立,"牛马牛也"不成立。所以对方说"'牛马非牛'不成立,'牛马牛也'也不成立",是不成立的。况且"牛"不包含两个元素,"马"不包含两个元素,而"牛马"包含两个元素,则论证"牛是牛"、"马是马"、"牛马非牛"、"牛马非马"的命题,就没有什么困难了。

【原文】

〔經 169〕彼彼此此與彼此同①,說在異②。

〔經說〕彼。正名者③:彼彼此此可④:彼彼止於彼,此此止於此⑤。彼此不可彼且此也⑥。彼此亦可:彼此止於彼此⑦。若是而彼此也,則彼亦且此此也⑧。

【注释】

①"彼彼此此"原作"循此循此",据梁启超校改。据《经说》,"彼彼此此"为"可","彼此"亦为"可",所以这里说"同"。

②异:尽管"彼彼此此"与"彼此"均为"可"这一点是相同的,但这毕竟又是两种不同的情况。

③正名:把概念搞正确。这里实际上表达了形式逻辑的同一律。孔子首倡"正名"。

《论语·子路》载孔子说："必也正名乎"，"名不正则言不顺"。以后战国时代诸子百家无不谈论"正名"，但像墨家这样完全从逻辑上讨论的并不多见。

④"彼彼此此"原作"彼此彼此"，据下文校改。

⑤《公孙龙子·名实论》："彼彼止于彼，此此止于此，可。"

⑥《公孙龙子·名实论》："彼此而彼且此，此彼而此且彼，不可。"

⑦前一"彼此"指一集合概念，如"牛马"的集合概念。后一"彼此"指一集合体，如一"牛马"的群体。

⑧用归谬法说明违反同一律所带来的混乱。

【译文】

〔经169〕"彼"、"此"的非集合概念，与"彼此"的集合概念这两种情况，在都要遵守同一律这一点上，是相同的，论证的理由在于这两种情况还有所不同。

〔经说〕在研究把概念搞正确的规律时，应注意以下三种情况。第一，"彼彼此此可"：那个"彼"之名，要确定地指称"彼"之实；这个"此"之名，要确定地指称"此"之实。第二，"彼此不可"："彼此"的集合概念，不能仅单独地指称"彼"之实或"此"之实。第三，"彼此亦可"："彼此"的集合概念，要确定地指称"彼此"的集合体。如果"是"与"彼此"的不同概念可以混同，那么"彼"与"此此"的不同概念也就可以混同，这当然是不对的。

【原文】

〔經170〕唱和同患①，說在功②。

〔經說〕唱。"唱無過③：無所用④，若稗⑤。和無過⑥：使也⑦，不得已⑧。"（以上引辯者語）唱而不和⑨，是不學也。智少而不學，功必寡⑩。和而不唱，是不教也。智多而不教⑪，功適息。使人奪人衣，罪或輕或重；使人予人酒，功或厚或薄⑫。

【注释】

①唱和：本指歌唱时此唱彼和，此指刑事诉讼案件中的主犯、从犯（指使者、被指使者）。患：祸患，过错，罪责。

②功效，作用。
③唱：指使者。过：罪过。
④作用，效用，功效。“用”旧误为“周”，据孙诒让校改。
⑤稗：稻田中的稗草。
⑥和：被指使者。过：罪过。
⑦使：被指使。
⑧不得已：被迫无奈。
⑨唱：以教学过程中教者的作用来打比方。和：以教学过程中学者的作用来打比方。
⑩“功”字旧脱，据高亨校增。
⑪“多”字旧脱，据孙诒让校增。
⑫“功”字旧脱，据梁启超校增。

【译文】

〔经 170〕犯罪过程中的指使者和被指使者都同样有罪过，论证的理由在于他们双方的行为都有实际功效。

〔经说〕“主犯作为指使者是没有过错的：因为他们的行为仅仅限于指使别人，而自己却没有亲自实施犯罪，犹如稻田中的稗草没有实际效用一样。从犯也是没有过错的：因为他们的行为仅仅是被指使，是被迫不得已的。”（以上引辩者语）教师唱而学生不和，是学生的学习积极性不高；学生智能少而不积极学习，教育的功效必然寡少。学生和而教师不唱，是教师教育的积极性不高；教师智慧多而不积极教育，教育的功效恰恰等于零。在教育活动中，教师与学生双方的作用虽有多有少，但并不是都没有作用。指使人去抢夺别人的衣服，指使者和被指使者的罪过虽有轻有重，但不能说都没有罪过；指使人去把酒送给别人，指使者和被指使者的功劳虽有厚有薄，但也并不是都没有功劳。所以对方关于主犯和从犯都没有过错的论证，是错误的。

【原文】

〔經 171〕聞所不知若所知，則兩知之，說在告。

〔經說〕聞。在外者，所知也。在室者，所不知也①。或曰：“在室者之色若是其色。”是所不知若所知也。猶白若黑也，孰勝？是若其色也，若白者必白。今也知其色之若白也，故知其白也。夫名以所明正所不知[2]，不以所不知疑所明。若以尺度所不知長。外，親知也。室中，說知也[3]。

【注释】

①以上句中“知也在室者所”6 字旧脱，据梁启超校增。
②名：概念、推论。
③说知：推论之知。

【译文】

〔经 171〕听到别人说自己所不知道的东西与所知道的东西一样，则不知和知两方面就都知道了，论证的理由在于这是以别人告诉的知识作为中间环节而推论出来的知识。

〔经说〕在室外的东西是自己所知道的，在室内的东西是自己所不知道的，有人告诉说：“在室内的东西的颜色与在室外的东西的颜色是一样的。”这就是所不知道的东西与所知道的东西一样。“若”(像)字的意思就是一样，假如一个思想混乱的人说：“白若黑。”那究竟是“像白”，还是“像黑”呢？所谓“这个颜色像那个颜色”，如果像白，那就必然是白。现在知道了它的颜色像白，所以就推论出来一定是白的。所谓概念和推论，是以所已经明白的知识为标准来衡量还不知道的东西，而不能以还不知道的东西为根据来怀疑所已经明白的东西。这就像用尺子(已知其长度为 1 尺)来量度还不知道的东西的长度。在上例中，室外的东西是亲知，室内的东西是推论出来的知识。

【原文】

〔經 172〕以言爲盡悖[1]，悖[2]，說在其言[3]。

〔經說〕以。悖，不可也[4]。之人之言可[5]，是不悖，則是有可也。之人之言不可，以當必不當[6]。

【注释】

①尽：全称量词。“所有的”。悖：虚假，荒谬，谬误，违背、违反。

②悖：自相矛盾。

③其言：指“言尽悖”这句话本身。

④不可：不正确，不成立。

⑤之人之言：这个人的这句话。“之人”旧误为“出入”，据孙诒让校改。

⑥后一“当”字旧误为“审”，据孙诒让校改。

【译文】

〔经 172〕认为“所有的言论都是虚假的”，是自相矛盾的，论证的理由在于分析“所有的言论都是虚假的”这句话本身。

〔经说〕所谓虚假，就是不正确。这个人的这句话如果正确，这就是有并不虚假的言论，则是有正确的言论。这个人的这句话如果不正确，那么认为它恰当，就必然不恰当。

【原文】

〔經 173〕“惟吾謂”非[私]名也則不可①，說在反②。

〔經說〕惟。謂“是鶴”可③，而猶之“非夫鶴”也④。謂：“彼是，是也。”不可⑤。謂者毋惟乎其謂。彼猶惟乎其謂，則吾謂不行。彼若不惟其謂，則行也⑥。

【注释】

①惟：独，仅，单，只。谓：称谓。惟吾谓：只承认我所说的名，仅指称我所说的实，才是正确的。《公孙龙子·名实论》：“其名正，则惟乎其彼此焉。谓彼而彼不惟乎彼，则彼谓不行。谓此而此不惟乎此，则此谓不行。”“故彼彼当乎彼，则惟乎彼，其谓行彼。此此当乎此，则惟乎此，其谓行此。”看来“惟谓”论的要点有二，一是专指，二是专行，即只有专指才行。名：特指“私名”，据沈有鼎说。

②反：相反，两面。指名有特指性、专指性、确定性（单一性），又有抽象性、概括性、普遍性（一般性）这两方面的特征。

③④“鹤”原作“霍”，古通。是鹤：这个鹤。夫鹤：那个鹤。夫：彼，那个。《荀子·解蔽》：“不以夫一害此一。”

⑤“彼是”相当于“彼此”,指集合概念,如“牛马”。《墨经》认为“彼此”不等于“此”（“是”即“此”）。如“牛马”不等于“马”。

⑥“行”字上原涉上文而衍“不”字,今删。

【译文】

〔经173〕“只承认我所说的名,指称我所说的实,才是正确的”这种论点,如果不是专指“私名”,就不能成立,论证的理由在于对名称的单一性和普遍性,应该从两方面观察。

〔经说〕说“这个鹤”是可以的,这就像说“不是那个鹤”一样。说:“‘彼此’是‘此’。”这是不可以的。但是,说话的人,也不能只承认他所说的名,仅指称他所说的实,才是正确的。他要是只承认他所说的名,仅指称他所说的实,才是正确的,那么我所说的名就行不通。他如果不坚持只承认他所说的名,仅指称他所说的实,才是正确的,那么我所说的名就行得通了。

【原文】

〔經174〕無窮不害兼①,說在盈否②。

〔經說〕無。“南者有窮則可盡③,無窮則不可盡。有窮、無窮未可知,則可盡、不可盡未可知④。人之盈之否未可知,而必人之可盡、不可盡亦未可知,而必人之可盡愛也⑤,悖⑥。”(以上引難者語)人若不盈無窮⑦,則人有窮也,盡有窮無難。盈無窮⑧,則無窮盡也⑨,盡無窮無難⑩。

【注释】

① 无穷:指空间与人数的无穷。害:妨害。兼:指兼爱。

②盈:充盈,充满。指人充盈于空间。

③南者:指南方,代指整个空间。用具体的东西指代抽象的东西,是古人常用的表达方式。《庄子·天下》篇载惠施说:“南方无穷而有穷。”尽:指尽举,尽数。

④“不可尽”旧重,据毕沅校删。

⑤尽爱:即兼爱。

⑥悖:自相矛盾。

⑦“无”旧误为“先”,据孙诒让校改。

⑧盈无穷：指人充盈于无穷的空间。
⑨无穷尽：即“无穷”可以用有穷的语言说尽。
⑩第一个“无”字原误为“有”，据伍非百校改。

【译文】

〔经 174〕空间和人数的无穷都不妨碍兼爱，论证的理由在于人是否充盈于空间。

〔经说〕“南方如果是有穷的，那么就可以穷尽；南方如果是无穷的，那么就不可以穷尽。现在连南方是有穷的，还是无穷的，都还不知道，则南方是可以穷尽的，还是不可以穷尽的，也就不知道。人是否充盈于南方不知道，而必然地说人是可以尽数，还是不可以尽数，也不知道。在这种情况下，就必然地断言人是可以‘尽爱’（兼爱）的，是自相矛盾的。”（以上引难者语）如果人不充盈于无穷的南方，则人是有穷的。尽爱有穷的人没有困难。如果人充盈于无穷的南方，则“无穷的南方”被用一句话说尽了，那么我再用一句话说：“尽爱无穷南方的无穷的人。”也应该是没有困难的。

【原文】

〔經 175〕不知其數而知其盡也[①]，說在問者[②]。

〔經說〕不。“不知其數[③]，惡知愛民之盡之也[④]？”（以上引難者語）或者遺乎其問也。盡問人，則盡愛其所問。若不知其數而知愛之盡之也[⑤]，無難。

【注释】

①其数：指人的数量。尽：指尽爱，兼爱。
②问者：指问难者的问题本身。“问”旧误为“明”，据孙诒让校改。
③“不”旧误为“二”，据曹耀湘校改。
④⑤二“尽之也”的“之”旧误为“文”，据孙诒让校改。

【译文】

〔经 175〕不知道人的数量，也可以知道能够尽爱（兼爱）所有的人，论证的关键在于分析对方的问题本身。

〔经说〕“不知道人的数量，怎么知道可以尽爱所有的人呢？”（以上难者语）对方可能是忘记了自己问题的本身。如果对方能够尽问所有的人，那么我就可以尽爱对方所问的每一个人。所以，如果不知道人的数量，也可以知道能够尽爱（兼爱）所有的人，这并没有什么困难。

【原文】

〔經 176〕不知其所處不害愛之，說在喪子者①。

【注释】

①举出反例反驳对方论点，这是止式推论的应用。

【译文】

〔经 176〕不知道人的处所，不妨害爱他，论证的理由在于分析丢失了儿子的人。如果一个人丢失了儿子，目前还不知道儿子的处所，这并不妨害对儿子持有爱怜的感情。

【原文】

〔經 177〕仁義之爲内外也，悖①，說在牾顏②。

〔經說〕仁。仁，愛也③。義，利也④。愛利，此也。所愛所利，彼也。愛利不相爲内外，所愛利亦不相爲外内。其謂⑤：“仁，内也。義，外也⑥。”舉愛與所利也，是狂舉也⑦，若“左目出，右目入⑧”。

【注释】

①“悖”旧作“内”，据沈有鼎校改。

②牾颜：指把面部器官的作用搞乱。牾：忤逆，抵牾，违背，相反，矛盾。颜：颜面，面部。

③《经上》“仁，爱也。”“爱”字上原衍“体”字，据此删。

④《经上》：“义，利也。”

⑤“谓”原作“为”,古通。

⑥《孟子·告子上》:“仁,内也,非外也。义,外也,非内也。”即仁是内在的东西,不是外在的东西;义是外在的东西,不是内在的东西。其理由是:“吾弟则爱之,秦人之弟则不爱也,是以我为悦者也,故谓之内。长楚人之长,亦长吾之长,是以长为悦者也,故谓之外也。”“彼长而我长之,非有长于我也。犹彼白而我白之,从其白于外也,故谓之外也。”即爱我之弟而不爱秦人之弟,这是以我为标准而高兴这样做的,所以仁是内在的东西。尊敬楚人的长者,也尊敬我自己的长者,这是以外在的长者为标准而高兴这样做的。因他年长而我尊敬他,这尊敬之心不是我所预有,就像外物白而我认为它白,白是外在的东西,所以义是外在的东西。《墨经》此条谓其错误在于,举爱的主观一面,而举义的客观一面,是为“狂举”。

⑦狂举:乱举,胡乱列举事物性质以混淆事物类别,《墨经》与中国古代逻辑基本术语。

⑧左目与右目都是管输入事物形象的,不能说“左目管输出事物形象,右目管输入事物形象”。

【译文】

〔经 177〕把仁说成是内在的东西,而把义说成是外在的东西,这是矛盾、混乱的,论证的理由在于这相当于把人的面部器官的作用搞乱。

〔经说〕仁的实质是爱人,义的实质是利人。爱人之心和利人之心,是主观的东西;所爱的对象和所利的对象,是客观的东西。爱人之心和利人之心,不能分为内在的东西与外在的东西;所爱的对象和所利的对象,也不能分为外在的东西与内在的东西。对方说:“仁是内在的东西,义是外在的东西。”这是将爱的主观方面和利的客观方面相提并论,是狂举(乱举),这就像说“左眼是管输出形象的,右眼是管输入形象的”一样荒谬。

【原文】

〔經 178〕學之益也[①],說在誹者[②]。

〔經說〕學。以爲不知學之無益也,故告之也,是使知學之無益也,是教也。以學爲無益也教,悖[③]。

【注释】

①学之益:指“学习是有益处的”这一命题,《墨经》表达方式的特点之一,是经常把语

句、命题简化为语词、概念，此为一例。《老子》说："绝学无忧。"
②诽：批评，用言论非难、反对。《经上》："诽，明恶也。"
③悖：自相矛盾。

【译文】

〔经 178〕学习是有益处的，论证这一命题的理由在于反对这一命题的人必然陷于自相矛盾。

〔经说〕对方以为别人不知道"学习是没有益处的"这一命题，所以就把这一命题告诉别人，这就是使别人知道"学习是没有益处的"这一命题，这也就是教别人。用"学习是没有益处的"这一命题来教别人，这本身就是自相矛盾的。

【原文】

〔經 179〕誹之可否，不以衆寡，說在可非。

〔經說〕誹。論誹之可不可以理①。理之可誹②，雖多誹，其誹是也。其理不可誹③，雖少誹，非也。今也謂多誹者不可，是猶以長論短④。

【注释】

①"诽论"二字旧倒，据曹耀湘乙正。
②"理"字旧脱，据王引之校增。
③"诽"原作"非"，据王引之校改。
④以长论短：指认为"凡长的都不好，凡短的就好"的荒谬逻辑。

【译文】

〔经 179〕讨论批评的正确与否，不是以批评的多少为标准，论证的理由在于被批评者是否确有可批评之处。

〔经说〕讨论批评的正确与否，是以是否合乎道理为标准。从道理上说是可以批评的，虽然多批评了一点，其批评还是正确的。从道理上说是不能够批评的，虽然少批评了一点，其批评还是不正确的。现在说多批评就不正确，这就像说“凡长的都不好，凡短的就好”一样荒谬。

【原文】

〔經 180〕“非誹”者悖①，說在弗非②。

〔經說〕非③。“非誹④”：非己之誹也。不“非誹”，非可非也⑤；（非）不可非也⑥，是不“非誹”也⑦。

【注释】

①非诽：反对一切批评。悖：自相矛盾。“悖”原误为“谆”，据张惠言校改。
②弗：不。弗非：指批评是不应该反对的。
③标题字“非”旧脱，今依例补。
④“非”原误为“不”，据孙诒让校改。
⑤第一个“非”字意为错误。
⑥“不可非也”承上文省略“非”字，此“非”字亦解为错误。“非可非也；非不可非也”相对为文，《墨经》中的辩论常用二难推理的形式。《经说上》作为止式反驳的例，列举了对方论题“圣人有非而不非”，此句“非不可非”意同于“若有非而不非”。
⑦是：这，这个，指前句“非不可非”。

【译文】

〔经 180〕提出“反对一切批评”这一论点的人，必然陷于自相矛盾，论证的理由在于批评是不应该反对的。

〔经说〕对方说：“反对一切批评。”这实际上把对方自己“反对一切批评”这一特定的批评，也反对了。如果对方放弃“反对一切批评”这一论点，那么有错误就可以批评了；如果有错误不能够批评，这本身也导致对“反对一切批评”这一论点的否定。

【原文】

〔經 181〕物“甚①”、“不甚”，說在若是②。

〔經說〕物。“甚長”、“甚短”：莫長於是、莫短於是。是之“甚”也③、“非甚”也者④：莫甚於是、有甚於是⑤。

【注释】

①甚:极,很。

②若:比较,比拟。是:这,这个。下同。

③④二“甚”字旧误为“是”,据上下文义校改。

⑤“有甚于是”旧脱,据文义校增。

【译文】

〔经 181〕在一定论域中,说某物“甚如何”、“不甚如何”,是在其他事物与这个事物相比较的意义上来说的。

〔经说〕例如在一定论域中说“此物甚长”,指在这个论域中没有比此物更长的了。说“此物甚短”,指在这个论域中没有比此物更短的了。一般说“此物甚如何”,指“没有比此物更如何的”,说“此物不甚如何”,指“有比此物更如何的”。

【原文】

〔經 182〕“取下以求上也①”,說在澤②。

〔經說〕取。高下以善、不善爲度③,不若山澤。“處下善於處上”:下所謂上也④。

【注释】

①《老子》:“江海所以能为百谷王者,以其善下之,故能为百谷王。是以欲上民必以言下之,欲先民必以身后之。”

②泽:水泽。《老子》:“上善若水。”“譬道之在天下,犹川谷之于江海。”“上德若谷。”

③高下:即上下。度:衡量的标准。

④“谓”旧误为“请”,据孙诒让校改。

【译文】

〔经 182〕有人说:“用采取居下位的手段,来求取居上位的目的。”论证的理由在于以水泽比方。

〔经说〕在社会生活中上下以善、不善为标准来度量，不像山泽以空间高低为标准来度量。说“处下位善于处上位”，是把某种意义上的下说成上。

【原文】

〔經 183〕是是[之“是”]與是[不是之“是”]同[①]，說在不殊[②]。

〔經說〕是。是不是[③]，則是且是焉。今是久於是[④]，而不於是，故是不久。是不久，則是而亦久焉[⑤]。今是不久於是，而久於是，故是久與是不久同說也[⑥]。

【注释】

①②《经下》文旧作“是是与是同说在不州”，据高亨说校改。高亨说这里谈了两种情况。第一，现在是“是”，将来还是“是”。第二，现在是“是”，将来变成“不是”。在这两种情况下，现在都是“是”是相“同”的，“不殊”也是“同”。“殊”原作“州”，《广雅·释言》：“州，殊也。”高亨采邓高镜说。“是”在《墨经》中是一个常用的逻辑变项符号，指代任一事物或概念。“是”犹如说“A”，“不是”犹如说“非 A”。

③“不是”旧倒，据高亨校乙正。

④“久”旧误为“文”，据高亨校改。下同。

⑤“亦”旧误为“不”，据高亨校改。

⑥“故”下“是”字旧脱，据高亨校增。《庄子·寓言》：“孔子行年六十而六十化，始时所是，卒而非之，未知今之所谓是之非五十九非也。”成玄英疏：“是以去年之是，于今非矣。故知今年之是，还是去岁之非。今岁之非，即是来年之是。”庄子认为是非既然随时而变，所以是非“未可定”（《至乐》），是非“无辨”（《齐物论》）。《墨经》认为事物既随时间而变化，而在一定历史阶段又有其确定性，坚持事物、概念的确定性和灵活性的对立统一，这在《墨经》叫做“同异交得”。

【译文】

〔经 183〕现在有如下两种情况：第一种情况是，现在是“是”，将来还是“是”；第二种情况是，现在是“是”，将来变成“不是”。在这两种情况下，现在都是“是”这一点，是相同的，论证的理由在于在这两种情况下，现在都是“是”这一点，没有什么差别。

〔经说〕现在是"是",将来变成"不是",但就现在来说,这个"是"仍然是"是"。现在这个"是",维持其为"是",已经很久了,于是不再是"是",而变成"不是",所以现在这个"是",又有其"不久"的一面。现在这个"是",虽然有其"不久"的一面,但就现在来说,这个"是",仍有其相对长久的一面。现在这个"是",不能长久地维持其为"是",但是又在一定限度内,长久地维持了这个"是"。所以说:现在这个"是"是长久的;又说:现在这个"是"不是长久的。这两种相反的说法,同样可以成立。

34. 大取

【说明】

《大取》述说墨家的伦理学和逻辑学思想，其中有极精彩的理论观点，如对利害的权衡弃取原则、对同异的辩证分析和对“故、理、类”推论三原则的规定等。本篇的伦理学思想，强调普遍爱人利人，批评儒家“爱有差等”和“爱利分离”（“有爱而无利”）的观点。其逻辑学思想，最重要的，是提出推论的三原则，要求“辞以故生，以理长，以类行”，即建立论题要有充足的理由，用合理的方式推出，用同类的事例进行论证。并提出概念分类的理论。其对同异的辩证分析，是重要的方法论思想。但此篇文字讹误窜乱甚多，校勘、诠释不易。本书的译注，在一定程度上带有尝试性和假定性，但力求接近原义，对研读原文有帮助。

【原文】

天之愛人也，博於聖人之愛人也[①]；其利人也，厚於聖人之利人也。大人之愛人也[②]，博於小人之愛人也[③]；其利人也[④]，厚於小人之利人也[⑤]。以臧爲其親也而愛之，愛其親也[⑥]；以臧爲其親也而利之，非利其親也。以樂爲利其子而爲其子欲之，愛其子也；以樂爲利其子而爲其子求之，非利其子也。

於所體之中而權輕重之謂權[⑦]。權非爲是也，亦非爲非也[⑧]。權，正也。斷指以存腕。利之中取大，害之中取小也。害之中取小也，非取害也，取利也。其所取者，人之所執也。遇盜人，而斷指以免身，利也。其遇盜人，害也。斷指與斷腕，利於天下相若，無擇也。死生利若一，無擇也。殺一人以存天下，非“殺人”以利天下也[⑨]；殺己以存天下，是殺己以利天下。於事爲之中而權輕重之謂求，求爲之非爲之也[⑩]：求“爲義”非爲義也[⑪]。利之中取大[⑫]，非不得已也；害之中取小，不得已也。於所未有而取焉[⑬]，是利之中取大也；於所既有而棄焉，是害之中取小也。

爲暴人語天之爲是耶[14]？如性爲暴人語天之爲非也[15]。諸陳執既有所爲而我爲之[16]，陳執之所爲因吾所爲也[17]；若陳執未有所爲而我爲之陳執，陳執因吾所爲也。暴人爲我，爲天之與人非爲是也[18]，而性不可正正之[19]。

"義可厚，厚之；義可薄，薄之"：之謂倫列[20]。"德行、君上、老長、親戚"：此皆所厚也[21]，爲長厚不爲幼薄。"親厚，厚；親薄，薄。親至薄不至[22]"：義厚親不稱行而顧行[23]。

爲天下厚禹，爲禹也。爲天下厚愛禹，乃爲禹之愛人也[24]。厚禹之爲加於天下[25]，而厚禹不加於天下，若惡盜之爲加於天下，而惡盜不加於天下。愛人不外己，己在所愛之中。己在所愛，愛加於己。倫列之：[己，人也；]愛己，愛人也[26]。聖人惡疾病，不惡危難。正體不動，欲人之利也，且惡人之害也[27]。聖人不爲其室藏之[28]，故善於藏[29]。聖人不得爲子之事。聖人之法死忘親[30]，爲天下也。厚親分也，以死忘之，體急興利[31]。有厚薄而毋倫列之興利：爲己。

"白馬非馬焉[32]"、"執駒焉說求之無母[33]"說非也。"殺犬之非犬[34]"非也。臧之愛己[35]，非爲愛己之人也，愛人不外己[36]。愛無厚薄，譽己非賢也[37]。義，利；不義，害。友有於秦馬[38]，友有於馬也[39]，知來者之馬也。凡學愛人[40]：愛衆世與愛寡世相若，兼愛之又相若。愛上世與愛後世，一若今之世人也。人之鬼[41]，非人也；兄之鬼，兄也。天下之利權[42]。"聖人有愛而無利"，儒者之言也[43]，乃客之言也。天下無人，子墨子之言也猶在。

不得已而欲之，非欲之也[44]；專殺臧[45]，非殺臧也；專殺盜，非殺盜也。

小圓之圓與大圓之圓同[46]。不至尺之"不至"也[47]，與不至鍾之"不至"異[48]。其"不至"同者，遠近之謂也。

[璜，玉也；]是璜也，是玉也[49]。[楹，木也；]意楹，非意木也[50]，意是楹之木也。[指之人，人也；]意指之人也，非意人也[51]。[獲，非禽也；]意獲也，乃意禽也[52]。

志功爲辯[53]。志功不可以相從也。利人也，爲其人也；"富人[54]"，非爲其人也；有爲也以富人，富人也。治人又爲鬼焉[55]。爲賞譽利一人，非爲賞譽利人也，亦不至於無貴於人。知親之一利，未爲孝也，亦不至於知不爲己之利於親也。知是世之有盜也，盡愛是世；知是室之有盜也，不盡惡是室也[56]。知其一人之盜也，不盡惡是二人[57]；雖其一人之盜，苟不知其所在，盡惡其非也[58]。諸聖人所先"爲人"。

名[59]，實名；實不必名。苟是石也白，敗是石也，盡與白同；是石也雖大，不與大同：是有使謂焉也[60]。諸非以舉量數命者，敗之儘是也[61]。以形貌命者[62]，必知是之某也，焉知某也；不可以形貌命者[63]，雖不知是之某也，知某可也。諸以居運命者，苟人於其中者皆是也，去之因非也。諸以居運命者，若鄉、里、齊、荆者皆是。諸以形貌命者，若山、丘、室、廟者皆是也。

知與意異[64]。重同[65]，俱同[66]，連同[67]，同類之同，同名之同，丘同[68]，附同[69]，是之同，然之同，同根之同；有非之異，有不然之異。有其異也，爲其同也；爲其同也異。一曰"乃是而然"，二曰"乃是而不然"，三曰"遷"，四曰"強"。

子深其深[70]，淺其淺，益其益，損其損[71]；次察由[72]、比因[73]、優指[74]；復次察聲端名[75]，因情復名[76]。正欲惡者[77]，人有以其情得焉[78]；諸所遭執而欲惡生者[79]，人不必以其情得焉[80]。

聖人之撫育也[81]，仁而有利愛[82]。利愛生於慮。昔者之慮也，非今日之慮也。昔者之愛人也，非今之愛人也。愛獲之愛人也，生於慮獲之利。慮獲之利，非慮臧之利也，而愛臧之愛人也，乃愛獲之愛人也。去其愛，而天下利，弗能不去也[83]。昔之知穡[84]，非今日之知穡也。貴爲天子，其利人不厚於匹夫[85]，非貴也[86]。二子事親，或遇熟或遇凶[87]，其事親也相若[88]，非彼其行益也，外勢無能厚吾利親者[89]。藉臧也死，而天下害，吾持養臧也萬倍，吾愛臧也不加厚。

長人之與短人也同[90]，其貌同者也，故同。指之人也與首之人也異，人之體非一貌者也，故異。將劍與挺劍異[91]。"劍"以形貌命者也，其形不一，故異。楊木之木與桃木之木也同。故一人指[92]，非一人也；是一人之指，乃是一人也。方之一面，非方也；方木之面，方木也。

語經。語經也[93]。三物必具[94]，然後足以生[95]。夫辭以故生[96]，以理長[97]，以類行者也[98]。立辭而不明於其所生，妄也[99]。今人非道無所行[100]，雖有強股肱，而不明於道，其困也，可立而待也。夫辭以類行者也，立辭而不明於其類，則必困矣。

故浸淫之辭[101]，其類在鼓栗[102]。聖人也爲天下也，其類在於追迷。或壽或卒，其利天下也相若[103]，其類在譽名[104]。一日而百萬生，愛不加厚[105]，其類在惡害。愛二世有厚薄，而愛二世相若[106]，其類在蛇紋[107]。愛之相若，擇而殺其一人[108]，其類在坑下之鼠[109]。小仁與大仁行厚相若，其類在田[110]。凡興利，除害也，其類在漏壅[111]。厚親不稱行而顧行[112]，其類在江上井。“不爲己”之可學也，其類在獵走[113]。愛人非爲譽也，其類在逆旅[114]。愛人之親，若愛其親，其類在官亟[115]。兼愛相若，一愛相若，一愛相若，其類在死蛇[116]。

【注释】

①“博”原作“薄”，据吴毓江校改。《天志》云“爱人博”、“利人厚”。

②③④⑤“爱”、“利”二字下原有“小”、“大”字据王树枏校删。

⑥“爱”字上原衍“非”字，据孙诒让校删。此处和以下有两个“一是一非”的推论事例。

⑦体：亲身经历，亲自遇到，身体实行。吴毓江：“体，行也。”

⑧“亦”原误为“非”，据孙诒让校改。

⑨“人”字上原有“一”字，据孙诒让校删。

⑩第二个“为之”据孙诒让校增。第一个“为之”指名义上的，第二个“为之”指实际上的、真正的，即下文说的“求为义非为义”（寻求名义上的“为义”不是真正的“为义”）。原本句下涉上下文衍“害之中取小”5字，今删。

⑪意为寻求名义上的“为义”不是真正的为义。

⑫本句至“是害之中取小也”原窜入下文，据孙诒让校移此。

⑬“于”字原脱，据下文增。

⑭“耶”原作“也”，据吴毓江校改。

⑮“如”原作“而”，据吴毓江校改。“语”原作“歌”，据张纯一校改。

⑯吴毓江：“陈执犹言习染。”张纯一：“陈执：似谓遍计陈迹而成执，即‘所染’之异名，犹习惯然。”

⑰“执”字旧重，据吴毓江校删其一。

⑱“与”原作“以”，据吴毓江校改。

⑲《经下》：“且然不可止，而不害用功。”

⑳“之”字旧脱，据孙诒让校增。顾惕生：“伦论古字通，伦列者，差论比列之略语。”《非

攻》中下、《天志下》有"差论"、"比列"之语。伍非百:"伦列,谓差等也。""伦列之爱,有亲疏先后之分。"为儒家之论。墨家主旨则一兼无别。张纯一:"伦列之爱,非周爱也。"张其煌:"伦列谓等差。"

㉑伍非百:"此皆儒家所厚而爱之也。过此则渐降以薄。而墨家则不然。"《庄子·天下》:"宗庙尚亲,朝廷尚尊,乡党尚齿,行事尚贤。"

㉒此为儒家观点,因亲属关系的远近而施以厚薄不等的爱。

㉓张纯一:"言于义止厚于至亲,不足称为德行;德行当充其类,厚加于天下。"

㉔"人爱"二字旧倒,据孙诒让乙正。

㉕"为"字旧脱,据孙诒让校增。

㉖《荀子·正名》:"'圣人不爱己','杀盗非杀人也',此惑于用名以乱名者也。""杀盗非杀人也"是《墨子·小取》的论题,"圣人不爱己"可能是墨子论题。《庄子·天下》说墨子使墨者"自苦","固不爱己"。《大取》此处用《小取》"侔"推理谓:"己,人也;爱己,爱人也。"

㉗"且"原误为"非",今改。墨家屡以"兴利"、"除害"连言,是其证。

㉘㉙"藏"原作"臧",古通。"善"原作"在",据吴毓江校改。

㉚"忘"原作"亡",孙诒让:"亡忘通,谓亲死而忘之,即薄丧之义。"

㉛"急"原作"渴",据吴毓江校改。

㉜本句原作"非白马焉",据孙诒让校改。本句上原有"语经语经也",今移下。

㉝本句原作"执驹焉说求之舞",据毕沅校改。

㉞本句原作"渔大之舞大",据孙诒让校改。

㉟本句上原有"三物必具然后足以生",今移下。

㊱"爱人"原涉下文误为"厚",今据上文改。

㊲"誉"原作"举",据孙诒让校改。

㊳㊴二"友"字原作"有",假借。

㊵"凡学爱人"原窜入下文,今据王引之校乙正。

㊶"人之"二字据《小取》增。

㊷权:相等。《经上》:"方,柱隅四权也。""权"原误为"欢",繁体形近致误。

㊸据孙诒让校改。

㊹不得已:因为某种不可抗拒的原因而被迫。《经说下》:"为非以人是不为非。"

㊺"专杀臧"3 字据孙诒让校增。

㊻本句上原有"凡学爱人"4 字今移前。

㊼"不"字原作"方",据孙诒让校改。

㊽下"不至"二字旧倒,据吴毓江校乙。

㊾"是而然"的推论事例。璜:半璧。

㊿(51)"是而不然"的推论事例。

(52)"不是而然"的推论事例。

⑬志功:动机与效果。本句原窜入上文,今移此。
⑭孙诒让:"言誉人之富。"
⑮"又"原作"有",通。孙诒让:"言治人之事兼有事鬼,若祭祀之类。"
⑯⑰"恶"旧脱,据孙诒让校增。
⑱"非"旧以形近误为"弱",今改。
⑲"名"上旧有"欲"字,据吴毓江校移后。
⑳"使"旧误为"便",据孙诒让校改。
㉑本句原窜入下文,今以义移此。
㉒以形貌命者:相当于具体概念,实体概念。
㉓不可以形貌命者:相当于抽象概念,属性概念。
㉔知:知识。意:意见,臆测,猜测,想象。
㉕《经说上》:"二名一实,重同也。"
㉖《经说上》:"俱处于室,合同也。"
㉗《经说上》:"不外于兼,体同也。"
㉘孙诒让:"丘与区通。""谓同区域而处。"
㉙附:附带,依附,靠近,归附。"附"原作"鲋",古通。
㉚子:你。吴毓江谓"子为墨家称墨子之词"亦通。
㉛损:减少。"损"原作"尊",据孙诒让校改。
㉜察由:审察做事的方法,即《耕柱》载墨子谓"问所以为之若之何也"。《论语·为政》:"观其所由。""次察"旧倒,据吴毓江校乙。"由"原作"山",据曹耀湘校改。
㉝比因:比较做事的动机。《论语·为政》:"视其所以。"
㉞优指:审察做事的效果。《鲁问》载墨子谓"合其志功而观焉。"《论语·为政》:"察其所安。"
㉟察声端名:审察语言,端正名称。
㊱因情复名:根据情况,给予名称。"情"原作"请",通。"名"据吴毓江校增。
㊲"正"下原有"夫辞"二字,据吴毓江校移下,"欲"原窜入上文,据吴毓江校移此。《经上》:"欲正权利,且恶正权害。"
㊳孙诒让:"有与或义同。""有"原作"右","情"原作"请",据孙诒让校改。
㊴吴毓江:"观察事物欲得其真实,须观者本身正其欲恶,欲恶正者常能得是非利害之情。"
㊵吴毓江:"凡于外物有所遭遇执着而欲恶生者,则不必得是非利害之情,因心有所偏蔽也。"
㊶据曹耀湘、谭戒甫校改。
㊷"有"原涉上文误为"无",《经上》:"仁,爱也。"上文:"圣人有爱而无利,儒者之言也,乃客之言也。"
㊸"不"字据孙诒让校增。

⑭穑：节俭，节用。“穑”原作“墙”，据曹耀湘、谭戒甫校改。下同。

⑮“匹”原作“正”，据顾广圻校改。

⑯“非加也”3 字原窜入下文，据吴毓江校移此。加：贵。

⑰熟：丰收年。凶：歉收年。

⑱“事”字据孙诒让校增。

⑲“亲”字据孙诒让校增。

⑳“与”旧作“异”，“也”旧作“之”，据俞樾校改。

㉑张其煌引《考工记》云：“上士、中士、下士服剑长短不同，似‘将剑’为大剑之名，‘挺剑’为小剑之名。”

㉒由此以下有两个“不是而然”的推论事例。

㉓“语经语经也”5 字原窜入上文，今移此。

㉔㉕三物：指故理类三者。“三物必具然后足以生”原窜入上文，今移此。

㉖辞：语句，命题，判断，相当于推理的结论，论证的论题。“夫辞”2 字原窜入上文，今移此。故：原因，理由，根据，相当于推理的前提，论证的论据。

㉗理：道理，条理，相当于推论的大前提或推论的形式。

㉘类：类别或同类的事例，类的同异关系。

㉙“妄”原误为“忘”，据顾广圻校改。

⑩⓪此以“道”喻“理”。

⑩①浸淫之辞：迷人的夸张的言辞，即诡辩之辞。浸淫：渐及，渐进。《孟子・滕文公下》：“放淫辞。”《孟子・公孙丑上》：“淫辞知其所陷。”

⑩②鼓栗：鼓橐煽火，用以冶炼金属。

⑩③“相”原作“指”，据苏时学校改。

⑩④“名”原作“石”，据毕沅校改。

⑩⑤释上文：“藉臧也死，而天下害，吾持养臧也万倍，吾爱臧也不加厚。”

⑩⑥释上文：“爱众世与爱寡世相若，兼爱之又相若。爱上世与爱后世，一若今之世人也。”

⑩⑦“纹”原作“文”，通。

⑩⑧“爱之相若”指平等地兼爱世人，“杀其一人”指杀危害众人的一个恶人，如杀人越货的强盗。

⑩⑨坑下：穴内。

⑪⓪“田”原作“申”，据曹耀湘校改。

⑪①“壅”原作“雍”，古通，吴抄本作“壅”。曹耀湘：“漏，溃也。雍与壅同，塞也。治堤防者，所以塞水之溃溢。除水之害，即以兴水之利。推之凡为人兴利者，但除其害，而利自在也。”《周礼》郑注：“雍，谓堤防止水者也。”《兼爱下》：“仁人之事者，必务求兴天下之利，除天下之害。”孙诒让引王云“雍与瓮同”，说：“此似言瓮之害在于漏，去其漏，则得汲水之利也。”亦通。

⑫释上文:“义厚亲不称行而顾行。”“顾”原讹作“类”,据上文改。
⑬猎走:竞走。
⑭逆旅:客舍,迎止宾客的处所。逆即迎。《庄子·山木》:“阳子之宋,宿于逆旅。”
⑮“亟”原作“苟”,王念孙云读若急,《尔雅·释诂》:“亟,疾也,速也。”曹耀湘释“官亟”为急官府之事,谓“急官事者,视官事如家事然”。
⑯“蛇”原作“也”,据沈有鼎校改。

【译文】

天爱人比圣人爱人广博,天利人比圣人利人优厚。大人爱人比小人爱人广博,大人利人比小人利人优厚。把臧误认为自己的父亲而爱他,是爱父亲的表现;把臧误认为自己的父亲而利他,并不是真正有利于父亲。(一是一非)以为音乐对儿子有利,而为儿子想一想音乐,是爱儿子的表现;以为音乐对儿子有利,而为儿子千方百计地寻求使其沉溺于音乐的条件,并不是真正有利于儿子。(一是一非,墨家坚持“非乐”的论点)

在所亲身经历的事情中,而权衡利害的轻重大小叫做“权”(权衡)。“权”不等于“是”,也不等于“非”。“权”是提供一个衡量利害大小即是非的标准。在不得已的情况下,宁肯断掉一个指头,也要争取保存手腕。在利中是取大的,在害中是取小的。所谓“害中取小”,在一定意义上可以说不是“取害”,而是“取利”。这里所谓“取”,是指人所执持采取。遇到强盗,被迫断掉一个指头以保住生命,就保住生命这一点来说是利,就遇到强盗被迫断掉一个指头来说是害。断掉一个指头与断掉手腕,如果对天下所带来的利益是相等的,那么在精神状态上就无所选择,不予计较。甚至于死生,如果对天下所带来的利益是相等的,那么在精神状态上也无所选择,不予计较。杀一个危害天下的坏人以保存天下,不等于“犯杀人罪”以有利于天下;在必要的时候,牺牲自己的生命以保存天下,却可以叫做“牺牲自己的生命以有利于天下”。(一非一是,墨家的侠义精神)在事情和行为中,权衡与求取利害的轻重大小叫做“求”。做某件事情,仅仅是为了博得做这件事情的美好名声,不等于毫无私心地、堂堂正正地做某件事情:例如仅仅是为了博得做义事的名声,不等于毫无私心地为了实现义的理想而做事。在利中取大的,不是被迫不得已的,而是自己主动从容去争取的。在害中取小的,是被迫不得已的。在利中取大的,是在尚未存在的事情中,去争取实现某一种。在害中取小的,是于已经存在的事情中,去被迫舍弃某一种。

某一个人做了暴虐天下的人,难道说他天生就是这样的吗?如果他天生本性就是一个暴虐天下之人,那才可以说他天生注定是要为非作歹的。各种陈规旧习既然有它们的作用,那么它们就会影响于人们的行为。陈规旧习的作用,也会因人们的行为而受到影响。如果某种陈规旧习尚未发生作用,而是人们的行为所造成的某种陈规旧习,那么这种陈规旧习就是由于人们的行为所造成的。暴虐天下的人一切为了自我,是由于天然和人为两方面的作用,从而使他不走正道的,如此形成他的暴虐本性,虽然看起来已经无法纠正,但还是要努力地去纠正它。

对方说:"从道义上可以给予厚爱的,就给予厚爱;可以给予薄爱的,就给予薄爱。"这是一种从等级差别出发的关于爱的观点。"德高望重之人,君主上级,老人长者,血缘关系亲近的人",这都是儒家认为应当给予厚爱的人,但是对长者给予厚爱,不能作为对幼者给予薄爱的理由。对方说:"血缘关系亲近的人,就给予厚爱;血缘关系疏远的人,就给予薄爱。血缘关系最亲近的人,不能给予最薄的爱。"讲仁义厚爱亲属,不能一味地称誉其德行,而要看其行为是否符合仁义的标准。

为了天下人的利益而厚待禹,这是把厚待的行为施加给禹。为了天下人的利益而厚爱禹,那是因为禹是爱人的。厚待禹的行为,能够间接地加利于天下,但是对禹的厚待,并不等于对天下其他人的厚待,这就像厌恶强盗的行为,能够间接地加利于天下,但是对强盗的厌恶,并不等于对天下其他人的厌恶。(一是一非)爱人不排除爱自己,自己也在所爱之中。自己也在所爱之中,爱就也施加于自己。可以排列出以下论式:自己是人,爱自己是爱人。(是而然)圣人厌恶疾病,却不逃避危险艰难。端正身体,坚定意志,希望人们得到利益,并且不希望人们受到祸害。圣人不为自己的家室聚敛财富,所以善于藏富于民。圣人不应该为自己的子女谋取私利。圣人的法则是亲死而忘之,这是为了天下的人谋利益。厚待父母应是本分,但既然死了则应忘之，以便全身心急切地投入为天下兴利的事业。如果坚持爱有厚薄，而不从这种等级差别的论点转变到为天下兴利，那实际上还是一切从自己出发。

所谓“白马不是马”、“孤驹从来就没有母亲”等说法是错误的。说“杀狗不是杀犬”等，也是错误的。臧的爱自己，并非因为想到自己是人才爱自己；但是爱人并不排除爱自己。爱没有厚薄。赞誉自己不算是贤。实行仁义就是给人以利益，做不义之事就是害。至少有一匹秦马为我的朋友所有，就是至少有一匹马为我的朋友所有，不管他牵来的是什么马，我都可以断言他牵来的是马。凡学习兼爱学说的人一定要知道：对于人口多世代人们的爱，与对于人口少世代人们的爱是相等的，兼爱他们是相等的。爱过去世代的人们，与爱未来世代的人们，和爱当今世代的人们也都是一样的。人的鬼魂不等于人，但在某种特殊的情况下，兄的鬼魂可以权且代表兄。(一是一非，作者持有鬼论)对于天下人的利益应当给予同等看待。说“圣人只给予爱而不考虑利益”，把爱利截然两分，这是儒者的言论，是论敌的言论。假定在将来的某一天，天下果真没有人了，我们老师墨子的言论，还会作为真理而永远存在着。

被迫不得已而有某种想法，不等于自己主动有某种想法。由于某种特殊原因而专门把臧杀了，不等于因为臧是一个人把他杀了而犯杀人罪。专门杀了一个为非作歹的强盗，也不等于把强盗作为一个人把他杀了而犯杀人罪。(一是一非)小圆的圆与大圆的圆都同样是圆。不够一尺与不够一钟(容量单位)不同，因为一关远近，一关容量。但是不够一尺与不够一丈有相同一面，因为都是关于远近的。

璜是玉；这个璜是这个玉。(是而然)柱子是木头做的；想要柱子不等于想要木头，想要的是作为柱子的木头。以某个指头为代表的人是人；想以某个指头为代表的人，不等于想任意一个人。(是而不然)获取猎物不等于获取禽，想获取猎物却包含着想获取禽。(不是而然)

动机与效果应该加以分辨。动机与效果不一定恰相一致(并非有什么动机紧跟着就有什么效果)。利人就是为人考虑；单纯地从口头上称誉人的“富有”，不等于为人考虑；采取实际措施以便使人富有，才是真正的富人之举。（一是一非）对人的治理包含着敬鬼神的内容。（作者持有鬼论）进行奖赏和赞誉而有利于一个人，并非是进行奖赏和赞誉而有利于所有的人，但对一个人进行奖赏和赞誉，也不至于对其他人没有作用。知道父母亲一方面的利益，还不算是孝顺，但也不至于知道自己能够做有利于父母亲的事情，却不愿意去做。知道这个世界上有强盗，还是要尽力提倡“兼爱这个世界上所有的人”这一最高理想和目标；但是知道这个房间里有强盗，却不能提倡厌恶这个房间里所有的人；假定这个房间里有两个人，又确知其中有一人是强盗，也不能同时厌恶这两个人，虽然确知其中有一人是强盗，但不知道强盗究竟是这两人中的哪一个，同时厌恶这两个人也是不对的。诸位圣人所放在最先的原则是“为人”（为天下人考虑）。

语词概念是实际事物的语词概念；有实际事物，却不必然有语词概念。假如这一块石头是纯白的，把这块石头打碎，每一小块也都还是纯白的；但这块石头虽然是大的，把它打碎了以后，每一小块却不一定都是大的，这是因为有使之称为“大”的另一参照物以供比较的缘故。许多不是以列举数量来命名的语词概念，都可以用这种打碎的办法来处理。（按对非生物的属性，如石头的坚、白，才可以用打碎的办法来处理）以事物的形体状貌来命名的语词概念（实体概念，具体概念），一定要知道这个事物是什么，才能了解它；不能够以事物的形体状貌来命名的语词概念（属性概念，抽象概念），虽然不知道这个事物是什么，也能了解它。各种以人在其中居住和运动的空间来命名的语词概念，假如人还在其中活动，那么就都是；假如人已经离去，那么就因而都不是了。各种以人在其中居住和运动的空间来命名的语词概念，例如乡、里、齐、荆（楚）等都是。各种以事物的形体状貌来命名的语词概念（实体概念，具体概念），例如山、丘、室、庙等都是。

知识（智慧）与意想（猜测）不同。两个名称指一个实体，叫“重同”。不同的人共同处于一个房间，叫“俱同”（合同）。不同部分在同一个整体之内互相联系，叫“连同”（体同）。不同事物在某一方面有共同性质，叫“同类之同”（类同）。不同事物使用同一名称，叫“同名之同”。不同事物共处同一区域,叫“丘同”。不同事物附属于同一整体,叫“附同”。不同论点都符合实际(是真理),叫“是之同”。不同语句都说事物“是如此”,叫“然之同”。不同支脉有同一根源,叫“同根之同”。不符合实际(是错误)的不同论点,叫“非之异”。说事物“不是如此”的不同语句,叫“不然之异”。事物有其不同的一面,恰恰是因为有其相同的一面;这是在有相同一面基础上的不同一面。有的推论前提肯定,结论也肯定。有的推论前提肯定,结论却否定。有的推论犯转移论题的错误。有的推论犯强词夺理的错误。

你要该深就深,该浅就浅,该增加就增加,该减少就减少。其次,要审察做事的方法,比较做事的动机,以至到审察做事的效果。再其次,审察语言,端正名称;根据情况,给予名称。欲恶正当的人,有时能把握事物的真实情况。至于遭遇外物而生偏爱偏恶感情的人,就不一定能把握事物的真实情况了。

圣人抚育万民,讲仁义而有利人爱人之意。利人爱人之意生于替人考虑。过去考虑,不等于现在考虑。过去爱人,不等于现在爱人。爱获的爱人,生于考虑获的利益;考虑获的利益,不等于考虑臧的利益;而爱臧的爱人,跟爱获的爱人是一样的。舍去个人的所爱,而能使天下的人都得到利益,那就不能不舍去。过去知道节俭,不等于现在知道节俭。(一是一非)高贵如天子,他给人民所带来的利益,还不如一个普通老百姓多,那就不算高贵。两个儿子事奉父母,年景有好坏,但他们事奉父母的心是一样的。这不是由于他们的德行有所增加,而是由于外部环境不能改变自己的孝亲之心。假如臧的死,会使天下的人都受害,那我们对臧的扶持养活就可以增加一万倍,但我们对臧个人的爱心并没有加厚。

高个子的人与矮个子的人,在都作为人这一点上是相同的,这是由于他们的状貌性质相同,所以才相同。以指头为代表的人与以头部为代表的人,在用来作代表的部位上是不同的,这是由于人的身体有不同的部位,所以才不同。用于体现将军威仪的大剑与战士用来刺杀的小剑,是不同的,这是由于剑是以形体状貌来命名的,它们的形体状貌不一样,所以才不同。杨木的木头与桃木的木头,在都作为木头这一点上是相同的。所以说一个人的指头，并不是一个人；但这里有一个人的指头，却可以说这里有一个人。方形的一边不等于方形；但方木的一面却可以说是方木。

"语经"就是说话思考一定要遵守的基本规律。推理论证要"故、理、类"三个方面都具备，然后一个论题才能必然成立。一个论题的成立要有充足的理由，推论的过程要符合道理和有条理，要根据事物的类别来进行。建立一个论题，而不明白它所由以成立的充足理由，那就有可能虚妄不实。所谓"推论的过程要符合道理和有条理"，这犹如我们没有道路无法行走，虽然有强健的肢体，而不明白道路，其困难马上就可以到来。论题要根据事物的类别关系推引出来，建立一个论题，而不明白它由以推引的类别关系，则必然遭遇困难。

所以诡辩的词句，如果不加以克服，它就会逐渐发生作用，这犹如鼓风冶金，可以使矿石逐渐销熔。圣人为治理天下，而殚精竭虑，这犹如父母为追正迷途的儿子，而费尽心机一样。人的生命有长短的不同，但都可以同样为利天下而竭尽心力，这犹如人的生命有长短的不同，但都可以同样有好名声一样。假如臧的死，会使天下的人都受害，那我们对臧的扶持养活，一天就可以增加一万倍(但我们对臧个人的爱心并没有加厚一万倍)，这犹如厌恶会给天下带来害处的事，并必欲除之而后快一样。爱人口多世代的人与爱人口少世代的人，爱过去、未来世代的人与当今世代的人，尽管在实际上可能有厚薄的不同，但对他们的爱心却是一样的，这犹如两蛇交互运行，其轨迹融合为一、不辨彼此一样。提倡普遍地兼爱世上所有的人，这并不妨碍选择一个穷凶极恶的坏人而杀之，这犹如消灭一只穴中害鼠，应该毫不留情一样。在小事情上实行仁爱，与在大事情上实行仁爱，在给人们所带来的物质利益上可能有所不同，但在德行之厚上却是一样的，这犹如一块小田和一块大田，虽然收获可以有所不同，但都可以尽其地力一样。凡兴办对人民有利的事，都包含着革除对人民有害的事，这犹如兴办水利，即需革除水害一样。讲仁义厚爱亲属，不能一味地称誉其德行，而要看其行为是否符合仁义的标准，这犹如凿井于江边，不需考虑水源的多寡，而是要考虑是否合用一样。"不为己"的忘我牺牲精神是可以学到的，这犹如竞走的技艺是可以学到的一样。兼爱世人不是为了获取赞誉，这犹如办客舍是为了接待客人，而不是为了获取赞誉一样。爱别人的父母，与爱自己的父母一样，这犹如对待公事，与对待私事一样。提倡平等地兼爱世上所有的人，不能诡辩式地拆成“爱这一部分人平等”，“爱那一部分人平等”，这犹如一条活蛇，被砍成几段，就会变为死蛇一样。

35. 小取

【说明】

《小取》是墨家逻辑体系的简明纲要，论述清晰流畅。本文一论“辩”学即古代逻辑学的目的、宗旨，二论或（特称）、假（假设）、效（建立、代入公式）、譬（譬喻式类比）、侔（对照同类词句的类比）、援（援例类比）、推（归谬类比）等判断、推论形式的定义、特点，三论譬、侔、援、推等推论形式的局限和易犯的错误，四论推论正确与错误的5种不同情况。本文是古代逻辑学的专论，是理解其他《墨经》各篇逻辑思想的钥匙和方法论的启示，在中国和世界逻辑史上占有重要地位。

【原文】

夫辯者[①]，將以明是非之分[②]，審治亂之紀[③]，明同異之處，察名實之理，處利害[④]，決嫌疑焉[⑤]：摹略萬物之然[⑥]，論求群言之比[⑦]。

以名舉實[⑧]，以辭抒意[⑨]，以說出故[⑩]。以類取[⑪]，以類予[⑫]。有諸己不非諸人[⑬]，無諸己不求諸人[⑭]。

“或”也者不盡也[⑮]。“假”者今不然也[⑯]。“效”者爲之法也[⑰]，所效者所以爲之法也[⑱]，故中效則是也[⑲]，不中效則非也[⑳]，此“效”也。“譬”也者舉他物而以明之也[㉑]。“侔”也者比辭而俱行也[㉒]。“援”也者曰[㉓]：“子然，我奚獨不可以然也？”“推”也者[㉔]，以其所不取之，同於其所取者，予之也。“是猶謂”也者[㉕]，同也。“吾豈謂”也者[㉖]，異也。

夫物有以同[㉗]，而不率遂同[㉘]。辭之“侔”也[㉙]，有所至而正[㉚]。其然也，有所以然也[㉛]；其然也同，其所以然不必同。其取之也，有所以取之；其取之也同，其所以取之不必同。是故“譬”、“侔”、“援”、“推”之辭，行而異，轉而詭[㉜]，遠而失，流而離本[㉝]，則不可不審也[㉞]，不可常用也。故言多方[㉟]、殊類、異故，則不可偏觀也[㊱]。

夫物或乃“是而然”[㊲]，或“是而不然”[㊳]，或“不是而然”[㊴]，或“一周而一不周”[40],或“一是而一非”也[41]。

白馬,馬也;乘白馬,乘馬也。驪馬[42],馬也;乘驪馬,乘馬也。獲[43],人也;愛獲,愛人也。臧[44],人也;愛臧,愛人也。此乃“是而然”者也。

獲之親,人也;獲事其親[45],非“事人”也[46]。其娣[47],美人也;愛娣,非“愛美人”也[48]。車,木也;乘車,非“乘木”也[49]。船,木也;入船[50],非“入木”也[51]。盜[52],人也;多盜,非“多人”也;無盜,非“無人”也。奚以明之?惡多盜,非“惡多人”也;欲無盜,非“欲無人”也。世相與共是之,若若是[53],則雖“盜[54],人也;愛盜,非‘愛人’也;不愛盜,非‘不愛人’也;殺盜[55],非‘殺人’也”無難矣。此與彼同類,世有彼而不自非也,墨者有此而非之,無他故焉[56]:所謂“內膠外閉”[57],與“心無空乎內[58],膠而不解”也[59]。此乃“是而不然”者也。

“讀書[60]”,非“書”也[61];“好讀書[62]”,“好書”也。“鬥雞[63]”,非“雞”也;“好鬥雞”,“好雞”也。“且入井[64]”,非“入井”也;止“且入井”,止“入井”也。“且出門”,非“出門”也;止“且出門”,止“出門”也。若若是:“‘且夭’,非‘夭’也;‘壽且夭[65]’,‘壽夭’也。‘有命[66]’,非‘命’也;非‘執有命[67]’,‘非命’也[68]”無難矣。此與彼同類,世有彼而不自非也,墨者有此而非之[69],無他故焉[70]:所謂“內膠外閉”,與“心無空乎內,膠而不解”也。此乃“不是而然”者也。

“愛人”,待周愛人而後謂“愛人[71]”;“不愛人”,不待周不愛人:失周愛[72],因謂“不愛人”矣[73]。“乘馬”,不待周乘馬[74],然後謂“乘馬”也:有乘於馬,因謂“乘馬”矣。逮至“不乘馬”,待周不乘馬,而後謂“不乘馬”。此“一周而一不周”者也。

居於國,則謂“居國”;有一宅於國,而不謂“有國”。桃之實,桃也;棘之實[75],非棘也。問人之病,問人也;惡人之病,非惡人也。人之鬼,非人也;兄之鬼,兄也。祭人之鬼,非祭人也;祭兄之鬼,乃祭兄也。之馬之目盼[76],則謂“之馬盼”;之馬之目大,而不謂“之馬大”。之牛之毛黄,則謂“之牛黄”;之牛之毛衆,而不謂“之牛衆”。一馬馬也,二馬馬也,“馬四足”者,一馬而四足也,非兩馬而四足也;“馬或白”者[77],二馬而或白也,非一馬而或白。此乃“一是而一非”者也。

【注释】

①辩:辩论,引申为关于辩的学问,即辩学,中国古代逻辑学。

②是非:真理与错误。

③审:审察。纪:纲纪,道理。

④处:判别,处置。

⑤决:判明。决断。嫌疑:疑问,疑难。

⑥摹略:反映,概括。摹:描摹。然:本来面目,包含然和所以然,即现象和原因。

⑦论求:讨论,探求。群言:各种言论。比:比较是非利害得失。

⑧名:语词概念。举:列举,摹拟,反映。实:实物,实体,实质。

⑨辞:语句,命题。抒:表达。意:思想,判断。

⑩说:推理,论证。故:原因,理由,根据。

⑪类:类别,同类事例。取:选取,采取。

⑫予:给予。

⑬有诸己:自己赞同某一论点。不非诸人:不反对别人赞同。

⑭无诸己:自己不赞同某一论点。不求诸人:不要求别人赞同。

⑮或:义略同于"有"、"有的"、"有些",有时与"或者"、"可能"义通。尽:全称量词。与"俱"同义。

⑯假:假定,假设。

⑰效:模仿,效法,遵循。法:标准,法则,法式,形式,公式。

⑱所以为之法:所建立的标准、法则、法式、形式、公式。

⑲中效:合乎标准、法则、法式、形式、公式。是:真。

⑳不中效:不合乎标准、法则、法式、形式、公式。非:不真。

㉑譬:譬喻式的类比推理。

㉒侔:比较相似句群的类比推理。《说文》:"侔,齐等也。"孙诒让:"缗辞义齐等,比而同之。"

㉓援:援引对方言行以证明自己相似言行的类比推理。

㉔推:归谬式的类比推理。

㉕是犹谓:意同于"这犹如说",说明两件事情相似,类比推理常用的连接词。如说"执无鬼而学祭礼,是犹谓无客而学客礼也。"

㉖吾岂谓:意同于"我难道那么说了吗",说明两件事情不相似,对于对方的类比推理进行反驳时常用的连接词。如说:"吾谓兼爱可行,吾岂谓挈泰山以越河济可行乎?"

㉗有以同:事物在某方面有相同性质。

㉘率:皆,全,都。遂:于是,就。

㉙侔:指侔式推理。

㉚有所至而正：在一定范围内才是正确的。

㉛然：现象，结果。所以然：原因，本质。

㉜“诡”原作“危”，通。俞樾：“危，读为诡。”

㉝本：根据。

㉞审：谨慎，慎重。

㉟方：理，道，法。

㊱偏观：片面观察。

㊲是而然：前提肯定，结论也肯定。从其所举例来看，其公式是：A＝B 并且 CA＝CB。

㊳是而不然：前提肯定，而结论否定。从其所举例来看，其公式是：A＝B 并且 CA≠CB。

㊴不是而然：前提否定，而结论肯定。从其所举例来看，其公式是：A≠B 并且 CA＝CB。

㊵一周而一不周：一种说法周遍，而一种说法不周遍。从其所举例来看，其公式是：AB 一语，A 有时遍及于 B 的所有分子，有时不遍及于 B 的所有分子。

㊶一是而一非：一种说法成立，而一种说法不成立。从其所举例来看，其公式是：F(A)＝G(A)并且 F(B)≠G(B)，即一种语句结构，代入一种内容成立，代入另一种内容不成立。

㊷骊：黑。

㊸获：女奴。

㊹臧：男仆。

㊺事其亲：事奉其父母。

㊻事人：指做别人的奴仆。

㊼“娣”原作“弟”，通。

㊽爱美人：指爱美色（性爱）。

㊾乘木：指乘一根未加工的木头。

㊿“入”原作“人”，据苏时学校改。

(51)入木：进入木头。

(52)(54)(55)“盗”字后原衍“人”字，今删。

(53)若若是：如果这些是对的。

(56)(70)“他”原作“也”，古通。

(57)内胶外闭：内心胶结，对外封闭。

(58)心无空乎内：心里边没有留下一点空地方，不能接受外来的意见。

(59)胶而不解：内心胶结而解不开。

(60)“读书”上原有“且夫”二字，据沈有鼎校删。

(61)(62)“书也好读书”5 字旧脱，据胡适校增。

(63)“斗”上原有“且”字，据沈有鼎校删。

㊹且：将要，《经说上》："自前曰且。"
㊺"寿且夭"3 字据沈有鼎校增。
㊻㊼"有命"、"执有命"指儒家的有命论。
㊽非命：墨家论题。
㊾"非"上旧有"罪"字，据毕沅校删。
㊿"谓"原作"为"，古通。下同。
㊿失周爱：有失周爱。周即周遍，周爱即兼爱。"失"上旧有"不"字，据沈有鼎校删。
㊿因为：因此就成为。
㊿周乘马：乘遍所有的马。
㊿棘：酸枣树。
㊿眇：瞎。"眇"原作"盼"，据顾广圻校改。下同。
㊿马或白：有的马是白的。上文："或也者不尽也。""马或白"前原衍"一马马也"4 字，据王引之校删。

【译文】

"辩"这门学问的目的，是用来判明真理与谬误的分别，审察治理和混乱的头绪，判明同一与差异的所在，考察概念和实际的原理，权衡处置利益与祸害，洞察决断迷惑和可疑的痕迹：于是能反映概括万事万物的面目与根源，讨论探求各种言论的利弊和得失。

用概念摹拟事物的实质，用语句表达思想意念，用推论揭示主张的理由和根据。根据事物的类别来取例证明，根据事物的类别来予例反驳。自己所赞成的论点不能反对别人赞成，自己所不赞成的论点不能要求别人赞成。

"或"是表示一类事物中仅有一部分是如此，即并非全部都是如此。"假"是表示思想上的假定，并非表示现实就是如此。"效"是提供标准的辩论形式和法则。所"效"是被提供的标准辩论形式和法则。所以合乎这些标准辩论形式和法则的是正确的。不合乎这些标准辩论形式和法则的是不正确的。这就是"效"。"譬"是列举其他事物来说明这一事物。"侔"是比较同类的词句来说明它们都是行得通的。"援"是说："你可以这样，我为什么偏偏不可以这样呢？""推"是我摆出一个证明给对方来反驳他，我这个证明是说明，对方所不赞成的与对方所赞成的本为同类。"是犹谓”(这就好比说)的说法,是用来表示前后两种议论的同类的。“吾岂谓”(我难道说)的说法,是用来表示前后两种议论的不同类的。

事物有相同之处,并不因此就完全相同。词句的同类比较(侔),在一定范围内是正确的。事物的现象或结果,有其所以形成的原因。其现象或结果相同,其所以形成的原因不一定相同。赞成某一论点,有其所以赞成的理由。双方都赞成某一论点,他们所以赞成的理由不一定相同。所以,“譬”、“侔”、“援”、“推”的词句,无类比附会混淆差异,辗转列举会发生诡辩,生拉硬扯会失去本义,牵强推论会离开根据,于是就不能不慎重,也不能到处搬用。所以对言论的多方面的道理、特殊的类别和不同的缘故,就不能片面观察。

对事物的推论有如下不同的情况,有的是“是而然”(前提肯定,结论也肯定),有的是“是而不然”(前提肯定,而结论否定),有的是“不是而然”(前提否定,而结论肯定),有的是“一周而一不周”(一种说法周遍,而一种说法不周遍),有的是“一是而一非”(一种说法成立,而一种说法不成立)。

白马是马,乘白马是乘马。骊马是马,乘骊马是乘马。获是人,爱获是爱人。臧是人,爱臧是爱人。这是属于“是而然”(前提肯定,结论也肯定)的情况。

获的父母是人,获事奉她的父母不能说是“事奉人”(指做别人的奴仆)。她的妹妹是美人,她爱妹妹不能说是“爱美人”(指爱美色)。车是木头做的,乘车不能说是“乘木头”(指乘一根未加工的木头)。船是木头做的,入船不能说是“入木”(指进入木头)。强盗虽然是人,但某地强盗多,不能简单地说“某地人多”;某地没有强盗,也不能简单地说“某地没有人”。怎么知道这一点呢?讨厌某地强盗多,并不是讨厌某地人多;想让某地没有强盗,并不是想让某地没有人。世上的人大家都赞成这一些。如果是这样的话,那么我们说“强盗虽然是人,爱强盗却不能说是‘爱人’,不爱强盗不能说是‘不爱人’,杀强盗也不能简单地说是‘杀人’(指杀好人,犯杀人罪)”,就也应该是没有困难的。后者和前者是属于同类,世人赞成前者而不自以为不对,墨家的人主张后者却要加以反对,没有其他的原因：这就是所说的“内心胶结，对外封闭，听不进不同意见”，与“心里边没有留下一点空隙，胶结而解不开”的缘故。这是属于“是而不然”（前提肯定，而结论否定）的情况。

“读书”不等于“书”，“好读书”却等于“好书”。“斗鸡”不等于“鸡”，“好斗鸡”却等于“好鸡”。“将要入井”不等于“入井”，阻止“将要入井”却等于阻止“入井”。“将要出门”不等于“出门”，阻止“将要出门”却等于阻止“出门”。如果是这样的话，那么我们说“‘将要夭折’不等于‘夭折’，阻止‘将要夭折’却等于阻止‘夭折’（即采取措施使‘将要夭折’的人有寿，却是真的把‘夭折’的人转变为长寿）。儒家主张‘有命’论，不等于真的有‘命’这东西存在；墨家‘非执有命’，却等于‘非命’（即墨家反对儒家坚持有命的论点，却等于实实在在地否定‘命’的存在）”就也应该是没有困难的。后者和前者是属于同类，世人赞成前者而不自以为不对，墨家的人主张后者却要加以反对，没有其他的原因：这就是所说的“内心胶结，对外封闭，听不进不同意见”，与“心里边没有留下一点空隙，胶结而解不开”的缘故。这是属于“不是而然”（前提否定，而结论肯定）的情况。

说“爱人”，必须周遍地爱所有的人才可以说是“爱人”；说“不爱人”，不依赖于周遍地不爱所有的人：没有做到周遍地爱所有的人，因此就可以说是“不爱人”了。说“乘马”，不依赖于周遍地乘过所有的马，才算是“乘马”：至少乘过一匹马，就可以说是“乘马”了。但是说到“不乘马”，依赖于周遍地不乘所有的马，然后才可以说是“不乘马”。这是属于“一周而一不周”（一种说法周遍，而一种说法不周遍）的情况。

居住在某一国内，可以简称为“居国”；有一住宅在某一国内，却不能简称为“有国”。桃树的果实称为“桃”，棘树的果实却不称为“棘”（称为枣）。探问别人的疾病可以简称为“探问人”，讨厌别人的疾病却不能简称为“讨厌人”。人的鬼魂不等于人，兄的鬼魂在某些特殊情况下可以权且代表兄。祭人的鬼魂不等于祭人，祭兄的鬼魂可以权且说是祭兄。（作者持有鬼论）这个马的眼睛瞎，可以简称为“这马瞎”；这个马的眼睛大，却不能简称为“这马大”。这个牛的毛黄，可以简称为“这牛黄”；这个牛的毛众

(指牛毛长得茂密),却不能简称为“这牛众”(牛众是指牛的个数多)。一匹马是马,两匹马是马,说“马四足”,是指一匹马四足,不是指两匹马四足;但是说“马或白”(指有的马是白的),却是在至少有两匹马的情况下才可以这样说,如果在只有一匹马的情况下就不能这样说。这是属于“一是而一非”(一种说法成立,而一种说法不成立)的情况。

36. 耕柱

【说明】

《耕柱》、《贵义》、《公孟》、《鲁问》四篇为墨家语录，由弟子和再传弟子缀集而成。每篇若干章，摘取首章二字为篇题，章与章之间无关联，全篇无中心思想。其编排方式与《论语》、《孟子》相同，语言浅显，风格朴实，接近口语。《耕柱》共21章，一部分为墨子与弟子问对之辞，另一部分记录了墨子与儒家之徒的辩论。

【原文】

子墨子怒耕柱子[①]。耕柱子曰："我毋俞於人乎[②]？"子墨子曰："我將上大行[③]，駕驥與羊[④]，子將誰驅？"耕柱子曰："將驅驥也。"子墨子曰："何故驅驥也？"耕柱子曰："驥足以責。"子墨子曰："我亦以子爲足以責。"

巫馬子謂子墨子曰[⑤]："鬼神孰與聖人明智？"子墨子曰："鬼神之明智於聖人，猶聰耳明目之與聾瞽也。昔者夏后開使蜚廉折金於山川[⑥]，而陶鑄之於昆吾[⑦]；是使翁難雉乙卜於白若之龜[⑧]，曰：'鼎成，三足而方，不炊而自烹，不舉而自臧[⑨]，不遷而自行。以祭於昆吾之虚[⑩]，上鄉[⑪]！'乙又言兆之由曰[⑫]：'饗矣！逄逄白雲[⑬]，一南一北，一西一東，九鼎既成，遷於三國[⑭]。'夏后氏失之，殷人受之；殷人失之，周人受之。夏后殷周之相受也，數百歲矣。使聖人聚其良臣，與其桀相而謀[⑮]，豈能智數百歲之後哉[⑯]？而鬼神智之。是故曰，鬼神之明智於聖人也，猶聰耳明目之與聾瞽也。"

治徒娛、縣子碩問於子墨子曰[⑰]："爲義孰爲大務[⑱]？"子墨子曰："譬若築牆然，能築者築，能實壤者實壤，能欣者欣[⑲]，然後牆成也。爲義猶是也，能談辯者談辯，能說書者說書，能從事者從事，然後義事成也。"

巫馬子謂子墨子曰："子愛天下，未云利也[⑳]；我不愛天下，未云賊也[㉑]。功皆未至，子何獨自是而非我哉？"子墨子曰："今有燎者於此[㉒]，一人奉水將灌之，一人摻火將益之[㉓]，功皆未至，子何貴於二人？"巫馬子曰：

"我是彼奉水者之意,而非夫摻火者之意。"子墨子曰:"吾亦是吾意,而非之子意也。"

子墨子遊荆耕柱子於楚[24]。二三子過之,食之三升[25],客之不厚[26]。二三子復於子墨子曰:"耕柱子處楚無益矣!二三子過之,食之三升,客之不厚。"子墨子曰:"未可智也。"毋幾何,而遺十金於子墨子[27],曰:"後生不敢死[28],有十金於此,願夫子之用也。"子墨子曰:"果未可智也。"

巫馬子謂子墨子曰:"子之爲義也,人不見而耶[29],鬼而不見而富[30],而子爲之,有狂疾。"子墨子曰:"今使子有二臣於此,其一人者見子從事,不見子則不從事;其一人者見子亦從事,不見子亦從事,子誰貴於此二人?"巫馬子曰:"我貴其見我亦從事,不見我亦從事者。"子墨子曰:"然則是子亦貴有狂疾也。"

子夏之徒問於子墨子曰[31]:"君子有鬥乎?"子墨子曰:"君子無鬥。"子夏之徒曰:"狗豨猶有鬥[32],惡有士而無鬥矣?"子墨子曰:"傷矣哉!言則稱於湯文,行則譬於狗豨,傷矣哉!"

巫馬子謂子墨子曰:"舍今之人而譽先王,是譽槁骨也。譬若匠人然,智槁木也,而不智生木。"子墨子曰:"天下之所以生者,以先王之道教也。今譽先王,是譽天下之所以生也。可譽而不譽,非仁也。"

子墨子曰:"和氏之璧[33],隋侯之珠[34],三棘六異[35],此諸侯之所謂良寶也,可以富國家,衆人民,治刑政,安社稷乎?曰:不可。所謂貴良寶者,爲其可以利也。而和氏之璧、隋侯之珠、三棘六異,不可以利人,是非天下之良寶也。今用義爲政於國家,人民必衆,刑政必治,社稷必安。所爲貴良寶者,可以利民也,而義可以利人,故曰:義,天下之良寶也。"

葉公子高問政於仲尼曰[36]:"善爲政者若之何?"仲尼對曰:"善爲政者,遠者近之,而舊者新之。"子墨子聞之曰:"葉公子高未得其問也,仲尼亦未得其所以對也。葉公子高豈不知善爲政者之遠者近也[37],而舊者新是哉[38]?問所以爲之若之何也。不以人之所不智告人,以所智告之。故葉公子高未得其問也,仲尼亦未得其所以對也。"

子墨子謂魯陽文君曰[39]:"大國之攻小國,譬猶童子之爲馬也。童子之爲馬[40]，足用而勞。今大國之攻小國也，攻者，農夫不得耕，婦人不得織，以守爲事；攻人者，亦農夫不得耕，婦人不得織，以攻爲事，故大國之攻小國也，譬猶童子之爲馬也。"

子墨子曰："言足以復行者[41]，常之[42]；不足以舉行者[43]，勿常。不足以舉行而常之，是蕩口也[44]。"

子墨子使管黔敖遊高石子於衛[45]，衛君致祿甚厚，設之於卿[46]。高石子三朝必盡言，而言無行者。去而之齊，見子墨子曰："衛君以夫子之故，致祿甚厚，設我於卿，石三朝必盡言，而言無行，是以去之也。衛君無乃以石爲狂乎？"子墨子曰："去之苟道，受狂何傷！古者周公旦非關叔[47]，辭三公，東處於商蓋[48]，人皆謂之狂。後世稱其德，揚其名，至今不息。且翟聞之：'爲義非避毀就譽。'去之苟道，受狂何傷！"高石子曰："石去之，焉敢不道也！昔者夫子有言曰：'天下無道，仁士不處厚焉。'今衛君無道，而貪其祿爵，則是我爲苟陷人長也[49]。"子墨子說，而召子禽子曰[50]："姑聽此乎！夫倍義而鄉祿者[51]，我常聞之矣；倍祿而鄉義者，於高石子焉見之也[52]。"

子墨子曰："世俗之君子，貧而謂之富則怒，無義而謂之有義則喜。豈不悖哉！"

公孟子曰："先人有則，三而已矣[53]。"子墨子曰："孰先人而曰有則[54]，三而已矣？子未智人之先有後生[55]。"

有反子墨子而反者[56]，"我豈有罪哉？吾反後。"子墨子曰："是猶三軍北[57]，失後之人求賞也[58]。"

公孟子曰："君子不作，術而已[59]。"子墨子曰："不然。人之其不君子者[60]，古之善者不誅[61]，今也善者不作。其次不君子者，古之善者不遂[62]，已有善者作之，欲善之自己出也。今誅而不作，是無所異於不好遂而作矣。吾以爲古之善者則誅之，今善者則作之，欲善之益多也。"

巫馬子謂子墨子曰："我與子異，我不能兼愛。我愛鄒人於越人，愛魯人於鄒人，愛我鄉人於魯人，愛我家人於鄉人，愛我親人於我家人，愛我身於吾親，以爲近我也。擊我則疾，擊彼則不疾於我，我何故疾者之不拂[63]，而不疾者之拂？故有我有殺彼以我，無殺我以利[64]。"子墨子曰："子之義將匿邪？意將以告人乎？”巫馬子曰：“我何故匿我義？吾將以告人。”子墨子曰：“然則一人說子[65]，一人欲殺子以利己；十人說子，十人欲殺子以利己；天下說子，天下欲殺子以利己。一人不說子，一人欲殺子，以子爲施不祥言者也；十人不說子，十人欲殺子，以子爲施不祥言者也；天下不說子，天下欲殺子，以子爲施不祥言者也。說子亦欲殺子，不說子亦欲殺子，是所謂經者口也[66]，殺常之身者也[67]。”子墨子曰：“子之言惡利也？若無所利而不言[68]，是蕩口也。”

子墨子謂魯陽文君曰：“今有一人於此，羊牛芻豢，維人但割而和之[69]，食不可勝食也；見人之作餅，則還然竊之[70]，曰：‘舍余食[71]。’不知日月安不足乎[72]？其有竊疾乎？”魯陽文君曰：“有竊疾也。”子墨子曰：“楚四竟之田，曠蕪而不可勝辟，諍靈數千[73]，不可勝[74]，見宋、鄭之閑邑，則還然竊之，此與彼異乎？”魯陽文君曰：“是猶彼也，實有竊疾也。”

子墨子曰：“季孫紹與孟伯常治魯國之政，不能相信，而祝於叢社[75]，曰：‘苟使我和。’是猶拚其目而祝於叢社也，‘若使我皆視[76]。’豈不繆哉！”

子墨子謂駱滑氂曰：“吾聞子好勇。”駱滑氂曰：“然。我聞其鄉有勇士焉，吾必從而殺之。”子墨子曰：“天下莫不欲與其所好[77]，度其所惡[78]。今子聞其鄉有勇士焉，必從而殺之，是非好勇也，是惡勇也。”

【注释】

①耕柱子：墨子的弟子。

②俞：同“愈”，胜过。

③大行：太行，太行山。

④驥：好马。羊：王引之认为应为“牛”。

⑤巫马子：人名，属于儒家学派。

⑥夏后开：即夏启，夏禹的儿子，夏朝的第二代帝王。蜚廉：夏朝大臣。折金：挖掘铜矿。

⑦昆吾：地名，故址在今河南濮阳县。

⑧翁难雉乙：或疑为人名。白若：龟的名字。

⑨臧：同藏。

⑩虛：同“墟”。乡里。

⑪上乡：同“尚飨”，请上面的鬼神享用。

⑫乙：应为“已”。兆之由：指卜卦的占辞。

⑬逢逢：同蓬蓬，茂盛的样子。

⑭三国：指夏、商、周三代。

⑮桀相：杰出的大臣，相国。

⑯智：同“知”。

⑰治徒娱、县子硕：人名，都是墨子的弟子。

⑱大务：重大的事情。

⑲欣：王引之以为是“瞭”，指操表瞭望，即测量。

⑳未云：未有。

㉑贼：害。

㉒燎：放火。

㉓掺火：同“操火”。

㉔游：毕沅注：“谓扬其名而使之仕。”荆：衍文。

㉕食之三升：古代五升相当于现在一升，三升是很少量的粮食。

㉖客：用如动词，当招待讲。

㉗十金：古代黄金一镒称为一金，十金就是十镒。每镒二十两（一说二十四两）。

㉘后生：学生。不敢死：谦辞，相当于后来书信称“死罪”。

㉙而：你。耶：应为“助”。

㉚鬼后“而”字是衍文。而富：为你降福。富，同“福”。

㉛子夏：孔子的弟子。

㉜豨：猪。

㉝和氏之璧：据《韩非子》说，楚人和氏在荆山中得到一块玉璞，先后献给楚厉王和楚武王，都被认为是用石头欺君而刖其左右足。文王即位，和氏抱着玉璞在荆山下哭。文王派人去整理那玉璞，结果发现是无价之宝。

㉞隋侯之珠：隋侯是一个姬姓诸侯。据说他曾看见一条受伤的大蛇，给它敷药治伤，后大蛇从江中衔出一颗明月珠送给他。

㉟三棘六异：同“三翮六翼”。翮，同“鬲”，是鼎一类的容器。三棘六异就是九鼎，古代认为是宝物。

㊱叶公子高：叶公名诸梁，字子高，楚国大夫，采邑在叶。

㊲也：当为“之”。

㊳是：当为“之”。

㊴鲁阳文君：即鲁阳文子，楚平王的孙子。

㊵为马：双手着地作马行之状。

㊶复行：履行。

㊷常之：经常说。

㊸举行:付之实践。

㊹荡口:空口,徒费口舌。

㊺管黔滶:应为“管黔敖”,墨子的弟子。

㊻设之于卿:置之于卿相之位。

㊼周公旦:即周公,姓姬名旦,周文王儿子,周武王的兄弟,曾平息管叔,蔡叔的叛乱。关叔:同“管叔”。

㊽商盖:应为“商奄”,地名。据说周公辅佐年幼的周成王,成王长大后,周公将权力交还给他,自己就住到商奄去。

㊾苟陷人长:应为“苟陷人食”。陷,同“啖”。白吃人食。

㊿子禽子:即禽滑厘,墨子的弟子。

(51)倍:通“背”。乡:向。

(52)焉:乃。

(53)则:法则。三,同“参”。吴毓江认为,此句意谓,先人已有法则,今人参稽之而已矣。

(54)此句当作:孰先人有则。“而”字疑“衍”。

(55)吴毓江认为,此句意谓,子未知人世须先创制法,而后才有继述之可言。其旨在强调创造。生,或疑为“三”同“参”。

(56)反:反叛。第二个“反”同“返”。

(57)北:败北,打败仗。

(58)失后:掉队。

(59)术:同“述”。

(60)其:甚。不君子者:不够君子资格者。

(61)诛:毕沅认为即“述”。

(62)遂:毕沅认为即“述”。

(63)拂:打。

(64)俞樾认为此句应为“故我有杀彼以利我,无杀我以利彼”。

(65)说:悦。

(66)吴毓江认为:径,当作“轻”。“轻者之口”即轻率者之言。

(67)杀常之身者也:应为“杀子之身者也”。

(68)“不”字疑衍。

(69)维人:应为“雍人”,即饔人,厨师。但,同“袒”,去皮。和:和味。

(70)还然:同“环然”,惊视的样子。

(71)舍:指给予。

(72)日月:曹辉湘认为应为“甘肥”。安:语助词。

(73)评灵:应为“呼虚”,指空旷的土地。

(74)不可胜:应为“不可胜用”。

(75)丛社:神祠。古代社坛多在树丛中。

⑯若:或本作"苟"。

⑰与:吴毓江认为,犹亲也。孙诒让认为应为"兴"、支持。

⑱度:应为"废"。

【译文】

墨子对耕柱子发怒。耕柱子说:"难道我没有胜过别人的地方吗?"墨子说:"我准备上太行山,驾车的有骏马和牛,你愿意鞭策哪种?"耕柱子说:"我愿鞭策骏马。"墨子说:"为什么鞭策骏马呢?"耕柱子说:"因为骏马足以担负重任。"墨子说:"我认为你也足以担负重任。"

巫马子对墨子说:"鬼神与圣人,谁更明智?"墨子说:"鬼神比圣人明智,就如同耳聪目明的人比于聋子瞎子一样。从前的夏王启,命令蜚廉从山上开采铜矿,在昆吾铸鼎。命令翁难乙用产于白若的龟甲来占卜。卜辞说:'铸成的鼎有三只脚,呈方形,不用生火而自己能煮食,不往里边放东西而自然就有东西在里边,不用搬迁自己就会移动。'拿来在昆吾之墟祭祀,请上边的鬼神享用。乙在占卜之后又讲出占辞,占辞说:'神已经享用了!簇簇白云,一簇在南,一簇在北,一簇在西,一簇在东。九鼎铸成之后,将留传给三国。'夏后氏将九鼎失落了,商人得到;商人失落了,周人得到。夏商周的人互相传授,其间经历了几百年。即使圣人集中良臣和杰出的辅佐者来谋划,哪里能知道几百年之后事呢?然而鬼神却知道。因此说,鬼神比圣人明智,就如同耳聪目明的人比于聋子瞎子一样。"

治徒娱和县子硕问墨子说:"行义最要紧的是什么?"墨子说:"好比筑墙一样,能够筑的就筑,能够夯土的就夯土,能够测量的就测量,然后墙才可以筑成。行义也是如此,能演说的就演说,能讲书的就讲书,能做事的就做事,然后义事才可以办成。"

巫马子对墨子说:"你兼爱天下,未见什么利益;我不爱天下,未见有什么害处。都还没有实效,你为什么只认为自己对而批评我呢?"墨子说:"现在假如有人在这里放火,一个人捧水准备浇灭它,一个人拨火想使它更旺,它还没有实效,你认为哪一个可贵呢?"巫马子说:"我认为捧水的人用意是对的，拨火的人用意是不对的。”墨子说：“我也认为我的用意是对的，而认为你的用意不对。”

墨子推荐耕柱子到楚国去做官。有几个同学去探望他，耕柱子请他们吃饭，每顿只有三升米，招待不优厚。这几个人回来对墨子说：“耕柱子住在楚国没有什么益处。我们几个人去探望他，他请我们吃饭每顿只有三升米，招待不优厚。”墨子说：“还未可知。”过了没多久，耕柱子叫人送了十镒黄金给墨子，说：“学生该死！这里有十镒黄金，请老师使用。”墨子说：“果然未可知。”

巫马子对墨子说：“你做义事，没见到有人帮助你，没见到鬼神降福给你，但是你还在做，你有神经病了！”墨子说：“现在假使你这里有两个家臣，其中一个见到你就做事，不见你就不做事；另外一个，见到你做事，不见你也做事，你认为哪一个可贵？”巫马子说：“我认为见我做事，而不见我也做事的那一个可贵。”墨子说：“那么你也认为有神经病的人可贵了。”

子夏的学生问墨子说：“君子之间有争斗吗？”墨子说：“君子没有争斗。”子夏的学生说：“猪狗尚且有争斗，哪里有士而无争斗的呢？”墨子说：“可悲啊！讲话总是列举商汤王、周文王，而行为却拿狗猪作譬喻。可悲啊！”

巫马子对墨子说：“放下当代的人不顾，却去称赞先王，这是称赞一把枯骨而已。就像木匠一样，只知道干枯的木材，而不知道活生生的树木。”墨子说：“天下人之所以能生存，是因为先王的‘道’教育的结果。现在称赞先王，是称赞天下人赖以生存的‘道’。该称赞的不称赞，就不是仁了。”

墨子说：“和氏璧、隋侯珠、九鼎，这些都是诸侯们所谓的宝物，可以用来使国家富足，人口增多，刑政得到治理，政权得到安定吗？答案是不可以。所谓值得珍重的宝物，是因为它可以使人们得到利益。然而和氏璧、隋侯珠、九鼎，不能给人以利益，所以不是天下的宝物。现在用义施政于国家，人口一定会增多，刑政一定会得到治理，政权一定会安定。人们认为宝物值得珍重，是因为可以使人们得到利益。而义可以使人民得到利益，所以说，义是天下的宝物。”

叶公子高向孔子请教施政，说：“要怎么样才算是善于施政呢？”孔子回答说：“善于施政的人，要使疏远的人变得亲近，使有旧情的人如同新交一样。”墨子听到了，就说：“叶公子高问得不在点子上，孔子也没有答在点子上。叶公子高怎么会不知道，善于施政的人要使疏远的人变得亲近，使故旧像新交一样？他是问要怎么样去做。不拿别人不懂的去告诉别人，却拿别人已经懂得的去告诉别人。因此说叶公子高问得不在点子上，孔子也没有答在点子上。”

墨子对鲁阳文君说：“大国攻打小国，就像小孩子两手着地学马跑一样。孩子学马跑，自己手脚并用弄得很疲劳。现在大国攻打小国，被攻者，农民不能耕种，妇女不能纺织，唯以守御为正事；进攻者，也是农民不能耕种，妇人不能纺织，唯以攻战为正事。所以大国进攻小国，就像小孩子学作马跑一样。”

墨子说：“言论如果能够付诸行动，就不妨经常讲；言论不能付诸行动，就不必多讲。言论不能付诸行动而又经常讲，那就是饶舌了。”

墨子叫管黔敖介绍高石子到卫国去。卫国国君给予高石子很优厚的俸禄，把他列为卿。高石子三次朝见国君，每次都把意见讲得很透彻，但是都没有被采用。于是离开卫国到齐国，拜见墨子说：“卫国国君看在您的分上，给我很优厚的俸禄，把我列为卿。我朝见三次，每次都把意见讲得很透彻，但是没有被采纳，因此离开他。卫国国君或许认为我狂妄吧。”墨子说：“只要离开是符合原则的，虽然背上狂妄的名声，又有什么妨害呢！古时候周公旦讨伐管叔，辞去三公的职位，住到东方的商奄去，人们都说他狂；但是后代的人却称颂他的品德，传扬他的美名，直到现在都没有消失。况且我听说，做义事不是为了躲避别人的批评而去接受别人称赞。离开只要是符合原则的，虽受狂名，有什么妨害！”高石子说：“我虽然离开了卫国，但哪里敢不遵守原则呢！以前老师有过这样的话，说：天下无道，仁士就不应该处在俸禄优厚的位置上。现在卫国国君无道，如果贪图他的爵禄，那我就是白白地享用别人的俸禄了。”墨子很高兴，召见禽滑厘说：“且听听这些话吧！违背义而贪图俸禄的，我常常听说过；拒绝俸禄而向往义的,今天在高石子身上见到了。"

墨子说:"世俗的君子,如果他贫穷你却说他富有,他就会生气;如果他无义你却说他有义,他就很高兴,这不是很荒谬吗!"

公孟子说:"先人已有法则,只要参照效法就行了。"墨子说:"谁说先人有法则,只要参照效法就行了。你不知道须先产生法则,后世才有所参照。"

有一个背叛墨子而后又回来的人,说:"我难道有罪吗?我背叛是在他人之后。"墨子说:"这就像军队打了败仗,落后的人还要求赏一样。"

公孟子说:"君子不创作,只是阐述罢了。"墨子说:"不是这样。人之中不具备君子品行的人,对古代善的不阐述,对今天善的不创作。次一等缺乏君子品行的人,对古代善的不阐述,自己有善的就创作,希望善的东西出于自己。现在只阐述不创作,与不喜欢阐述古代善的却喜欢自我的创作的人,是没有什么区别的。我认为对古代善的则阐述,对当今的善的则创作,希望善的东西更多。"

巫马子对墨子说:"我和你不同。我不能做到兼爱,我爱邹国人超过越国人,爱鲁国人超过邹国人,爱家乡人超过鲁国人,爱家族人超过家乡人,爱我双亲超过家族其他人,爱自己超过双亲,这是因为更切近自身的缘故。打我,我就会感到疼痛;打他人,我则不会痛到我身上。为什么使我疼痛的不去防卫,不痛的倒去防卫呢?因此只会杀他人以利于我,而不会杀我以利他人。"墨子说:"你的这种义,是要私下藏起来,还是要告诉别人呢?"巫马子说:"我为什么要将义藏起来呢?我是要告诉别人的。"墨子说:"那么如果一个人相信你的说法,就有一个想杀死你来利于自己;十个人相信你的说法,就有十个想杀死你来利于自己;天下的人都相信你的说法,天下的人都想杀你来利于自己。反之,有一个人不相信你的说法,就会有一个人想杀死你,认为你是散布不祥之言的人;十个人不相信你的说法,就会有十个人想杀你,认为你是散布不祥之言的人;天下的人都不相信你的说法,天下的人就会都想杀你,认为你是散布不祥之言的人。喜欢你的想杀你,不喜欢你的也想杀你,这就是所谓轻率之言将殃及你的自身啊。”墨子说:“你的话有何利？如果没有利还一定要说,那就是信口胡说了。”

墨子对鲁阳文君说:“如今这里有一个人,牛羊牲畜任他宰杀烹调,吃都吃不完;看见人家的烙饼,就惊讶地看着,并去偷窃,说:‘给我吃!’不知是他的美味食品还不够多呢,还是有偷窃病?”鲁阳文君说:“是有偷窃病了。”墨子说:“楚国四面边境之内的田地,空旷荒芜,开垦不完;空闲的土地有几千里,用都用不完;看见宋国和郑国的空城,就惊讶地看着,并去窃取,这和上述那种人有什么不同吗?”鲁阳文君说:“这跟那种人一样。确实是有偷窃病了。”

墨子说:“季孙绍与孟伯常治理鲁国的政事,不能互相信任,就到神祠里祷告说:‘希望使我们和好。’这如同遮盖了自己的眼睛,而在神祠里祷告说:‘希望使我们都能看到。’岂不荒谬吗?”

墨子对骆滑氂说:“我听说你爱好勇武。”骆滑氂说:“是的。我听说乡间有勇士,就一定要去把他杀掉。”墨子说:天下的人无不支持他所喜爱的事物,除去他所不喜爱的事物。现在你听说乡间有勇士,就一定要去把他杀掉,这不是爱好勇武,而是讨厌勇武了。”

37. 贵义

【说明】

本篇共二十章，一部分与“贵义”有关，也掺杂了其他内容。多数是“子墨子曰”式的独白，也有一部分是与他人问对与辩说之辞。其中驳斥日者的迷信尤为可贵。

【原文】

子墨子曰：“萬事莫貴於義。今謂人曰：‘予子冠履，而斷子之手足，子爲之乎？’必不爲。何故？則冠履不若手足之貴也。又曰：‘予子天下，而殺子之身，子爲之乎？’必不爲。何故？則天下不若身之貴也。爭一言以相殺，是貴義於其身也。故曰：萬事莫貴於義也。”

子墨子自魯即齊[①]，過故人[②]。謂子墨子曰：“今天下莫爲義，子獨自苦而爲義，子不若已[③]。”子墨子曰：“今有人於此，有子十人，一人耕而九人處[④]，則耕者不可以不益急矣。何故？則食者衆而耕者寡也。今天下莫爲義，則子如勸我者也[⑤]，何故止我？”

子墨子南遊於楚，見楚獻惠王[⑥]，獻惠王以老辭，使穆賀見子墨子[⑦]。子墨子說穆賀，穆賀大說，謂子墨子曰：“子之言，則成善矣[⑧]！而君王，天下之大王也，毋乃曰‘賤人之所爲’而不用乎？”子墨子曰：“唯其可行。譬若藥然，草之本[⑨]，天子食之，以順其疾[⑩]，豈曰‘一草之本’而不食哉？今農夫入其稅於大人，大人爲酒醴粢盛[⑪]，以祭上帝鬼神，豈曰‘賤人之所爲’而不享哉？故雖賤人也，上比之農，下比之藥，曾不若一草之本乎[⑫]？且主君亦嘗聞湯之說乎[⑬]？昔者湯將見伊尹[⑭]，令彭氏之子御[⑮]。彭氏之子半道而問曰：‘君將何之？’湯曰：‘將往見伊尹。’彭氏之子曰：‘伊尹，天下之賤人也。若君欲見之，亦令召問焉，彼受賜矣。’湯曰：‘非女所知也。今有藥此，食之則耳加聰，目加明，則吾必說而強食之。今夫伊尹之於我國也，譬之良醫善藥也。而子不欲我見伊尹，是子不欲吾善也。’因下彭氏之子，不使御。彼苟然，然後可也[16]。”

子墨子曰：“凡言凡動，利於天、鬼、百姓者爲之；凡言凡動，害於天、鬼、百姓者舍之。凡言凡動，合於三代聖王堯、舜、禹、湯、文、武者爲之；凡言凡動，合於三代暴王桀、紂、幽、厲者舍之。”

子墨子曰：“言足以遷行者[17]，常之；不足以遷行者，勿常。不足以遷行而常之，是蕩口也。”

子墨子曰：“必去六辟[18]。默則思，言則誨，動則事，使三者代御[19]，必爲聖人。必去喜，去怒，去樂，去悲，去愛[20]，而用仁義。手足口鼻耳，從事於義，必爲聖人。”

子墨子謂二三子曰：“爲義而不能，必無排其道[21]。譬若匠人之斫而不能，無排其繩。”

子墨子曰：“世之君子，使之爲一犬一彘之宰，不能則辭之；使爲一國之相，不能而爲之。豈不悖哉！”

子墨子言曰：“今瞽曰：‘鉅者白也[22]，黔者黑也[23]。’雖明目者無以易之。兼白黑，使瞽取焉，不能知也。故我曰瞽不知白黑者，非以其名也，以其取也。今天下之君子之名仁也，雖禹、湯無以易之。兼仁與不仁，而使天下之君子取焉，不能知也。故我曰天下之君子不知仁者，非以其名也，亦以其取也。”

子墨子曰：“今士之用身，不若商人之用一布之慎也[24]。商人用一布布[25]，不敢繼苟而讎焉[26]，必擇良者。今士之用身則不然，意之所欲則爲之，厚者入刑罰，薄者被毁醜。則士之用身，不若商人之用一布之慎也。”

子墨子曰：“世之君子，欲其義之成，而助之修其身則慍，是猶欲其牆之成，而人助之築則慍也。豈不悖哉！”

子墨子曰：“古之聖王，欲傳其道於後世，是故書之竹帛，鏤之金石，傳遺後世子孫，欲後世子孫法之也。今聞先王之遺而不爲[27]，是廢先王之傳也。”子墨子南遊使衛，關中載書甚多[28]，弦唐子見而怪之，曰：“吾夫子教公尚過曰：‘揣曲直而已[29]。’今夫子載書甚多，何有也？”子墨子曰：“昔者周公旦朝讀書百篇，夕見漆十士[30]，故周公旦佐相天子，其修至於今[31]。翟上無君上之事，下無耕農之難，吾安敢廢此？翟聞之：'同歸之物，信有誤者[32]。'然而民聽不鈞[33]，是以書多也。今若過之心者，數逆於精微[34]。同歸之物，既已知其要矣，是以不教以書也。而子何怪焉？"

子墨子謂公良桓子曰："衛，小國也，處於齊、晉之間，猶貧家之處於富家之間也。貧家而學富家之衣食多用，則速亡必矣。今簡子之家[35]，飾車數百乘，馬食菽粟者數百匹，婦人衣文繡者數百人，吾取飾車食馬之費，與繡衣之財，以畜士，必千人有餘。若有患難，則使百人處於前，數百於後，與婦人數百人處前後，孰安？吾以爲不若畜士之安也。"

子墨子仕人於衛，所仕者至而反。子墨子曰："何故反？"對曰："與我言而不當。曰'待女以千盆[36]，授我五百盆，故去之也。"子墨子曰："授子過千盆，則子去之乎？"對曰："不去。"子墨子曰："然則非爲其不審也[37]，爲其寡也。"

子墨子曰："世俗之君子，視義士不若負粟者。今有人於此，負粟息於路側，欲起而不能，君子見之，無長少貴賤，必起之。何故也？曰：義也。今爲義之君子，奉承先王之道以語之，縱不說而行，又從而非毁之，則是世俗之君子之視義士也，不若視負粟者也。"

子墨子曰："商人之四方，市賈信徙[38]，雖有關梁之難，盗賊之危，必爲之。今士坐而言義，無關梁之難，盗賊之危，此爲信徙，不可勝計，然而不爲，則士之計利，不若商人之察也。"

子墨子北之齊，遇日者[39]。日者曰："帝以今日殺黑龍於北方，而先生之色黑，不可以北。"子墨子不聽，遂北，至淄水[40]，不遂而反焉[41]。日者曰："我謂先生不可以北。"子墨子曰："南之人不得北，北之人不得南，其色有黑者，有白者，何皆不遂也？且帝以甲乙殺青龍於東方，以丙丁殺赤龍於南方，以庚辛殺白龍於西方，以壬癸殺黑龍於北方，若用子之言，則是禁天下之行者也。是圍心而虚天下也[42]，子之言不可用也。"

子墨子曰："吾言足用矣，舍言革思者[43]，是猶舍獲而攈粟也[44]。以其言非吾言者，是猶以卵投石也，盡天下之卵，其石猶是也，不可毁也。"

【注释】

①即：至。
②过：访问。
③已：停止。
④处：闲居。
⑤如：同“宜”，应该。
⑥献惠王：即楚惠王，公元前488年至前432年在位。
⑦穆贺：楚国大臣。
⑧成：同“诚”，实在。
⑨本：根。“草”上或脱“一”字。
⑩顺：舒坦，缓解。
⑪醴：甜酒。粢盛：装在祭器里的黍稷饭团。
⑫曾不若：竟不如。
⑬主君：指穆贺。
⑭伊尹：名挚，夏末殷初著名政治家。曾经做过奴隶。
⑮御：赶车。
⑯彼苟然，然后可也：疑有脱误，大意当是：他这样做，然后才能得到伊尹。
⑰迁行：吴毓江注：犹言使行为向上。
⑱辟：邪僻。六僻，指喜怒哀乐爱恶。
⑲代御：交替使用。
⑳俞樾认为，下当脱“去恶”二字。
㉑排：毕沅注：背。
㉒钜：应为“岂”，即皑，白色。
㉓黔：黑色。
㉔布：古钱。
㉕用一布布：后一“布”字应为“市”。用一枚古钱买东西。
㉖继：疑为衍文。苟：随便。雠：同“售”，出卖。
㉗遗：“道”之误字。
㉘关中：毕沅认为，犹扃(jiōng)中，指车厢上的横栏，中间可以放书。
㉙揣：衡量。
㉚漆：毕沅认为是“七”之假借。
㉛修：治，指政绩。
㉜李先龙认为此二句为当时谚语。孙诒让认为，其意谓：“理虽同归，而言不能无误。”
㉝不钧：不均，不一致。
㉞数：理数。逆：达到。

㉟简:阅、看。
㊱女:同“汝”,你。盆:量菽粟的器皿,也是当時的计量单位。
㊲审:疑为“当”之误字。
㊳贾:同“价”,价钱。信:应为“倍”。徙:五倍。
㊴日者:古时候以卜筮为业的人。
㊵淄水:河流名,发源于山东省益都县西南,至寿光县流入渤海。
㊶遂:顺利。
㊷围心:违背人的心愿。
㊸舍言:应作“舍吾言”,抛弃我的学说。革思:改变思想。
㊹获:收割。攈:当作“攟”(jùn)今简化为“捃”,拾取。

【译文】

墨子说:“万事没有比义更重要的了。假如对别人说:‘给你帽子鞋子,但要砍断你的手脚,你肯干吗?’那人一定不肯干。为什么呢?就是因为帽子鞋子没有手脚那么贵重。如果又说:‘把天下送给你,但要杀死你,你肯干吗?’那人一定不肯干。为什么呢?就是因为天下也比不上自己的身体贵重。为了争一句话的短长而互相残杀,这是因为义比身体更重要。因此说:万事没有比义更重要的了。”

墨子从鲁国到齐国,探望老朋友。朋友对墨子说:“现在天下没有谁做义事,只有你自己辛苦做义事,你不如停止了吧。”墨子说:“现在这里有一个人,他有十个儿子,其中只有一个耕种,九个闲着,那么耕种那一个就不能不更加努力干。为什么呢?因为吃饭的人多而耕种的人少。现在天下没有谁做义事,那么你就应该勉励我,为什么阻止我呢?”

墨子到南边楚国去游历,要见楚国惠王,楚惠王因为自己年老推托不见,派穆贺去见墨子。墨子游说穆贺,穆贺非常高兴,对墨子说:“您的话确实很好,但是我们的君王是天下的大王,或许会说:‘这是贱人做的’,而不采纳吧?”墨子说:“只要可行的,那就像药一样:一把草根,天子吃了,可以缓解他的病,哪里会说‘这是一把草根’而不吃呢?如今农民缴租纳粮给大人们,大人们做成祭品来祭祀上帝鬼神,哪里会说‘这是贱人种的’而不享用呢?因此,虽然是贱人的话,上比农民,下比药,难道不如一把草根吗？再说你大概听说过商汤的故事吧？从前商汤准备前去见伊尹，命彭氏之子驾车。彭氏之子在半路上问道：‘您要去哪里？’商汤说：‘我要去见伊尹。’彭氏之子说：‘伊尹是天下的贱人，如果您想见他，命令召他来问就可以了，那样对他也是赏脸了。’商汤说：‘这不是你所能懂得的。如今有药在这里，吃了，耳朵就更加灵敏，眼睛就更加明亮，那么我一定高兴吃下它。如今伊尹对于我们国家，就像良医和好药一样。你却不想让我见到伊尹，就是说你不想让我得到好处。’因而命令彭氏之子下去，不让他驾车。他这样做，然后才能得到伊尹。”

墨子说：“凡是言论行动，有利于天、鬼和百姓的就做；凡是言论行动，有害于天、鬼和百姓就取消；凡是言论行动，符合夏商周三代圣王尧、舜、禹、商汤王、周文王、周武王之道的就做；凡是言论行动，与夏商周三代暴君夏桀、商纣王、周幽王、周厉王相合的就取消。”

墨子说：“言论足以使行为向上，就经常讲；不足以使行为向上的，就不要经常讲。不足以使行为向上，却经常讲它，就是胡言乱语了。”

墨子说：“一定要去掉六种邪僻。沉默时能思索，出言能教导人，行动能从事义。使这三者交替使用，一定能成为圣人。一定要去掉喜，去掉怒，去掉乐，去掉悲，去掉爱，以仁义作为一切言行的准则。手、脚、口、鼻、耳，都用来从事义，一定会成为圣人。”

墨子对几个弟子说：“行义而不能实现时，一定不可放弃原则。好像木匠削木材虽未能削好，也不可放弃墨线一样。”

墨子说：“世上的君子，派他作为宰杀一狗一猪的屠夫，如果干不了就推辞；派他做一国的国相，干不了却照样去做，这难道不荒谬吗？”

墨子说：“如今有个盲人说：石灰是白色的，烟灰是黑色的，即使是眼睛明亮的人也无法改变这种判断。如果把白的和黑的放在一起。叫盲人来选择，他就无法判断了。所以我说：盲人不能判断黑白，不是因为他不懂得黑白的名称不同，而是因为他无法实际区别。现在天下君子给仁下定义，即使夏禹商汤都无法改变它。如果把仁和不仁的事情混在一起，而叫天下的君子区别，他们就不能判断了。所以我说：天下的君子，不知道仁的,并不是因为他们不知道仁的名称,也是因为他们不会实际区别。”

墨子说:“如今的士使用他自己的身体,不如商人使用一个钱币那样谨慎。商人用一个钱币买东西,不敢轻率就做交易,一定要挑选好的。现在士用他的身体就不是这样,自己想做什么就做什么,重的为此受刑法处分,轻的名声败坏,被人诟骂。可见士使用他的身体,不如商人使用一个钱币那样谨慎了。”

墨子说:“当代的君子想实现他的道义,而帮助他修养身心却不高兴。这就像要想筑墙,而别人帮助他却不高兴一样,难道不荒谬吗?”

墨子说:“古时候的圣王,想把自己的学说传给后代,因此写在竹帛上,刻在金石上,传留给后代子孙,要后代子孙效法它。现在听到先王的学说却不去实行,这是废弃先王所传的学说了。”

墨子南游到卫国去,车中装载的书很多。弦唐子见了很奇怪,问道:“老师您曾教导公尚过说:‘书不过用来衡量是非曲直罢了’,现在您装载这么多的书,有什么用处呢?”墨子说:“过去周公旦早晨读一百篇书,晚上会见七十士。所以周公旦辅助天子,他的政绩传到了今天。我墨翟上没有承担国君授予的职事,下没有耕种的艰难,我如何敢放弃这些书!我听说过:天下的万事万物殊途同归,流传的时候确实会出现差错。但是由于人们听到的不能一致,于是书就多起来了。现在像公尚过那样的人,其心对于事理已达洞察精微,对于殊途同归的天下事物,已知道切要合理之处,因此就不用书来教育了。你为什么要奇怪呢?”

墨子对公良桓子说:“卫国是小国,处在齐国和晋国之间,就像穷人家处在富人家之间一样。穷人家去学富人家的衣食和庞大的费用,那么一定会很快败亡。现在我看你的家,文饰的车子有好几百辆,吃粮食的马有好几百匹,穿着华丽的衣服的妇女有好几百人。如果我拿这些装饰车辆和饲养马匹的费用,以及给妇女做华丽衣服的钱财来养士,一定可以养一千人以上。如果有危难,就派遣一百人在前,几百人在后,这与让几百名妇女站在前后相比,哪个安全?我认为不如养士安全。”

墨子派人到卫国做官,做官的人到卫国不久就回来了。墨子问:“为什么回来了?”那人回答说:“卫国国君跟我说话不算数。他说:‘给你粮食一千盆作报酬。’实际只给我五百盆,所以我就离开他了。”墨子说:“如果给你的粮食超过一千盆,你离开吗?”那人回答说:“不离开。”墨子说:“那么你回来并不是因为卫君说话不算数,而是因为给的粮食少。”

墨子说:“世俗的君子,看待行义之人还不如一个背粮食的人。如今这里有一个人,背着粮食,在路边休息,想站起来却起不来。君子见了,不管他是少、长、贵、贱,一定帮助他站起来。为什么呢? 说:这是义。现如今行义的君子,承受先王的学说来告诉人们,人们即使不喜欢不实行也罢,却又加以非议、诋毁。可见世俗的君子看待行义之士,还不如一个背粮食的人。”

墨子说:“商人到四方去,因为买卖价钱相差好几倍,所以虽然有通过关卡的麻烦,有遇到盗贼的危险,也一定要做。如今士只要坐着宣讲义,没有通过关卡的麻烦,遇上盗贼的危险,这样做所取得的利益,倍数多得没法计算,但是却不去做。可见士计算利,不如商人精明。”

墨子往北到齐国去,遇上一个占卜先生。占卜先生说:“天帝今天在北方杀黑龙,你的脸色这么黑,不可以去北方。”墨子不听他的,继续往北去,到了淄水,不顺利,而返回来。占卜先生说:“我对你讲过不能往北去的。”墨子说:“南方的人不能往北去,北方的人不能往南来,人们脸色有生得黑的,有生得白的,为什么都不顺利呢? 况且听说天帝甲乙那天在东方杀青龙,丙丁那天在南方杀赤龙,庚辛那天在西方杀白龙,壬癸那天在北方杀黑龙。如果依了你的说法,那就是禁止天下的人走路了,这是束缚人们的思想并使天下空虚无人了。你的话是不可取的。”

墨子说:“我的话是完全可以实施的。如果舍弃我的话,改变我的思想,就像放弃收割却去拾谷穗一样。如果用他的话来否定我的话,就像用鸡蛋来砸石头一样,砸尽天下的鸡蛋,石头还是那个样子。我的学说是不能否定的。”

38. 公孟

【说明】

本篇共23章，有12章记墨子与公孟子辩论，其余为与儒生或门人中不同见解者的互相诘难。生动地反映出当时百家争鸣的活跃气氛，以及墨子善于推理巧用比喻的语言艺术。

【原文】

公孟子謂子墨子曰："君子共己以待①，問焉則言，不問焉則止。譬若鍾然，扣則鳴，不扣則不鳴。"子墨子曰："是言有三物焉②，子乃今知其一身也③，又未知其所謂也④。若大人行淫暴於國家⑤，進而諫，則謂之不遜；因左右而獻諫⑥，則謂之言議。此君子之所疑惑也。若大人爲政，將因於國家之難⑦，譬若機之將發也然，君子之必以諫，然而大人之利⑧。若此者，雖不扣必鳴者也。若大人舉不義之異行，雖得大巧之經⑨，可行於軍旅之事，欲攻伐無罪之國，有之也，君得之，則必用之矣⑩。以廣辟土地，著稅僞材⑪，出必見辱，所攻者不利，而攻者亦不利，是兩不利也。若此者，雖不扣，必鳴者也。且子曰：'君子共己待，問焉則言，不問焉則止，譬若鍾然，扣則鳴，不扣則不鳴。'今未有扣，子而言，是子之謂不扣而鳴邪？是子之所謂非君子邪？"

公孟子謂子墨子曰："實爲善，人孰不知？譬若良玉⑫，處而不出，有餘糈⑬。譬若美女，處而不出，人爭求之；行而自衒⑭，人莫之取也⑮。今子徧從人而說之，何其勞也！"子墨子曰："今夫世亂，求美女者衆，美女雖不出，人多求之；今求善者寡，不強說人，人莫之知也。且有二生於此，善筮，一行爲人筮者⑯，一處而不出者。行爲人筮者，與處而不出者，其糈孰多？"公孟子曰："行人爲筮者，其糈多。"子墨子曰："仁義鈞⑰，行說人者，其功善亦多。何故不行說人也。"

公孟子戴章甫⑱，搢忽⑲，儒服，而以見子墨子，曰："君子服然後行乎？

其行然後服乎?”子墨子曰:“行不在服。”公孟子曰:“何以知其然也?”子墨子曰:“昔者齊桓公高冠博帶,金劍木盾[20],以治其國,其國治。昔者晉文公大布之衣,牂羊之裘[21],韋以帶劍[22],以治其國,其國治。昔者楚莊王鮮冠組纓[23],絳衣博袍[24],以治其國,其國治。昔者越王勾踐剪髮文身,以治其國,其國治。此四君者,其服不同,其行猶一也。翟以是知行之不服也。”公孟子曰:“善!吾聞之曰:宿善者不祥[25]。請舍忽,易章甫,復見夫子,可乎?”子墨子曰:“請因以相見也[26]。若必將舍忽、易章甫,而後相見,然則行果在服也。”

公孟子曰:“君子必古言服,然後仁。”子墨子曰:“昔者商王紂、卿士費仲,爲天下之暴人;箕子、微子、爲天下之聖人。此同言,而或仁不仁也。周公旦爲天下之聖人,關叔爲天下之暴人,此同服,或仁或不仁。然則不在古服與古言矣。且子法周而未法夏也,子之古,非古也。”

公孟子謂子墨子曰:“昔者聖王之列也,上聖立爲天子,其次立爲卿大夫。今孔子博於《詩》、《書》,察於禮樂,詳於萬物,若使孔子當聖王[27],則豈不以孔子爲天子哉?”子墨子曰:“夫知者,必尊天事鬼,愛人節用,合焉爲知矣。今子曰‘孔子博於《詩》、《書》,察於禮樂,詳於萬物’,而曰可以爲天子。是數人之齒[28],而以爲富。”

公孟子曰:“貧富壽夭,齰然在天[29],不可損益。”又曰:“君子必學。”子墨子曰:“教人學而執有命,是猶命人葆而去其冠也[30]。”

公孟子謂子墨子曰:“有義不義,無祥不祥[31]。”子墨子曰:“古聖王皆以鬼神爲神明,而爲禍福,執有祥與不祥,是以政治而國安也。自桀、紂以下,皆以鬼神爲不神明,不能爲禍福,執無祥不祥,是以政亂而國危也。故先王之書《子亦》有之[32]曰:‘其傲也,出於子,不祥。’此言爲不善之有罰,爲善之有賞。”

子墨子謂公孟子曰:“喪禮,君與父母、妻、後子死,三年喪服;伯父、叔父、兄弟期;族人五月;姑、姊、舅、甥皆有數月之喪。或以不喪之間,誦《詩》三百,弦《詩》三百,歌《詩》三百,舞《詩》三百。若用子之言,則君子何日以聽治?庶人何日以從事?”公孟曰:“國亂則治之,國治則爲禮樂;國治則從事[33]，國富則爲禮樂。"子墨子曰："國之治[34]，治之廢，則國之治亦廢。國之富也，從事，故富也；從事廢，則國之富亦廢。故雖治國，勸之無饜[35]，然後可也。今子曰，國治則爲禮樂，亂則治之，是譬猶噎而穿井也，死而求醫也。古者三代暴王桀、紂、幽、厲，薾爲聲樂[36]，不顧其民，是以身爲刑僇[37]，國爲戾虛者[38]，皆從此道也。"

公孟子曰："無鬼神。"又曰："君子必學祭祀。"子墨子曰："執無鬼而學祭禮，是猶無客而學客禮也，是猶無魚而爲魚罟也。"

公孟子謂子墨子曰："子以三年之喪爲非，子之三日之喪亦非也。"子墨子曰："子以三年喪非三日之喪，是猶倮謂撅者不恭也[39]。

公孟子謂子墨子曰："知有賢於人，則可謂知乎？"子墨子曰："愚之知有以賢於人，而愚豈可謂知矣哉？"

公孟子曰："三年之喪，學吾之慕父母[40]。"子墨子曰："夫嬰兒子之知，獨慕父母而已，父母不可得也，然號而不止，此其故何也？即愚之至也。然則儒者之知，豈有以賢於嬰兒子哉？"

子墨子曰：問於儒者："何故爲樂？"曰："樂以爲樂也。"子墨子曰："子未我應也。今我問曰：'何故爲室？'曰：'冬避寒焉，夏避暑焉，室以爲男女之別也。'則子告我爲室之爲故矣。今我問曰：'何故爲樂？'曰：'樂以爲樂也。'是猶曰：'何故爲室？'曰：'室以爲室也。'"

子墨子謂程子曰："儒之道足以喪天下者四政焉[41]。儒以天爲不明，以鬼爲不神，天、鬼不說，此足以喪天下。又厚葬久喪，重爲棺槨，多爲衣衾，送死若徙，三年哭泣，扶後起，杖後行，耳無聞，目無見，此足以喪天下。又弦歌鼓舞，習爲聲樂，此足以喪天下。又以命爲有，貧富壽夭、治亂安危有極矣，不可損益也。爲上者行之，必不聽治也；爲下者行之，必不從事矣。此足以喪天下。"程子曰："甚矣，先生之毀儒也！"子墨子曰："儒固無此若四政者，而我言之，則是毀也。今儒固有此四政者，而我言之，則非毀也，告聞也。"程子無辭而出。子墨子曰："迷之[42]！"反，後坐，進復曰："鄉者先生之言有可聞者焉[43]。若先生之言，則是不譽禹，不毀桀、紂也[44]。"子墨子曰："不然。夫應孰辭[45]，稱議而爲之[46]，敏也。厚攻則厚吾[47]，薄攻則薄吾。應孰辭而稱議，是猶荷轅而擊蛾也[48]。”

子墨子與程子辯，稱於孔子。程子曰：“非儒，何故稱於孔子也？”子墨子曰：“是亦當而不可易者也[49]。今鳥聞熱旱之憂則高，魚聞熱旱之憂則下，當此，雖禹、湯爲之謀，必不能易矣。鳥魚可謂愚矣，禹、湯猶云因焉[50]。今翟曾無稱於孔子乎？”

有遊於子墨子之門者，身體強良，思慮徇通[51]，欲使隨而學。子墨子曰：“姑學乎，吾將仕子。”勸於善言而學。其年[52]，而責仕於子墨子[53]。子墨子曰：“不仕子。子亦聞夫魯語乎？魯有昆弟五人者，其父死，其長子嗜酒而不葬，其四弟曰：‘子與我葬，當爲子沽酒。’勸於善言而葬。已葬而責酒於其四弟。四弟曰：‘吾未予子酒矣。子葬子父，我葬吾父，豈獨吾父哉？子不葬，則人將笑子，故勸子葬也。’今子爲義，我亦爲義，豈獨我義也哉？子不學則人將笑子，故勸子於學。”

有遊於子墨子之門者，子墨子曰：“盍學乎？”對曰：“吾族人無學者。”子墨子曰：“不然。夫好美者，豈曰吾族人莫之好，故不好哉？夫欲富貴者，豈曰我族人莫之欲，故不欲哉？好美、欲富貴者，不視人猶強爲之。夫義，天下之大器也，何以視人？必強爲之。”

有遊於子墨子之門者，謂子墨子曰：“先生以鬼神爲明知，能爲禍人哉福[54]，爲善者富之，爲暴者禍之。今吾事先生久矣，而福不至，意者先生之言有不善乎[55]？鬼神不明乎？我何故不得福也？”子墨子曰：“雖子不得福，吾言何遽不善？而鬼神何遽不明[56]？子亦聞乎匿徒之刑之有刑乎[57]？”對曰：“未之得聞也。”子墨子曰：“今有人於此，什子[58]，子能什譽之，而一自譽乎？”對曰：“不能。”“有人於此，百子，子能終身譽其善，而子無一乎？”對曰：“不能。”子墨子曰：“匿一人者猶有罪，今子所匿者若此其多，將有厚罪者也，何福之求？”

子墨子有疾，跌鼻進而問曰：“先生以鬼神爲明，能爲禍福，爲善者賞之，爲不善者罰之。今先生聖人也，何故有疾？意者先生之言有不善乎？鬼神不明知乎？”子墨子曰：“雖使我有病，何遽不明？人之所得於病者多方，有得之寒暑，有得之勞苦。百門而閉一門焉，則盜何遽無從入？”

二三子有復於子墨子學射者，子墨子曰："不可。夫知者必量其力所能至而從事焉。國士戰且扶人[59]，猶不可及也。今子非國士也，豈能成學又成射哉？"

二三子復於子墨子曰："告子曰[60]：'言義而行甚惡[61]。'請棄之。"子墨子曰："不可。稱我言以毁我行，愈於亡。有人於此[62]，'翟甚不仁[63]，尊天，事鬼，愛人，甚不仁。'猶愈於亡也。今告子言談甚辯，言仁義而不吾毁[64]；告子毁，猶愈亡也！"

二三子復於子墨子曰："告子勝爲仁[65]，子墨子曰："未必然也。告子爲仁，譬猶跂以爲長[66]，隱以爲廣[67]，不可久也。"

告子謂子墨子曰："我治國爲政[68]。"子墨子曰："政者，口言之，身必行之。今子口言之，而身不行，是子之身亂也。子不能治子之身，惡能治國政？子姑亡[69]，子身亂之矣！"

【注释】

①共己：同"拱己"。自己拱着手。
②有三物：有三种情况或内容。
③知其一身：应为"知其一耳"。
④所谓也：所以然，原因。
⑤大人：此指国君。
⑥左右：国君左右之近臣。
⑦因：吴毓江注：就也，造就。
⑧此句当有脱简，或倒误，"之利"或当作"利之"。
⑨得大巧之经：得到效果最大的巧妙方法，如公输盘造云梯之类。经：同"径"。途径、方法。
⑩苏时学认为，"有之也……用之矣"11 字当在"大人之利"后。
⑪著税伪财：孙诒让认为，即藉敛货财。著，应为"藉"，聚敛。伪，通"赂"，古"货"字。
⑫良玉：应为"良巫"，高明的巫师。
⑬糈（xū）：供祭祀用的米粮。
⑭衒：炫耀，夸耀。
⑮取：同"娶"。
⑯筮：以蓍草占卜曰筮。
⑰钧：均。

⑱章甫：儒者所戴的礼帽。
⑲搢：插。忽：同“笏”(hù)，上朝时用来记事的竹片或木板。
⑳木盾：华沅认为是用来护身的木牌。
㉑牂羊：母羊皮，不如羊羔皮之轻暖。
㉒韦：没有文饰的熟牛皮。
㉓鲜冠：华丽的帽子。组缨：帽子上的丝绦。
㉔绛衣：王引之认为同“缝衣”，指宽大的衣服。博袍：大袍子。
㉕宿善：把该做的好事压下来不去实行。
㉖因以相见：就这样相见。
㉗圣王：当为“圣世”之误。
㉘齿：指契齿，古人刻木记数，其刻处如齿。
㉙䐳然在天：由天安排。䐳，同“错”，措置。
㉚葆：同“包”。指包裹头发以准备戴帽子。
㉛无祥不祥：不存在有义而得祥，不义而不祥。
㉜《子亦》：戴望认为，是古书名，今佚。或以为不作书名。
㉝王念孙认为，“国治”，当为“国贫”。
㉞卢文弨认为，“国之治”下脱“治之，故治也”五字。
㉟餍：满足。
㊱茶：华盛貌。
㊲僇：通“戮”。
㊳戾：同“厉”。人死而无后曰厉。虚：同“墟”，宅居无人曰墟。
㊴倮：裸体。揭：掀开下衣露出腿脚。
㊵俞樾认为“吾”字下当脱“子”字。吾子：小孩子。
㊶政：事，指教义。
㊷孙诒让认为，“迷之”当作“返之”。
㊸可闻：毕沅认为，当作“可间”，即可以指责的差错。
㊹此句意谓墨子不能不分是非，纯客观转述传闻。
㊺孰辞：孙诒让认为指习熟之辞。吴毓江认为即常言、舆论。按，当指社会上对儒家的看法。
㊻称议：吴毓江认为，议当其实，是谓称议。孙诒让认为，“称议”上当有“不”字。此句表明，墨家并非故意攻击儒家，只是转告所闻，以适应舆论，故不求切当与否。可见墨子本人也承认他的非儒有些过分了。
㊼吾：王引之认为通“御”，防御。
㊽这个比喻有如后世说的“大炮打苍蝇”。
㊾俞樾认为，“亦”当为“其”。
㊿王引之认为，云：或。因：依顺。

㉛徇通:敏捷。
㉜其年:期年。满一年。
㉝责:要求。
㉞此句应作“能为人祸福”。
㉟意者:抑或,或许。
㊱遽:即“何”。“何遽”是古代常用复词。
㊲匿徒之刑之有刑:应是“匿刑徒之有刑”。
㊳什子:指才能十倍于你。
㊴国士:一国之中杰出人士。此指武艺高强者。
㊵告子,或以为即孟子所见之告子,或以为另是一人。
㊶行甚恶:指行为难堪,丑恶。有如《庄子·天下》篇所说的,墨者“多以裘褐为衣,以跂蹻为服,日夜不休,以自苦为极”,“其生也勤,其死也薄,其道大确,使人忧,使人悲,其行难为也,反天下之心,天下不堪”。“其意则是,其行则非也”。与告子所谓“口言义而行甚恶”相同。因此,墨子对这种指责能够谅解。此句不能理解为口头讲得好行为很坏。因为墨子是坚决反对言行不一的,而且接下去一章就是批评告子口言而身不行。
㊷此句末脱“曰”字。
㊸甚不仁:水渭松《墨子直解》注:“指行甚恶。”或谓当作“甚不可行”。
㊹此句水渭松解为“不毁吾言仁义”。
㊺胜:胜任。
㊻跂(qí):踮起脚跟。
㊼隐:通“偃”,仰。
㊽此句“我”下当脱“能”字。
㊾亡:同“无”。其下当脱“言”字。

【译文】

公孟子对墨子说:“君子应拱手侍立,别人问他就说,不问就不说,就像钟一样,敲就响,不敲就不响。”墨子说:“这种说法有三种不同情况,你现在只知其一罢了,而且对它的意义还没有搞清楚。如果王公大人在国内做淫暴的事,若去进谏,就会说你不恭顺;通过左右的人去进谏,就会说你私下议论,这时君子感到疑惑不敢讲话。如果王公大人施政,使得国家将有大难发生,就像弩机将要发射一样,这时君子必须进谏,然后对王公大人有利。像这样的情况,有如大钟虽然不敲,也一定要发出声音来。如果王公大人做不义的事，虽然有最巧妙的方法，可以在军队里推行，想去攻打无罪的国家，君主得而占有它，用来扩大领土，聚敛钱财，这样出战就一定要受到屈辱，对被攻伐者不利，对攻伐者也不利，这是对两方面都不利的事。像这样的情况，有如大钟虽然不敲，也一定要发出声音来。倘若如你所说，君子只需拱手侍立，发问就说话，不问就不说，像钟一样，敲就响，不敲就不响；那么，现在没有谁问你，你却说话了，那么你岂不是不敲就响了吗？照你的说法，你不也算不上君子了吗？”

公孟子对墨子说：“如果你确实是行善的人，谁会不知道呢？比如高明的巫师，住在家里不出去，也会有多余的米粮；譬如美女，住在家里不出去，人们争着向她求婚；如果她一边行走一边卖弄自己，那就没有谁会娶她了。现在你到处跟在别人后头进行游说，多辛苦呵！”墨子说：“现在社会动乱，求美女的人多，美女虽然不出门，也会有很多人向她求婚；而现在求善的人少，如果不勉力去游说人们，人们就不会知道。假定这里有两个人，都善于卜，一个人出外周游为人卜筮，另一个坐在家里不出去，那么周游为人卜筮的，与坐在家里不出去的，他们谁得到的粮食多？”公孟子说：“周游为人卜筮的人得到粮食多。”墨子说：“仁义对谁都是公平的。周游劝说人们的，所得到的功效和好处也多，我为什么不去周游劝说人们呢？”

公孟子戴着礼帽，腰间插着记事的木板，穿着儒服来见墨子，说：“君子是先注重服饰，然后再注重行事呢？还是先注重行事，然后才顾及服饰？”墨子说：“君子所重在于行事，不在服饰。”公孟子说：“怎么知道是这样呢？”墨子说：“从前齐桓公戴着高耸的冠冕，系着宽大的带子，拿着金剑大盾，来治理国家，他的国家治理得很好。从前晋文公穿着粗布缝制的衣服，披着母羊皮做的皮袄，用不加文饰的牛皮来佩剑，来治理国家，他的国家治理得很好。从前楚庄王戴着漂亮的冠冕，缀着华丽的冠缨，穿着宽大的衣服，来治理国家，他的国家治理得很好。从前越王勾践剪掉头发，在身上刺满花纹，来治理国家，他的国家治理得很好。这四位国君，他们的服装不同，他们的行事一样。因此我知道行事的成败不在于服饰。”公孟子说：“对啊！我听说，知道善行而不马上实施的人不会有好结果。请让我先放下笏板，换掉礼帽，再来见先生，可以吗？”墨子说：“请你就带着这些东西相见吧；如果一定要放下笏板，换掉帽子，然后才相见，不又是注重服饰甚于行事了吗？”

公孟子说：“君子说话和穿衣服都一定要依照古制，才能叫做仁。”墨子说：“从前商纣王与卿士费仲，是天下的暴徒；箕子、微子，是天下的圣人，他们都说同样的语言，但是有的仁，有的不仁。周公旦是天下的圣人，武王之弟管叔是天下的暴徒，这两人穿着同样的衣服，但是有的仁，有的不仁。由此可见关键不在于一定要学古代的服饰和语言。况且你只是遵从周朝的制度，没有遵从夏朝的制度，你所谓的古代还不是真的古代。”

公孟子对墨子说：“从前圣王安排位次，道德智能最高的上圣立为天子，其次的立为卿大夫。现在孔子博通《诗》、《书》，明察礼、乐之制，备知天下万物。如果孔子生当圣明之时，岂不是可以让孔子做天子了吗？”墨子说：“所谓智者，一定尊重上天，侍奉鬼神，爱护百姓，节约财用，合乎这些要求，才可以称得上智者。现在你说孔子博通《诗》、《书》，明察礼、乐之制，备知天下万物，并认为他可以做天子。这是数别人契据上的刻数，却自以为富裕了。”公孟子说：“贫困、富裕、长寿、夭折，由上天安排，不能增减。”又说：“君子一定要学习。”墨子说：“教人学习却宣扬‘有命’的观念，就好像让人包裹头发，准备戴帽子，却拿掉他的帽子一样。”

公孟子对墨子说：“社会上只存在义与不义的区别，不存在因义得福，因不义而得祸的情况。”墨子说：“古代圣王都认为鬼神是神明的，能带来祸福，主张‘因人的义与不义而得福得祸’观点，因此政治清明，国家安宁。自从桀、纣以下，都认为鬼神不神明，不能带来祸福，主张无所谓祥，无所谓不祥，因此政治混乱，国家危亡。先王的书《子亦》篇有这样的话：‘其言行傲慢，出于你，不吉祥。’这话是指不善者有惩罚，为善者有奖赏。”

墨子对公孟子说：“儒家的丧礼，国君、父母、妻子和长子死后，要服丧三年；伯父、叔父、兄弟死后，要服丧一年；族人死后，服丧五个月；姑、姊、舅、甥死后，都有几个月的服丧期。在不守丧的间隙，要诵读诗歌三百篇，演唱诗歌三百篇，吟诵诗歌三百篇，以舞蹈表现诗歌三百篇。如果按照你所说的，那么君子有什么时间治理政事，平民有什么时间从事劳作呢？”公孟子说：“国家混乱就治理它，国家安定就行礼乐；国家贫穷就努力生产，国家富裕了就行礼乐。”墨子说：“国家安定，是因为你去治理，所以才会安定；治理停止了，国家也就不会安定了。国家富裕，是因为人们从事生产，所以才富裕；如果人们生产停止了，那么国家富裕也不存在了。所以虽然是安定的国家，也要告诉大家不能满足，然后才行。现在你说，国家安定就行礼乐，国家混乱就治理它，这就像口渴了才挖井，人死了才找医生一样。古时候三代的暴君夏桀、商纣、周幽王、周厉王，都盛设音乐，不顾人民的生活，所以自身遭到杀戮，国家遭到灭亡，都是这样做的结果。”

公孟子说：“没有鬼神。”又说：“君子一定要学习祭祀。”墨子说：“既然相信没有鬼神，却又去学习祭祀之礼，这就像知道没有客人却去学习招待客人的礼节一样，就像知道没有鱼却去织渔网一样。”

公孟子对墨子说：“你认为守三年的丧不对，你主张守三日丧也是不对的。”墨子说：“你用三年的丧期，来否定三日的丧期，这就像自己裸着身体，却说别人掀起衣服不够礼貌。”

公孟子对墨子说：“如果有一件事比别人聪明，可以称为聪明吗？”墨子说：“愚笨的人也偶然会有一件事比别人聪明，但怎么可以认为愚笨的人是聪明的呢？”

公孟子说：“三年的丧期，是模仿小孩子依恋父母。”墨子说：“婴儿的智力，只懂得依恋父母，父母找不到了，就大哭不止。这是什么缘故呢？说明他愚笨极了。那么儒家学派的智力，又有什么比小孩子高明之处的呢？”

墨子问一位儒者：“为什么从事音乐活动？”回答说：音乐是为了娱乐。墨子说：“你没有回答我。如今我问：为什么造房屋？回答说：冬天可以避寒，夏天可以避暑，有了房屋可以区别男女。这样你就告诉我造房屋的理由了。如今我问：为什么从事音乐活动？回答说：音乐是为了娱乐。这如同问：为什么造房屋？回答说：造房屋是为了房屋一样。”

墨子对程子说：“儒家的学说足以丧天下的有四项内容：儒家认为天

不明察，认为鬼神不灵，天、鬼就不高兴了，这足以丧天下。又主张厚葬久丧，做好几层棺椁，很多的衣被，送葬如同搬家，三年哭泣，守丧者要别人扶才能站起来，靠拐杖才能走路，几乎耳无所闻，目无所见，这足以丧天下。又用乐器配合歌唱，击鼓跳舞，经常开展音乐活动，这足以丧天下。又认为命运是有的，贫富寿夭，治安危乱有定数，不能增减变化。在上位者实行这一套，一定不能治理政务了，在下位者实行这一套，一定不工作了，这足以丧天下。"程子说："太过分了！先生如此诋毁儒家。"墨子说："儒家果真没有这四项，而我说了，那就是诋毁；如今儒家果真有这四项，而我说了，那就不是诋毁，是告诉我所闻知之事。"程子无言以对而出。墨子说："回来！"程子回来之后，坐下，接着说："刚才先生的话有毛病。照先生的话，就是不称赞禹也不批评桀纣了。"墨子说："不是这样。应对熟悉的问题，不待议当其实而言，这叫敏捷。严词相攻则严词相对，缓词相攻则缓词相对。如应答熟悉问题而求议称其实，那好比抗着车辕去打飞蛾子。"

墨子与程繁辩论，引述了孔子的话。程繁说："你既然反对儒家，为什么又称引孔子的话呢？"墨子说："那是他说得对而不可更改的。就如现在鸟儿感到天气热就高飞，鱼儿感到天气热就沉下水底，对于这一点，即使是夏禹商汤来为它们谋划，也一定不能改变。鸟儿鱼儿可算是愚蠢了，而夏禹商汤有时还要依照它们的习性，我怎么就可以不称引孔子的话呢？"

有个人常在墨子门下走动，身体强健，思维敏捷而通达。墨子想让他跟随自己学习，就说："你且跟我学吧，我以后举荐你去做官。"那人受到好话的鼓舞，学习了一年，就向墨子要求举荐他做官。墨子说："我不举荐你去做官。你听说过一个鲁国的故事吗？鲁国有兄弟五人，他们的父亲死了，长子因为嗜酒不愿葬父。他的四个弟弟说：'你和我们把父亲葬了，我们将给你买酒喝。'长子受到好话的鼓舞，把父亲葬了。埋葬之后，就要求四个弟弟给酒喝。四个弟弟说：'我们不给你酒了。你葬你的父亲，我们葬我们的父亲，难道只是我们的父亲吗？你要是不葬，那么别人就会耻笑你，所以劝你埋葬父亲。'现在你在行义，我也在行义，难道只是我一个人应该行义吗？你不学习，那么别人就会耻笑你，所以劝你学习。”

有个人常在墨子门下走动。墨子说：“为什么不学习呢？”那人回答说：“我们那一族的人都没有学习的。”墨子说：“你说得不对。爱美的人，难道可以说‘我们那一族的人都不爱美，所以我就不爱美吗？想富贵的人，难道可以说‘我们那一族的人都没有人想富贵，所以我就不求富贵吗？爱美和求富的人，不管别人怎么样，自己都努力去做。至于义，乃是天下的大事，为什么要先看别人呢？一定要努力去做。”

有个人常在墨子门下走动，对墨子说：“先生认为鬼神明智，能给人带来祸福，让行善的人富裕，为恶的人遭殃。如今我侍奉先生很久了，福气却总不来。或许是先生的话不精确呢？鬼神并不明智呢？我为什么得不到福呢？”墨子说：“虽然你未得福，我的话为何就不精确呢？鬼神为何就不明智呢？你听说过吗？藏匿犯人是有罪的。”回答说：“没有听说过。”墨子说：“如今有一个人在这里，才能十倍于你，你能十次称赞他，而仅一次称赞自己吗？”回答说：“我做不到。”墨子又问：“有个人在这里，才能百倍于你，你能一辈子称赞他的所长，而没有一次称赞你自己吗？”回答说：“我做不到。”墨子说：“藏匿一名犯人尚且有罪，如今你所藏匿他人之善者如此之多，你将有重罪啊，还求什么福？”

墨子生病了，跌鼻进来问道：“先生认为鬼神灵明，能降祸福，做好事的就赏他，做坏事的就罚他。现在先生是圣人，为什么会有病？我在想，是先生的话有不对的地方呢？还是鬼神不灵明？”墨子说：“虽然我生了病，怎么可以说鬼神不灵明呢！人之所以患病有多方面的原因，有的因寒暑而得病，有的因劳累而得病。好比房子有一百扇门，只有一扇门关闭，那么盗贼为何不能进去呢？”

有几个弟子向墨子禀告，想要学射箭。墨子说：“不行。聪明的人，一定要估计自己的力量能不能做到，而后从事某种事情。一个武艺出众的国士，你叫他一边战斗，一边扶着人，尚且不能兼顾。何况你们并非国士，怎么能既想求学，又要习射呢？”有几个弟子告诉墨子说：“告子说您，口讲仁义而行事难堪，请您弃之不理。”墨子说：“不可以。他称赞我的言论而批评我的行事，总比没有批评好。假如有人在这里说：‘墨翟之言很不可行，尊天，事鬼，爱人，很不可行’。还是比没有批评好。如今告子能言善辩，我讲仁义他却不批评。告子批评我，还是比没有批评好。”

有几个弟子禀告墨子说：“告子能行仁义。”墨子说：“未必如此。告子行仁义，好比踮起脚尖使身子长高，躺着使身体显得宽一样，是不可能持久的。”

告子对墨子说：“我能够治理国家，管理政务。”墨子说：“所谓政务，要口能讲说，还要能身体力行。如今你口能讲说，却不能身体力行。这样你本身就自相矛盾了。你不能管理自己本身，怎么能治理国家政务？你且不要说了，你本身已经矛盾了。”

39. 鲁问

【说明】

本篇共23章，有十章是对齐、鲁、楚、越等国统治者的批评或建议，其余则为与朋友和弟子的谈论。所涉及的内容广泛，比较集中的是“非攻”。其他如与吴虑论智力活动与体力劳动之功效，与魏越谈墨家的十大主张，都是比较重要的见解。

【原文】

魯君謂子墨子曰：“吾恐齊之攻我也，可救乎？”子墨子曰：“可。昔者，三代之聖王禹、湯、文、武，百里之諸侯也，說忠行義，取天下；三代之暴王桀、紂、幽、厲，讎怨行暴①，失天下。吾願主君之上者尊天事鬼，下者愛利百姓，厚爲皮幣，卑辭令，亟遍禮四鄰諸侯②，驅國而以事齊③，患可救也。非此，顧無可爲者④。”

齊將伐魯，子墨子謂項子牛曰⑤：“伐魯，齊之大過也。昔者，吳王東伐越⑥，棲諸會稽⑦；西伐楚，葆昭王於隨⑧；北伐齊，取國子以歸於吳⑨。諸侯報其仇，百姓苦其勞，而弗爲用。是以國爲虛戾⑩，身爲刑戮也。昔者智伯伐范氏與中行氏⑪，兼三晉之地⑫。諸侯報其仇，百姓苦其勞，而弗爲用。是以國爲虛戾，身爲刑戮，用是也。故大國之攻小國也，是交相賊也，過必反於國。”

子墨子見齊大王曰⑬：“今有刀於此，試之人頭，倅然斷之⑭，可謂利乎？”大王曰：“利。”子墨子曰：“多試之人頭，倅然斷之，可謂利乎？”大王曰：“利。”子墨子曰：“刀則利矣，孰將受其不祥？”大王曰：“刀受其利，試者受其不祥。”子墨子曰：“並國覆軍，賊敖百姓⑮，孰將受其不祥？”大王俯仰而思之，曰：“我受其不祥。”

魯陽文君將攻鄭⑯，子墨子聞而止之，謂陽文君曰⑰：“今使魯四境之內⑱，大都攻其小都，大家伐其小家，殺其人民，取其牛馬、狗豕、布帛、米粟、貨財，則何若？”魯陽文君曰：“魯四境之內，皆寡人之臣也。今大都攻其小都，大家伐其小家，奪之貨財，則寡人必將厚罰之。”子墨子曰：“夫天之兼有天下也，亦猶君之有四境之內也。今舉兵將以攻鄭，天誅其不至乎？”魯陽文君曰：“先生何止我攻鄭也？我攻鄭，順於天之志。鄭人三世殺其父[19]，天加誅焉，使三年不全[20]，我將助天誅也。”子墨子曰：“鄭人三世殺其父，而天加誅焉，使三年不全，天誅足矣。今又舉兵，將以攻鄭，曰吾攻鄭也，順於天之志。譬有人於此，其子強梁不材[21]，故其父笞之。其鄰家之父，舉木而擊之，曰：吾擊之也，順於其父之志。則豈不悖哉！”

子墨子謂魯陽文君曰：“攻其鄰國，殺其民人，取其牛馬，粟米、貨財，則書之於竹帛，鏤之於金石，以爲銘於鍾鼎，傳遺後世子孫，曰：‘莫若我多。’今賤人也，亦攻其鄰家，殺其人民，取其狗豕、食糧、衣裘，亦書之竹帛，以爲銘於席豆[22]，以遺後世子孫，曰：‘莫若我多！’其可乎？”魯陽文君曰：“然。吾以子言觀之，則天下之所謂可者，未必然也。”

子墨子爲魯陽文君曰[23]：“世俗之君子，皆知小物，而不知大物。今有人於此，竊一犬一彘則謂之不仁；竊一國一都，則以爲義。譬猶小視白謂之白，大視白則謂之黑。是故世俗之君子，知小物而不知大物者，此若言之謂也。”

魯陽文君語子墨子曰：“楚之南，有啖人之國者橋[24]，其國之長子生，則鮮而食之[25]，謂之宜弟，美則以遺其君，君喜則賞其父。豈不惡俗哉？”子墨子曰：“雖中國之俗，亦猶是也。殺其父而賞其子，何以異食其子而賞其父者哉？苟不用仁義，何以非夷人食其子也[26]？”

魯君之嬖人死[27]，魯君爲之誄[28]，魯人因說而用之[29]。子墨子聞之曰：“誄者，道死人之志也。今因說而用之，是猶以來首從服也[30]。

魯陽文君謂子墨子曰：“有語我以忠臣者，令之俯則俯，令之仰則仰，處則靜，呼則應，可謂忠臣乎？”子墨子曰：令之俯則俯，令之仰則仰，是似景也[31]；處則靜，呼則應，是似響也[32]。君將何得於景與響哉？若以翟之所謂忠臣者，上有過，則微之以諫[33]；已有善，則訪之上[34]，而無敢以告。外匡其邪而入其善。尚同而無下比，是以美善在上，而怨讎在下；安樂在上，而憂戚在臣。此翟之所謂忠臣者也。”

魯君謂子墨子曰：“我有二子，一人者好學，一人者好分人財，孰以爲太子而可？”子墨子曰：“未可知也。或所爲賞與爲是也[35]。釣者之恭，非爲魚賜也；餌鼠以蟲[36]，非愛之也。吾願主君之合其志功而觀焉[37]。

魯人有因子墨子而學其子者[38]，其子戰而死，其父讓子墨子[39]。子墨子曰：“子欲學子之子，今學成矣，戰而死，而子慍。而猶欲糶[40]，糴則讎慍也[41]。豈不費哉[42]！”

魯之南鄙人有吳慮者，冬陶夏耕，自比於舜。子墨子聞而見之。吳慮謂子墨子：“義耳義耳，焉用言之哉？”子墨子曰：“子之所謂義者，亦有力以勞人，有財以分人乎？”吳慮曰：“有”。子墨子曰：“翟嘗計之矣。翟慮耕而食天下之人矣。盛[43]，然後當一農之耕，分諸天下，不能人得一升粟。藉而以爲得一升粟[44]，其不能飽天下之飢者，既可睹矣。翟慮織而衣天下之人矣，盛，然後當一婦人之織，分諸天下，不能人得尺布。藉而以爲得尺布，其不能暖天下之寒者，既可睹矣。翟慮被堅執銳[45]，求諸侯之患，盛，然後當一夫之戰；一夫之戰，其不禦三軍[46]，既可睹矣。翟以爲不若誦先王之道，而求其說，通聖人之言，而察其辭，上說王公大人，次匹夫徒步之士。王公大人用吾言，國必治；匹夫徒步之士用吾言，行必修。故翟以爲雖不耕而食飢，不織而衣寒，功賢於耕而食之，織而衣之者也。故翟以爲雖不耕織乎，而功賢於耕織也。”

吳慮謂子墨子曰：“義耳義耳，焉用言之哉？”子墨子曰：“藉設而天下不知耕，教人耕，與不教人耕而獨耕者，其功孰多？”吳慮曰：“教人耕者，其功多。”子墨子曰：“藉設而攻不義之國，鼓而使衆進戰，與不鼓而使衆進戰而獨進戰者，其功孰多？”吳慮曰：“鼓而進衆者，其功多。”子墨子曰：“天下匹夫徒步之士少知義，而教天下以義者，功亦多，何故弗言也？若得鼓而進於義，則吾義豈不益進哉！”

子墨子遊公尚過於越。公尚過說越王，越王大說，謂公尚過曰：“先生苟能使子墨子於越而教寡人，請裂故吳之地[47]，方五百里，以封子墨子。”公尚過許諾。遂爲公尚過束車五十乘，以迎子墨子於魯。曰：“吾以夫子之道説越王，越王大説，謂過曰：'苟能使子墨子至於越而教寡人，請裂故吴之地，方五百里，以封子。'"子墨子謂公尚過曰："子觀越王之志何若？意越王將聽吾言，用吾道，則翟將往，量腹而食，度身而衣，自比於群臣[48]，奚能以封爲哉！抑越不聽吾言，不用吾道，而吾往焉，則是我以義糶也。鈞之糶，亦於中國耳，何必於越哉！"

子墨子遊，魏越曰[49]："既得見四方之君，子則將先語？"子墨子曰："凡入國，必擇務而從事焉[50]。國家昏亂，則語之尚賢、尚同；國家貧，則語之節用、節葬；國家憙音湛湎[51]，則語之非樂、非命；國家淫僻無禮，則語之尊天事鬼；國家務奪侵凌，即語之兼愛、非攻。故曰：擇務而從事焉。"

子墨子出曹公子而於宋[52]。三年而反，睹子墨子曰："始吾遊於子之門，短褐之衣，藜藿之羹[53]，朝得之，則夕弗得祭祀鬼神。今而以夫子之教，家厚於始也。有家厚[54]，謹祭祀鬼神。然而人徒多死，六畜不蕃，身湛於病，吾未知夫子之道之可用也。"子墨子曰："不然。夫鬼神之所欲於人者多；欲人之處高爵禄，則以讓賢也；多財，則以分貧也。夫鬼神，豈唯擢季拑肺之爲欲哉[55]？今子處高爵禄而不以讓賢，一不祥也；多財而不以分貧，二不祥也。今子事鬼神，唯祭而已矣，而曰：'病何自至哉！'是猶百門而閉一門焉，曰：'盜何從入？'若是而求福，於有怪之鬼[56]，豈可哉？"

魯祝以一豚祭[57]，而求百福於鬼神。子墨子聞之曰："是不可。今施人薄而望人厚，則人唯恐其有賜於己也。今以一豚祭，而求百福於鬼神，唯恐其以牛羊祀也。古者聖王事鬼神，祭而已矣。今以豚祭而求百福，則其富不如其貧也。"

彭輕生子曰："往者可知，來者不可知。"子墨子曰："藉設而親在百里之外，則遇難焉，期以一日也，及之則生，不及則死。今有固車良馬於此，又有奴馬四隅之輪於此[58]，使子擇焉，子將何乘？"對曰："乘良馬固車，可以速至。"子墨子曰："焉在矣來[59]！"

孟山譽王子閭曰[60]："昔白公之禍[61]，執王子閭[62]，斧鉞鉤要[63]，直兵當心[64]，謂之曰：'爲王則生，不爲王則死！'王子閭曰：'何其侮我也！殺我親[65]，而喜我以楚國[66]。我得天下而不義，不爲也，又況於楚國乎？'遂而不爲[67]。王子閭豈不仁哉?"子墨子曰:"難則難矣,然而未仁也。若以王爲無道,則何故不受而治也?若以白公爲不義,何故不受王,誅白公然而反王[68]?故曰:難則難矣,然而未仁也。"

子墨子使勝綽事項子牛[69]。項子牛三侵魯地,而勝綽三從。子墨子聞之,使高孫子請而退之。曰:"我使綽也,將以濟驕而正嬖也[70]。今綽也祿厚而譎夫子[71],夫子三侵魯而綽三從,是鼓鞭於馬靳也[72]。翟聞之,言義而弗行,是犯明也[73]。綽非弗之知也,祿勝義也。"

昔者楚人與越人舟戰於江,楚人順流而進,迎流而退,見利而進,見不利則其退難。越人迎流而進,順流而退,見利而進,見不利則其退速。越人因此若勢[74],亟敗楚人[75]。公輸子自魯南遊楚,焉始爲舟戰之器[76],作爲鈎強之備[77],退者鈎之,進者強之,量其鈎強之長,而制爲之兵。楚之兵節[78],越之兵不節,楚人因此若勢,亟敗越人。公輸子善其巧,以語子墨子曰:"我舟戰有鈎強,不知子之義亦有鈎強乎?"子墨子曰:"我義之鈎強,賢於子舟戰之子鈎強。我鈎強,我鈎之以愛,揣之以恭[79]。弗鈎以愛則不親,弗揣以恭則速狎[80],狎速而不親則速離。故交相愛,交相恭,猶若相利也。今子鈎而止人,人亦鈎而止子,子強而距人,人亦強而距子,交相鈎,交相強,猶若相害也。故我義之鈎強,賢子舟戰之鈎強。"

公輸子削竹木以爲鵲,成而飛之,三日不下。公輸子自以爲至巧。子墨子謂公輸子曰:"子之爲鵲也,不如匠之爲車轄[81],須臾劉三寸之木[82],而任五十石之重。故所爲,功利於人謂之巧,不利於人謂之拙。"

公輸子謂子墨子曰:"吾未得見之時,我欲得宋。自我得見之後,予我宋而不義,我不爲。"子墨子曰:"翟之未得見之時也,子欲得宋;自翟得見子之後,予子宋而不義,子弗爲,是我予子宋也。子務爲義,翟又將予子天下。"

【注释】

①讎怨:俞樾认为怨是"忠"之误字。讎忠,视忠臣如仇。与上文"悦忠"相反。

②亟:速。

③驱:率。

④顾:通“固”,本来。

⑤项子牛:齐王田和的将领。

⑥吴王东伐越:据《左传》,吴王夫差率领军队,于鲁哀公元年(前494年)攻入越国。

⑦会稽:指会稽山,在今浙江省绍兴市东南。吴王夫差曾迫使越王勾践退守会稽山。

⑧葆昭王于随:葆,同“保”。据《左传》,定公四年(前506年)吴军攻入楚国郢都,楚国斗辛与其弟巢,保护楚昭王逃奔随国。

⑨国子:齐国贵族。

⑩虚戾:也写作“虚厉”。居宅无人叫做虚,死后无后叫做戾。

⑪智伯伐范氏与中行氏:据《左传》,定公十三年(前497年),智伯瑶的祖父智文子就驱逐了荀寅、士吉射,后来智伯瑶又灭了范氏、中行氏。

⑫三晋:这里指晋国智氏、范氏、中行三家。

⑬齐大王:即田齐太公,名和。周安王十六年(前386年)田和立为诸侯。墨子见齐大王,应在田和立为诸侯之后。

⑭倅然:同“猝然”,快的样子。

⑮贼敖:贼杀。敖,同“杀”。

⑯鲁阳文君:楚平王的孙子,名公孙宽,即鲁阳文子,其封邑在鲁山之阳(今河南南阳附近),故又称鲁阳公。

⑰“阳文君”前脱“鲁”字。

⑱鲁:指鲁阳。

⑲郑人三世杀其父:父,应为“君”,指郑哀公、郑幽公、郑繻公三君被杀。

⑳三年不全:三年歉收。

㉑强梁:强悍不守规矩。

㉒席:几席。豆:盛祭品的器皿。

㉓为,谓。

㉔啖(dàn):吃。桥,古国名。

㉕鲜:顾千里注:当作“解”,周才珠注为“活生生的”。

㉖夷人:古代指东方少数民族。

㉗嬖人:受宠爱的女人,此指爱妾。

㉘苏时学认为,“鲁君”应为“鲁人”。诔(lěi):一种悼念文体。

㉙苏时学认为“鲁人”应为“鲁君”。说,同“悦”。

㉚来首:孙诒让认为,疑即狸首,狸即野猫。服,服马,即驾辕的马。吴龙辉认为,来首即牦牛。

㉛景:影子。

㉜响:回音。

㉝微之:伺机。

㉞访：谋划。
㉟赏与：同“赏誉”。
㊱虫：通“蛊”，毒虫。
㊲志：动机。功，效果。
㊳学其子：使其子学。
㊴让：责备。
㊵糶：通“粜”：卖粮。籴(dí)：买粮。
㊶雠：同“售”。
㊷费：王引之认为，通“悖”，悖谬。
㊸盛：充其量。
㊹藉而：例如。
㊺被：同“披”。坚：坚甲。锐：锐刃。
㊻御：抵抗。
㊼故吴之地，原来吴国之地。裂：分封。
㊽自比于群臣，自己的地位等同于其他臣僚。
㊾魏越：墨子弟子。
㊿务：要务。
(51)憙：同“喜”。湛湎：沉湎于酒。
(52)出曹公子而于宋：应为“出曹公子于宋”。士，同“仕”。曹公子，墨子的弟子。
(53)藜藿：野菜。羹：汤。
(54)有：同“又”。家厚：应为“家享”，即在家中设享祀。
(55)季：应为“黍”。肺：猪肺。“擢”和“拑”都是拿取的意思，黍和肺都是祭祀用的物品。
(56)于有怪之鬼：此句当作“于鬼，又怪之”。
(57)鲁祝：鲁国之主持祭祀的神职人员。豚，小猪。
(58)奴马：劣马，“奴”同“驽”。四隅之轮：破散的车子。周才珠注：四角有轮之车。李生龙注为方轮。
(59)焉在矣来：应为“焉在不知来”。
(60)孟山：墨子的弟子。王子闾：名启，楚平王的儿子。
(61)白公之祸：白公，楚平王的孙子，名胜。据《左传》哀公十六年(前479年)，白公胜在楚国发动叛乱。
(62)执王子闾：白公胜叛乱后，胁迫王子闾做楚王。见《左传哀公十六年》。
(63)要：同“腰”。
(64)兵：指剑矛之类。
(65)杀我亲：指子闾之兄子西、子期被白公胜杀死。
(66)喜：同“嬉”，戏弄。
(67)遂而不为：应为“遂死而不为”。据《左传》哀公十六年，王子闾因不同意为王，被白公胜杀死。

㊳而：后。反：返。反王：使楚王复位。

㊴胜绰：墨子的弟子。

⑦济：制止：正嬖：纠正邪僻。嬖，同“僻”。

⑦谲：欺诈。夫子，指齐将项子牛。

⑦鼓鞭于马靳：鼓鞭，鞭打。马靳：马的前胸。谓欲马前行，而鞭打其前胸，反而不能前进。

⑦犯明：明知故犯。

⑦此若：孙诒让认为是复词，即此也。

⑦亟：多次。

⑦焉：于是。

⑦钩强：应为“钩拒”，兵器。钩的作用是在敌船逃跑时将其钩住，拒的作用是在敌船前进时将其抵挡。

⑦节：有节制，控制灵活。

⑦揣：通“拒”。

⑧速狎：轻视。

⑧车辖：车轴两头钉着的键。

⑧刘：用刀砍。

【译文】

鲁国国君对墨子说：“我担心齐国攻打我国。可以解救吗？”墨子说：“可以。从前夏商周三代的圣王夏禹、商汤、周文王、周武王，原来都是领土只有一百里的诸侯，他们喜爱忠诚，实行仁义，因而夺取了天下；夏商周三代的暴君夏桀、商纣、周幽王、周厉王，上下相怨，实行暴政，因而丧失了天下。我希望主君向上尊崇天，敬事鬼，对下爱护并造福于百姓；多多准备财礼，言辞谦卑，尽快普遍向四邻诸侯表示敬意，率领全国人民对付齐国，忧患就可以解除了。不这样做，就没有什么办法了。”

齐国将要攻打鲁国，墨子对齐国的将领项子牛说：“攻打鲁国，是齐国的大错。从前吴王夫差向东讨伐越国，迫使越王勾践退守会稽山；向西讨伐楚国，迫使楚昭王退守随国；向北讨伐齐国，俘虏齐将国书回到吴国。结果诸侯来报仇，老百姓感到劳苦，不肯为他效力，所以国家灭亡，自己也被杀死。从前智伯瑶攻伐范氏和中行氏，兼并了晋国三家的领土。结果诸侯来报仇,老百姓感到劳苦,不肯为他效力,所以国家灭亡,自己也被杀死。由此可见,大国攻打小国,是互相残害,大国的过失必定反过来使本国受害。”

墨子见齐大王,说:“现在这里有一把刀,用来试砍人头,一下子就砍断了,可以称得上锋利吧?”齐大王说:“锋利。”墨子说:“多次试砍人头,都一下子砍断了,可以称得上锋利吧?”齐大王说:“锋利。”墨子说:“刀确是锋利的,谁将得到不良的名声呢?”齐大王,说:“刀受锋利之名,拿刀砍的人将会得到不良的名声。”墨子说:“兼并别人的国家,消灭别国的军队,残害百姓,谁将得到不良名声呢?”齐大王把头抬起来,又低下去思索了一会儿,才说:“我会得到不良的名声。”

鲁阳文君将要攻打郑国,墨子听到消息就去制止他,对鲁阳文君说:“现在假如鲁阳四边境界之内,大城攻打小城,大家族攻打小家族,屠杀人民,夺取牛马、狗猪和布帛、粮食、货物、钱财,这会怎么样呢?”鲁阳文君说:“鲁阳四边境界之内的人,都是我的臣民,现在如果大城攻小城,大家族攻打小家族,夺取货物钱财,那我一定要重重地处罚他们!”墨子说:“上天拥有天下的土地,也像你拥有鲁阳四边境界之内的土地一样。现在你发兵要去攻打郑国,上天的惩罚岂不会降到你头上吗?”鲁阳文君说:“先生为什么要阻止我攻打郑国呢?我攻郑国,是顺从天的意志。郑国三世将他们的国君杀了,天对他们加以惩罚,使他们三年收成不足,我将帮助天惩罚他们。”墨子说:“郑国人三世杀死他们国君,天已经对他们加以惩罚了,使他们三年收成不足,天的惩罚已经足够了。现在你又发兵,要攻打郑国,说:‘我攻打郑国,是顺从天的意志。’这好比有个人,他的儿子横蛮,不成材,所以他父亲鞭打他;他们邻居的长老,也举起木棍打他,说:‘我打他,是顺从他父亲的意志。’这岂不荒谬吗?”

墨子对鲁阳文君说:“诸侯攻打邻国,杀死那里人民,夺取牛马、粮食、货物、钱财,就写在竹帛上,刻在金石上,写成铭文记载在钟鼎上,传给后世子孙,说:‘没有谁的收获有我多。’现在那些下贱人,也攻打他的邻家,杀死邻家的人,夺取他们的猪狗、粮食、衣服,也写在竹帛上,写成铭文记载在席案和祭器上，传给后世子孙，说：‘没有谁的收获有我多。’这样做可以吗？”鲁阳文君说：“既然如此，我从你的话来看，天下所谓可行的事，未必是可行的了。”

墨子对鲁阳文君说：“世俗的君子，知道小事却不知道大事。现在这里有一个人，假如偷了人家的一只狗一只猪，就被称作不仁；如果窃取了一个国家一个都城，却被称作义。这就好比看一小点白说是白，看一大片白则说是黑。因此，世俗的君子只知道小事却不知道大事的情况，就如同这句所讲的。”

鲁阳文君告诉墨子说：“楚国南边，有个叫‘桥’的国度，有食人风俗，这个国家里长子一生下，就被活生生地吃掉，叫做‘宜弟’。如果味道鲜美就送国君，国君吃得高兴就奖励这位父亲，这岂不是很恶劣的风俗吗？”墨子说：“其实中原各国的风俗，也是这样的。杀死其父亲而后奖赏他的儿子，与吃他的儿子而后奖赏他父亲有什么不同呢？如果自己不讲仁义，又凭什么来批判夷人吃儿子的风俗呢？”

鲁国国君的爱妾死了，鲁国有人为了阿谀奉承，为她写了一篇哀悼的诔文，鲁君因此很高兴，就重用此人。墨子听到这件事，说：“诔文是要称颂死者的心志的，现在只因为国君高兴就重用此人，而不问是否符合实际，这就好比用野猫充当驾车的辕马一样，是不能胜任的。”

鲁阳文君对墨子说：“有人告诉我要怎样才是忠臣；叫他低头就低头，叫他抬头就抬头，坐着就静静的不吭声，喊他就答应，这样可以叫做忠臣吗？”墨子说：“叫他低头就低头，叫他抬头就抬头，这就像影子一样；坐着静静的不吭声，喊他就答应，这就像回声一样。你能从影子和回声得到什么呢？如果按照我的标准，所谓忠臣，国君有过错，就寻找机会加以劝谏；自己有好的计谋，就与国君商议，不敢告诉外人；匡正国君的错误，使其纳入正道，与国君保持一致，而与下边的人不结党营私。所以美名归于国君，而怨仇由臣下担当；安乐归于国君，而忧患由臣下担当。这就是我所说的忠臣。”

鲁国国君对墨子说：“我有两个儿子，一个好学，一个好施舍财物给别人，把哪一个立为太子好呢？”墨子说：“还无法知道。也许他们是为了获得赞誉奖赏才这样做的。钓鱼的人样子那么恭肃，并非是为了给鱼以恩赐；用毒饼来喂老鼠，并非因为爱它们。我希望主君结合他们的动机和效果来观察。”

鲁国有一个人让他的儿子跟随墨子学习。他儿子在战争中死了，他父亲就责备墨子。墨子说：“你想让你儿子学习，现在学习成功了，他作战而死，你就恼怒。这就像要卖米，别人买了米，售出了，他却恼怒一样，岂不荒谬！”

鲁国南方边境上有一个人，叫做吴虑，冬天做陶器，夏天耕田，以虞舜自比。墨子听说了，就去见他。吴虑对墨子说：“义啊义啊！何必空洞地讲说它呢！”墨子说：“你所说的义，包括有力者为别人操劳，有财者施舍给别人吗？”吴虑对说：“有。”墨子说：“我曾经计算过了，我想参加耕种来使天下的人有吃的，充其量才顶得上一个农民耕种的收获，分配给天下的人，每个人不能分得一升米；就算每人分得一升米，也不能让天下挨饿的人都吃饱，这是显而易见的。我想参加纺织来使天下的人有衣穿，充其量才顶得上一个女人织布，分配给天下的人，每个人不能人分得一尺布；就算每人分得一尺布，也不能使天下挨冻的人都得到温暖，这是显而易见的。我想身披坚甲，手拿武器，来拯救诸侯的患难，充其量才顶得上一名战士作战，一名战士打仗，不能抵挡敌人的三军，这是显而易见的。我认为不如学习先王之道，研究他的学说，弄通圣人的话，来考察他们讲的是什么，向上游说王公大人，其次教育平民百姓。王公大人采纳我的话，国家一定治理好；平民百姓采纳我的话，德行一定美好。所以我认为，虽然不去耕种给饥者饭吃，不去纺布给寒者衣穿，但我的效果要比耕种让人吃饭、织布让人穿衣好得多。所以我认为虽然不耕田织布，而效果可以比耕田织布好。”

吴虑对墨子说：“义啊义啊！何必空洞地讲说它呢？”墨子说：“假设天下的人不知道耕作，教人耕作者与不教人耕作而独自耕作者相比，其功效谁大？”吴虑说：“教人耕作者功效大。”墨子又说：“假设进攻不义之国，击鼓使大家作战者与不击鼓使大家作战而独自作战者相比,其功劳谁大?”吴虑说:“击鼓使大家作战者功效大。”墨子说:“天下平民百姓很少知道仁义,因而用仁义教导天下者,其攻劳也大。为何不努力讲说仁义呢?假若能像击鼓一样促进大家达到仁义,那么我的仁义岂不是更加发展了吗?”

墨子派公尚过到越国去。公尚过游说越王,越王很高兴,对公尚过说:“先生如果能使墨子到越国来教导我,我愿划分原来吴国的土地方圆五百里,来封赏给墨子。”公尚过答应了。越王就为公尚过准备了五十辆车,用于到鲁国迎接墨子。公尚过对墨子说:“我用老师的学说游说越王,越王很高兴了,对我说:‘如果能使墨子到越国来教导我,我愿划分原来吴国的土地方圆五百里,来封赏给先生。’”墨子对公尚过说:“你看越王的意思怎么样?如果越王会听我的话,采用我的学说,那么我就准备去,吃饭能饱肚子就行,穿衣能可身就行。把自己看得和群臣一样,怎么能因为有封地才去呢!如果越王不听我的话,不采用我的学说,而我却去了,那么我是拿义来出卖了。同样都是出卖,我就在中原出卖罢了,何必到越国去呢!”

墨子出外游历,魏越问:“见到四方的国君,您将先讲什么呢?”墨子说:“凡是进入一个国家,一定要选择紧要的事去做。如果国家混乱,就告诉他们尚贤尚同的道理;如果国家贫穷,就告诉他们节用节葬的道理;如果国君过分喜爱音乐和嗜酒,就告诉他们讲非乐和非命的道理;如果国君淫乱怪僻而无礼,就告诉他们讲尊天事鬼的道理;如果国家专门掠夺侵略,就告诉他们兼爱非攻的道理。所以说要选择紧要的事去做。”

墨子推荐曹公子到宋国去做官。过了三年,曹公子回来,看望墨子说:“当初我在您门下学习,穿着粗布褂子,喝野菜汤,早上有吃的,晚上就得不到,没有东西来祭祀鬼神。现在由于有老师的教导,我的家比原先富裕了,又在家中设祭,恭敬地祭祀鬼神。但是家里人死得多,牲畜繁殖不兴旺,我本身又生了病。我无法理解老师的学说是可行的。”墨子说:“不对。鬼神希望人做的事是多方面的:希望人处在高爵地位上的时候,能够让贤;财产多的时候,能够赡济穷人。鬼神难道只是想拿取祭品吗?现在你处在高爵地位上，却不让贤，这是第一种不祥；你钱财多，却不拿来分给穷人，这是第二种不祥。现在你对待鬼神，只是祭祀罢了，却问病是从哪里来的？这就像有一百扇门的房屋，只关闭了一扇门，却反问强盗从哪里来的？像这样求福又责怪未得到鬼神保佑，怎么可能呢？”

鲁国主祭的祝史用一头小猪祭祀，而向鬼神祈求百福。墨子听到后说：“这不行。如今你施舍给人家的少，而希望人家回报丰厚；那么，人家就会害怕你把东西再赐给他了。如今你用一头小猪祭祀，而向鬼神祈求百福，鬼神就会担心你用牛羊祭祀而提出更高企求来。古代圣王事奉鬼神，只是祭祀而已，不求其他。如今用小猪祭祀而求百福，这样与其祭品丰富，还不如贫乏的好。”

彭轻生子说：“过去的事情可以知道，未来的事情无法知道。”墨子说：“假如你的双亲在百里之外，遇到了危难，只有一日的期限，你能赶到，他们就能活；你不能赶到，他们就会死。现在这里有坚车好马，也有劣马破车，让你选择，你将乘坐哪一种？”彭轻生子回答说：“坐坚车好马，可以快些赶到。”墨子说：“既然这样，怎么能说无法知道未来呢！”

孟山赞扬王子闾说：“从前白公胜叛乱，抓住王子闾，把大斧抵着他的腰，用武器顶着他的心窝，对他说：‘你答应当国王就让你活，不当国王就叫你死！’王子闾说：‘这是何等侮辱我啊！杀死我的亲人，还想许以楚国的王位叫我开心。即使我得到天下，如若是不义的，我也不做，何况只是楚国呢！’至死也不肯当楚王。王子闾还不能算仁吗？”墨子说：“这样做难倒是很难了，然而还不能算仁。如果他认为楚王无道，那为什么不接受王位而治理楚国呢？如果认为白公胜不义，为什么不接受王位，杀掉白公胜，然后再将王位交还给原来的楚惠王呢？所以说，他这样做难是很难了，然而还不能算仁。”

墨子推荐弟子胜绰到齐国将军项子牛那里去做官。项子牛三次侵略鲁国的领土，胜绰三次都跟着去了。墨子听说了，叫高孙子请求项子牛把胜绰辞退，说：“我推荐胜绰去，是为了让他制止骄横，纠正邪僻。现在胜绰俸禄多了，欺骗您，您三次侵略鲁国，胜绰三次都跟着去，这真是打马打在马前胸了！我听说，嘴里说仁义却不实行，这就是明知故犯。胜绰不是不懂得这些道理，而是在他心目中俸禄的价值胜过正义。"

从前楚国人与越国人在长江上进行舰船交战，楚国人顺流而进，逆流而退；见有利就进攻，见不利想要退却，就难了。越国人逆流而进，顺流而退；见有利就进攻，见不利要退却，能很快退却。越国人凭着这种水势，屡次打败楚国人。

公输盘从鲁国向南到楚国去，开始制造舰船作战的器具。做成钩和拒，敌人后退就钩住他，敌人前进就顶住他。量好钩和拒的长度，而制成兵器。楚国的兵器有定规，越国的兵器没有定规。楚国人依靠这种优势，多次打败越国人。公输盘认为自己制作得很巧妙，拿来告诉墨子说："我舟战的时候有钩拒，不知你的义有钩拒吗？"墨子说："我义的钩拒，强于你舟战的钩拒。我的钩拒，用爱来钩，用恭敬来拒。不用爱来钩就不亲近，不用恭敬来拒就轻狂。轻狂而不亲近，部队就会很快离散。所以互相爱护，互相恭敬，就是互利互助了。现在你用钩来使人停住，别人也用钩来使你停住；你用拒来顶住别人，别人也用拒来顶住你。互相钩，互相顶，就是互相加害了。所以我义的钩拒，强于你舟战的钩拒。"

公输盘削木制作一只鹊，做成了，让它飞起来，三天不降下来。公输盘认为自己是最妙的了。墨子对公输盘说："你制造鹊，不如木匠制造车辖。一会儿就砍成三寸大小的木块，能承受得住五十石的重量。所以制作器物，其功效对人有利才能称为巧，对人没有利叫做笨拙。"

公输盘对墨子说："我未见到你的时候，我想占有宋国。自从我见到你之后，即使把宋国给我，如果是不义的，我也不干。"墨子说："我没有见你之前，你想占有宋国；自从我见了你之后，即使把宋国送给你，如果不义你也不干，那就等于我把宋国送给你了。只要你努力行仁义，我还会把天下送给你呢。"

40. 公输

【说明】

《公输》是《墨子》书中唯一的完整的记叙文。描述墨子为了阻止楚国侵略宋国，千里迢迢前去说服。通过与公输盘、楚王的多次说理，论辩，以至于类似沙盘作业的攻防比试，终于制止了一场不义之战，是《非攻》思想的具体化。文章情节曲折有致，脉络清楚，语言犀利。着重刻画墨子的形象，他不辞辛苦，敢冒风险，巧于辩驳，敏于应对，深谋远虑，沉着老练，大勇大智，既平凡而又伟大。本文是中国散文史上传诵不衰的名作，曾被后人改编为小说和戏剧。

【原文】

公輸盤爲楚造雲梯之械[①]，成，將以攻宋。子墨子聞之，起於齊[②]，行十日十夜，而至於郢[③]，見公輸盤。公輸盤曰："夫子何命焉爲[④]？"子墨子曰："北方有侮臣[⑤]，願藉子殺之[⑥]！"公輸盤不說[⑦]。子墨子曰："請獻十金。"公輸盤曰："吾義固不殺人。"子墨子起，再拜曰："請說之[⑧]。吾從北方聞子爲梯，將以攻宋。宋何罪之有？荆國有餘於地[⑨]，而不足於民。殺所不足，而爭所有餘，不可謂智；宋無罪而攻之，不可謂仁；知而不爭，不可爲忠；爭而不得，不可謂強；義不殺少而殺衆[⑩]，不可謂知類[⑪]。"公輸盤服。子墨子曰："然，乎不已乎[⑫]？"公輸盤曰："不可，吾既已言之王矣[⑬]。"子墨子曰："胡不見我於王？"公輸盤曰："諾！"

子墨子見王，曰："今有人於此，舍其文軒[⑭]，鄰有敝輿[⑮]，而欲竊之；舍其錦繡，鄰有短褐[⑯]，而欲竊之；舍其粱肉，鄰有糠糟，而欲竊之，此爲何若人？"王曰："必爲竊疾矣[⑱]。"子墨子曰："荆之地，方五千里；宋之地，方五百里，此猶文軒之與敝輿也；荆有雲夢[⑲]，犀兕麋鹿滿之[⑳]，江漢之魚鼈黿鼉[㉑]，爲天下富，宋所爲無雉兔狐狸[㉒]者也，此猶粱肉之與糠糟也；荆有長松文梓，楩楠豫章[㉓]，宋無長木，此猶錦繡之與短褐也。臣以三事[㉔]之攻宋也，爲與此同類。臣見大王之必傷義而不得。”王曰：“善哉！雖然，公輸盤爲我爲雲梯，必取宋！”

於是見公輸盤。子墨子解帶爲城，以牒爲械[25]，公輸盤九設攻城之機變，子墨子九距[26]之。公輸盤之攻械盡，子墨子之守圉有餘[27]。公輸盤詘[28]，而曰：“吾知所以距子矣。吾不言。”子墨子亦曰：“吾知子之所以距我。吾不言。”楚王問其故。子墨子曰：“公輸子之意，不過欲殺臣；殺臣，宋莫能守，可攻也。然臣之弟子禽滑厘等三百人[29]，已持臣守圉之器，在宋城上，而待楚寇矣。雖殺臣，不能絕也。”楚王曰：“善哉！吾請無攻宋矣。”

子墨子歸，過宋。天雨，庇其閭中[30]，守閭者不內也[31]。故曰：治於神者[32]，衆人不知其功；爭於明者，衆人知之。

【注释】

①公输盘：即《鲁问》篇的公输子。“盘”或作“般”、“班”。鲁国巧匠，即鲁班。云梯之械：古时用以登高攻城的器械，因其高而名为云梯。

②齐：《吕氏春秋·爱类》和《淮南子·修务》作“鲁”。

③郢：楚国国都，故址在今湖北省江陵县。

④何命焉为：何为命焉。有何指教。

⑤有侮臣：应为“有侮臣者”。臣墨子自称。

⑥藉：同“借”，凭借。

⑦说：悦。

⑧说：解释。

⑨荆国：楚国的别称。

⑩义：意动词，依其义。

⑪类：类推，推理。

⑫乎不已乎：前一“乎”字，《太平御览》引作“胡”。

⑬既已言之王：据孙诒让《墨子年表》，制止楚国侵宋应在楚惠王五十年（公元前440年）前。王，应是楚惠王。

⑭文轩：指漆有美丽文饰的车子。

⑮敝舆：破车。

⑯短褐：指粗布褂子。是短而狭的“劳役之衣”。

⑰糠糟：即糟糠，粗食。

⑱必为窃疾：据王念孙说，“为”字下面脱“有”字。

⑲云梦：云梦泽，古代的大湖，位于今湖北省湖南省之间。早已不存在。

⑳兕(sì)：雌性犀牛。犀兕：即犀牛。麋：驼鹿。

㉑江汉：指长江、汉水；鼋(yuán)，鳖类；鼍(tuó)：鳄鱼的一种，俗称为猪婆龙。

㉒雉：野鸡。狐狸：毕沅认为应是“鲋鱼”，即鲫鱼。雉兔鲋鱼与上文鱼鳖鼋鼍相对。不过，作“狐狸”亦可通。

㉓楩楠豫章：楩(pián)，一种乔木；楠，楠木，是珍贵的木材；豫章，即樟树。

㉔三事：周代大臣，一般指司徒、司马、司空。墨子不便直接指责楚王，故婉言是大臣之谋。又，《战国策》作“王吏”，《尸子》作“王使”，义均可通。

㉕牒：《广雅》：“牒，版也。”即木片；一说是“箸”，即筷子。械：兵器。

㉖距：同“拒”，抵御。九：泛指多次。

㉗圉：通“御”，抵挡。

㉘诎(chù)：屈。指公输盘攻技穷尽无可奈何的样子。

㉙禽滑厘：墨子的弟子。

㉚闾：指村子的大门。

㉛内：同“纳”。《周礼·乡大夫》：“国有大故，则令乡民各守其闾，以待政令。”当时楚将攻宋的消息已为宋人所知，守门人恐怕墨子是间谍，不许他进入。

㉜“治于神者”四句：治，致力。《尸子·贵言》：“圣人治于神，愚人争于明。”“神”指圣人的大智，“明”指俗人的小聪明。这四句是记述者发的议论。

【译文】

公输盘为楚国制造兵器云梯成功了，准备用来攻打宋国。墨子听到消息，从齐国动身，走了十天十夜，到达楚国的郢都，去见公输盘。公输盘说：“先生有何见教？”墨子说：“北方有人侮辱我，我想拜托你将他杀掉！”公输盘听了不高兴。墨子说：“我奉送十镒黄金。”公输盘说：“我讲仁义，从来不杀人。”墨子站起来，对公输盘再次叩拜，说：“请听我说。我在北方听说你造成了云梯，准备用来攻打宋国。宋国有什么罪过？楚国土地有余，人口不足。牺牲自己本来不足的人口，去争夺本来已有富裕的土地，不能说是聪明；宋国无罪，却去攻打，不能说是仁。懂得了这些道理而不争谏，不能说是忠；争谏而不能制止，不能说是强；依照你的道义不杀个别的人，却要去杀宋国众多的人，不能说懂得类推之理。”公输盘被说服了。墨子说：“那么，为什么不停止攻宋呢？”公输盘说：“不行，我已经同楚王说好了。”墨子说：“为什么不将我引荐给楚王?”公输盘说:“好吧!”

墨子见到楚王,说:“如今有这么一个人,丢弃自己华美的彩车,邻居有破车,却想去偷;丢弃自己的锦绣衣裳,邻人有粗布褂子,却想去偷;丢弃自己香甜食品,邻人有糟糠,却想去偷,这是什么样的人?”楚王说:“他必定患了偷窃症。”墨子说:“楚国的土地方圆五千里,宋国的土地方圆才五百里,这就像彩车之与破车一样。楚国有云梦泽,犀牛麋鹿到处都是,长江汉水盛产鱼鳖鼋鼍,是天下富饶的地方;宋国简直是连野鸡野兔鲫鱼都没有的地方:这就像香甜食品之与糟糠一样。楚国有高大的松树、优质的梓木和楩楠樟树,宋国没有像样的林木,这就像锦绣衣裳之与粗布褂子一样。我认为大王的大臣们主张攻打宋国,是与这种行为相同的。我预料大王必定有伤大义而不会有所收获。”楚王说:“说得好!虽然这样,公输盘已经为我造好了云梯,我一定要攻取宋国!”

于是,墨子会见公输盘。墨子解下皮带做城池,用木片做兵器,公输盘九次运用不同的攻城器械,九次都被墨子抵挡住了。公输盘攻城的器械用尽了,墨子守城的办法还绰绰有余。公输盘无奈,但是说:“我懂得怎样对付你了。我不说。”墨子也说:“我知道你将怎样对付我。我也不说。”楚王问是什么缘故。墨子说:“公输盘的意思,不过是想把我杀死。杀死我,宋国就没有人能防守,可以攻取了。然而我的学生禽滑厘等三百人,已经拿着我守城的兵器,在宋国城头上等待楚兵入侵了。虽然杀死我,也不能消灭宋国。”楚王说:“好吧,我不攻打宋国了。”

墨子回家,路过宋国。遇到天下雨,到一座大门楼下避雨,守门的人不让他进去。这就说明,致力于运用大智慧的人,众人不知道他的功劳;在明处竞争的人,众人都知道他。

41. 备城门

【说明】

《备城门》至《杂守》11 篇，是墨家的军事文章，叙述墨家积极防御战的战略战术与守城的技术、方法。《备城门》叙述在"大攻小、强执弱"的战略形势下，如何积极准备，争取防御战胜利的战术、技术，重点是叙述城门、城墙的守备技术、方法。其中"引机发梁"（用滑车牵引的活动吊桥）、"转射机"、"擲车"（运用杠杆原理的抛射、投擲机械）等，颇能代表墨家的技术水平和智慧特色。

【原文】

禽滑厘問於子墨子曰[①]："由聖人之言，鳳鳥之不出，諸侯叛殷周之國，甲兵方起於天下，大攻小，強執弱，吾欲守小國，爲之奈何？"

子墨子曰："何攻之守？"

禽滑厘對曰"今之世常所以攻者，臨、鈎、沖、梯、堙、水、穴、突、空洞、蟻附、轒轀、軒車[②]，敢問守此十二者奈何？"

子墨子曰：我城池修，守器具[③]，樵粟足，上下相親，又得四鄰諸侯之救，此所以持也[④]。且守者雖善而君不用之，則猶若不可以守也。若君用之守者，又必能乎守者；不能而君用之，則猶若不可以守也。然則守者必善而君尊用之，然後可以守也。

凡守圍城之法：城厚以高；壕池深以廣；樓撕修；守備繕利；薪食足以支三月以上；人衆以選；吏民和；大臣有功勞於上者多；主信以義，萬民樂之無窮；不然，父母墳墓在焉；不然，山林草澤之饒足利；不然，地形之難攻而易守也；不然，則有深怨於敵而有大功於上；不然，則賞明可信而罰嚴足畏也。此十四者具，則民亦不疑上矣，然後城可守。十四者無一，則雖善者不能守矣。

故凡守城之法，備城門爲懸門沈機[⑤]，長二丈，廣八尺，爲之兩相如[⑥]；

門扇數令相接三寸，施土扇上，無過二寸。塹中深丈五[7]，廣比扇，塹長以力爲度，塹之末爲之縣，可容一人所。客至[8]，諸門戶皆令鑿而慕孔之，各爲二慕，一鑿而系繩，長四尺。

救熏火：爲煙矢射火城門上[9]，鑿扇上爲弋，塗之，持水麻斗、革盆救之。門扇薄植皆鑿一寸[10]，一涿弋[11]，弋長二寸，見一寸，相去七寸，厚塗之以備火。城門上所置以救門火者，各一缶水，容三石以上，小大相雜。

門植關必穩固[12]，以固金若鐵鍱之[13]。門關再重，鍱之以鐵，必堅。鎖關，關二尺，鎖關一管，封以守印，時令人行貌封及視關入桓淺深。門者皆無得挾斧、斤、鑿、鋸、錐[14]。

城上二步一渠[15]，渠立程，長丈三尺，冠長十尺，臂長六尺。二步一荅[16]，荅廣九尺，長十二尺。二步置連梃[17]、長斧、長錐各一物；槍二十枚[18]，周置二步中。二步一木弩，必射五十步以上。及多爲矢，即毋竹箭，以楛、趙柘榆可。益求齊鐵矢，播以射沖及櫳樅[19]。二步積石，石重中鈞以上者五百枚[20]。無石以抗，蒺藜、甓皆可繕防。二步積苣，大一圍，長丈，二十枚。五步一罌，盛水。有奚蠡，奚蠡大容一斗。五步積狗屍五百枚[21]，狗屍長三尺，長似茅，銳其端，堅約弋[22]。十步積摶[23]，大二圍以上，長八尺者二十枚。二十五步一竈，竈有鐵鑊容石以上者一，戒以爲湯[24]。及持沙[25]，毋下千石。三十步置坐候樓，樓出於堞四尺[26]，廣三尺，(下)廣四尺，板周三面密敷之[27]，夏蓋其上。五十步一擲車[28]，擲車必爲鐵纂。五十步一井屏，周垣之，高八尺。五十步一房[29]，房上必爲關鑰守之[30]。五十步積薪，毋下三百石，善蒙塗，毋令外火能傷也。百步一櫳樅，起地高五丈；三層，下廣前面八尺，後十三尺，其上稱宜衰殺之[31]。百步一木樓，樓廣前面九尺，高七尺，樓椽著轄[32]，出城三尺[33]。百步一井，井十甕，以木爲桔槔[34]。水器容四斗到六斗者百。百步一積雜稈，大二圍以上者五十枚。百步爲櫓[35]，櫓廣四尺，高八尺。爲沖術。百步爲幽瀆[36]，廣三尺高四尺者十。二百步一立樓，城中廣二丈五尺，長二丈，出距五尺。城上廣三步到四步，乃可以爲使鬥。俾睨廣三尺[37]，高二尺五寸。陛高二尺五寸，廣長各三尺，遠唐六十尺[38]。城上四隅重樓高五尺[39]，四尉舍焉。

城上七尺一渠，長丈五尺，埋三尺，去堞五寸；夫長丈二尺，臂長六尺。半植一鑿枘，徑五寸。夫兩鑿，渠夫前端下堞四寸而適。埋渠、鑿坎，覆以瓦，冬日以馬夫塞[40]，皆待命，若以瓦爲坎。城上五十步一表，長丈，棄水者操表搖之。五十步一廁，與下同溷。之廁者不得譟。城上三十步一擲車，當隊者不用此數。城上五十步一道陛，高二尺五寸，長十步。城上五十步一樓，樓必重。土樓百步一，外門發樓，左右渠之。爲樓加藉幕[41]，棧上出之以救外。城上皆毋得有室，若他可依匿者盡除去之。城下周道內百步一積薪，毋下三千石以上，善塗之。

城上十人一什長，屬一吏士。百步一亭，垣高丈四尺，厚四尺，爲閨門兩扇[42]，令各可以自閉。亭一尉，尉必取有重厚忠信可任事者。二舍共一井爨，灰、糠、秕、秠、馬矢皆謹收藏之。城上之備：渠答、擲車、行棧、行樓、斫、桔槔、連梃、長斧、長錐、長茲、距、飛沖、懸梁、批屈樓。五步一堞[43]，下爲爵穴，三丈而一[44]。爲薪，皋二圍[45]，長四尺半，必有挈。瓦石重二斤以上，上城上。沙五十步一積，竈置鐵鍑焉，與沙同處。木大二圍，長丈二尺以上，善緶其本[46]，名曰長樅，五十步三十。木橋長三丈，毋下五十。復使卒急爲壘壁，以瓦蓋覆之。用瓦木罌盛水，且用之，容十斗以上者五十步而十，五斗者十步而二。插、築七尺一，築有蒂[47]。勾鋤五步一[48]，壘五。長斧柄長八尺。十步一長鐮，炳長八尺。十步一斫[49]。長錐柄長六尺，頭長尺，鋭其兩端，三步一。

城四面四隅皆爲樓撕，使重室子居其上候敵[50]，視其態狀與其進退、左右所移處；失候斬。敵人爲穴而來，我急使穴師選士，迎而穴之，爲之具內弩以應之。民室材木、瓦石可以益城之備者，盡上之，不從令者斬。

守法：五十步丈夫十人、丁女二十人、老小十人計之，五十步四十人。城下樓卒率一步一人，二十步二十人。城小大以此率之，乃足以守禦。客馮面而蟻附之[51]，主人則先之知，主人利，客病。客攻以隊，十萬之衆，攻無過四隊者；上術廣五百步，中術三百步，下術百五十步，諸不足百五十步者主人利而客病。廣五百步之隊，丈夫千人，丁女子二千人，老小千人，凡四千人而足以應之，此守術之數也。使老小不事者，守於城上不當術者。

城持出必爲明填[52]，令吏民皆知之。從一人百人以上，持出不操填章[53]，從人非其故人及其填章也，千人之將以上止之，勿令得行；行及吏卒從之，皆斬，具以聞於上，此守城之重禁也，大奸之所生也，不可不審也。

大鋌前長尺[54]，爪長五寸，兩鋌交之，置如平，不如平不利，銳其兩末。穴隊若沖隊，必審如攻隊之廣狹，令斜穿其穴，令其廣必夷客隊。疏束樹木，令足以爲柴搏，貫前面；樹長丈七尺一，以爲外面。以柴搏縱橫施之，外面以強塗，勿令土漏，令其廣厚能任三丈五尺之城以上，以柴、木、土稍佐之[55]，以急爲故[56]。前面之長短，預早接之，令其任塗，足以爲堞，善塗其外，令毋可燒拔也。

大城丈五爲閨門，廣四尺。爲郭門，郭門在外，爲衡，以兩木當門，鑿其木，維敷上堞。爲塹懸梁[57]，令穿斷城，以板橋斜穿外，以板次之，倚殺如城勢。城內有傅堞，因以內堞爲外，鑿其間，深丈五尺，室以樵，可燒之以待敵。令耳，屬城爲再重樓，下鑿城外堞，內深丈五，廣丈二。樓若令耳，皆令有力者主敵，善射者主發，佐皆厲矢。治裾。諸延堞高六尺，部廣四尺，皆爲兵弩簡格。

轉射機，機長六尺，埋一尺。兩材合而爲之轀，轀長二尺。中鑿夫之爲通臂，臂長至桓。二十步一，令善射之者主之，佐一人，皆勿離。

城上百步一樓，樓四植[58]，植皆爲通舄[59]，下高丈，上九尺，廣長各丈六尺，皆爲門[60]。三十步一突，長九尺，廣十尺，高八尺，鑿廣三尺、長二尺爲門[61]。城上爲攢火，夫長以城高下爲度，置火其末。城上九尺一弩、一戟、一錐、一斧、一刈，皆積壘石、蒺藜。

渠長丈五尺，夫長丈二尺，其埋者三尺，臂長六尺。樹渠務附堞五寸。藉幕長八尺，廣七尺，其木也廣五尺，中藉幕爲之橋，索其端；敵攻，令一人上下之，勿離。城上二十步一擲車，當隊者不用此數。城上三十步一礱竈。持水者必以布麻斗、革盆，十步一。爲斗，柄長八尺，斗大容二斗以上到三斗。敝絡、新布長六尺，中綴柄，長丈，十步一，必以大繩爲繒。城上十步一鍬。水缶容三石以上，小大相雜，盆蠡各二具。爲卒乾飯，人二斗，以備陰雨，而使積乾燥處。令使守爲城內堞外行餐。置器備撒砂礫鐵[62]，皆爲壞斗。令陶者爲薄缶,大容一斗以上至二斗,即取用,三秘合束堅。城上隔棧,高丈二,剡其一末[63]。爲閨門,閨門兩扇,令可以各自閉也。救堙池者以火與爭,鼓橐[64],馮垣外内,以柴爲燔。瓴丁,三丈一,犬牙施之。十步一人,居柴[65],納㭊[66];柴半,爲狗屍者環之。牆七步而一。城上爲爵穴,下堞三尺,廣其外,五步一;爵穴大容炬,高者六尺,下者三尺,疏數自適爲之。人擅炬,長五節;寇在城下,聞鼓音,燔炬,復鼓,納炬爵穴中,照外。穿外塹,去格七尺;爲懸梁。城窄狹不可塹者勿塹。城上三十步一礱竈。

諸擲車皆鐵揲[67]。擲車之柱,長丈七尺,其埋者四尺;夫長三丈以上至三丈五尺,馬頰長二尺八寸,試擲車之力而爲之困,夫四分之三在上。擲車夫長三丈,四之三在上,馬頰在三分中。馬頰長二尺八寸,夫長二丈四尺,以下不用。治困以大車輪。擲車桓長丈二尺半。諸擲車皆鐵揲。覆車者正之。寇堙池來,爲作木桶,深四尺,堅冪埋之,十尺一,覆以瓦而待命。以木大圍長二尺四分而中鑿之,置炭火其中而合冪之,而以擲車投之。爲蒺藜投,長二尺五寸,大二圍以上。涿弋弋長七寸,弋間六寸,剡其末。鈎走廣七寸,長八寸,爪長四寸,犬牙施之。

子墨子曰:守城之法,必數城中之木,十人之所舉爲十挈,五人之所舉爲五挈,凡輕重以挈爲人數。爲薪樵挈,壯者有挈,弱者有挈,皆稱其任。凡挈輕重所爲,使人各得其任。去城門五步大塹之,高地丈五尺,下地至泉,三尺而止,施棧其中,上爲發梁而機巧之,比傅薪土,使可道行,旁有溝壘,毋可逾越,而出挑且敗,敵人遂入,引機發梁,敵人可擒。敵人恐懼,而有疑心,因而離。

【注释】

①禽滑厘:墨子弟子,《墨子·公输》载墨子谓"臣之弟子禽滑厘等三百人"。

②临:在城外筑土山,以居高临下。钩:钩城壁攀城。冲:冲撞。梯:以云梯登城。《墨子·公输》:"公输般为楚造云梯之械成,将以攻宋。"堙:填塞护城河。水:决水淹城。穴:掘穴坏城。突:突袭城下。空洞:在城墙上挖洞以攻城。蚁附:密集爬城。轒辒:用轒辒车掩护攻城。轩车:车上高悬板屋以窥城,又名望楼车、巢车。

③具：具备。
④持：持久坚守。
⑤悬门沉机：装有机关，可以上下滑动的悬挂之门，用来保护城门。
⑥两相如：左右两扇门尺寸一样。
⑦堑：沟坑。
⑧客：指敌人。
⑨烟矢：带火种之箭，即火箭。
⑩薄植：柱。
⑪涿弋：尖圆状之木，使敌矢易于下滑，即门丁。
⑫植关：持门的直木与横木。
⑬揲：包裹坚固。
⑭门者：守门人。
⑮⑯渠答：渠像船上的桅杆，答像帆，以竹或稻草编成，用以阻挡矢石或收罗敌矢。
⑰连梃：如打禾连枷，分两节，可旋转，用力省而打击重，用以打女墙外爬城敌人。
⑱枪：两头尖的木枪。
⑲播：分布。冲：冲城之具。栊枞：窥城之具。
⑳中钧：即半钧，十五斤。
㉑狗尸：茅绳。
㉒约弋：缠绕。
㉓搏：柴束。
㉔戒：备。汤：热水。
㉕持：储备。
㉖堞：城上女墙。
㉗敷：涂泥。
㉘掷车：用以投掷的守城之具。“掷”原作“藉”，下文“以藉车投之”。《备高临》、《备梯》、《备蚁附》“技机藉之”，“藉”即“掷”。
㉙㉚“房”旧作“方”，“上”旧作“尚”，据岑仲勉校改。
㉛衰杀：减小。
㉜㉝据岑仲勉校改。
㉞“桔槔”旧误为“系连”，据孙诒让校改。
㉟橹：大盾，遮挡物。
㊱幽渎：暗沟。
㊲俾倪：城上小墙，有孔可窥见外面。
㊳“陛”指台阶。“远唐六十尺”据吴毓江校改。
㊴据孙诒让校改。
㊵马夫：马矢。

㊶藉幕：遮幕。
㊷闺门：亭垣之门。
㊸㊹据岑仲勉校改。
㊺辜：大概。据岑仲勉校改。
㊻绠：以绳索捆绑。
㊼蒂：筑土之杵的手柄。据岑仲勉校改。
㊽㊾据岑仲勉校改。
㊿候：望。
51面：指城的四面。
52 53明填、填章：填明事由的放行单。
54铤：小茅。“大铤”至“墙七步而一”七百余字孙诒让移此。
55“佐”旧作“杜”，据岑仲勉校改。
56急：坚。故：好。
57堑悬梁：在沟坑上悬挂的活动桥梁，即吊桥。
58植：柱。
59舄：柱下石。
60 61“门”旧作“宁”，据岑仲勉校改。
62“撤”旧作“杀”，据岑仲勉校改。
63剡：削尖。
64橐：风箱。
65居：积。
66帑：储物之所。
67擛：包裹其外。

【译文】

禽滑厘问墨子说：“根据圣人的说法，象征吉祥的凤鸟没有出现，诸侯背叛周王朝，天下正在兴起战争，大国攻打小国，强国攻打弱国，我想帮助小国防守，该怎么办呢？”

墨子说：“针对什么进攻方式来防守呢？”

禽滑厘回答说：“当今世上常用的进攻方式有：居高临下；钩城攀沿；冲撞攻城；云梯爬城；填塞壕池；决水淹城；掘穴坏城；掘隧突袭；城墙打洞；像蚂蚁密集爬城；用轒辒车掩护攻城；用轩车窥视攻城。请问针对这十二种进攻方式，应该怎样防守呢？”

墨子说：我们应该把城墙与护城河修好，守城器械准备好，柴米准备充足，上下亲和，又能得到四邻诸侯的救援，这是持久防守的凭借。并且防守的人虽然好，而君主不信用，则仍然不能防守。而君主用来进行防守的，又必须是有能力进行防守的。如果没有能力进行防守，却得到君主的信用，则仍然不能防守。于是防守的人必须善于防守，而且得到君主的尊重与信用，这才可以防守。

总括坚守围城的方法：城墙又厚又高；护城河又深又宽；城楼修得好；防守器械精良；柴火粮食足以支持三个月以上；防守的人多并且经过训练选择；官吏民众亲和；为君主建立过功劳的大臣多；君主讲信义，万民安乐无比。还要考虑以下这些条件：父母的坟墓在这里；山林草泽物产丰富；地形难攻易守；人们对敌方有深仇大恨，并对君主有大功；奖赏明白可信，刑罚严厉可怕。这十四个条件具备，则民众不怀疑君主，然后城就可以守得住。这十四个条件没有一个，则虽然善于防守的人也不能防守。

总结守城的方法：在城门上设置悬门和使悬门下沉的机关。悬门长二丈，宽八尺，让两扇门相同。两扇间重叠相接三寸。在门扇上涂泥，不超过二寸。沟坑深一丈五尺，与门扇一样宽，沟坑的长短以人力的所及为标准，沟坑边修一管理悬门的房子，可以容纳一个人在其中活动。敌人到了，各门都叫人凿两个孔，一孔系上绳，绳长四尺。

抵御敌人用火箭射烧城门的方法：预防敌人用带着烟火的箭射到城门上，在门扇上凿孔安门钉，涂泥，准备用麻斗、革盆盛水救火。门扇与柱都凿孔一寸深，安门钉，门钉长二寸，露在外面一寸，相距七寸，厚涂泥以防火。城门边预凿救门火的地方，各放一水缸，盛水三石以上，大小间隔摆放。

城门的直木与横木必须坚固，以坚固的金属或铁包裹。门闩要上下两根，用铁包裹，必须坚固。门闩要上锁，门闩有二尺长，锁与门闩要锁在一起，贴上盖有太守印信的封条，经常派人查看封条的情况，并视察门闩插入门框的深浅。守门人都不能挟带斧子、凿子、锯和锥子。

城上二步设一渠，渠是直立的木柱，长一丈三尺，顶长十尺，臂长六尺。二步设一荅，荅宽九尺，长十二尺。二步放连梃、长斧、长锥各一件，枪二十枚，分置于二步范围内。二步设一木弩，一定要射五十步以上。并且要多准备箭，即使没有竹箭，用楛木或赵国的柘木、榆木也可以做箭杆。多求齐国所产的铁做箭头，分布城上以射敌方的冲车和望楼。二步储积石头，石头重十五斤以上的五百枚。如果无石以抗敌，蒺藜、砖瓦也都可以充当防御的工具。二步储积火炬，一围粗，一丈长，二十枚。五步设一瓦坛，盛满水，旁边放置瓠瓢，瓠瓢能盛一斗水。五步储积茅绳五百枚，茅绳长三尺，约同于茅草的长度，两端尖，捆牢固。十步储积柴抟，大两围以上，长八尺的二十束。二十五步垒一灶，灶上有铁锅一个，盛水一石以上，准备烧热水。并且储备沙，不下一千石。三十步建用于监视敌情的坐候楼，楼伸出女墙外四尺，上宽三尺，下宽四尺，三面围木板，板上密涂泥，夏天遮盖顶部。五十步设一掷车，掷车一定要用铁加固。五十步设一厕所，四面用高八尺的墙围起来。五十步建一房，房上有关锁以备驻守。五十步储积柴薪，不下三百石，用泥土封盖好，防备城外敌人射火烧。百步建一望楼，离地面五丈高，三层，下部前面宽八尺，后面宽十三尺，上部根据情况逐渐减小。百步建一木楼，楼宽前面九尺，高七尺，伸出城墙外三尺。百步开一井，每井有十个储水瓦罐，用木头做成提水的桔槔。取水器盛四斗至六斗的一百个。百步储积杂秆，大二围以上的五十枚。百步设一大盾，盾宽四尺，高八尺。准备好用来冲锋的大路。百步开十条暗沟，宽三尺，高四尺。二百步建一立楼，宽二丈五尺，长二丈，伸出女墙外五尺。城上宽三步到四步，这样才便于战斗。有窥视孔的围墙宽三尺，高二尺五寸。台阶高二尺五寸，长宽各三尺，道路六十尺。城上四角建重楼，高五尺，四个尉官驻守。

城上七尺设一渠，长一丈五尺，埋入土中三尺，离堞五寸。露在地上部分一丈二尺，臂长六尺。臂正中处凿一孔，内径五寸。柱露出部分凿两孔，下端低于女墙四寸合适。埋渠柱，凿坎，用瓦填充，冬天用马矢塞，都待命而为，或以瓦为坎。城上五十步设一标杆，一丈长，倾倒污水时拿标杆摇动。五十步设一厕所，与城下厕所同一粪坑。如厕者不能喧哗。城上三十步设一掷车，当抵御隧攻时不按此数。城上五十步一道台阶，高二尺五寸，长十步。城上五十步建一楼，楼一定要多层。百步建一土楼，外面安装悬门，左右开沟渠，给楼加上遮幕，有栈道出城以抵御城外敌人。城上各处不能建房屋，或其他可以隐藏的处所，若有必须全部拆除。城下大道内百步储积柴薪，不少于三千石以上，用泥涂好。

城上十人有一什长管理，从属于一位吏士。百步建一座亭，墙垣高一丈四尺，厚四尺，做两扇门，使两扇门可以各自关闭。一亭设一尉官管理，尉官一定要选取忠厚可信能胜任者。两亭共享一井灶，灰、糠、秕、秠、马矢都要谨慎收藏。城上的御敌设施：渠答、掷车、栈道、行楼、斫、桔槔、连梃、长斧、长锥、长锄、钩距、飞冲、吊桥、翼楼。五步一堞，堞下挖爵穴，三丈一个。准备柴火，约二围粗，四尺半长，一定要有利提举。把重二斤以上的瓦石，搬到城上。五十步积沙，灶上放置铁锅，与沙在一个地方。木大二围，长一丈二尺以上，把根部连在一起，叫做长枞，五十步三十根。木桥长三丈，不下五十个。还要使士卒急造壁垒，用瓦覆盖起来。用瓦坛或木桶盛水，准备随时取用，盛十斗以上的五十步放十个，盛五斗以上的十步放两个。锹和夯七尺各放一件，夯有持柄。勾锄五步放一件，土筐五个。长斧柄长八尺。十步放一把长镰，柄长八尺。十步放一把大锄。长锥柄长六尺，头长一尺，两端尖，三步放一根。

城的四面四角都建高楼，使贵家子弟住在上面瞭望敌人，观察敌人的进退、左右移动之处；失职的处于斩刑。敌人掘隧道进攻，我方急使精于掘隧道的工师挑选士卒，迎面掘隧道，让他们用短弩来迎击。民众家里的木材、瓦石可以增加城池守备的，全部上缴，不服从命令的斩。

分配守卒的方法：按五十步成年男子十人、成年女子二十人、老少十人计算，五十步需五十人。守城楼的士卒约一步一人，二十步二十人。城有大小不同，按这个标准推算，才足以守卫。敌人在城的四面像蚂蚁一样密集爬城，主方如果预先察知，对主方有利，对敌方不利。敌人用纵队进攻，十万军队，进攻不过分为四路纵队。最宽的进攻队伍展开五百步，中等的展开三百步，较密集的进攻队伍展开一百五十步，如果密集到连一百五十步都不到，对主方有利，对敌方不利。对于横宽五百步的进攻队伍，有成年男子一千人、女子二千人、老小一千人，共四千人就足以应战，这是防守纵队进攻的士卒数目。使老小不便任事的，守在城上不受纵队进攻的地方。

出城一定要持有填明事由的放行单，让官吏与民众都知道。随从一人至百人以上，出城不持放行单，或随从不是原来的人，或人与放行单不一致，千人之将以上的官应该拦阻，不予放行；如果放行或者官吏士卒放纵他们，都要判斩刑，把情况详细报告上级。这是守城的重大禁令，重大奸细有可能从这里产生，一定要慎重考察。

小矛长一尺，尖长五寸，交叉安上两只矛尖，放平，不放平不方便，两头要锋利。

掘隧道抵御敌人隧攻，一定要使自己所掘之隧道与敌方所掘之隧道宽窄相应，让我方所掘之隧道斜穿敌方所掘之隧道，使其宽窄一定能夷平敌方所掘之隧道。

捆扎树木，做成柴搏，连贯前面；用一棵树长一丈七尺，挡在外面。用柴搏纵横摆放，外面涂上黏土，不要叫土脱落，让其堆积的宽度和厚度能屏蔽三丈五尺高的城墙，用柴搏、树木、土尽量地辅佐城墙，以坚固为好。柴搏前面的长短，要预先搞整齐，以便涂土，足以充当城堞的作用，好好地在外面涂泥，不要叫敌人烧、拔掉。

大城修一丈五尺高的闺门，宽四尺。在闺门之外修郭门，设两根横木，以挡住郭门，在横木上凿孔，牵连到城墙上。用木板相接做成吊桥，从城墙向外斜穿而出，倾斜的程度依城墙的形势而定。在城内修附堞，准备以内堞充当外堞的作用，在其中凿穴，深一丈五尺，塞满柴草，可以烧之以御敌。靠城墙修两层楼。在城墙外堞下凿穴，内深一丈五尺，宽一丈二尺。城门楼与靠城墙的两层楼，都派大力士作为杀敌骨干，派优秀射手作为放箭的骨干，辅佐的人都用利箭。编制藩篱。与城堞相连，高六尺，各宽四尺，都用兵器弩箭抵挡。

转射机机身长六尺，埋入土中一尺。用两根木材相合，做成车稳，稳长二尺。在机身露出部分中间凿一孔，安上通臂，臂长到墙垣。二十步设置一架，派优秀射手主持，辅佐一人，都不能离开。

城上每百步建一楼，楼有四根柱子，柱子安在连贯的柱石上，下层高一丈，上层高九尺，宽、长各一丈六尺，都安上门。三十步掘一洞穴，长九尺，宽十尺，高八尺，凿宽三尺，长二尺安上门。城上置火把，柄长以城墙的高低为标准，在其末端放火种。城上九尺放一弩、一戟、一锥、一斧、一镰，各处储积垒石、蒺藜。

渠长一丈五尺，埋三尺，露出一丈二尺，臂长六尺。树渠需离堞五寸。遮幕长八尺，宽七尺，其木架宽五尺，遮幕中部装一滑轮，以绳索牵连下端，当敌人进攻时，派一人上下拉动，不要离开。城上二十步设一掷车，面对敌人进攻之处不用这个数目。城上三十步设一砻灶。取水一定要用布麻斗、革盆，十步一设。做水斗柄长八尺，斗大盛水二斗到三斗。旧布新布都可以用来做水斗，长六尺，中间安柄，柄长一丈，十步一枚，一定要用大绳缝缀。城上十步放一把锹。水缶盛水三石以上，大小间隔放置，盆和瓠瓢各两个。为士卒准备干粮，一人二斗，为防阴雨，要储积在干燥处。派人给守御城内堞外的士卒送餐。设置器具准备撒沙砾、铁末，都用坏斗。派陶工制作薄缶，大容一斗到二斗，准备随时取用，叠置捆紧。城外设隔栈，高一丈二尺，削尖一头。设置城门，城门两扇，使之可以各自关闭。抢救敌人填塞的护城河，用火与之抗争，在冯垣外内，燔烧木柴，鼓橐熏敌。有耳之罂三丈一个，交错放置。十步一人储积柴抟，收纳于帑库。柴抟中间用茅绳环束。城上掘爵穴，离城堞三尺，内小外大，五步一个。爵穴大小可容下火炬，火炬长的六尺，短的三尺，疏密数量自然根据情况决定。人所持的火炬有五个竹节长。敌寇来到城下，听到鼓音，点燃火炬。再听到鼓音，把火炬插入爵穴中，照亮城外。挖通城外壕沟，离栅栏七尺，设吊桥。城外狭窄不能挖壕沟的不挖。城上三十步一个砻灶。

所有掷车都用铁包裹。掷车的柱子，长一丈七尺，埋下四尺，掷车的臂长三丈到三丈五尺，马颊长二尺八寸，试验掷车的力量而制作车困，臂四分之三在上。掷车臂长三丈，四分之三在上，马颊在三分中。马颊长二尺八寸，臂长二丈四尺，不到这个尺寸的不用。控制车困用大车轮。掷车柱长一丈二尺半。所有掷车都用铁包裹。车倾覆的扶正。敌寇来填塞护城河，预制木桶，深四尺，坚封埋土，十尺一个，盖上瓦而待命。用围长二尺四分的木材，中间凿空，其中放炭火而封固，用掷车投向敌人。制作用于投掷的蒺藜，长二尺五寸，大两围以上。门钉长七寸，相距六寸，末端削尖。钩走宽七寸，长一尺八寸，爪长四寸，交错放置。

墨子说：守城的方法，一定要计数城中的木材，十人能举起的捆成十挈，五人能举起的捆成五挈，挈的轻重与守城的人数和人力相当。捆薪樵的挈，力气大的有较重的挈，力气小的有较轻的挈，都与其能担负的重量相称。凡挈有轻有重，使人各自能胜任。离城门五步挖掘大壕沟，地势高的地方挖一丈五尺深，地势低的地方挖到泉水，再挖三尺而停止。在壕沟上架设栈板，栈板上设悬梁并装有巧妙的机关，普遍铺上薪土，使之可以作为道路行走，旁边有沟垒，不能逾越，出城挑战并假装败逃，敌人于是走进栈板，这时开动机械引开悬梁，敌人便被捉拿。敌人恐惧，产生疑心，便会逃离而去。

42. 备高临

【说明】

《备高临》叙述防备、抵御敌方筑高台、居高临下攻城的方法。其中所述“连弩车”体形庞大，结构复杂，使用带轮轴的简单机械牵引弓弦，回收弓矢，一次可出入弓矢 60 枚，在当时是一种威力强大的武器。

【原文】

禽子再拜再拜曰：“敢問敵人積土爲高，以臨吾城，薪土俱上，以爲羊黔①，蒙櫓俱前，遂屬之城②，兵弩俱上，爲之奈何？”

子墨子曰，子問羊黔之守耶？羊黔者將之拙者也，足以勞卒，不足以害城。守爲臺城③，以臨羊黔，左右出距，各二十尺，行城三十尺，強弩射之，技機擲之④，奇器害之⑤，然則羊黔之攻敗矣。

備高臨以連弩之車，材大方一尺，長稱城之薄厚。兩軸三輪，輪居筐中，重下上筐。左右旁二植，左右有横植，横植左右皆圓枘，枘徑四寸。左右縛弩皆於植，以弦鉤弦，至於大弦。弩臂前後與筐齊，筐高八尺，弩軸去下筐三尺五寸。連弩機郭用銅一石三十斤。引弦轆轤收。筐大三圍半，左右有鉤距，方三寸，輪厚尺二寸，鉤距臂博尺四寸，厚七寸，長六尺。横臂齊筐外，爪尺五寸，有距，博六寸，厚三寸，長如筐。有儀⑥。有屈伸，可上下。爲武，重一石，以材大圍五寸。矢長十尺，以繩系於矢端，如弋射⑦，以轆轤卷收。矢高弩臂三尺，用弩無數，出入六十枚，用小矢無留。十人主此車。

遂拒寇，爲高樓以射敵，城上以答羅矢⑧。

【注释】

①羊黔：土山的基址。

②属：接连。

③台城：编连大木，从城墙横出的守城设施。又叫行城。

④技：巧。“藉”岑仲勉谓当读如“掷”。

⑤“害”原脱，今以义补。

⑥仪：表，用于瞄准。

⑦弋射：用绳系在箭上射。

⑧罗：收罗。

【译文】

禽滑厘一再施礼后问墨子说：“请问敌人堆积高高的土山，以便接近我城，柴草与黄土一齐上来，已经筑成土山的基址，蒙皮大盾一齐上前，逐渐接近我城，兵器弓弩齐用，怎么办呢?”

墨子说，你问抵御敌人筑土山，居高临下攻城的办法吗？筑土山，居高临下攻城，是一个将领所采取的笨拙措施，足以使士卒疲劳，不足以危害我城。守城者在城墙上修筑台城，居高临下控制敌方的土山基址，左右横出城墙各二十尺，高三十尺，强弩齐射，巧机抛掷，奇器加害，于是敌方筑土山，居高临下的进攻就可以被击败。

抵御敌人筑土山，居高临下攻城用连弩车：木材大一尺见方，长度与城墙的厚薄相当。两根轴，三个轮，轮装在车筐中，车筐有底顶两层。左右旁边各有两根立柱，左右有横梁，横梁左右都是圆榫头，榫头直径四寸。左右都在柱上绑弓弩，用弦钩着弦，一直到大弦。弩臂前后与车筐齐，车筐高八尺，弩轴离筐底三尺五寸。连弩机郭用铜一百五十斤。用辘轳收引弓弦。筐有三围半大，左右装有钩距，三寸见方。轮厚一尺二寸。钩距臂宽一尺四寸，厚七寸，长六尺。横臂与筐外沿齐，爪一尺五寸长，有距，宽六寸，厚三寸，与筐一样长。装有瞄准仪，有屈伸，可上下调整。用一围五寸大的木材，重一百二十斤，做成弩床。箭长十尺，用绳系在住箭尾，像弋射一样，不过是用辘轳卷收。箭高出弩臂三尺。用弩放箭没有定数，一次可出入六十枚，用小矢可不用收回。十个人操纵连弩车。

抵挡敌寇，建高楼以便射敌，城上用渠答来遮拦和收罗敌方射来的箭。

43. 备梯

【说明】

《备梯》叙述防备和抵御敌方用云梯攻城的方法：临时修筑高于城墙的拒梯“行城”，用“技机”投掷，矢、石、沙、灰如雨下，以机发剑，以车推引“蒺藜投”，投掷火把，城外置藩篱等。

【原文】

禽滑厘子事子墨子三年，手足胼胝[①]，面目黧黑，役身給使，不敢問欲，子墨子甚哀之，乃管酒懷脯[②]，寄於泰山[③]，滅茅坐之[④]，以醮禽子[⑤]，禽子再拜而歎。

子墨子曰：“亦何欲乎？”禽子再拜再拜曰：“敢問守道。”

子墨子曰：“姑無姑無，古有其術者內不親民，外不約治[⑥]，以少閑衆，以弱輕強，身死國亡，爲天下笑，子其慎之，恐爲身災。”

禽子再拜頓首，願遂問守道，曰：“敢問客衆而勇，堙茨吾池[⑦]，軍卒並進，雲梯既施，攻備已具，武士又多，爭上吾城，爲之奈何？”

子墨子曰，問雲梯之守耶？雲梯者重器也，其動移甚難，守爲行城，雜樓相間，以環其中，以適廣狹爲度，環中藉幕[⑧]，毋廣其處。行城之法，高城二十尺，上加堞，廣十尺，左右出距各二十尺；高廣如行城之法。

爲爵穴、煇鼠[⑨]，施荅其外，機沖棧城，廣與隊等，雜其間以鐫劍[⑩]，持沖十人，執劍五人，皆以有力者。令案目者視敵，以鼓發之，夾而射之，重而射之，技機擲之，城上繁下矢石沙灰以雨之，薪火水湯以濟之[⑪]，審賞行罰，以靜爲故，從之以急，毋使生慮，若此則雲梯之攻敗矣。

守爲行堞，堞高六尺而一等[⑫]，施劍其面，以機發之，沖至則去之，不至則施之。爵穴三尺而一。蒺藜投必遂而立，以車推引之。置裾城外[⑬]，去城十尺，裾厚十尺。伐裾之法，小大盡本斷之，以十尺爲斷，離而深埋之，堅築毋使可拔。二十步一殺[⑭]，殺有一格，格厚十尺。殺有兩門，門廣五尺。裾門一，施淺埋，勿築，令易拔。城上希裾門而置楬[15]。

懸火，四尺一鉤弋[16]。五步一竈，竈門有爐炭，令敵人盡入，熏火燒門，懸火次之。出載而立，其廣終隊。兩載之間一火，皆立而待鼓，而燃火，即具發之。敵人除火而復攻，懸火復下，敵人甚病，故引兵而去，則令吾死士左右出突門擊潰師[17]，令賁士[18]、主將皆聽城鼓之音而出，又聽城鼓之音而入，因素出兵施伏[19]，夜半城上四面鼓噪，敵人必惑，有此必破軍殺將。以白衣爲服，以號相得[20]，若此，则雲梯之攻敗矣。

【注释】

①骈胝：茧子。
②管酒怀脯：用竹筒装酒，怀揣着肉干。
③寄：及，至。
④灭茅：压着茅草。
⑤醮：给对方敬酒。
⑥约治：相约行事。
⑦堙次：塞满。
⑧藉幕：遮幕。
⑨熏鼠：借指小孔穴。
⑩镌：凿。
⑪济：继。
⑫等：齐。
⑬裾：藩篱。
⑭杀：杀敌之所。
⑮希：望，对着。
⑯钩弋：用以钩悬火具。
⑰"突"原作"穴"，据岑仲勉校改。
⑱贲士：勇士。
⑲因：于是。素：数，屡次。
⑳用口号互相联络。

【译文】

禽滑厘师事墨子三年，手脚生茧，脸面黪黑，干活听使唤，却不敢问自己所想的事,墨子很怜悯他,于是用竹筒装酒,怀揣着肉干,来到泰山,席茅而坐,向禽滑厘敬酒,禽滑厘一再施礼而叹气。

墨子说:“你还有什么想法?”

禽滑厘一再施礼说:“请问守城的方法。”

墨子说:“不用着急。过去曾有懂得守城方法的人,对内不亲近民众,对外不相约做事,自己弱小却轻视强盛的对手,送命亡国,被天下人耻笑,你要谨慎,不要给自身带来灾难。”

禽滑厘一再施礼并叩头,说:“我还是想问守城的方法,请问敌人众多而且勇敢,填塞了护城河,士卒一齐开进,云梯已经树起,攻城装置已经齐备,勇武之士又多,争先恐后地爬上城墙,该怎么办呢?”

墨子说,你问针对云梯的防守吗?云梯是笨重的器械,移动非常困难,守城者修筑行城,与杂楼相间,环绕在城墙上,环绕的间隙设遮幕,宽窄适度,不要过宽。筑行城的方法:高出城墙二十尺,上面加上堞,宽十尺,左右出距各二十尺;高、宽与行城相应。

在城墙上挖孔洞,外遮草帘,设置机器、冲车、行栈、行城,宽度与敌人进攻队伍的展开线相当,间杂置以镌、剑,操冲车者十人,执剑者五人,都要用大力士。叫能定睛注目者监视敌人,用鼓声发出抗击命令,左右夹射,重叠发射,掷车投掷,城上如雨点般纷纷落下箭、石、沙、灰,用火球、开水接济,谨慎地实行赏罚,镇静处事,雷厉风行,当机立断,这样做则云梯之攻就被打败了。

守城者在行城上筑堞,堞一律高六尺,在堞的正面装上剑,用机械发射,敌人的冲撞车来了就撤除,不来就用。三尺挖一爵穴。蒺藜投一定要在敌人的攻道上设置,用车推引。

从城外二十尺起,到离城十尺止,设置藩篱。藩篱所用木材,大小连根拔起,以十尺为一段,相隔离而坚固地深埋于地中,不要让敌人易于拔去。

二十步设一杀敌之所,有两门,门宽五尺;有一储物之隔,隔厚十尺。藩篱有一门,略施浅埋,不要夯筑,使之容易被拔出来。城上对着藩篱门的地方放置粲石。

悬挂火具，四尺一个挂钩。五步设一灶，灶门有炉炭，让敌人都进来，就熏火烧门，悬挂的火具接着投出去。战具排列的宽度，与敌人进攻队伍的展开线相当。两组战具之间设一悬火，管悬火者都站立而等待鼓声，鼓声一响就点火，敌人一到就都投出去。敌人除去火具而再来进攻，就再投火具，敌人病困不堪，就会引兵而去，这时就命令我方敢死队左右出突门追击溃逃之师，命令勇士、主将都听城上击鼓之声而出击，又听城上击鼓之声而撤退，于是屡次出兵施埋伏，半夜在城上四面鼓噪，敌人一定迷惑，这样一定攻破敌军，杀敌将领。穿白色衣服，用口号互相联络。如此，云梯之攻就被打败了。

44. 备水

【说明】

《备水》叙述防备和抵御敌方以水攻城的方法：城内开挖排水沟、用船队决堤放水等。

【原文】

城内塹外，周道廣八尺。備水謹度四旁高下。城中地偏下，令渠其内。及下地，地深穿之，令漏泉。置測瓦井中，視外水深丈以上，鑿城内水渠。

並船以爲十臨①，臨三十人，人擅弩，十四有方②，必善以船爲轒轀。二十船爲一隊，選材士有力者三十人共船，其二十人人擅有方，劍甲兜鍪③，十人人擅矛④。先養材士，爲異舍食其父母、妻子以爲質，視水可決，以臨轒轀，決外堤，城上爲射機疾佐之。

【注释】

①并船：合并两船。
②"十"原作"计"，据岑仲勉校改。方：锄。
③兜鍪：像今之钢盔。
④"矛"原作"苗"，据岑仲勉校改。

【译文】

城内壕堑外周道宽八尺。防备敌人掘水淹城，要谨慎地测度四旁高低。城中地势低，令在城内开渠。至于地势更低的地方，则深穿成井，互相贯通，引水泄漏。在井中放测瓦，观察城外水深一丈以上，就凿开城内水渠。

合并两船为一临，共需十临，每临三十人，十四人有锄，一定要善于用船作为冲撞之具。二十条船编为一队，挑选有才能的士兵和大力士三十人共乘一船，其中二十人每人持有一把锄，身佩利剑、穿铠甲、头戴兜鍪，十人手持长矛。预先蓄养有才能的士兵，另辟房舍抚养其父母、妻子作为人质，观察可以决开水堤时，用并联的船作为冲撞器，冲决外堤，城上用掷车连弩紧急予以配合。

45. 备突

【说明】

《备突》叙述防备和抵御敌方袭击突门的方法：堵塞突门，鼓橐熏敌等。

【原文】

城百步一突門，突門各爲窯竈，竈入門四五尺，爲其門上瓦屋，毋令水潦能入門中。吏主塞突門，用車兩輪，以木束之，塗其上，維置突門內，使度門廣狹，令之入門中四五尺。門旁爲橐，充竈狀柴艾，寇即入，下輪而塞之，鼓橐而熏之。

塞突門①，以車兩輪爲轀②，塗其上，以門高下廣狹爲度③，令入門中四五尺維置之④，當門者客爭伏門⑤，轉而塞之。爲窯容三圓艾者，令其突入伏，人伏傅突一旁，以二橐守之勿離。

【注释】

①由“塞突门”至“勿离”一段，旧错入《备城门》篇，据岑仲勉校移此。“突”原误为“门”，据岑仲勉校改。

②“轮”旧为“走”，据岑仲勉校改。“辒”用以塞敌路。据岑仲勉说。

③“门”原误为“穴”，据岑仲勉校改。

④“门”原误为“穴”，据岑仲勉校改。维置：悬挂。

⑤第一个“门”字原误为“穴”，据岑仲勉校改。客争伏门：指敌人抢入守方已设伏之突门。

【译文】

城墙内每百步设一突门，每一突门各砌一个窑灶，灶在门内四五尺的地方，在门上盖上瓦，不要让雨水流到门中。军吏主持堵塞突门：用两个车轮，以木头捆扎，涂上泥，悬挂在突门内，衡量门的大小，叫车轮进入门中四五尺。门旁设风箱，在灶膛塞满柴火与引火的艾草，敌寇将要进来，放下车轮，堵塞其去路，鼓动风箱熏敌。

堵塞突门，用两个车轮札成堵塞物，涂上泥，衡量门的高低宽窄，在进入门中四五尺的地方悬挂着，守门者待敌方抢入已设伏的突门，就用车轮堵塞突门。预先砌好能容纳三团艾草的窑灶，引敌人突入我方埋伏，我方埋伏在突门一旁，用两个风箱守着不要离开。

46. 备穴

【说明】

《备穴》叙述防备和抵御敌方坑道战的方法：在城内建高楼瞭望监视敌人，用“罂听”审知敌方筑坑道的方向，凿坑道迎击，鼓橐熏敌，用杠杆利剑冲击，用铁钩拒钩敌，短兵相接等。

【原文】

禽子再拜再拜曰：“敢問敵人有善攻者[①]，穴土而入，縳柱施火，以壞吾城，城壞，城中人爲之奈何[②]？”

子墨子曰，問穴土之守耶？備穴者城内爲高樓，以謹候望敵人，敵人爲變築垣聚土非常者，若旁有水濁非常者[③]，此穴土也，急塹城内穴其土直之[④]。穿井城内，五步一井，傅城足[⑤]，高地一丈五尺，下地得泉三尺而止。令陶者爲罌，容四十斗以上，固幂之以薄綌革[⑥]，置井中，使聽耳者伏罌聽之，審知穴之所在，鑿穴迎之。

令陶者爲瓦竇，長二尺五寸，大圍[⑦]，中判之，合而施之穴中，偃一覆一，善塗其竇際，勿令泄，兩旁皆如此，與穴俱前，下迫地，置糠若炭其中[⑧]，勿滿，炭糠長亙竇，左右俱雜，相如也。穴内口爲竈，令如窯，令容七八圓艾，左右竇皆如此，竈用四橐。穴且遇，以桔槔沖之，疾鼓橐熏之，必令明習橐事者勿令離竈口。連版以穴高下廣狹爲度，令穴者與版俱前，鑿其版，令容矛，參分其疏數，令可以救竇。穴則遇，以版當之，以矛救竇，勿令塞竇。竇則塞，引版而却，過一竇而塞之，鑿其竇，通其煙，煙通，疾鼓橐以熏之。從穴内聽穴之左右，疾絕其前，勿令得行。若集客穴，塞之以柴塗，令無可燒版也：然則穴土之攻敗矣。

寇至吾城，急非常也，謹備寇穴。穴疑有，應急穴；穴未得，慎毋追。凡殺以穴攻者[⑨]，二十步一置穴，穴高十尺，廣十尺，鑿如前，步下三尺，十步擁穴左右横行，高廣各十尺。殺埋兩罌，深平城，置板其上。冊板以聽[10]。井五步一。

穴用梓若松爲穴戶[11]，戶內有兩蒺藜，皆長極其戶，戶爲環，壘石外郭[12]，高七尺，加堞其上。勿爲陛與石[13]，以懸陛上下出入。具爐橐，橐以牛皮。爐有兩缶以橋鼓之。置煤[14]，其重四十斤，燃炭佐之[15]，滿爐而蓋之，毋令氣出。敵人疾近吾穴，穴高若下不至吾穴，即以倚鑿而求通之[16]。穴中與敵人遇，則皆禦而毋逐，且戰敗以須爐火之燃也，即去而入擁穴[17]。殺有鼠[18]，鼠爲之戶及關鑰，犬須得往來行其中[19]。穴壘之中各一狗，狗吠即有人也。

鑿井傅城足，三丈一，視外之廣狹而爲鑿井[20]，慎勿失。城卑穴高蹤穴難[21]。鑿井，城內爲三四井[22]，納新缶井中，伏而聽之。審知穴之所在，穴而迎之，穴且遇，爲桔槔，必以堅材爲夫，以利斧施之，命有力者三人用桔槔沖之，灌以不潔十余石。

斬艾與柴，長尺，乃置窯竈中，先壘窯壁，迎穴爲連版，趣狀柴其中[23]，置艾其上七八圓，盆蓋其口[24]，毋令煙上泄，旁立橐[25]，疾鼓之。

以車輪爲轀，一束，蘸染麻索塗中以束之[26]，鐵鎖懸正當寇穴口，鐵索長三丈，端環，一端鈎。

鼠穴高七尺五寸，廣、柱間七尺，二尺一柱，柱下附舄[27]，二柱共一負土[28]。兩柱同質横負土。柱大二圍半，必固其負土，無柱與柱交者。柱之外，善周塗其傅[29]，勿令燒柱[30]。穴二窯，皆爲穴瓦屋，爲置吏、舍人各一人，必置水。穴矛以鐵，長四尺半，大如鐵斧鉞，即刃之二矛。穴去竇尺，斜鑿之下[31]。穴當心，其矛長七尺。穴中爲環利索，穴二。

鑿井城下[32]，俟其身井且通，居版上而鑿其一偏，已而移版鑿一偏。桔槔爲兩夫而旁埋其植，而敷鈎其兩端。諸作穴者五十人，男女相半。攻穴爲傳土之具[33]，受六參[34]，約枲繩以絆其下[35]，可提而舉投。已，則穴七人守退壘之中，爲大廡一[36]，藏穴具其中。

難外穴[37]，取城外池唇木瓦散之[38]，外塹其穴，深到泉。難近穴，爲鐵斧，斧與柄長四尺[39]，材自足。客即穴，亦穴而應之。爲鐵鈎距長四尺者，材自足，穴徹[40]，以鈎客穴。爲短矛、短戟、短弩、虻矢，材自足，穴徹以鬥。

以金劍爲難，長五尺，爲銎、木尿斗[41]；尿有慮枚[42]，以挫客穴[43]。

戒持罌[44]，容三十斗以上，埋穴中，三丈一，以聽穴者聲。爲穴，高八尺，廣八尺[45]，善爲薄植[46]，具爐、牛皮橐及瓦缶，每穴二[47]，蓋陳霍及艾[48]，穴徹，熏之。斧以金爲斫，尿長三尺，每穴四。爲壘[49]，每穴四十。屬四[50]。爲斤、斧、鋸、鑿、钁[51]，財自足。爲鐵鉸，每穴四。爲中櫓[52]，高十尺半，廣四尺。爲横穴大櫓輼。具槁臬[53]，財自足，以燭穴中。盆持醯，客即熏，以救目；救目，分方鑿穴，以盆盛醯置穴中，大盆毋少四斗，即熏，以目臨醯上及以灑目。

【注释】

①“敌”原作“古”，据王念孙校改。
②“城”旧作“或”，据岑仲勉校改。
③若：或。
④直之：与之相当。
⑤傅城足：接近城墙根。
⑥幂：封。络革：生革，据张纯一说。
⑦“大”旧作“六”，据岑仲勉校改。“围”指抱。
⑧若：与。
⑨杀：破。
⑩册：覆盖。据岑仲勉校改。
⑪“梓”据吴毓江校改。
⑫“郭”据岑仲勉校改。
⑬陛：阶。
⑭“置煤”据吴毓江校改。
⑮“佐”据吴毓江校改。
⑯“倚”据孙诒让校改。
⑰“拥”据吴毓江校改。
⑱“鼠”指一种洞穴。
⑲“犬须”二字据吴毓江校改。
⑳“狭”原作“陕”，据吴毓江校改。
㉑“踪”原作“从”，通。
㉒“内”原作“上”，据吴毓江校改。
㉓㉔“井”原作“其”，据岑仲勉校改。

㉕"立"原作"其",据岑仲勉校改。
㉖蘸:浸水。涂:涂泥。
㉗舄:柱础。
㉘负土:柱下放置横板,防止柱下陷。
㉙据岑仲勉校改。
㉚据岑仲勉校改。
㉛"下"原作"上",据岑仲勉校改。
㉜"下"原作"上",据岑仲勉校改。
㉝攻穴:凿穴。"具"据岑仲勉校增。
㉞参:盛土之具。
㉟枲绳:麻绳。
㊱庑:大屋。
㊲难:阻难。"外"字原窜入下文,据岑仲勉校乙。
㊳池唇:池边。
㊴"斧与柄"原作"金与扶林",据岑仲勉校改。
㊵彻:通。
㊶銎:安柄处。木尿:木柄。
㊷虑枚:便于执持之处。
㊸挫:阻难。"挫"原作"左",据岑仲勉校改。
㊹戒持:准备放置。
㊺"八尺"二字据岑仲勉校增。
㊻薄植:立柱。据岑仲勉校改。
㊼"每"原作"卫",据岑仲勉校改,下同。
㊽盖陈:填盖。霍:藿香草。
㊾垒:盛土筐。
㊿属:大锄。
51貜:锄。
52橹:盾。
53藁:禾秆。枲:麻秆。

【译文】

禽子一再施礼后问墨子说:"请问敌人有善于攻城的,掘隧道而入,烧毁支柱,以破坏我方城墙,城中人该怎么办呢?"

墨子说,你问防备隧攻的办法吗?防备隧攻,要在城内建高楼,以谨慎观察敌人的动静，敌人有变化，有筑墙桓、聚土石等异常现象，或者旁边有水浑浊等异常现象，这就是敌人在掘隧道，这时需要紧急在城内掘隧道，与其相对。在城内接近城墙根的地方，五步挖一井。地势高的地方，挖一丈五尺深。地势低的地方，挖到出泉水三尺而止。叫陶工做瓦坛，容纳四十斗以上，用生皮革紧蒙，放在井中，派听力好的人，伏在瓦坛上探听敌方动静，察知敌人掘隧道的方向，掘隧道迎击。

命令陶工制造瓦管，长二尺五寸，大一抱，从中间剖开为两半，两半相合设置在隧道中，一半凹处向上，一半凹处向下，用泥涂抹好瓦管的缝隙，不让漏气，两旁都这样，与隧道一起向前延伸，下边紧贴地面，其中放置糠与炭，不放满，炭、糠的放置横贯瓦管，左右都一样拌和均匀。隧道内口垒灶，与窑相似，装七八个艾草团，通向左右两边瓦管的地方都这样。每灶用四个风箱。敌我双方隧道将要相遇时，用桔槔冲开，紧急鼓动风箱熏敌，一定要派能熟练操作风箱的人，不要让他们离开灶口。拼连木板，与隧道的高低宽窄相当，叫掘隧道的人与连版一起前进，在连版上凿孔，疏密相间，让孔能容下长矛，以便抢救敌人对瓦管的破坏。双方隧道相遇，就用连版挡着，用矛保护瓦管，不要叫敌人堵塞瓦管。如果瓦管被堵塞，则引板而退却，越过一节瓦管而堵塞敌人，凿开瓦管，使烟气畅通，烟气畅通，则紧急鼓动风箱熏敌。从隧道内注意探听隧道左右传来的声音，紧急断绝敌方向前推进，不要叫敌人前行。如果冲到敌方隧道，就用涂泥的柴火堵塞敌人，不要叫敌人烧毁连版：这样敌人的隧攻就失败了。

敌寇来到我方城下，这是非常紧急的情况，要谨慎地防备敌寇掘隧道。如果怀疑敌方掘隧道，则紧急掘隧道来应战。如果敌方隧道尚未侦察清楚，要谨慎地不要往前深挖。凡破隧攻者，二十步挖一隧道，隧道高十尺，宽十尺，向前凿去，每步向下低三尺，深入十步向左右开挖横行的隧道“拥穴”，高宽各十尺。预备杀敌之所埋两罂，罂口与城墙平面相齐，上面覆盖木板，用覆盖的木板来谛听敌方动静。五步挖一井。

隧道用梓木或松木做成隧道门，门内有两个蒺藜，长度与门的高度相当，门上安铁环，外面用石头垒成围墙，高七尺，上加堞墙。不要砌台阶与堆石，而用悬梯来上下出入。预备炉灶和风箱，风箱用牛皮制作，炉灶有两个瓦坛，用有管道相连的风箱鼓风。放置煤炭，用木炭帮助燃烧，装满炉灶就盖上，不要叫烟气跑出来。敌人快要接近我方隧道，隧道或高或下与我方隧道不相应，即以斜向开凿而求打通。在隧道中与敌人相遇，则都只防御而不要追逐，并且要假装战败以等待炉火的燃烧，炉火燃烧，就离开敌人而进入拥穴。杀敌之所有洞穴，洞穴有门和锁钥，让狗可以在其中往来行走。每个洞穴中放一条狗，狗叫就表明有人。

在城内靠近城墙根的地方凿井，三丈一个，观察城墙外地方宽窄而凿井，谨慎不要疏忽。城墙低而隧道高的地方，难以探测敌方隧道的所在。城内凿三四井，其中放置新瓦坛，伏而细听。察知敌方挖隧道的方向，掘隧道迎击。制作桔槔，一定要以坚固的木材做冲杆，装上利斧，在双方隧道将要相遇时，叫三个大力士用桔槔冲破土层，将十余石不洁之物灌进敌方隧道。

斩断艾草与柴火，一尺长，放在窑灶中，先垒窑灶，挖隧道迎击敌人隧攻，需要使用连版，在灶膛中装柴火，上边放七八个艾草团，用盆盖上灶口，不要叫烟气上泄，旁边放置风箱，迅疾向敌方隧道鼓烟。

用车轮一束作为镇压之器，用麻绳蘸水涂泥捆束，用铁锁链悬挂，正当敌方的隧道口，铁锁链长三丈，用铁环连扣而成，一端有钩。

洞穴高七尺五寸，穴墙两旁各有柱，其间相距七尺，每边二尺一柱，柱下有柱础，二柱共用一块垫板。柱大二围半，一定要牢固地放置垫板，柱与柱不要互相交叉。柱的四周用泥涂好，不要叫敌人烧柱。每个隧道口垒两个窑灶，其上盖瓦屋，由吏与舍人各一人负责管理，一定要准备用来防火的水。掘隧道用铁矛，长四尺半，像铁斧钺一样大，即有刃的二矛。离穴口一尺处向下斜凿。隧道开至地心，用矛长七尺。隧道中装置供上下牵引用的环索，每条隧道两个。

在城下凿井，等到靠身这一边井快要通了，就站在板上开凿其一边，一边凿好，再移板开凿另一边。桔槔做成两头，两头绑上钩子，旁边埋立柱。开挖隧道者五十人，男女各一半。开凿隧道准备运土工具，可以盛土六畚箕，用麻绳兜住下边，可以省力地提举倾倒。隧道开凿完毕，每条隧道派七个人守卫在洞垒中。建大屋一间，其中收藏凿隧道的工具。

阻难敌方在城外挖隧道，拣取城外护城河边木石瓦片抛撒在城墙外，用穿井的办法阻断敌方挖隧道，深度到冒出泉水为止。在隧道中与敌人近距离作战，准备铁斧，斧与柄长四尺，数量够用就行。敌方如果挖隧道，我方也挖隧道迎击。准备四尺长的铁钩距，数量够用就行，双方隧道相通，用来钩杀对方隧道中的敌人。准备短矛、短戟、短弩、短箭，数量够用就行，双方隧道相通，与敌方短兵相接。用金属打造的利剑作为砍杀工具，长五尺，有装柄的孔眼，安装木柄，木柄有便于执持之处，用来阻难敌方挖隧道。准备大瓦坛，容量在三十斗以上，埋在隧道中，三丈一个，用来探听敌方挖隧道的声音。开挖隧道，高宽各八尺，安好立柱，准备炉灶、牛皮风箱和瓦缶，每条隧道两个，灶膛填盖藿香与艾草，双方隧道相通，用烟熏敌。斧刃用金属打造，柄长三尺，每条隧道四把。准备土筐，每条隧道四十个，大锄四把。准备斧、锯、凿、锄，数量够用就行。准备铁剪，每条隧道四把。准备中号的盾牌，高十尺半，宽四尺。准备能横挡在隧道中的大盾板。准备禾秆、麻秆，数量够用就行，用来在隧道中照明。用盆盛酒，敌方如用烟熏，用酒来保护眼睛。保护眼睛的方法：向各方开凿隧道以分散烟气，用盆盛酒放在隧道中，大盆不要少于四斗，敌方如果用烟熏，就把眼睛贴近酒盆，用来保护眼睛。

47. 备蚁附

【说明】

《备蚁附》叙述防备和抵御敌方像蚂蚁一样密集爬城的方法：居高临下抛射投掷；用开水浇；用火帘烧；抛洒沙石；战士隐藏在木仓中，用滑车牵引，刺杀爬城敌人等。

【原文】

禽子再拜再拜曰："敢問敵人強梁[1]，遂以附城，後上先斷[2]，以爲法程[3]，塹城爲基，掘下爲室，前上不止，後射既疾，爲之奈何？"

子墨子曰，子問蟻附之守耶[4]？蟻附者將之忿者也，守爲行臨射之[5]，技機擲之[6]，擢之，太泛迫之[7]，燒答覆之[8]，沙石雨之，然則蟻附之攻敗矣。

備蟻附爲懸脾[9]，以木板厚二寸，前後三尺，旁廣五尺，高五尺而制爲下磿車[10]，輪徑尺六寸，令一人操二丈四矛，刃其兩端，居懸脾中，以鐵索二縛懸脾上衡[11]，爲之機，令有力四人下上之，勿離。施懸脾，大數二十步一[12]，攻隊所在，六步一。

爲壘答[13]，廣、縱各二丈，以木爲上衡，以大麻索編之，染其索塗中，爲鐵索，鈎其兩端之懸。客則蟻附城，燒答以覆之，連梃、沙灰皆救之[14]。以車兩走，軸間廣大，以圉範之[15]，融其兩端以束輪，遍遍塗其上[16]，室中以榆若蒸[17]，以棘爲旁，命曰火投[18]，一曰傳湯[19]，以當隊。客則乘隊，燒傳湯斬維而下之[20]，令勇士隨而擊之，以爲勇士前行，城上輒塞壞城。

城下足爲下銳鑱弋[21]，長五尺，大圍半以上，皆剡其末[22]，爲五行，行間廣三尺，埋三尺，犬牙樹之。爲連殳[23]，長五尺，大十寸[24]。錐，柄長六尺，首長尺五寸。斧，柄長六尺，刃必利。答廣丈二尺，其長丈六尺[25]，垂前衡四寸，兩端接尺相覆，勿令魚鱗三，著其後衡中央，大繩一，長二丈六尺。答樓不會者以堞塞[26]，數暴乾，答爲格，令風上下。堞惡疑壞者，先埋木長十尺[27]，一步一[28]；即壞，釘植[29]，以盧薄押於木[30]，盧薄長八尺，廣七寸，徑一尺，數施一擊而下之[31]，爲上下釘而釘之[32]。鉤、木樓、壘石[33]。懸答植內，毋植外。柞格，埋四尺，高者十尺，木長短相雜，鋭其上而外內厚塗之。行棧懸答[34]。隅爲樓，樓必再重。土五步一，毋下二十壘。爵穴，十尺一，下堞三尺，廣其外。轉䡴城上，樓及殺與池、革盆，若傅，攻卒擊其後緩失，治。熏火[35]。

凡殺蟻附而攻者之法，置薄城外，去城十尺，薄厚十尺。伐薄之法，大小盡本斷之，以十尺爲斷，離而深埋堅築之，毋使可拔。二十步一殺，有格，厚十尺，殺有兩門，門廣五尺，薄門淺埋之[36]，勿築，令易拔。城上希薄門而置桀[37]。懸火，四步一枳[38]，五步一竈，竈門有爐炭，令敵人盡入，熏火燒門，懸火次之，出載而立，其廣終隊，兩載之間一火，皆立而待鼓音而燃火，即具發之，敵人辟火而復攻，懸火復下，敵人甚病。敵引師而去，則令吾死士左右出穴門擊潰師，令賁士、主將皆聽城鼓之音而出，又聽城鼓之音而入，因素出兵將施伏，夜半而城上四面鼓噪，敵人必惑，破軍殺將。以白衣爲服，以號相得。

【注释】

①强梁：强横，凶暴。

②断：斩。

③法程：法式。

④蚁附：像蚂蚁一样密集爬城。

⑤行临：守城一方在城上临时搭制的简易木楼，类似现今建筑用的脚手架，可以站人居高临下射击，并掩护自己。

⑥技机：又叫掷车，用来抛掷杀伤敌人之物。

⑦太氾：滚烫的开水或其他燃烧物。

⑧答：竹草等编织的垂挂物。

⑨悬脾：悬挂的有孔木仓，掩护守城者刺杀爬城敌人。

⑩下磨车：滑车。

⑪据岑仲勉校改。

⑫大数：大概。

⑬垒答：可以下滑烧敌的竹草垂挂物。

⑭据岑仲勉校改。
⑮圉范:固定箍紧。
⑯遍遍:密密。
⑰窒:充塞。若:或。蒸:柴火。
⑱火投:投向敌人的火球。
⑲传汤:流动的可烫伤敌人之物。
⑳斩维:斩断牵绳。
㉑弋:阻拦人马通行的栅栏。
㉒剡:削尖。
㉓连殳:撞击兵器,竹制。
㉔"寸"原作"尺",据岑仲勉校改。
㉕"其长"二字旧脱,据岑仲勉校增。
㉖会:密合。牒:木片。
㉗"长"字据岑仲勉校增。
㉘"步"原作"枚",据岑仲勉校改。
㉙㉚据岑仲勉校改。
㉛数:频频。
㉜据岑仲勉校改。
㉝"钩"字前原衍"经一"二字,今删。
㉞句前原衍"为前行"三字,今删。
㉟㊱据岑仲勉校改。
㊲据《备梯》篇校改。
㊳枳:指悬挂火具的木桩。

【译文】

禽子一再施礼以后说:"请问敌人强横,已经逼近城墙根,攀爬城墙落后的人先斩,把这作为军法,挖掘城墙,修筑土山,在城墙下掘隧道,前面的敌人不断攀爬城墙,后面的敌人迅疾射箭,该怎么办呢?"

墨子回答说,你问抵御敌人密集爬城的办法吗?密集爬城是敌方将领愤怒而采取的办法,守城一方在城上临时搭制简易高楼,居高临下射击,用掷车投掷,拔除敌方爬城器具,用开水浇在敌人头上,燃烧竹草垂挂物盖在敌人头上,沙子石头像下雨一样抛向敌人,于是敌人密集爬城的进攻就被打败了。

抵御敌人密集爬城，准备悬挂的木仓，用二寸厚的木板，前后各宽三尺，旁边宽五尺，高五尺，悬挂在滑车上，滑轮直径一尺六寸，派一人手持二丈四矛，两端都有利刃，站在木仓中，用两条铁链绑住木仓上横梁，做成控制滑轮的机械，派四个大力士操纵木仓上下滑动，不要离开。装置悬挂的木仓，大约二十步一个，敌人集中攻击的地方六步一个。

制造用来烧敌的竹草垂挂物，长宽各一丈二尺，用木头做上面的横梁，用大麻绳编连，绳索用泥水浸过，准备铁链，钩住两端的悬环，敌人密集爬城，烧着垂挂物覆盖在敌人头上，连梃、沙灰都用来打击阻拦敌人爬城。用两个车轮，中间留有较大空隙，坚固箍紧，融合两端以束成一体，密密涂泥，中间填塞榆树枝或柴火，旁边安装荆棘刺，叫做“火投”，又叫“传烫”，用来抵挡敌人的进攻队伍。敌人结队进攻，就烧着“传烫”，斩断牵绳，让它滚向敌人，命令勇士跟随“传烫”打击敌人，让“传烫”为勇士开路，城上派人赶紧填塞被敌人破坏的城墙。

城外墙根埋植尖桩木栅栏，木柱长五尺，大一围半以上，都削尖末端，埋五行，行间宽三尺，埋三尺，犬牙交错地埋植。准备连殳，长五尺，大十寸。锥柄长六尺，头部长一尺五寸。斧柄长六尺，斧刃一定要锋利。竹草帘子宽一丈二尺，长一丈六尺，悬挂在前横梁四寸处，两端相重叠一尺，不要像鱼鳞一样相接，在后横梁的中间附着大绳一条，长二丈六尺。接合不密的地方，用板片填塞，经常暴晒，有缝隙，便于风干。堞墙不好有可能坏的地方，先埋木桩长十尺，一步一根，如果坏了，钉木桩，以横木压在木桩上，横木长八尺，宽七寸，侧高一尺，频频地向下打桩，并用钉子上下钉牢。准备铁钩、木楼、垒石。在柱内悬挂竹草垂挂物，不要挂在柱外。木栅栏埋四尺，高十尺，木长短相间，上面削尖四周厚涂泥。行栈悬挂竹草帘子。城四角建楼，楼要多层。积土五步一处，不下二十筐。打洞穴，十尺一个，在堞墙下三尺，外口大。在转壅城上，建楼，开辟杀敌处所，准备储水池与皮盆。敌人爬城，担负攻击任务的士卒如果迟缓，贻误战机，按军法处置。用烟熏敌。

抵御密集爬城进攻的方法：在城外设置屏障，离城十尺，厚十尺。采伐屏障木桩的方法：大小连根拔起，锯成十尺长一段，间隔深埋坚筑，不要使人拔出来。二十步设一杀敌之所，有储藏物品的"隔"，"隔"厚十尺。杀敌之所有两门，门宽五尺。屏障门柱要浅埋，不要夯筑，使之容易被拔出来。城上对着屏障门的地方放置桀石。

悬挂火具，四尺一根悬挂火具的木桩，五步设一灶，灶门有炉炭，待敌人都进来，熏火烧门，接着抛掷火具。战具排列的宽度，与敌人进攻队伍的展开线相当。两组战具之间设一悬火，管悬火者都站立而等待鼓声，鼓声一响就点火，敌人一到就都投出去。敌人除去火具而再来进攻，就再投火具，敌人病困不堪，就会引兵而去，这时就命令我方敢死队左右出突门追击溃逃之师，命令勇士、主将都听城上击鼓之声而出击，又听城上击鼓之声而撤退，于是屡次出兵施埋伏，半夜在城上四面鼓噪，敌人一定迷惑，这样一定攻破敌军，杀敌将领。穿白色衣服，用口号互相联络。

48. 迎敌祠

【说明】

《迎敌祠》叙述迎敌前的祭祀、对巫卜的管理、誓师形式以及城防将士的职守、布防、坚壁清野和旨在充分利用人力物力的措施等。

【原文】

敵以東方來，迎之東壇，壇高八尺，堂密八，年八十者八人，主祭青旗，青神長八尺者八，弩八八發而止，將服必青，其牲必青，其牲以雞。敵以南方來，迎之南壇，壇高七尺，堂密七，年七十者七人，主祭赤旗，赤神長七尺者七，弩七七發而止，將服必赤，其牲以狗。敵以西方來，迎之西壇，壇高九尺，堂密九，年九十者九人，主祭白旗，素神長九尺者九，弩九九發而止，將服必白，其牲以羊。敵以北方來，迎之北壇，壇高六尺，堂密六，年六十者六人，主祭黑旗，黑神長六尺者六，弩六六發而止，將服必黑，其牲以彘。從外宅諸名大祠，靈巫咸禱焉[①]，給禱牲。

凡望氣：有大將氣，有小將氣，有往氣，有來氣，有勝氣[②]，有敗氣，能得明此者可知成敗、吉凶。舉巫、醫、卜有所長，俱宮養之[③]，善爲舍。望氣舍近守宮。巫必近公社，必敬神之。巫、卜以情報守，守獨知巫、卜望氣之請而已，其出入爲流言，驚駭恐吏民，謹微察之，斷，罪不赦。收賢大夫及有方技者若工，第之[④]。舉屠、酤者置廚給事[⑤]，第之。

凡守城之法，縣師受事，出堡，巡溝防，築薦通途，修城。百官供財，百工即事。司馬視城修、卒伍。設守門，二人掌右掩，二人掌左掩，四人掌閉，百甲坐之。城上步，一甲，一戟，其贊三人，五步有伍長，十步有什長，百步有百長，旁有大帥，中有大將，皆有司吏卒長。城上當階，有司守之。移中中處[⑥]，擇急而奏之，士皆有職。

城之外，矢之所逮，壞其牆，無以爲客禦，三十里之內，薪、蒸、木皆入內，狗、彘、豚、雞食其肉，斂其骸以爲醢，腹病者以起。城之內，薪、蒸、廬、室矢之所逮，皆爲之塗菌。令昏緯狗、纂馬，堅緯。靜夜聞鼓聲而譟，所以壓客之氣也，所以固民之意也，故時譟則民不疾矣。

祝、史乃告於四望山川社稷，先於戎[⑦]，乃退。公素服誓於太廟，曰："其人爲不道，不修義讓，唯力是上，曰：'予必壞亡爾社稷，滅爾百姓。'二、三子尚夙夜自勵[⑧]，以勤寡人，和心比力兼左右，各死而守。既誓，公乃退食，舍於中太廟之右，祝、史舍於社。百官俱禦，乃升，鼓於門，右置旗，左置旌，於隅練名，射三發，告勝，五兵咸備。乃下，出俟，升望我郊。乃命鼓，俄升[⑨]，役司馬射自門右[⑩]，蓬矢射之，矛三發，弓弩繼之。校自門左[⑪]，先以揮，木石繼之。祝、史、宗人告社，覆之以甑。

【注释】

①咸：都，皆，普遍。"咸"原作"或"，据岑仲勉校改。
②"有胜气"三字据岑仲勉校增。
③据岑仲勉校改。
④第：分别能力建立等级和管理秩序。
⑤酤者：卖酒人。
⑥第一个"中"字指薄书文件。中处：适中之处。
⑦先于戎：战前。
⑧据岑仲勉校改。
⑨俄：一会儿。
⑩役司马：官名。
⑪校：军吏。

【译文】

敌人从东方来，在东坛上迎神，坛高八尺，长宽八尺，年龄八十岁的八人，主祭青旗，八尊长八尺的青神，八张弓弩，每张弓弩射箭八发而止，将服一定要青色，用鸡作祭品。敌人从南方来，在南坛上迎神，坛高七尺，长宽七尺，年龄七十岁的七人，主祭赤旗，七尊长七尺的赤神，七张弓弩，每张弓弩射箭七发而止，将服一定要赤色，用狗作祭品。敌人从西方来，在西坛上迎神，坛高九尺，长宽九尺，年龄九十岁的九人，主祭白旗，九尊长九尺的素神，九张弓弩，每张弓弩射箭九发而止，将服一定要白色，用羊作祭品。敌人从北方来，在北坛上迎神，坛高六尺，长宽六尺，年龄六十岁的六人，主祭黑旗，六尊长六尺的黑神，六张弓弩，每张弓弩射箭六发而止，将服一定要黑色，用猪作祭品。派灵验的巫师，在外面各有名大祠祈祷，给以祈祷的祭品。

凡占望气：有大将小将、往来、胜败等各种不同的气，能够从观望这些不同的气来占卜的人，可以知道成败、吉凶。所有巫师、医生、卜人有所长的，都供养在宫中，盖好给他们居住的房舍，望气占卜者的房舍接近太守之宫。巫师住处一定要接近公社，一定要恭敬土地神。巫师、卜人把占卜的情况报告太守，太守自己知道望气占卜的情况就可以了。巫师、占卜者出入制造流言，使吏民惊吓恐惧，要谨慎周密地侦察，给以处罚，罪不容赦。收纳贤大夫及有技艺的人和工匠，确定等级和隶属关系。选拔屠夫、卖酒人安置在厨房做事，确定等级和隶属关系。

大凡守城的方法：县师负责视察堡垒，巡视河沟防务，阻塞大路，修缮城墙。百官供给各种财物，百工完成各项任务。司马视察城墙修理情况和士卒编制。派定守城门的人，两人掌管右门，两人掌管左门，共四人掌管关闭城门，派一百名带甲的士卒坐守城门。城上每步有一名带甲的士卒，一名持戟的士卒，三名帮手，五步有一名伍长，十步有一名什长，百步有一名百长，旁边有大帅，中间有大将，都有官员管理。上城道路，有专人把守。把薄书文件转移到适当处所，选择紧急的上报。士卒都有自己的职守。

在城外箭能射到的地方，把墙推倒，不要让敌人作为掩护。三十里之内，柴草树木都运到城内，吃掉狗猪鸡的肉，收集其骨头做成酱，腹部有病的人可以用它治好。在城内箭能射到的地方，把柴草房屋都涂上泥。夜里要把狗马拴牢。夜静时听到鼓声而一齐喊叫，以便压灭敌人的气焰，坚定人民的意志，时常喊叫人民就不会害怕了。

祝、史在战前要祷告四周山川、社稷，然后退出。国君身穿素服在太庙誓师说："敌人大逆不道，不修仁义，崇尚暴力，说：'我一定要灭亡你的国家，消灭你的百姓。’我的大臣下定决心，勉力辅佐我，万众一心，群策群力，互相救助，誓死守卫国土。”誓师完毕，国君退下用餐，住在中太庙之右，祝、史住在社庙。百官都听从指挥，上庙，在庙门击鼓，右边挂旗，左边挂旌，门角铭识，射三箭，祈祷胜利，各兵种都齐备。下庙，出去等候，登高观望城郊。然后命令击鼓，接着登上门台，役司马用蓬矢从门的右边发射，用矛刺三下，接着射弓弩。校官在门左，先用徽，继之以木、石。祝、史、礼官祷告社稷，把祭品用瓿覆盖。

49. 旗帜

【说明】

《旗帜》叙述守城军队的旗帜、鼓、着装、徽章、信符等军事符号的含义和使用方法等。

【原文】

守城之法：木爲蒼旗，火爲赤旗，薪樵爲黃旗，石爲白旗，水爲黑旗，食爲菌旗。死士爲蒼鷹之旗，勁士爲虎旗，多卒爲雙兔之旗，五尺童子爲童旗①，女子爲姊妹之旗。弩爲狗旗，戟爲旌旗，劍盾爲羽旗，車爲龍旗，騎爲鳥旗。凡所求索，旗名不在書者，皆以形名爲旗。城上舉旗，備具之官致財物，物足而下旗。

凡守城之法：石有積，樵薪有積，菅茅有積②，萑葦有積，木有積，炭有積，沙有積，松柏有積，蓬艾有積，麻脂有積，金鐵有積，粟米有積；井竈有處；重質有居；五兵各有旗；節各有辨；法令各有貞③，輕重分數各有情；主循道路者有徑。廷尉各爲幟，竿長二丈五，帛長丈五，廣半幅者六。

寇附攻前池外廉④，城上當隊鼓三，舉一幟。到水中洲，鼓四，舉二幟。到藩⑤，鼓五，舉三幟。到馮垣⑥，鼓六，舉四幟。到女垣⑦，鼓七，舉五幟。到大城，鼓八，舉六幟。乘大城半以上，鼓無休。夜以火，如此數。寇卻解，輒部幟如進數，而無鼓。

城將爲絳幟，長五十尺。四面四門將長四十尺。其次，三十尺；其次，二十五尺；其次，二十尺；其次，十五尺；高無下十五尺。城中吏、卒、民、男、女皆辨異衣章徽，令男女可知。城上吏置之背，卒於頭上。城下吏、卒置之肩，左軍於左肩，右軍於右肩，中軍置之胸。各一。鼓，中軍一，每鼓三、十擊之，有鼓之吏，謹以次應之；當應鼓而不應，不當應而應鼓，主者斬。道廣三十步，於城下夾階者各二其井，置鐵罋。於道之外爲屏，三十步而爲之圓，高丈，爲民溷，垣高十二尺以上。巷術周道者必爲之門⑧，門二人守之，非有信符，勿行，不從令者斬。

諸守杵格者三出卻敵，守以令召賜食前，予大旗，署百戶邑若他人財物，建旗其署，令皆明白知之，曰某子旗。杵格內廣二十五步，外廣十步，長以地形爲度。勒卒中教[9]，解前後、左右，卒勞者更休之。

【注释】

①五尺童子：十四岁以下儿童。
②菅茅：茅草。
③贞：定。
④前池外廉：护城河外边。
⑤藩：藩篱。
⑥冯垣：城外低墙。
⑦女垣：即女墙，供窥视用的矮墙。
⑧术：城中道路。周道：大道。
⑨勒：约束。中教：合乎教令。

【译文】

守城的方法：城上需要木材用青旗代表、火用红旗代表、柴草用黄旗代表、石头用白旗代表、水用黑旗代表、食品用菌旗代表。需要死士用苍鹰之旗代表、劲卒用虎旗代表、很多士卒用双兔之旗代表、五尺童子用童旗代表、女子用姊妹之旗代表。需要弓弩用狗旗代表、戟用旌旗代表、剑盾用羽旗代表、车用龙旗代表、马用鸟旗代表。凡是有所索取，旗名没有在书中记载的，都以其形状名称为旗。城上举旗，军需官员运送财物；财物送足，就把旗放下。

大凡守城的方法：储备石头、柴火、茅草、芦苇、木材、炭、沙、松柏、蓬艾、麻、油脂、金属、粟米；水井、炉灶各有处所；重要的为质者有居处；各兵种都有旗帜；符节各有辨别；法令各有定规，轻重等级各据情况；负责巡行道路的有明确路线。廷尉各有旗帜，竿长二丈五尺，帛长一丈五尺，宽半幅，共六面。

敌寇进攻到护城河外边，城上与敌人进攻部队相对的地方击鼓三下，举起一面旗帜。到水中洲，击鼓四下，举起两面旗帜。到藩篱，击鼓五下，举起三面旗帜。到外墙，击鼓六下，举起四面旗帜。到女墙，击鼓七下，举起五面旗帜。到大城，击鼓八下，举起六面旗帜。爬到大城一半以上，击鼓不停。夜里举火把，数目与旗数一样。敌寇退却，举旗数与敌人进攻时一样，但是不击鼓。

守城大将用绛色旗，高五十尺。门将旗高四十尺，其他旗高依次为三十尺、二十五尺、二十尺、十五尺，高度没有低于十五尺的。城中的官吏、士卒、民众、男女，都从不同的衣服、徽章上区别开来，使男女容易区别。城上官吏的徽章放在背上，士卒在头上；城下官吏、士卒放在肩上，左军放左肩，右军放右肩，中军放在胸前。每人一个徽章。中军有一面号鼓，每次击鼓以三、十的鼓点敲击，有鼓的官吏，要谨慎地以次第应和。当应鼓而不应鼓，或者不当应鼓而应鼓，主持击鼓的人处斩。道宽三十步，在城下台阶两旁各有两口井，井内放铁罐。在大道之外设屏障，三十步筑一圆圈，高一丈。修公厕，墙高十二尺以上。街巷通大道的地方一定要做门，每一个门派两人守卫，没有信符不得通行，不服从命令的处斩。

守柞格的将士，三次出击打退敌人，太守下令召集前来，赐给食物，授予大旗，给予管理百户城邑的权利或他人财物，在其官署中竖立大旗，标示“某某之旗”，让人们都知道其功劳。柞格内宽二十五步，外宽十步，长度依地形而定。约束训练士卒，使之合乎教令，熟悉前后左右动作，士卒疲劳则轮流休息。

50. 号令

【说明】

《号令》叙述“凡守城者，以急伤敌为上”的积极防御思想，以及守城军队的纪律、法规、禁令、奖惩办法，人员布防和处理上下级关系的原则、方法，征集民财的措施等。

【原文】

安國之道，道任地始[①]。地得其任則功成，不得其任則勞而無功。人亦如此。備不先具者無以安主。吏卒民多心不一者，皆在其將長。諸行賞罰及有治者必出於公。

王數使人行勞賜[②]，守邊城、備蠻夷之勞苦者，舉其守帥之財用有餘不足[③]，地形之當守邊者，其器備常多有者。邊縣邑視其樹木惡則少用[④]；田不辟[⑤]，少食；無大屋草蓋，少用桑。多財，民好食。爲內堞，內行棧，置器備其上。城上吏、卒、養皆爲舍道內，各當其隔部。養，什二人。爲符者曰“養吏”一人，辨護諸門。門者及有守禁者皆無令無事者得稽留止其旁，不從令者戮。敵人但至，千丈之城必郭迎之，主人利，不盡千丈者勿迎也，視敵之居曲衆少而應之[⑥]，此守城之大體也。其不在此中者，皆心術與人事參之。

凡守城者以亟傷敵爲上，其延日持久以待救之至，不明於守者也。能此，乃能守城。守城之法：敵去邑百里以上，城將如今盡召五官及百長以富人重室之親[⑦]，舍之官府，謹令信人守衛之，謹密爲故[⑧]。

及附城，守城將營無下三百人。四面四門之將，必選擇之有功勞之臣及死士之後重者，從卒各百人。門將並守他門，他門之上，必夾爲高樓，使善射者居焉。女郭、馮垣一人一人守之。使重室子。五十步一隔[⑨]。

因城內里爲八部，部一吏，吏各從四人，以行沖術及里中。里中父老不與守之事及會計者，分里以爲四部，部一長以苛往來[⑩]，不以時行、行而有他異者以得其奸。吏從卒四人以上。有分守者大將必與爲信符，大將使人行守，操信符，信符不合及號不相應者，伯長以上輒止之，以聞大將。當止不止及從吏卒縱之，皆斬。諸有罪自死罪以上，皆逮父母、妻子、同産[11]。

諸男子有守於城上者，什六弩、四兵。丁女子[12]、老少人一矛。猝有警事，中軍疾擊鼓者三，城上道路、里中巷街皆無得行，行者斬。女子到大軍，令行者男子行左，女子行右，無並行。皆就其守，不從令者斬。離守者三日而一徇，而所以備奸也。里正與父老皆守宿里門，吏行其部，至里門，正與開門納吏，與行父老之守及窮巷無人之處。奸民之所謀爲外心，罪車裂，正與父老及吏主部者不得，皆斬；得之，除，又賞之黄金人二鎰[13]。大將使信人行守，長夜五巡行，短夜三巡行。四面之吏亦皆自行其守，如大將之行，不從令者斬。

諸竈必爲屏，火突高出屋四尺[14]。慎無敢失火，失火者斬其端；失火以爲亂事者車裂，伍人不得，斬；得之，除。救火者無敢喧嘩，喧嘩及離守絕巷救火者斬。其正及父老有守此巷中部吏，皆得救之，部吏亟謁之大將，大將使信人將左右救之，部吏失不言者斬。諸女子有死罪及坐失火皆無有所失，逮其以火爲亂事者如法。

圍城之重禁，敵人猝而至，嚴令吏民無敢喧囂、三聚、並行、相視坐泣、流涕若視[15]、舉手相探、相指、相呼、相麾、相踵、相投、相擊、相靡以身及衣、訟駁言語及非令也而視敵動移者斬。伍人不得，斬；得之，除。伍人逾城歸敵，伍人不得，斬。與伯歸敵，隊吏斬。與吏歸敵，隊將斬。歸敵者父母、妻子、同産皆車裂，先覺之，除。當術懦敵[16]，離地[17]，斬；伍人不得，斬；得之，除。

其疾鬥卻敵於術，敵下終不能復上，疾鬥者隊二人，賜上奉。而勝圍，城周里以上，封城將三十里地爲關内侯，輔將如今賜上卿，丞及吏比於丞者賜爵五大夫，官吏、豪傑與計堅守者十人，及城上吏比五官者皆賜公乘，男子有守者爵，人二級，女子賜錢五千，男女、老少無分守者，人賜錢千，復之三歲[18]，無有所與[19]，不租税。此所以勸民堅守勝圍也。

吏卒侍大門中者曹無過二人。勇敢爲前行,伍坐,令各知其左右前後。擅離署,戮[20]。門尉晝三閱之,暮鼓擊門閉一閱。守時令人參之。上逋者名[21]。餔食皆於署[22],不得外食。守必謹微察視謁者、執盾、中涓及婦人侍前者志意、顏色、使令、言語之情,及上飲食必令人嘗,若非情也,系而請故[23]。守有所不閱謁者、執盾、中涓及婦人侍前者,守曰"斷之"、"沖之"若"縛之"[24],不如令及後縛者皆斷。必時素誡之[25]。諸門下朝夕立若坐,各令以年少長相次。旦夕就位,先右有功[26]、有能,其餘皆以次立。五日,官各上喜戲、居處不莊、好侵侮人者一。

諸人士外使者來,必令有以執。將出而還,若行縣,必使信人先戒舍,室乃出迎,聞守,乃入舍。爲人下者常伺上之[27],隨而行,從上不隨下,必須隨。客卒守主人,及以爲守衛,主人亦守客卒。城中戍卒,其邑或已下寇,謹備之,數錄其署。同邑者勿令共所守。與階門吏爲符,符合入,勞;符不合,收,言守。

宿鼓在守大門中。暮令騎若使者操節閉城者皆以執圭[28]。昏鼓,鼓十,諸門亭皆閉之,行者斷[29],必系問行故,乃行其罪。晨見,掌大鼓縱行者,諸城門吏各入請鑰開門已,輒復上鑰。有符節不用此令。寇至,樓鼓五,有周鼓,雜小鼓乃應之,小鼓五後從軍,斷。

命必足畏,賞必足利,令必行,令出輒人隨,省其可行、不可行。號,夕有號;失號,斷。爲守備程而署之曰某程[30],置署術街[31]、衢街若門,令往來者皆視而放[32]。諸吏卒民有謀殺傷其將長者,與謀反同罪,有能捕告,賜黃金二十斤,謹罪[33]。非其分職而善取之,若非其所當治而善治爲之,斷。諸吏卒民非其部界而善入他部界,輒收以屬都司空若候[34],候以聞守,不收而擅縱之,斷。能捕得謀反、賣城、逾城歸敵者一人,以令爲除死罪二人,城旦四人。反城棄父母去者,去者之父母、妻子、同産皆斷[35]。悉舉民室材木、瓦若壘石數,署長短小大[36]。當舉不舉,吏有罪。

諸卒民居城上者各保其左右,左右有罪而不知也,其次伍有罪。若能身捕罪人若告之吏,皆構之[37]。若非伍而先知他伍之罪,皆倍其構賞。城下里中家人各保其左右前後[38],如城上。城小人衆,保離鄉老弱國中及他城。寇至,度必攻[39],主人先削城編[40],唯勿燒。寇在城下時,換吏卒署而勿換其養[41],養毋得上城。寇在城下,收諸盆甕瓶積之,城下百步一積,積五百。城門內不得有室,爲周宮,垣丈四尺,爲倪;行棧內閈[42],二關一堞。除城場外,去池百步,牆垣、樹木小大俱壞伐除去之。寇所從來,若匿道[43]、近奚若城場[44],皆爲候樓[45],立竹箭水中。守堂下爲大樓,高臨城,堂下周散道;中應客,客待見。時召三老在保宮中者與計事得失,行德,計謀合,乃入保。守無行城,無離舍。諸守者審知卑城、淺池而措守焉。晨暮,卒鼓以爲度。用人少易[46]。

守:城外令任,城內守任。令、丞、尉亡[47],得入當[48],滿十人以上,令、丞、尉奪爵各二級,百人以上,令、丞、尉免,以卒戍。諸取當者必取寇虜乃聽之。募民欲財帛粟米以貿易凡器者[49],以平價予。邑人知識昆弟有罪[50],雖不在縣中而欲爲贖,若以粟米、錢金、布帛、他財物免出者,令許之。

傳言者十步一人,稽留言及乏傳者斷[51],諸可以便事者亟以疏傳言守[52]。吏卒民欲言事者,亟爲傳言情之,吏稽留不言情者,斷。縣以上其縣中豪傑若謀士、居大夫重厚[53],口數多少。官府城下吏卒民,皆前後、左右、相傳保火;火發自燔,燔曼延燔人,斷。諸以衆強淩弱少及強姦人婦女,以喧嘩者[54],若上城者,衣服他不如令者,皆斷。

諸城門若亭,謹候視往來行者符。符傳疑若無符,皆詣縣亭言,請問其所使。其有符傳者善舍官府。其有知識、兄弟欲見之,爲召,勿令入里巷中。三老、守閭令厲膳夫爲答[55]。若他以事者、微者不得入里中。三老不得入家人。傳令里中者以羽,羽在三老所。家人各令其家中。失令若稽留令者斷。家有守者治食。吏卒民無符節而擅入里巷、官府,吏、三老、守閭者失苛止皆斷[56]。諸盜守器械、財物及相盜者,值一錢以上皆斷。吏卒民各自大書於揭,著之其署隔,守按其署,擅入者斷。城上日一發席蓐,令相錯發。有匿不言人所挾藏在禁中者斷。

吏卒民死者,輒召其人,與次司空葬之,勿令得坐泣。傷甚者令歸家治病,善養,予醫給藥,賜酒日二升,肉二斤,令吏數行閭[57],視病有瘳[58],輒造事上[59]。詐爲自賊傷以避事者族之。事已，守使吏身行死傷家，臨戶而悲哀之。

寇去，事已，賽禱[60]。守以令益中豪傑力鬥諸有功者[61]，必身行死傷者家以吊哀之，身見死事之後。城圍罷，主亟發使者往勞，舉有功及死傷者數使爵祿，守身尊寵，明白貴之，令其怨結於敵。

城上卒若吏各保其左右。若欲以城爲外謀者，父母妻子同産皆斷。左右知，不捕告，皆與同罪。有能捕告之者封之以千家之邑，若非其左右及他伍捕告者，封之二千家之邑。城下里中家人皆相保，若城上之數。

城禁：吏卒民欲寇徽職和旌者斷[62]。不從令者斷。擅出令者斷[63]。失令者斷。依戟懸下城，上下不與衆等者斷。無應而妄喧呼者斷。縱失者斷[64]。譽客內毀者斷。離署而聚語者斷。聞城鼓聲而伍後上署者斷。人自大書版，著之其署隔，守必自課其先後，非其署而妄入之者斷。離署左右，共入他署，左右不捕，挾私書，行請謁及爲行書者，釋守事而治私家事，卒民相盜家室嬰兒皆斷無赦，人舉而藉之。無符節而橫行軍中者斷。客在城下，因數易其署而無易其養。譽敵：少以爲衆，亂以爲治，敵攻拙以爲巧者斷。客、主人無得相與言及相借[65]，客射以書無得舉[66]，外示內以善無得應，不從令者斷。禁無得舉矢書若以書射寇，犯令者父母妻子皆斷，身梟城上，有能捕告之者，賞之黃金二十斤。非時而行者，唯守及操太守之節而使者。

守入臨城，必謹問父老、吏大夫、諸有怨仇讎不相解者，召其人明白爲之解之，守必自異其人而藉之[67]，孤之[68]，有以私怨害城若吏事者，父母妻子皆斷。其以城爲外謀者，三族；有能得若捕告者，以其所守邑小大封之，守還授其印，尊寵官之，令吏大夫及卒民皆明白知之。豪傑之外多交諸侯者常請之，令上通知之，善屬之[69]，所居之吏上數餽具之[70]，令無得擅出入，連質之。術鄉長者、父老、豪傑之親戚父母妻子必尊寵之，若貧人不能自給食者，上食之。及勇士父母親戚妻子，皆時酒肉，必敬之，舍之必近太守。

守樓臨質宮而善周，必密塗樓，令下無見上，上見下，下無知上有人無人。守之所親，舉吏貞廉忠信無害可任事者，其飲食酒肉無禁，錢金布帛財物各自守之，慎勿相盜。保宮之牆必三重，牆之垣，守者皆壘瓦釜牆上，保衛必取戍卒有重厚者。門有吏，主諸門、裏關閉，必須太守之節，謹擇吏之忠信者無害可任事者。令將自衛，築十尺之垣，周環牆，門閨者並令衛司馬門。望氣者舍必近太守。巫舍必近公社，必敬神之。巫、祝、史與望氣者必以善言告民，以情上報守，守獨知其情而已。巫與望氣者妄爲不善言驚恐民，斷弗赦。

度食不足，令民各自占家五種石斗數[71]，爲其期，在薄書，吏與雜訾[72]。期盡匿不占[73]，占不悉[74]，令吏卒微得皆斷[75]。有能捕告，賜什三。收粟米布帛錢金，出納畜産，皆爲平值其價，與主人券書之，事已，皆各以其價倍賞之；又用其價貴賤多少賜爵，欲爲吏者許之，其不欲爲吏而欲以受賜爵祿，若贖出親戚所知罪人者，以令許之。其受構賞者令保宮見，以與其親。欲以復佐上者皆倍其爵賞[76]。某縣某里某子家食口二人，積粟六百石，某里某子家食口十人，積粟百石。出粟米有期日，過期不出者王公有之[77]，有能得若告之，賞之什三。慎無令民知吾粟米多少。

守入城，先以候爲始，得輒宮養之，勿令知吾守衛之備。候者爲異宮，父母妻子皆同其宮，賜衣食、酒肉，信吏善待之。候來若復，就閒[78]。守宮三匝[79]，外環、隅爲之樓，内環爲樓，樓入保宮丈五尺爲復道。保不得有室，三日一發席蓐，略視之，布茅宮中，厚三寸以上[80]。發候必使鄉邑忠信、善重士，有親戚妻子，厚奉資之。必重發候，爲養其親若妻子，爲異舍，無與員同所，給食之酒肉。遣他候，奉資之如前候，反，相參審信，厚賜之。候三發、三信，重賜之，不欲受賜而欲爲吏者許之，二百石之吏。守佩授之印。其不欲爲吏而欲受構賞，爵祿皆如前。有能入深至主國者，問之審信，賞之倍他候。其不欲受賞而欲爲吏者許之三百石之吏。扞士受賞賜者[81]，守必身自致之其親之所，令其見守之任。其欲復以佐上者，其構賞、爵祿、贖出罪人倍之。

士候無過十里。居高便所樹表，表三人守之，比至城者三表，與城上烽燧相望。晝則舉烽，夜則舉火。聞寇所從來，審知寇形必攻，論小城不自守通者，盡保其老弱、粟米、畜産。遣卒候者無過五十人，客至堞，去之，慎無淹滯[82]。候者曹無過三百人，日暮出之，爲徽職。空隧要塞之人所往來者[83]，令可以迹者無下里三人，平明而迹。各立其表，城上應之。候出越田表，斥坐郭門之外内，立其表，令卒之半居門内，令其少多無可知也。即有警，見寇越田表，城上以麾指之，遮擊鼓整旗以戰備，從麾所指。望見寇，舉一燧。入境，舉二燧。壓郭，舉三燧。入郭，舉四燧。壓城，舉五燧。夜以火，皆如此。

去郭百步，牆垣樹木小大盡伐除之，外空井盡窒之，無令得汲也，外空室盡發之[84]，木盡伐之。諸可以攻城者盡納城中，令其人各有以記之。事已，各以其記取之。吏爲之券，書其枚數。當術材木不能盡納，既燒之，無令客得而用之。人自大書版，著之其署中。

有司出其所治：則縱淫之法，其罪射。矜色謾正，淫囂不静，擋路尼衆[85]，舍事後就，逾時不寧[86]，其罪射。喧囂駭衆，其罪殺。非上不諫，恣出凶言[87]，其罪殺。無敢有樂器、蔽棋軍中[88]，有則其罪射。非有司之令，無敢有車馳、人趨，有則其罪射。無敢散牛馬軍中，有則其罪射。飲食不食，其罪射。無敢歌哭於軍中，有則其罪射。令各執罰盡殺，有司見有罪而不誅同罰，若或逃之亦殺。凡將帥鬥其衆失法，殺。凡有司不使士卒、吏民聞誓令[89]，代之服罪。凡戮人於市，屍三日徇。

謁者侍令門外，爲二曹[90]，夾門坐，鋪食更[91]，無空。門下謁者一長，守數令入中，視其亡者，以督門尉與其官長，及亡者入中報。四人夾令門内坐，二人夾散門外坐，客見，持兵立前。鋪食更，上侍者名。

守堂下高樓候者，望見乘車若騎卒道外來者，及城中非常者，輒言之守。守以須城上候城門及邑吏來告其事者以驗之[92]，樓下人受候者言，以報守。中涓二人，夾散門内坐，門常閉，鋪食更。中涓一長者。

環守宫之術衢，置屯道，各垣其兩旁，高丈，爲俾睨，夾挾視保舍。屯陳、垣外術衢街皆爲樓，高臨里中，樓一鼓，礱竈。即有物故，鼓，吏至而止，夜以火指。鼓所立、勿雞足置。而劄書得，必謹案視、參驗者，即不法，正詰之。城下五十步一廁，廁與上同溷。諸有罪過而可無斷者，令抒廁罰之[93]。

【注释】

①任:用。
②数:屡。行劳赐:巡问犒赏。
③举:举报,报告。
④恶:恶劣,缺乏。
⑤辟:开辟。
⑥居曲:部曲。
⑦以:与。
⑧故:好。
⑨“隔”原作“击”,据岑仲勉校改。
⑩苛:诘问,盘查。
⑪同产:指兄弟。
⑫丁女子:成年女子。
⑬黄金:这里指黄铜。镒:相当于二十四两。
⑭火突:烟囱。
⑮若视:相视。
⑯术:敌人攻道。
⑰离地:离开岗位。
⑱复:免缴租税。
⑲无有所与:免除徭役。
⑳戮:罚。据岑仲勉说。
㉑逋:逃亡。
㉒铺食:早晚食。
㉓请故:问明原因。
㉔冲:拳击。
㉕时素:平时屡屡。
㉖右:上。
㉗伺:探察。
㉘圭:令牌。
㉙断:断罪。
㉚署:标署。
㉛置署:公布。
㉜仿:依仿,遵照办理。

㉝“免其”二字旧脱，依义增。

㉞收：拘留。

㉟“同产皆断”四字旧脱，依义增。

㊱署：登记。

㊲构：赏。

㊳自“城下里中”至下文“与计事得”一百八十余字据吴毓江校移此。

㊴度：揣度。

㊵编：城外接近城墙的房屋。

㊶署：位置。

㊷闬：巷门，墙垣。

㊸匿道：偏僻小道。

㊹近奚：快捷方式。

㊺候楼：瞭望哨楼。据岑仲勉校改。

㊻易：更动。由“失行德”至“用人少易”四十余字原错入《杂守》篇，据孙诒让校移此，文字参岑仲勉校。

㊼亡：逃亡。

㊽当：抵挡。

㊾募：募集。凡器：各种日用器具。

㊿知识：指相识者。

51稽留：迟滞，耽误。乏传：不代传。

52疏：分条陈述，书面报告。

53重厚：忠厚。

54以：与。

55“属”原作“厉”，据岑仲勉校改。

56苛：盘问。

57行间：到家中探问。

58瘳：病愈。

59谓及时找上级报到做事。

60赛祷：赛神祷告。

61益：奖赏。

62 63据岑仲勉校改。

64纵失：放纵罪人，遗失公物。据岑仲勉校改。

65借：借物。据岑仲勉校改。

66举：拾阅。

67藉：登记。

68孤：隔离。

⑲属：存恤。
⑳馔具：供食。
㉑占家五种：量自家之力认缴五谷。
㉒与杂资：赏与相当值的杂物。
㉓匿：隐瞒。
㉔悉：如数。
㉕微得：察知。
㉖以复佐上：把所得赏再缴给上级。
㉗王公有：没收为王公所有。
㉘"问"原作"间"，据岑仲勉校改。
㉙三杂：三匝，三重墙。
㉚据岑仲勉校改。
㉛捍士：捍卫城池的有功之士。
㉜淹滞：淹留，延迟。
㉝空隧：幽径。
㉞发：拆除。
㉟尼：阻碍。
㊱逾时不宁：过时不请假。
㊲"恣出"原作"次主"，据岑仲勉校改。
㊳蔽棋：下棋。据岑仲勉校改。
㊴誓令：戒严禁令。
㊵二曹：两队。
㊶更：派人更换。
㊷须：等待。
㊸抒：清除。

【译文】

安定国家的方法，从利用地理条件开始。地理条件得到充分利用就能成功，不能得到充分利用则劳而无功。人也是如此。守卫国家的条件不预先准备，则无法安定君主。官吏、士卒、民众大多不齐心合力者，责任都在其将长。各种赏罚与所有治理措施一定要出于公心。

国王屡次派人巡行犒赏守卫边城关塞、防备蛮夷侵扰而劳苦功高的人，并报告其守帅财用的有余或不足，以及哪些边疆地形便于戍守，哪些守帅器材准备充足。观察边境县邑的树木长得不好，就少用木材；田地开垦得不好，就少用粮食；没有大屋茅盖，就少用桑树。财物丰足的地方，民众讲究吃喝。内城建堞墙，设行栈，其上放置守备器材。城上官吏、士卒、炊事人员，要在其所守地段就近安排住处。炊事人员每十人安排两人。掌管信符的“养吏”一人，检查守护各门。守门人与有警戒任务的人，都不要叫无关的人在自己旁边逗留，不服从命令者杀。敌人一旦来到，城周在千丈以上的，一定要在郊外迎敌，对守方有利，城周不到千丈的，不在郊外迎敌，观察敌人部队的多少而采取因应措施，这是守城方法的大体。此外都参酌心术智谋与人事情况，作出相应处置。

凡是守城的人，以迅速消灭敌人为上策，其旷日持久以等待救兵的到来，这是不懂得守城的方法。能够做到这一点，才能守城。守城的方法：敌人距所守城邑百里之外时，守城之将就要召集各种官长与富人贵家亲属，住在官府内，谨慎地派可靠的人守卫，以慎重机密为好。

等到敌人开始爬城进攻的时候，守城将营不能少于三百人。四面守门将领，一定要在功臣与为国死难者的后代中选择，随从士卒各一百人。门将兼守他门，他门之上一定要加建高楼，派优秀射手驻守。女墙、冯垣一一派人守卫，任用贵家子弟。五十步设一储物之“隔”。

把城内的街道分为八部，每部设一个官吏，每个官吏有四个随从，以巡行于大道街巷。把街巷中不参与守城和会计事务的人，按街巷分为四部，每部设一个长官，以便盘查来往行人、不按规定时间行走或者行走而有其他异常的人，从中捉拿奸细。官吏随从士卒在四人以上。被分配担任守城任务的人，大将要给予信符。大将派人巡查守城情况，要持有信符。对信符不合或口号不相应的，百长以上应立即扣留，并报告给大将。应当扣留而不扣留，或者放纵随从吏卒放跑者，杀掉。对犯有死罪以上的，其父母妻子兄弟都逮起来。

守城男子每十人中有六人持弓弩，四人持其他兵器。成年女子、老人、少年每人拿一根矛。突然发生紧急敌情，中军赶紧击鼓三次，城上与城内道路街巷都不能任意走动，违反者斩杀。女子应召到大军，按照命令通行者男子行左边，女子行右边，不能并行。守城者各自坚守岗位，不服从命令者斩杀。擅自离开守城岗位的，三天查处一次，这是为了防备奸邪。里长与父老都驻守在里门，官吏巡行其地段，到里门，里长开门迎接官吏，与官吏一起巡查父老所守的岗位，以及偏僻街巷无人之处。奸民预谋通敌，罪当车裂；里长与父老及该地段主管官吏没有预先发觉者皆斩杀；如果预先发觉，免罪，并每人奖励黄铜四十八两。大将派可信之人巡查守城岗位，夜长时巡查五次，夜短时巡查三次。城上四面官吏也都自行巡查他所守卫的区域，就跟大将的巡查方法一样，不服从命令者斩杀。

所有炉灶一定要设置屏障，烟囱高出房屋四尺。谨慎不要失火，失火者斩其祸首。借失火胡作非为者车裂。同伴不举报失火者斩杀，举报者免罪。救火者不许喧哗。离开守城岗位而擅自跑到别的街巷救火者斩杀。里长与父老及守此巷的部吏都要救火，部吏赶快派人报告大将，大将派可信之人率领左右救火，部吏不报告而延误时机者处斩。女子有死罪及因失火而没有造成损失者，到放火捣乱者都依法处理。

敌人围城时的重禁：敌人突然来到，严厉命令官吏民众不许喧哗、三人相聚、并排行走、对坐而哭、流涕相视、举手探问、互相指手画脚、互相呼喊、互相挥舞、互相践踏、互相投掷、互相击打、互相摩擦（用身体及衣服）、吵嘴争执以及未经许可擅自视察敌人动静者处斩。同伴不举报处斩，举报者免罪。同伴中有人越城投敌而不举报者处斩。百长投敌，队吏处斩；队吏投敌，队将处斩。投敌者的父母妻子兄弟都车裂；预先发觉而举报者免罪。面对敌人进攻的大道而擅离岗位者处斩；同伴不举报者处斩；举报者免罪。

在攻道上勇猛战斗击退敌人，使敌人败退终不能组织队伍再来进攻的，勇猛战斗者每队选两人，赐给上等俸禄。战胜围困，城周一里以上，封城将为关内侯，赏土地三十里；辅将则赐上卿；丞与官吏相当于丞者赐爵五大夫；官吏豪杰参与谋划坚守者选十人，以及城上官吏相当于五官者都赐公乘。男子参与守城者每人赐爵二级；女子赐钱五千；男女老少没有参与守城者，每人赐钱一千，三年内免除徭役，不缴租税：这些都是为了劝勉官吏民众坚守城池，战胜围困而采取的措施。

官吏士卒守卫在大门中者的头目，不超过两人。勇敢者排在队伍前面，五人排一列，叫他们各自知道其前后左右。擅自离开官署者处罚。门尉在白天点名三次，在晚上击鼓闭门时点名一次。太守经常派人检查，登录上报擅自离开官署者的名字。早晚用餐都在官署，不许在外面吃饭。太守一定要谨慎细致观察谒者、执盾、中涓及妇女在前事奉者的意志、颜色、服从使令、语言等情况。对奉上的饮食一定要叫人先尝，若有异常情况，就把当事人抓起来盘问清楚。对谒者、执盾、中涓及妇女在前事奉者中，如果有不喜欢的，太守说“处罚”、“打”或“捆绑”，不执行命令或拖延捆绑者都要受处罚。一定要时时屡屡告诫他们。门下士卒早晚值勤或立或坐，命令他们各以年龄长少排列次序，早晚就位，有功有能者居上位，其余都依次排列。每五天，官吏上报嬉戏、居处不庄重与好侵侮别人者各一人。

所有外来人士、使者，一定要持有凭证。将领外出回来或巡行回来，一定要派人先告诉家属，家属才出来迎接，向太守报告以后，才能回家。下级应经常体察上级，下级跟随上级行动；下级必须跟随上级，上级不跟随下级。外来士卒替主人守城，以及担任守卫任务者，主人亦须对其加以防备。城中戍卒的城邑，如果已经被敌人攻陷，要谨慎地防备他们，经常登录他们的名字存放在官署，不要让来自同一个城邑的人共同戍守一处。负责戍守上城台阶大门的官吏，要严格检查信符，信符相合者放其进入，并慰劳；信符不相合者将其扣留，并报告太守。

夜里大鼓放在太守大门中。晚上派骑兵或使者持符节关闭城门者都拿着令牌。黄昏击鼓十下，各门亭都关闭，擅自行走者断罪，一定要捆起来问明行走的原因，再执行处罚。早晨打响大鼓放行，主管各城门的官吏，分别进入官署拿钥匙开门已毕，马上再交还钥匙。有符节者除外。敌寇来到，城门楼击鼓五次，接着周围击鼓，间杂着击小鼓来应和，小鼓击五次后才集合者断罪。

命令一定要足以使人感到畏惧，奖赏一定要足以使人感到有利。有命令就一定要行动。命令一发出，马上派人跟随，省察其可行不可行。口号：晚上有口号；口号不合者断罪。制定守城战备章程，标题就叫做“某某章程”，公布在街巷、大道台阶与门上，叫往来行人都能看到并遵照办理。所有官吏士卒民众有预谋杀伤其将长者，与谋反同罪。有能捕告者，赐给黄铜二十斤，免除罪过。不属于自己的分职而擅自拿取，与不属于自己所应当治理的事而擅自治理者断罪。所有官吏士卒民众不属于自己的部界而擅自进入其他部界，马上拘留以交给都司空或候，候报告太守，不拘留而擅自放纵者断罪。能捕得谋反、卖城、越城归敌者一人，用命令免除死罪两次与城旦罪四次。翻越城墙抛弃父母而逃亡者，其父母妻子兄弟都断罪。全部查报民宅木材、瓦与垒石的数量，登记其长短、大小。应当查报而不查报者，官吏有罪。

所有住在城上的士卒民众都各自保证其左右，左右的人犯罪而不知道，在一个联保组的人都有罪。如果能亲身捕获罪人或向官吏报告的，都给予奖赏。如果不在那个联保组，而预先知道其他联保组的犯罪行为，都加倍给予奖赏。城下街道中居民各自保证其左右、前后，与城上一样。如果城小人多，就把老弱迁移到国中其他大城去加以保护。敌寇来到，估计其一定进攻，主方先拆除附在城墙边的房屋，但不焚烧。敌寇在城下时，更换官吏士卒的防守岗位，而不更换其给养人员，给养人员不许上城。敌寇在城下，储备各种盆瓮瓶，城下百步一堆，一堆五百个。城门内不能有房屋，造大棚，墙高一丈四尺，有窥视孔。架行栈，向内开门。两道关门，一面堞墙。清除城外广场，距离护城河一百步，墙垣、树木不论大小都推倒砍伐除去。敌寇所经过的小道、近路与广场，都建瞭望哨楼。水中插竹签。

太守堂下建大楼，居高临下俯视全城。太守堂下四周都有信道。太守在堂中接应宾客，宾客则等待召见。太守经常召见在保宫中的三老，与其计议事情的得失，德行、计谋相合，继续入保。太守不要出行城上，不要离开住地。各守城者要清楚地知道城墙矮与护城河浅的地方，而加意防守。早晚士卒按鼓音来行动。用人少更动。

守城之事，城外由令负责任，城内由太守负责任。如果令、丞、尉的下属有逃亡的，满十人以上令、丞、尉各降爵二级，满一百人以上，令、丞、尉免职，充当戍卒；允许用捕获的俘虏来抵当罪过，抵当一定要是俘虏的敌寇才算。募集民众的财帛粟米，民众想用来交换各种日用器具者，用平价给予计值。本城人的相识、兄弟有罪，即使他们不在县中，本城人想用粟米、金钱、布帛及其他财物替他们赎罪，请求赦免出去的，法令允许。

每十步安排一个负责传达言论的人，滞留或不传达者断罪。凡是可以方便办事的赶紧用书面报告太守。官吏士卒民众有所建议，应该赶紧向上传达，官吏滞留不传达者断罪。各县要上报其县中豪杰、谋士、家居的大夫及品德忠厚者的人数。官府与城下的官吏士卒民众都参加前后左右的火灾联防，失火自烧，或火灾蔓延烧了别人，都要断罪。凡是以众强欺凌弱小、强奸人家妇女与喧哗者，以及擅自上城者、不按规定穿衣服者，都要断罪。

各城门与路亭要谨慎地检查往来行人的符节，符节可疑或没有符节，都送到县廷，问明他是何人所派。有符节者妥善安排在官府居住。他们若有相识、兄弟想见，替他们召来，不要让他们自己进入城中街巷，三老、守闾可令家中所属仆役代为应召。其他有事者与身份卑微者都不得擅自进入城中街巷，三老不得擅自进入平民家。向街巷传达命令用羽书，羽书保存在三老家。向平民家传达命令直接送到平民家中。遗失命令或延迟传达命令者断罪。三老、守闾家有守家人置办饮食。官吏士卒民众没有符节而擅自进入街巷、官府，官吏、三老、守闾没有盘问制止，都要断罪。凡是盗窃守城器械、财物及私人财物者，价值一钱以上，都要断罪。官吏士卒民众要在揭帖上大书各自的名字，张贴在自己所属的岗位，太守巡视其岗位，发现有擅自闯入者断罪。城上每天换发一次床垫，规定互相交换，有隐匿不报别人所挟藏之禁物者断罪。

官吏士卒民众战死，马上召集其家属与次司空一起埋葬，不得久坐哭泣。葬事已毕，太守派官吏亲自到死者家中，表示悲伤哀悼。让重伤者回家治病，妥善调养，供医给药，每天赏酒二升，肉二斤，派官吏经常到家探问，如果病已痊愈，应马上找上级报到做事。如果有意自伤，欺骗官府，以逃避战事者，罪连三族。

敌寇退去，战事已毕，赛神祷告。太守下令奖赏豪杰与奋力战斗的所有有功者，一定要亲身到死难者家中凭吊哀悼，亲自接见死难者遗属。城邑解除围困以后，太守速派使者前往慰劳，举荐有功者及死伤者家属，授予爵禄，太守以身尊宠，明白表示敬重，让他们结怨于敌。

城上士卒与官吏，各自联保其左右。如果有在城内替外敌谋划者，父母妻子兄弟都断罪。左右联保的人知道而不捕告者，都与其同罪。有能捕告者封以千家之邑。如果不在其左右联保区内，而能捕告其他联保区的罪人，封以两千家之邑。城下街巷中各家人都互相联保，奖罚数量与城上一样。

守城禁令：官吏士卒民众想用敌寇徽号标志与旌旗者断罪。不服从命令者断罪。擅自发布命令者断罪。遗失命令者断罪。倚靠战戟悬身下城，上下城墙的方式与众不同者断罪。无人响应而胡乱喊叫者断罪。放纵罪人，遗失公物者断罪。赞誉敌方，诽谤我方者断罪。擅离职守，聚众乱语者断罪。闻城鼓声而延迟报到者断罪。人们各自在板上大书名字，放在自己的岗位上，太守一定要亲自检查其报到先后。不是自己的岗位，而妄自闯入者断罪。擅离岗位与左右之人共入其他岗位，其他岗位左右之人不予捕告，夹带私人信件，办理私人请托，以及为办理私人请托而请人写信，放弃守城的事，而办理私家的事，士卒民众偷取别人妻子婴儿，都断罪不赦免。被偷取的妻子婴儿经人举报依法籍没。无符节而横行军中者断罪。敌人在城下，需要多次交换守城岗位，而不交换炊事人员。赞誉敌人，把敌人少说成多，把敌人乱说成治，把敌人进攻方式笨拙说成巧妙者断罪。不能借东西给敌人，敌人用箭射来书信，不许拾阅，敌人在城外对城内示以伪善，不许响应，不服从命令者都断罪。禁令规定不许拾阅敌人用箭射来的书信，也不许用箭向敌人射书信，违犯命令者父母妻子都断罪，在城上枭首示众，有能捕告者，赏黄铜二十斤。只有太守与持有太守符节的使者才能在禁止通行的时间行走。

太守进入临城官府，一定要谨慎地询问父老、吏大夫，了解那些有仇怨而不易消除者，召他们前来，讲明白道理，为他们消解仇怨，太守一定要把他们与其他人区别开来，登录名字，采取分离措施，如果有以私怨妨害守城与官事者，父母妻子都断罪。在城内为城外敌人谋划者，罪连三族。有能发现并捕告者，根据其所守城邑的大小给予封赏，太守授予印信，给予尊宠的官职，让吏大夫与士卒民众都明确知道。经常招请对外与诸侯多有结交的豪杰之士，叫上级都知道，妥善给予存恤，地方官经常宴请，叫他们不得擅自出入，以其亲属为人质。街道乡镇长者、父老、豪杰的亲戚父母妻子，一定要给予尊宠，如果贫穷饥饿，上级给予救济。勇士的父母亲戚妻子，都经常给予酒肉，一定给予尊敬，住处一定要接近太守。

太守大楼临近质宫，周围妥善保卫，大楼密涂泥，叫下边看不见上边，上边可以看见下边，下边不知上边有人无人。太守身边的人，用官吏中坚贞廉洁、忠信可靠、能够任事者，其饮食酒肉不限，金钱布帛财物各自防守，谨慎不要被偷盗。保宫外一定要修三重围墙，墙上垒瓦片。保宫的守卫一定要用忠厚戍卒。城门有主管官吏，谨慎选择官吏中忠信可靠能够任事者，负责各城门里门的关闭，一定要有太守的符节。令将自行守卫，在周围筑十尺高的墙垣，守大门与闺门者一并守卫司马门。占望吉凶之气者的住处一定要接近太守。巫师住处一定要接近公社，一定要敬重神灵。巫祝史与望气者一定要用好话告诉民众，把实情报告太守，太守独知实情就可以了。巫与望气者妄自用不好的话使民众惊恐，严惩不贷。

估计粮食不够，叫民众各衡量自家之力，报告认缴五谷的石斗数，规定缴纳日期，在账册上登记认缴之数，官吏赏予相当其值的钱物。规定日期已到，仍隐匿不认缴，或认缴不够数，让官吏士卒察知，都断罪。有能捕告者，赐给所举报粮食的十分之三。征收粟米布帛金钱畜产，都要公平估价，给主人开具物价券，写明数量，守城战事已毕，都各以其价加倍赔偿。可以用其被征收物价的贵贱多少赐给爵禄，想当官者允许，不想当官而想接收赐给的爵禄，或赎出亲戚朋友中的罪人者，命令允许。在保宫中接见受奖赏者，表示与其亲近。把所受奖赏再度捐献帮助上级者，都加倍赏给爵禄。认缴账册写某县某里某人家两口人，积粟六百石。某县某里某人家十口人，积粟一百石。交出粟米有日期，过期不交者，没收为王公所有，有能察知或举报者，赏给其中的十分之三。谨慎地不要让民众知道我们藏有多少粟米。

太守进入城市，先从挑选侦探开始，挑选得当马上接到宫中供养，不要叫他知道我们守卫的准备。侦探互相分隔居住，父母妻子与其一起居住，赐给衣食酒肉，官吏妥善给予招待。侦探回来报告，就向其询问。太守宫室有三道围墙，内外环墙四角建瞭望哨楼，守楼与保宫相连一丈五尺有上下复道。保宫不分隔为室，三日一换席垫，略为视察，在宫中铺茅草，厚三寸以上。一定要派乡邑中忠信可靠之士做侦探，妥善供养其亲戚妻子。一定要重视派遣侦探，供养其父母妻子，分开居住，不与众人同住，给予酒肉食物。派遣其他侦探，待遇同前。侦探回来，对他们所提供的情报互相参比，审察以后才相信，并给予优厚赏赐。侦探派遣三次，三次提供的情报都可信，给予优厚赏赐，不想接受赏赐，而想当官者允许，年俸二百石，太守授予官印，其不想当官，而想接受奖赏者，所授予的爵禄同前。有能深入敌国，到其国都搜集情报者，经询问审察可信，奖赏比其他侦探多一倍，其不想接受奖赏，而想当官者允许，让他当年俸三百石的官吏。对于捍卫城池立功受奖者，太守一定亲自到其父母的住所，叫他们亲眼看见太守的信任。其想把奖品再捐献以帮助上级者，对其奖赏、爵禄与赎出的罪人加倍。

派出警戒兵不超过十里。在地势高的方便处所树立标志，每处标志派三个人看守，从最远处到城墙共树立三处标志，用烽燧与城上遥遥相望。白天点起烽烟，夜里举起火把。探听到敌寇所进攻的方向，察知敌寇的形势必然发动进攻，判断小城不能自行守住交通要道者，要尽力保住其老弱粟米畜产。派出的警戒兵不超过五十人，敌人来到城堞，撤离，谨慎不要延迟。警戒兵队伍不超过三百人，日暮派出，佩戴徽职。人们常经过的幽径、要塞，每里至少派三个善于察看敌人踪迹者，天一亮就去察看，各立其标志，城上给予反映。派出的警戒兵越过田野树立标志，守坐郭门内外者也树立其标志，让士卒半数守坐在郭门内，使人无法知道其人数多少。遇有敌情，看见敌寇越过田野的标志，城上用旗指挥，警戒兵击鼓整旗以备战，服从旗号的指挥。望见敌寇，点一堆烽烟。敌人入境，点两堆烽烟。敌人逼近外城，点三堆烽烟。敌人进入外城，点四堆烽烟。敌人逼近内城，点五堆烽烟。夜间点火，数量同前。

离外城一百步，墙垣不论高低都推倒清除，树木不论大小都砍伐，井都填塞，不要让敌人从中汲水，城外空屋都拆除。各种可以用来攻城的东西，都运进城内，让其主人各自记载，守城事毕，各自按其记载领取。官吏给予收条，写明件数。当路木材不能都运进城内，就烧掉，不要叫敌人得到而利用。每人把自己名字大书于板上，放在自己的岗位上。

官吏公布其处治条例：放纵淫欲，其罪以矢贯耳。骄蛮欺凌，吵闹不休，挡路阻碍众人，误事迟到，过时不请假，其罪以矢贯耳。喧嚣惊众，其罪该杀。诽谤上级而不谏劝，恣意妄言，其罪该杀。军中不能藏有乐器，不许下棋，违者以矢贯耳。没有上级命令，不能驾车飞驰，聚众奔逸，违者其罪以矢贯耳。不能在军中放跑牛马，违者其罪以矢贯耳。不按时吃饭，其罪以矢贯耳。不能在军中唱歌哭泣，违者其罪以矢贯耳。命令各级官吏执罚，该杀者就杀。官吏见有罪而不处罚者同罚，放跑罪犯者亦杀。凡将帅统领士众战斗失法者杀。凡上级没有让士卒官吏民众听到禁令而犯罪，上级代替服罪。凡在市上处死犯人，陈尸三日。

在太守门外守卫的卫兵，分为两队，夹门而坐，用餐时派人更替，不能空缺。太守门外卫兵有一官长，太守经常叫他上报文书，开列逃亡者的名字供太守检查，太守据以责成门尉与其官长，有逃亡者即呈入报告。四人在太守门内两边坐，二人在散门外两边坐。太守接见宾客，卫兵持兵器站在前面。吃饭时派人更换，上报侍者名字。太守堂下高楼上的候望者，如果望见乘车或骑兵从道外来者，以及城中的异常情况，马上向太守报告。太守则等待城门上的候望者及邑吏报告的情况，相互参验。楼下人听到候望者的话，报告太守。负责传达事务的中涓二人，夹坐在散门内，门经常关闭，吃饭时更换，中涓中有一位长者。

环绕太守宫的街衢，修夹道，在两旁筑墙，高一丈，设窥视孔，以监视保宫。夹道与墙外街衢，都建哨楼，居高临下监视街道，哨楼上放一鼓，砻灶。遇有情况则击鼓，官吏来到而停止，夜里用火指示。鼓架不要像鸡用两足而立。收到文书，一定要谨慎地与其他情况互相参考检验，如有不合法之处，则当改正或询问。城下每五十步建一厕所，上下厕所共享同一个粪坑，所有有罪过而可以不判罪的，命令清除厕所以示惩罚。

51. 杂守

【说明】

《杂守》叙述防备和抵御敌方筑土台攻城的方法，烽火、徽帜的管理办法，征集民财的措施，围城危机时的节食方法，城防工程设施，以及广纳人才，充分发挥人力作用，以利守城战斗的方法等。

【原文】

禽子問曰："客衆而勇，輕意見威[①]，以駭主人，薪土俱上，以爲羊黔，積土爲高，以臨吾民，蒙櫓俱前，遂屬之城，兵弩俱上，爲之奈何？"

子墨子曰，子問羊黔之守耶？羊黔者攻之拙者也，足以勞卒，不足以害城；羊黔之攻，遠攻則遠害，近城則近害，害不至城。矢石無休，左右趣射[②]，壘爲拄後[③]，望以固，厲吾鋭卒，慎勿使顧[④]，守者重下，攻者輕去，養勇高奮[⑤]，民心百倍，多執數賞，卒乃不怠。作土不休，遂屬之城，以禦雲梯之法應之。凡待堙、沖、雲梯、臨之法，必廣城以禦之；曰不足[⑥]，則以木椁之[⑦]，左百步，右百步。繁下矢石沙灰以雨之，薪火水湯以濟之，選厲鋭卒，慎勿使顧，審賞行罰，以靜爲故，從之以急，無使生慮，養勇高奮，民心百倍，多執數賞，卒乃不怠。沖臨梯皆以衝衝之。

渠長丈五尺，其埋者三尺，夫長丈二尺。梯渠廣丈六尺，其梯丈二尺，渠之垂者四尺。渠無傅堞五寸。梯渠十丈一。渠答大數，里二百五十八。渠答百二十九。諸外道可要塞以難寇[⑧]，其甚害者爲築三亭[⑨]，亭三隅，織女之[⑩]，令能相救。諸鉅阜、山林、溝瀆、丘陵、阡陌、郭門若閻術[⑪]，可要塞及爲徽職，可以迹知往來者少多及所伏藏之處。保民先舉城中官府[⑫]、民宅、室署，大小調處；保者或欲從兄弟、知識者許之。外宅粟米、畜産、財物、諸可以佐城者[⑬]，送入城中；事即急，則使積門內。民獻粟米、布帛、金錢、牛馬、畜産，皆爲值平價與主券，書之[⑭]。

築郵亭者圜之[⑮]，高三丈以上，令倚殺。爲臂梯[⑯]；梯兩臂，袤三尺[⑰]，連版三尺，報以繩連之[18]。塹再匝[19]，爲懸梁。亭一鼓，礱竈。寇烽亂烽、傳火，以次應之，至主國止[20]，其事急者引而上下之。烽火已舉，輒五鼓傳，又以火屬之[21]，言寇所從來者少多，毋淹滯[22]；去來屬次[23]，烽勿罷。望見寇，舉一烽。入境，舉二烽。射棲[24]，舉三烽、一籃[25]。郭會[26]，舉四烽、二籃。城會[27]，舉五烽、三籃。夜以火，如此數。守烽者事急。

候無過五十，寇至堞，隨去之，無淹滯。日暮出之，令皆爲徽職。鉅阜、山林，皆令可以迹者平明而迹，無下里三人。各立其表，城上應之。候出置田表，斥坐郭內外，立旗幟，卒半在內，令多少無可知。即有警，舉外表。見寇，舉內表。城上以麾指之，斥步鼓，整旗以備戰，從麾所指。田者男子以戰備從斥[28]，女子亟走入。即見寇，鼓，傳到城止。守表者三人，更立捶表而望，守數令騎若吏行旁視[29]，有以知其所爲。其曹一鼓。望見寇，鼓，傳到城止。

斗食[30]，終歲三十六石。三食[31]，終歲二十四石。四食[32]，終歲十八石。五食[33]，終歲十四石四斗。六食[34]，終歲十二石。斗食，食五升。三食，食三升小半。四食，食二升半。五食，食二升。六食，食一升大半。日再食[35]。救死之時，日二升者二十日，日三升者三十日，日四升者四十日，如是而民免於九十日之約矣[36]。城中無食，則爲大殺[37]。

寇近，亟收諸離鄉金器若銅鐵及他可以佐守事者[38]。先舉縣官室居官府不急者[39]，材之小大、長短及凡數[40]，即急先發[41]。寇薄[42]，發屋[43]，伐木，雖有請謁[44]，勿聽。入柴，勿積魚鱗參，當隊[45]，令易取也。材木不能盡入者燔之[46]，無令寇得用之。積木，各以長短、小大、惡美形相從，城四面外各積其內，諸大木者皆以爲闞鼻[47]，乃積聚之。

城守，司馬以上父母、昆弟、妻子有質在主所，乃可以堅守。署都司空[48]，大城四人，候二人，縣候面一[49]，廷尉、次司空、亭一人。吏、侍守所者，材足[50]、廉信、父母昆弟妻子有在保宮中者，乃得爲侍吏。諸吏必有質，乃得任事。守大門者二人，夾門而立，令行者趣其外[51]。各四戟，夾門立，而其人坐其下，吏日五閱之，上逋者名。

池外廉有要、有害，必爲疑人，令往來行夜者射之，誅其疏者。牆外水中爲竹箭。箭尺廣二步，箭下於水五寸，雜長短，前外廉三行，外外向，內亦內向。三十步一弩廬，廬廣十尺，袤丈二尺。百步一隊，隊有急，亟發其近者往佐，其次襲其處[52]。守節[53]：出入使，主節必疏書[54]，署其情[55]，令若其事[56]，而須其還報以檢驗之[57]。節出：使所出門者，輒言節出時操其名。閣通守舍，相錯穿室。治復道，爲築墉，墉善其上。

取蔬，令民家有三年蓄蔬食，以備湛旱[58]、歲不爲[59]。常令邊縣豫種蓄芫、芒、烏喙、椒葉，外宅溝井可填塞，不可，置此其中。安則示以危，危則示以安。寇至，諸門戶令皆鑿而類竅之[60]，各爲二類，一鑿而屬繩，繩長四尺，大如指。寇至，先殺牛、羊、雞、狗、鳧、雁、彘，皆剝之，收其皮革、筋、角、脂、腦、羽。

吏橨、桐、栗厚，簡爲衡柱，事急，卒不可遠，令掘外宅林，課多少，若治城爲擊。爲鐵鈀，三隅之，重五斤以上[61]。諸林木渥水中[62]，無過一筏[63]。塗茅屋若積薪者，厚五寸以上。吏各舉其部界中財物可以佐守備者上[64]。

有讒人，有利人，有惡人，有善人，有長人，有謀士，有勇士，有巧士，有死士[65]，有內人者，外人者，有善愛人者，有善門人者[66]，守必察其所以然者，應名乃納之。使人各得其所長，天下事當。均其分職，天下事得。皆其所喜，天下事備。強弱有數，天下事具矣。

民相惡若議吏，吏所解[67]，皆劄書藏之，以須告者之至以參驗之。睨小五尺不可卒者，爲署吏，令給事官府若舍。壘石、厲矢、諸材器用皆謹部，各有積分數。爲軺車以梓[68]：盛矢以軺車，輪轂廣十尺，轅長丈，爲三幅，廣六尺。爲板箱，長與轅等，高四尺，善蓋上，治中，令可載矢。

子墨子曰：凡不守者五：城大人小，一不守也。城小人衆，二不守也。人衆食寡，三不守也。市去城遠，四不守也。蓄積在外，富人在墟，五不守也。率萬家而城方三里。

【注释】

①轻意：轻视，骄慢。

②趣：急促。

③垒:垒石,大石。为拄后:在后支撑,做后盾。
④无使顾:无使后顾。
⑤养勇:培养勇敢精神。
⑥曰:如果。
⑦椁:包盖,加固。
⑧外道:城外大道。可:可筑。难:阻难。
⑨害:要害。亭:瞭望亭。
⑩织女之:像织女星三角形排列。
⑪阎术:术阎,里门。
⑫举:取。
⑬佐城:帮助守城。
⑭值:估定价值。
⑮邮亭:烽燧守望之所。
⑯臂梯:有臂之梯。
⑰"衮"原作"长",据岑仲勉校改。
⑱报:往复缠绕。
⑲"匝"原作"杂",据岑仲勉校改。
⑳主国:国都。
㉑属:继。
㉒据岑仲勉校改。
㉓去来属次:敌人来往行踪不定。
㉔射栖:敌矢可达城郭。据岑仲勉校改。
㉕篮:大筐笼。
㉖郭会:到外城。
㉗城会:到内城。
㉘田者:在田间耕作的农民。
㉙旁视:四处巡视。
㉚斗食:每日一斗,每日两餐,每餐五升,一年三十六石。
㉛三食:三分斗而日食其二,每餐食三升小半,一年二十四石。
㉜四食:四分斗而日食其二,每餐食二升半,一年十八石。
㉝五食:五分斗而日食其二,每餐食二升,一年十四石四斗。
㉞六食:六分斗而日食其二,每餐食一升大半,一年十二石。
㉟日再食:一日两餐。
㊱约:节约。
㊲据岑仲勉校改。杀:减。
㊳离乡:边境乡镇。

㊴举:查勘登录。
㊵凡数:总数。
㊶发:征收。
㊷薄:迫近。
㊸发屋:拆毁房屋。
㊹请谒:托私情请求照顾缓办。
㊺当队:当路。
㊻燔:烧。
㊼关鼻:一端穿孔可以绳系连。
㊽署:置。
㊾面一:每面各一人。
㊿材足:有充足的才能,有能力。
(51)趣:快走。
(52)袭:继。
(53)守节:太守之节。
(54)主节:掌管符节之吏。疏书:书写。
(55)署:记载。
(56)若:如,符合。
(57)须:等待。
(58)湛:久雨。
(59)岁不为:年景不好,五谷不成。
(60)类窍:穿孔。
(61)据岑仲勉校改。
(62)渥:浸渍。
(63)筏:排。
(64)(65)(66)据岑仲勉校改。
(67)解:辩护。
(68)轺车:轻小便捷的马车。

【译文】

禽子问道:"敌人众多并且勇敢,轻视骄慢,显露威风,用来惊吓主方,柴火黄土齐上,修筑土山,越筑越高,以居高临下接近我方民众,用大盾做掩护一齐上前,于是接近城头,兵器弓弩齐上,该怎么办呢?"

墨子说,你问筑土山的防守吗?筑土山是笨拙的进攻方法,足以使敌人士卒疲劳，不足以危害我城。抵御敌人筑土山的进攻，敌人远攻则远破，近城则近破，则不至于危害我城。石头弓矢不停地抛射，左右急射，投掷小石以后，再继之于大石，关照我方士卒，坚定其意志，鼓励其锐气，谨慎地不要使其有后顾之忧，守城者敬重击退敌人者，进攻者轻视离开岗位者，培养其勇气，提高其奋斗意志，民心增强百倍，多俘获敌人就多给奖赏，于是士卒就不会懈怠。

敌人不停堆土，于是接近了我方城墙，这时就用抵御云梯的方法对付。凡对待填塞护城河，用冲车攻城，用云梯攻城和筑土山临城的方法，一定要用加筑台城的办法来抵御。如果来不及，则以木加外郭，左右各一百步。频繁地像下雨一样地抛下矢石沙灰，接着用薪火烧，用开水烫，挑选鼓励精锐士卒，谨慎地不要使其有后顾之忧，审慎地实行赏罚，以镇静为好，又需当机立断，不要使其产生顾虑，培养其勇气，提高其奋斗意志，民心增强百倍，多俘获敌人就多给奖赏，于是士卒就不会懈怠。敌人使用冲车、临城、云梯，都可以用冲车撞击。

渠柱长一丈五尺，下埋三尺，臂长一丈二尺。梯渠长一丈六尺，其梯长一丈二尺，渠下垂四尺，渠不要接近城堞五寸。梯渠十丈一个。渠答大致数目每里二百五十八，或一百二十九。各城外道路可筑要塞以阻挡敌寇，最要害的地方筑三个瞭望亭，呈织女星三角形排列，能互相救援。各大岗、山林、沟渎、丘陵、田间道路、城门与里门，可筑要塞，设标志，可以察知敌人往来多少及所埋伏之处。疏散城外民众，先取城中官府、民宅、室署，按大小调配。允许被疏散者与其兄弟、相识者同住。城外住宅的粟米、畜产、财物，凡可以帮助守城者，都送入城中，若事情紧急，则可暂积于城门内。民众所献粟米、布帛、金钱、牛马、畜产，都按平价估定价值，给主人以物价券，写明数量。

修筑圆形的邮亭，高三丈以上，越往上越小。设臂梯，梯有两臂，宽三尺，连版相距三尺，用绳缠绕连接。挖两道壕沟，设吊桥。每亭设一鼓，砻灶。报告敌情、报警、报告寇乱的烽火，依次传递响应，一直到国都为止，其事情紧急者还要牵引烽火上下滑动。烽火已举，马上击鼓五次传报，再用火继之，报告来进犯的敌寇有多少，不要延误。敌寇来去行踪不定，烽火不要熄灭。望见敌寇，举一烽。敌寇入境，举两烽。敌寇距城只有一箭之地，举三烽，加一篮。敌寇入郭，举四烽，加两篮。敌寇到城墙下，举五烽，加三篮。夜里用火，数目如上。守候烽火者事情紧急。

每次派出警戒兵不超过五十，敌寇攻到城堞，就撤到城内，不要延误。日落派出，叫他们都佩戴徽章标志。派善于勘查敌人踪迹的人，天亮时就到大岗、山林去勘查，每里不少于三人。各自树立标志，城上予以响应。警戒兵出城立田表，城内的警戒兵坐在郭门内外，树立旗帜，士卒一半在郭门内，叫外人不知有多少。遇有敌情，举外表。望见敌寇，举内表。城上用旗帜指挥。警戒兵击鼓，整旗以备战，服从旗帜的指挥。在田间耕作的男子，跟从警戒兵作战，女子赶快走入城内。看见敌寇击鼓，传到城内为止。守标志的三人，还要树立燧表而守望。太守不断派出骑兵或官吏到各处巡察，这样才能知道他们的行动。守标志的警戒兵有一鼓，望见敌寇就击鼓，传到城上为止。

每天吃一斗粮食，一年吃三十六石。每天吃三分之二斗粮食，一年吃二十四石。每天吃四分之二斗粮食，一年吃十八石。每天吃五分之二斗粮食，一年吃十四石四斗。每天吃六分之二斗粮食，一年吃十二石。每天吃一斗粮食，每餐吃五升。每天吃三分之二斗粮食，每餐吃三升又一小半升。每天吃四分之二斗粮食，每餐吃二升半。每天吃五分之二斗粮食，每餐吃二升。每天吃六分之二斗粮食，每餐吃一升又大半升。每日吃两餐。救死的时候，每天吃二升持续二十天，每天吃三升持续三十天，每天吃四升持续四十天。这样，民众就可以通过九十天的节约粮食，而免于死亡了。城中粮食匮乏，消耗粮食的指标还要大减。

敌寇逼近，紧急收集偏远之乡的金属器具、铜铁及其他可以做守城用的物品。先调查登记县官居室与官府中不急用的物品，其材料的大小、长短及总数，紧急先行征发。敌寇迫近，拆毁房屋，砍伐树木，若有托私情请求缓办者，不可听从。运入柴火，不要像鱼鳞一样散开排放，要当路堆积，以便于取用。木材不能都运进城内者烧掉，不要叫敌寇得到而使用。堆积木材，各以其长短、大小、好坏与形状整齐堆放。城外四面各运进城内堆积，所有大木头都要穿孔，以便穿绳堆积。

守城时，官职在司马以上的，其父母、兄弟与妻子中，有人质留在主帅府，才能够坚守。大城设置都司空四人、候二人，县候每面一人，每亭设置亭尉、次司空各一人。事奉在太守官署中的官吏，要选择有充足才能、贞廉忠信与父母兄弟妻子有在保宫中者来担任。所有官吏一定要留有人质，才能任事。两人守大门，在门两边站立，叫走路的人赶快走开。有四戟分列在门的两边，守门者坐在戟下。官吏每天检查五次，上报逃亡者的名字。

在护城河外边的要害之处，如果确定有可疑之人，则命令往来巡夜者向其射箭，疏失者应受惩罚。护城河水中暗插竹箭，插竹箭的地方宽两步，竹箭上端低于水面五寸，长短错杂，前部外边三行竹箭，外边的一排向外倾斜，里边的一排向里倾斜。每三十步设一弩庐，弩庐宽十尺，长一丈二尺。每百步有一队伍驻守，某一队伍告急，紧急征发其就近的队伍前去增援，再派其次近的队伍接充其防务。太守的符节：凡有人出使，主管符节的官吏一定要书写登录，记载其情由，令其与所办之事相符，并等待其回来报告时加以检验。使者操符节从某门出行，守门者马上报告操符节出使者的名字。保宫边门通太守房舍，旁门互相穿错，修复道，筑墙，墙上安插瓦片。

取存蔬菜：叫民众家储蓄供三年用的蔬菜食物，以防备水灾旱灾收成不好的年景。经常叫边县豫种并储蓄毒性植物芫、芒、乌喙、椒叶，城外住宅沟井可以填塞，不能填塞的就把这些毒性植物放在其中。和平安定时期，则告诉民众可能发生的战争危险。处在战争的危机当中，则告诉民众通过守城战斗可以求得和平安定。敌寇来了，各门户都叫凿两种孔，一孔穿绳，绳长四尺，像指头一样粗。敌寇来了，先杀牛羊鸡狗凫雁凫，都剥去皮，收集其皮革筋角脂脑羽毛备用。官吏取槚、桐、栗等厚材木做梁柱，如事急不可远取，则尽量采伐就近的林木。制作重五斤以上的三棱铁钯。浸渍存放在水中的木材不要超过一排。在茅屋与积薪上涂泥，厚五寸以上。官吏各自调查登记其辖区中可以帮助守城的财物上缴。

有爱讲坏话的人，有乐于助人者，有品德恶劣的人，有乐善好施的人，有高个子，有足智多谋的人，有勇敢的人，有心灵手巧的人，有不怕死的人，有老住户，有新来人，有好心人，有爱打架的人，太守一定要审查其所以如此的原因，名实相符弄清情况就予以收纳任用。使人各自发挥其长处，天下的事情就能办妥当。均衡地分配其职责，天下的事情就能办得有成效。所分配的职责都是其所喜欢的，天下的事情就能办完备。尽管人力的强弱有定数，但只要各尽所能，天下的事情就具有了办好的保证。

民众互相交恶，或对官吏有所控告，以及官吏的辩护，都要书写收藏，以等待报告者到来而加以参考验证。观察身高低于五尺，而不能充当士卒的少年，由署吏统辖，叫他们在官府或官舍做事。垒石、厉矢与各种财物器具，都要谨慎部署，各有总数与分数的记载。用木头制成盛箭的马车，轮毂宽十尺，辕长一丈，做三个轮子，相距六尺，制作板箱，长一丈，高四尺，做好盖子，里面整齐，可以载矢。

墨子说：有五种情况不便于防守：一是城大人少，二是城小人多，三是人多粮食少，四是市离城远，五是积蓄与富人在外。大约有一万家居民，而城墙方圆三里，便于防守。

主要参考书目

1.傅山 《墨子大取篇释》,宣统刊本。

2.张惠言 《墨子经说解》,清乾隆五十七年手稿本。

3.毕沅 《墨子注》,《经训堂丛书》,乾隆刊本。

4.黄丕烈 《校墨子》,嘉庆刊本。

5.江有诰 《墨子韵读》,嘉庆刊本。

6.朱亦栋 《墨子书札记》,光绪刊本。

7.洪颐煊 《读墨子丛录》,道光刊本。

8.王念孙 《读书杂志》,道光刊本。

9.戴望 《墨子校记》,《墨子集成》本。

10.苏时学 《墨子刊误》,同治刊本。

11.陈澧 《墨子读书记》,同治刊本。

12.王树楠 《墨子注补正》,光绪刊本。

13.吴汝纶 《考定墨子经下篇》,光绪刊本。

14.吴汝纶 《点勘墨子读本》,宣统刊本。

15.孙诒让 《墨子间诂》,中华书局 1954 年《诸子集成》本,1986 年孙以楷点校本,2001 年孙启治点校本。

16.王闿运 《墨子注》,《湘绮楼全书》,光绪刊本。

17.曹辉湘 《墨子笺》,光绪刊本。

18.沈湛钧 《墨子经说校正集解》,光绪刊本。

19.俞樾 《诸子平议》,民初刊本。

20.尹桐阳 《墨子新释》,1914 年衡南学社石印本。

21.张之锐 《新考正墨经注》,1921 年河南官书局本。

22.张煊 《墨子经说新解》,《墨子集成》本。

23.梁启超 《墨经校释》,1922 年上海商务书印馆初版。

24.伍非百 《墨经解故》,1921 年晨光社排印本。

25.伍非百 《墨辩新解》,1922 年成都石印本。

26.张纯一 《墨子间诂笺》,1922 年上海定卢初版。

27.胡蕴玉 《墨子经说浅释》,1924 年国学研究社本。

28.李笠 《定本墨子间诂校补》,1925 年上海商务印书馆本。

29.刘昶 《续墨子间诂》,1925 年上海扫叶山房本。

30. 邓高镜　《墨经新释》，1931 年上海商务印书馆初版。
31. 支伟成　《墨子综释》，1925 年上海泰东书局初版。
32. 陶宏庆　《读墨子札记》，1927 年北京文字同盟社排印本。
33. 陈柱　《墨子刊误》，1928 年上海中华书局初版。
34. 张其锽　《墨经通解》，1931 年桂林张氏独志堂本。
35. 张纯一　《墨子集解》，1932 年上海医学书局初版。
36. 范耕研　《墨辩疏证》，1934 年上海商务印书馆初版。
37. 谭戒甫　《墨经易解》，1935 年上海商务印书馆初版。
38. 陈棨　《墨经悬解》，1935 年上海医学书局版。
39. 刘师培　《墨子拾补》，1936 年《刘申叔先生遗书》本。
40. 鲁大东　《墨辩新证》，1936 年上海中华书局线装本。
41. 叶玉麟　《白话译解墨子》，1936 年上海广益书局版。
42. 吴毓江　《墨子校注》，1944 年重庆独立出版社初版，1993 年中华书局版。
43. 岑仲勉　《墨子城守各篇简注》，1948 年北平古籍社初版，1958 年中华书局版。
44. 谭戒甫　《墨辩发微》，1958 年科学出版社初版，1964 年中华书局版。
45. 罗根泽　《诸子考索》，1958 年人民出版社版。
46. 高亨　《墨经校诠》，1958 年科学出版社版。
47. 高亨　《诸子新笺》，1961 年山东人民出版社版。
48. 阮廷卓　《墨子间诂补正》，1963 年台湾《大陆杂志》排印本。
49. 周富美　《墨子假借字集证》，1963 年台湾大学排印本。
50. 周富美　《墨子虚字研究》，1966 年台湾大学排印本。
51. 唐君毅　《墨子小取篇辩义》，1966 年香港人生出版社版。
52. 李渔叔　《墨辩新注》，1968 年台湾商务印书馆版。
53. 李渔叔　《墨子今注今译》，1974 年台湾商务印书馆版。
54. 闫崇信　《墨子大取篇校释》，1977 年台湾文史哲出版社版。
55. 姚振黎　《墨子小取篇集注》，1978 年台湾文史哲出版社版。
56. 沈有鼎　《墨经的逻辑学》，1980 年中国社会科学出版社版。
57. 方孝博　《墨经中的物理学》，1983 年中国社会科学出版社版。
58. 谭戒甫　《墨经分类译注》，1981 年中华书局版。
59. 谢德三　《墨子虚字用法诠释》，1982 年台湾学海出版社版。
60. 陈孟麟　《墨辩逻辑学》（附今译），齐鲁书社 1983 年版。
61. 王焕镳　《墨子校释》，1984 年浙江文艺出版社版。
62. 马宗霍　《墨子间诂考证》，1984 年齐鲁书社版。
63. 王焕镳　《墨子校释商兑》，1986 年中国社会科学出版社版。
64. 夏景尧　《墨子菁华》，1989 年上海教育出版社版。
65. 谭家健、郑君华　《墨子选译》，1990 上海古籍出版社版。
66. 谭家健　《墨子研究》，1995 年贵州教育出版社版，2004 年北京图书馆出版社增订版。
67. 刘继华　《墨子选译》,1990 年巴蜀书社版。
68. 水渭松　《墨子导读》,1990 年巴蜀书社版。
69. 梅季、林金保校译　《白话墨子》,1991 年岳麓书社版。
70. 吴龙辉等　《墨子白话今译》,1992 年中国书店版。
71. 周云之　《墨经校勘·注释·今译及研究》,1992 年甘肃人民出版社版。
72. 鲁在岭　《墨子名言》(英汉日对译),1992 年版。
73. 孙中原　《墨学通论》,1993 年辽宁教育出版社版。
74. 孙中原　《墨子及其后学》,1993 年新华出版社版。
75. 孙中原　《墨者的智慧》,1995 年三联书店版。
76. 孙中原主编　《墨学与现代文化》,中国广播电视出版社 1998 年版。
77. 姜宝昌　《墨经训释》,1993 年齐鲁书社版。
78. 周才珠、齐瑞端　《墨子全译》,1995 年贵州人民出版社版。
79. 水渭松　《墨子直解》,2000 年浙江文艺出版社版。
80. 李绍崑　《墨子:伟大的教育家》,1985 年湖南教育出版社版。
81. 李绍崑　《墨学十讲》,1990 年台北水牛出版社版。
82. 李绍崑　《墨子研究》,1968 年台湾现代学苑月刊社出版社版。
83. 谭宇权　《墨子思想评论》,1991 年台北文津出版社版。
84. 吴进安　《孔子的仁与墨子兼爱比较研究》,1993 年台北文史哲出版社版。
85. 黄世瑞　《墨家思想新探》,1993 年台北水牛出版社版。
86. 杨俊光　《墨子新论》,1993 年江苏教育出版社版。
87. 杨俊光　《墨经研究》,2001 年南京大学出版社版。
88. 邢兆良　《墨子评传》,1993 年南京大学出版社版。
89. 黄省三　《墨子思想新探》,1995 年台北万卷楼图书公司版。
90. 冯成荣　《墨子新注新译》,1996 年台湾冯同亮书坊版。
91. 史墨卿　《墨学探微》,1994 年台湾学生书局版。
92. 史墨卿　《墨学散论》,2002 年台湾复文图书出版公司版。
93. 张永义　《苦行与救世——墨子》,1996 年广东人民出版社版。
94. 张永义　《墨子与中国文化》,2001 年贵州人民出版社版。
95. 陈克守　《平民显学——墨子与中国文化》,2002 年吉林人民出版社版。
96. 王赞源　《墨子》,1996 年东大图书出版公司版。
97. 李生龙　《新译墨子读本》,1996 年台湾三民书局版。
98. 刘文忠等　《墨子译注》,1997 年台湾建安出版社版。
99. 王冬珍　《墨子新探》,1989 年台湾世界书局版。
100. 王冬珍、王赞原　《新编墨子》,2001 年台北市编译馆版。
101. 宋志明、李新会　《墨子》,2001 年香港中华书局版。
102. 郑杰文　《二十世纪墨学研究史》,2002 年清华大学出版社版。
103. 秦彦士　《墨子考论》,2001 年巴蜀书社版。

104. 王玉玺主编 李广星译述 《墨子全书》,2000 年国防大学出版社版。

105. 孙枝 《墨子全注》,2000 年华夏出版社版。

106. 河长久 《墨子译注》,2002 年青海人民出版社版。

107. 戴仁贤 《墨子译注》,2001 年书海出版社版。

108. 陈克守 《科技之父——墨子》,2001 年山东教育出版社版。

109. 陈伟 《墨子清谈》,2003 年长江文艺出版社版。

110. 萧鲁阳主编 《中原墨学研究》,2001 年中州古籍出版社版。

111. 萧鲁阳 《墨子元典校理与方言研究》,2003 年西安地图出版社版。

112. 徐翠兰等 《墨子》(译注),2003 年山西古籍出版社版。

113. 辛志凤等 《墨子》(译注),2003 年黑龙江人民出版社版。

114. 李贤中 《墨学——理论与方法》,2003 年台湾扬智出版社版。

115.《墨子》6 卷,茅坤校,秋山仪校订,1757 年《墨子全书》。

116. 户崎允明 《墨子考》4 卷,1795,富山房,汉文体系 14,《墨子间诂》收。

117. 吉田汉宦 《墨子校》15 卷,1798 年出版。

118. 蒲坂圆 《墨子》16 卷,1835 年江户松本氏刊本版。

119. 佐藤晋 《墨子枢义》,汉籍日文解全书《墨子》引。

120. 岳鸾 《墨子校解》7 卷,1845 年出版。

121. 内藤正直 《墨子讲义》1 卷,1882 年博文馆中国文学全书版。

122. 牧野谦次郎 《墨子日文解》,先哲遗著追补汉籍日文解全书,1911 年早稻田大学出版部版。

123. 冢本哲三 《墨子》,1921 年有朋堂文库版。

124. 内野熊一郎 《墨子》,东洋思想丛书 13,1942 年日本评论社版。

125. 渡边卓 《墨家思想》,《东洋思想讲座》4,1967 年版。

126. 渡边卓 《墨子》上,全释汉文大系 18,1974 年讲谈社版。

127. 浅野裕一 《墨子》,2005 年讲谈社版。

128. 河崎孝治 《墨子研究文献目录》,广岛大学文学部中国哲学研究室,1973 年版。

129. 河崎孝治 《墨子校注摘要》,《大东文化大学汉学会志》,24,1985 年;25,1986 年;26,1987 年。

130. 森三树三郎 《墨子》,世界古典文学全集,19,1965 年筑摩书房版。

131. 金谷治 《诸子百家·墨子》,世界名著,10,1966 年中央公论社版。

132. 高田淳 《墨子》,中国古典新书,1967 年明德出版社版。

133. 薮内清 《韩非子·墨子》,中国古典文学大系,5,1968 年平凡社版。

134. 山田琢 《墨子》,新释汉文大系,50—51,1975 年明治书院版。

135. 新田大作 《墨子》下,全释汉文大系,19,1977 年讲谈社版。

136. 本田济 《墨子》,人类知识的遗产,6,1978 年讲谈社版。

137. 任继愈 《墨子与墨家》,1998 年商务印书馆版。

138. 栾调甫 《墨子研究论文集》,1957 年人民出版社版。

139. 孙以楷等 《墨子全译》,2000 年巴蜀书社版。
140. 徐希燕 《墨学研究——墨子学说的现代诠释》,2001 年商务印书馆版。
141. 陈克守等 《平民圣人——墨子的故事》,1997 年华文出版社版。
142. 秦彦士 《墨子考论》,2002 年巴蜀书社版。
143. 秦彦士 《古代防御军事与墨家和平主义》,2008 年人民出版社版。
144. 胡子宗等 《墨子思想研究》,2007 年人民出版社版。
145. 李贤中 《墨学理论与方法》,2003 年台湾扬智文化事业股份有限公司版。
146. 陈克守 《墨学与当代社会》,2007 年中国社会科学出版社版。
147. 薛柏成 《墨家思想新探》,2007 年黑龙江人民出版社版。
148. 郑杰文 《中国墨学通史》(上下),2006 年人民出版社版。